21世纪经济管理精品教材·金融学系列

企业并购与资产重组
理论、案例与操作实务
（第3版）

石建勋 郝凤霞◎主　编
张　鑫 李海英◎副主编

清华大学出版社
北京

内 容 简 介

本书紧密结合企业并购与重组的形势与政策变化,从并购的基本理论、基本知识、演变发展趋势、政策和法律监管框架变化,详细分析了并购重组的动因、并购重组的程序、并购中的定价与融资、并购重组中的法律与监管框架、跨国并购等内容。全书共编写了10多个最新的、具有代表性的典型案例,对于读者结合案例学习掌握并购重组的理论与方法非常有帮助。

本书内容新颖、涉及面广、信息量大、案例丰富、生动实用,不仅适合金融类在校生学习使用,也非常适合企业高级管理人员、投资者、创业者、投资银行专家、律师、从事并购业务的中介机构专业人员以及其他对并购重组有兴趣的读者阅读。

本书封面贴有清华大学出版社防伪标签,无标签者不得销售。
版权所有,侵权必究。举报:010-62782989,beiqinquan@tup.tsinghua.edu.cn。

图书在版编目(CIP)数据

企业并购与资产重组:理论、案例与操作实务/石建勋,郝凤霞主编.—3版.—北京:清华大学出版社,2021.6(2024.4重印)
 21世纪经济管理精品教材·金融学系列
 ISBN 978-7-302-58167-3

Ⅰ.①企… Ⅱ.①石… ②郝… Ⅲ.①企业兼并-高等学校-教材 ②企业重组-高等学校-教材 Ⅳ.①F271

中国版本图书馆CIP数据核字(2021)第083688号

责任编辑:张 伟
封面设计:李召霞
责任校对:王荣静
责任印制:丛怀宇

出版发行:清华大学出版社
    网　　址:https://www.tup.com.cn,https://www.wqxuetang.com
    地　　址:北京清华大学学研大厦A座　　　　邮　　编:100084
    社 总 机:010-83470000　　　　　　　　　邮　　购:010-62786544
    投稿与读者服务:010-62776969,c-service@tup.tsinghua.edu.cn
    质量反馈:010-62772015,zhiliang@tup.tsinghua.edu.cn
    课件下载:https://www.tup.cn,010-83470332
印 装 者:三河市少明印务有限公司
经　　销:全国新华书店
开　　本:185mm×260mm　　　印 张:20.5　　　字 数:469千字
版　　次:2012年8月第1版　2021年6月第3版　印 次:2024年4月第5次印刷
定　　价:58.00元

产品编号:088229-01

第3版前言

时光荏苒,转眼本书出版发行已有9年了,发行量超过5万册,已经被许多学校作为本科生、金融专业硕士和MBA(工商管理硕士)的企业并购和资产重组课程教材使用,也深受业界人士普遍欢迎。

本书2017年初第2版发行以来,我国经济社会发展取得巨大成就,改革开放取得新突破,市场化配置要素体制机制更加完善,一大批新的法律法规落地,其中,2020年3月1日实施的《中华人民共和国证券法》(以下简称《证券法》),为中国资本市场深化改革提供了法理依据,给企业并购和资产重组带来了新的要求、新的规制、新的机遇和新的挑战,也对这本教材提出了与时俱进的更新要求。

考虑到企业并购和资产重组的理论与实务有着很强的政策性、时效性,本书紧密结合企业并购与重组的形势和政策变化,进行第3版的修订、补充和进一步完善,增加一些对新修订的《证券法》、注册制、并购新规和反垄断法的解读,介绍一些政策法律变化后的最新流程和实操方案,并更新大部分案例。这些更新有助于帮助读者紧扣时代特点和政策调整变化的大背景与大趋势,与时俱进地学习和掌握企业并购重组中的最新知识、最新法规、最新实操方法、操作技能和最新案例的经验启示,熟悉并掌握国内外经济社会环境和法律政策框架体系调整变化后的企业并购与重组实操方法的变化和策略的调整。

本书第3版的修改,先是由四位作者按原分工提出修改意见并完成部分文字稿,再由石建勋统筹编写完成,其中,第一章、第二章的全部内容,第三章第二节的全部内容,第四章第一节、第二节和第四节的全部内容,第五章第一节、第二节的主要内容、第四节的全部内容,第六章第一节、第二节主要内容和第三节的全部内容,第七章第二节的"四、轻资产类公司并购定价和估值方法"内容,第九章第二节和第四节的全部内容,以及附录中的最新相关法律法规都是由石建勋更新编写完成,此次更新九个案例由石建勋完成。在此次再版的编写过程中,郑雨柔、龙甜、江鸿参加了基础材料收集、案例编写和文字校对等工作;特别要说明的是,本书第3版的编写出版再次得到了同济大学专业学位研究生教材出版基金的资助,在此一并表示衷心的感谢。

本书理论与实践研究涉及面广,需要深入探讨的问题很多,难免有不当之处,敬请批评指正。

编　者

2021年2月于同济大学

目录

第一章 企业并购和资产重组的理论与实践 ………… 1
- 第一节 企业并购与资产重组的内涵界定 ………… 1
- 第二节 企业并购与资产重组的理论 ………… 7
- 第三节 企业并购与资产重组的动因分析 ………… 12
- 第四节 中外企业并购实践总结 ………… 18
- 本章小结 ………… 25
- 复习思考题 ………… 25
- 案例一 招商局集团的两次战略性资产重组 ………… 25
- 案例二 首旅集团收购如家 ………… 31
- 即测即练 ………… 31

第二章 企业并购与资产重组的基本知识 ………… 32
- 第一节 企业并购重组与资本运作 ………… 32
- 第二节 企业并购与资产重组的基本类型 ………… 40
- 第三节 企业并购与资产重组的风险 ………… 44
- 第四节 企业并购与资产重组中的对赌协议及风险防控 ………… 49
- 第五节 企业并购与重组中可能发生的纠纷 ………… 55
- 本章小结 ………… 57
- 复习思考题 ………… 57
- 案例一 蒙牛乳业通过对赌协议在香港上市 ………… 57
- 案例二 上汽并购韩国双龙汽车的风险与纠纷 ………… 61
- 即测即练 ………… 61

第三章 企业并购重组的程序与步骤 ………… 62
- 第一节 一般企业并购的程序 ………… 62
- 第二节 上市公司并购的程序 ………… 74
- 第三节 中介机构在企业并购中的作用 ………… 89
- 本章小结 ………… 96

复习思考题 ………………………………………………………………… 96
　　案例一　上海璞泰来新能源公司战略并购及流程 ……………………… 97
　　案例二　美的鲸吞德国库卡 …………………………………………… 100
　　即测即练 ………………………………………………………………… 100

第四章　企业上市前的并购与重组 ……………………………………… 101
　　第一节　企业上市前要满足的必要和基本条件 ……………………… 101
　　第二节　企业上市前并购重组的主要方式 …………………………… 109
　　第三节　企业上市前资产重组中的财务整合 ………………………… 114
　　第四节　企业上市流程及主要工作内容 ……………………………… 117
　　本章小结 ………………………………………………………………… 123
　　复习思考题 ……………………………………………………………… 123
　　案例一　康力电梯上市前的并购重组 ………………………………… 124
　　案例二　顺丰借壳上市的流程及资产重组 …………………………… 130
　　即测即练 ………………………………………………………………… 130

第五章　上市公司的并购与重组 ………………………………………… 131
　　第一节　上市公司并购重组的理论分析和实践总结 ………………… 131
　　第二节　上市公司并购重组实务 ……………………………………… 137
　　第三节　上市公司并购重组的财务整合 ……………………………… 148
　　第四节　上市公司并购重组新规解读 ………………………………… 152
　　本章小结 ………………………………………………………………… 156
　　复习思考题 ……………………………………………………………… 156
　　案例一　美的并购小天鹅，构建完整家电版图 ……………………… 156
　　案例二　乐视上市后的多元化并购重组之殇 ………………………… 162
　　即测即练 ………………………………………………………………… 162

第六章　跨国并购 ………………………………………………………… 163
　　第一节　跨国并购理论与发展 ………………………………………… 163
　　第二节　跨国并购动因与效应分析 …………………………………… 173
　　第三节　中国企业跨国并购的现状与趋势分析 ……………………… 179
　　本章小结 ………………………………………………………………… 187
　　复习思考题 ……………………………………………………………… 188
　　案例一　光明收购 Synlait Milk ……………………………………… 188
　　案例二　吉利并购沃尔沃 ……………………………………………… 196
　　即测即练 ………………………………………………………………… 196

第七章　企业并购中的资产评估、定价与融资 ………………………… 197
　　第一节　企业并购中的资产评估 ……………………………………… 197

第二节　企业并购中的资产定价 ……………………………………… 203
　　第三节　企业并购中的融资 ……………………………………………… 218
　　第四节　企业并购中如何防范定价风险和融资风险 ……………… 225
　　本章小结 ………………………………………………………………… 231
　　复习思考题 ……………………………………………………………… 231
　　案例一　鸿海并购夏普：历时4年的股权争夺战与价格谈判周折 …… 232
　　案例二　洛阳钼业巨资并购海外矿产项目的融资模式 …………… 240
　　即测即练 ………………………………………………………………… 240

第八章　企业并购后的整合 ………………………………………………… 241
　　第一节　企业并购后整合的基本问题 ………………………………… 241
　　第二节　企业并购后整合的内容 ……………………………………… 247
　　第三节　国内企业并购后整合存在的问题与对策 …………………… 258
　　第四节　中国企业海外并购的整合风险与对策 ……………………… 262
　　本章小结 ………………………………………………………………… 276
　　复习思考题 ……………………………………………………………… 276
　　案例一　联想并购IBM个人电脑事业部后的整合 …………………… 276
　　案例二　艾默生并购深圳安圣电气后的整合 ………………………… 282
　　即测即练 ………………………………………………………………… 282

第九章　并购与重组中的法律和监管框架 ……………………………… 283
　　第一节　世界各国公司并购重组的监管 ……………………………… 283
　　第二节　中国企业并购的监管及相关法律 …………………………… 293
　　第三节　企业并购过程中的反垄断审查 ……………………………… 299
　　第四节　《反垄断法》修订及实践发展 ………………………………… 302
　　本章小结 ………………………………………………………………… 310
　　复习思考题 ……………………………………………………………… 310
　　案例一　可口可乐收购汇源的反垄断调查 …………………………… 310
　　案例二　微软收购雅虎搜索业务的反垄断审查 ……………………… 315
　　即测即练 ………………………………………………………………… 315

参考文献 ……………………………………………………………………… 316

附录　最新相关法律法规 …………………………………………………… 318

第一章 企业并购和资产重组的理论与实践

第一节 企业并购与资产重组的内涵界定

一、企业并购的内涵界定

企业并购的内涵可以定义为：是指企业的兼并和收购（merger & acquisition，M&A），是企业资本运作和资本经营的主要形式。企业并购是一种特殊的交易活动，其对象是产权。通过并购，企业可以实现资源合理配置、扩大生产经营规模、实现协同效应、降低交易成本，以增强企业的竞争优势、提高企业的价值。当前，并购已成为企业外部扩张与成长的重要途径之一。

企业并购的实质是在企业控制权转移过程中，各权利主体依据企业产权所作出的制度安排而进行的一种权利让渡行为。企业并购是企业基于经营战略考虑对企业股权、资产、负债进行的收购、出售、分立、合并、置换活动，表现为资产与债务重组、收购与兼并、破产与清算、股权或产权转让、资产或债权出售、企业改制与股份制改造、管理层及员工持股或股权激励、债转股与股转债、资本结构与治理结构调整等。

企业并购活动是在一定的财产权利制度和企业制度条件下进行的。在企业并购过程中，某一部分权利主体通过出让所拥有的对企业的控制权而获得相应的收益，另一部分权利主体则通过付出一定的代价而获取这部分控制权。企业并购活动包括兼并、收购和合并（consolidation）三个不同的内容和含义。

（1）兼并。兼并是指两家或更多的独立的企业、公司合并组成一家企业，通常由一家占优势的公司吸收一家或更多的公司。兼并的方法有：①用现金或证券购买其他公司的资产；②购买其他公司的股份或股票；③对其他公司股东发行新股票以换取其所持有的股权，从而取得其他公司的资产和负债。兼并有狭义和广义之分。狭义的兼并是指一个企业通过产权交易获得其他企业的产权，使这些企业的法人资格丧失，并获得企业经营管理控制权的经济行为。广义的兼并是指一个企业通过产权交易获得其他企业产权，并企图获得其控制权，但是这些企业的法人资格并不一定丧失。

（2）收购。收购是指一家企业用现金、股票或者债券等购买另一家企业的股票或者资产，以获得该企业的控制权的行为。收购有两种形式：资产收购和股权收购。资产收购是指一家企业通过收购另一家企业的资产以达到控制该企业的行为。股权收购是指一家企业通过收购另一家企业的股权以达到控制该企业的行为。按收购方在被收购方股权份额中所占的比例，股权收购可以划分为控股收购和全面收购。控股收购指收购方虽然没有收购被收购方所有的股权，但其收购的股权足以控制被收购方的经营管理。控股收购又可分为绝对控股收购和相对控股收购。收购方持有被收购方股权

51%以上的为绝对控股收购。收购方持有被收购方股权51%以下但又能控股的为相对控股收购。全面收购指收购方收购被收购方全部股权,被收购方成为收购方的全资子公司。

收购与兼并的主要区别是,兼并使目标企业和并购企业融为一体,目标企业的法人主体资格取消,而收购常常保留目标企业的法人地位。

(3) 合并。合并是指两个或两个以上的企业合并成为一个新的企业。合并包括两种法定形式:吸收合并和新设合并。吸收合并是指两个或两个以上的企业合并后,其中一个企业存续,其余的企业归于消灭,用公式可表示为:A+B+C+…=A(或B或C……)。新设合并是指两个或两个以上的企业合并后,参与合并的所有企业全部消灭,而成立一个新的企业,用公式表示为:A+B+C+…=新的企业。合并主要有如下特点:第一,合并后消灭的企业的产权人或股东自然成为存续或者新设企业的产权人或股东;第二,因为合并而消灭的企业的资产和债权债务由合并后存续或者新设的企业继承;第三,合并不需要经过清算程序。

在西方文献中,表述兼并、收购、合并、联合、接管的词有很多,如acquisition, annexation, amalgamation, consolidation, takeover等。尽管这些词的含义有交叉,但还是可以从严格意义上进行区分。

(1) acquisition一般是指一个经济实体控制另一个经济实体。

(2) annexation原指一国正式宣布对原不属于其管辖范围内的某一领土享有主权的正式行为,它是单方面的行为,通过实际占领而生效,并通过普遍的承认而合法化。

(3) amalgamation指两个或更多公司的联合或合并,这种联合或合并的实现途径有:一个公司控制其他公司;两个或更多公司之间的合并;原先的公司解散,成立新的公司来接管联合的经济实体。

(4) consolidation指两个或两个以上的公司合并成一家新企业的行为,所有原来的各个企业都终止而成为一个新成立的企业的组成部分。

(5) takeover指收购方在对方完全不知情或者双方达不成共同协商条件的情况下不顾被收购方的意思而强行夺取被收购公司控制权的行为。

以上名词解释词条来源于《大不列颠百科全书》《牛津金融和银行词典》。

二、资产重组的概念界定

资产重组是指企业资产的拥有者、控制者与企业外部的经济主体对企业资产的分布状态进行重新组合、调整、配置的过程,或对设在企业资产上的权利进行重新配置的过程。狭义的资产重组仅仅指对企业的资产和负债的划分与重组,广义的资产重组还包括企业机构和人员的设置与重组、业务机构和管理体制的调整。目前所指的资产重组一般都是广义的资产重组。在股票市场基本分析的诸多方法中,资产重组是上市公司基本面分析重要的研究内容和领域之一。

资产重组分为内部重组和外部重组。内部重组是指企业(或资产所有者)将其内部资产按优化组合的原则进行的重新调整和配置,以期充分发挥现有资产的部分和整体效益,从而为经营者或所有者带来最大的经济效益。在这一重组过程中,仅是企业内部管理机制和资产配置发生变化,资产的所有权不发生转移,属于企业内部经营和管理行为,因此,不与他人产生任何法律关系上的权利义务关系。外部重组是企业和企业之间通过资产的买卖(收购、兼并)、互换等形式,剥离不良资产、配置优良资产,使现有资产的效益得以充分发挥,从而获取最大的经济效益。这种形式的资产重组,企业买进或卖出部分资产或者企业丧失独立主体资格,其实只是资产的所有权在不同的法律主体之间发生转移,因此,此种形式的资产转移的法律实质就是资产买卖。

目前,在国内资产重组早已成为一个边界模糊、表述一切与上市公司有关的重大非经营性或非正常性变化的总称。在上市公司资产重组实践中,资产一般泛指一切可以利用并为企业带来收益的资源,其中不仅包括企业的经济资源,也包括企业的人力资源和组织资源。资产概念的泛化,也就导致了资产重组概念的泛化。

虽然国家有关部门出台了不少有关资产重组的法律法规和行政规章制度,但均未涉及资产重组的概念,到目前为止还没有一个关于资产重组的明确定义。虽然在重组实践中会从不同的角度对资产重组及其包括的内容进行一定程度的规范,但使用的名称仍然极不统一,随意性较大,列举的方式也不周延,甚至有点儿混乱,这些都为资产重组概念的泛化敞开了较大的口子。

我国的资产重组概念所包含的内容比国外的企业重组(restructuring)的概念要广,而且我国的资产重组概念是从股市习惯用语上升到专业术语的,因此给资产重组下一个内涵、外延明确的定义是非常困难的。我国学者在研究当中多半采取下一个泛泛的定义做简单描述的做法或者干脆回避对资产重组这一重要的概念进行定义。现已有的关于资产重组的定义不少于20种,其中国内使用得比较广泛的有以下几种。

1. 从资产的重新组合角度进行定义

梁爽等专家认为资产是企业拥有的经济资源,包括人的资源、财的资源和物的资源。所以,资产重组就是对经济资源的改组,是对资源的重新组合,包括对人的重新组合、对财的重新组合和对物的重新组合。赵楠甚至认为,资产重组不仅包括人、财、物三个方面的重新组合,而且还应当包括进入市场的重新组合。该定义只突出了资产重组的"资产"的一面,没有突出资产重组涉及的"产权"的一面。

2. 从业务整合的角度进行定义

资产重组是指企业以提高公司整体质量和获利能力为目的,通过各种途径对企业内部业务和外部业务进行重新整合的行为。该定义从业务整合的角度对重组进行了解析,基本反映了资产重组的目的;但概括性不强,内涵和外延不明确,而且同样没有涉及资产重组的"产权"的一面。

3. 从资源配置的角度进行定义

资产重组就是资源配置。有人进一步认为,资产重组就是对存量资产的再配置过程,其基本含义就是通过改变存量资源在不同的所有制之间、不同的产业之间、不同的地区之间,以及不同的企业之间的配置格局,实现优化产业结构和提高资源利用率的目标。而华民等学者进一步扩展了资产重组概念,认为资产重组涉及两个层面的问题。其一是微观层面的企业重组,内容主要包括:企业内部的产品结构、资本结构与组织结构的调整;企业外部的合并与联盟等。其二是宏观层面的产业结构调整,产业结构调整是较企业重组更高一级的资源重新配置过程。

该定义把资产重组与资源配置联系起来了。但资产重组是资源配置的一种方式,而资源配置只是资产重组的一种目的和结果而已。比如企业的生产从一种产业转移到另一种产业是不属于资产重组的,而是属于资源配置的范畴。仅用资源配置来定义资产重组内涵不清晰、外延模糊,未能突出资产重组的特点。

4. 从产权的角度进行定义

企业资产重组就是以产权为纽带,对企业的各种生产要素和资产进行新的配置与组合,以提高资源要素的利用效率,实现资产最大限度的增殖的行为。而有人甚至认为资产重组只是产权重组的表现形式,是产权重组的载体和表现形态。该定义突出了资产重组中"产权"的一面,但又排除了不涉及产权的资产重组的形式。

从上述定义可以看出我国的资产重组概念显然有两个层面的含义:一个是企业层面的"资产"重组,另一个是股东层面的"产权"重组。因此资产重组可以分为企业资产的重新整合和企业层面上的股权的调整。根据上述定义,资产重组不包括企业内部的资产重新组合以及企业对外进行产权投资,而只包括企业与外界之间发生的资产组合与企业的产权变动。

根据证券市场的约定俗成,资产重组还是一个带有"量"的内涵的概念,即企业的这种资产的调整和配置必须达到一定程度才能被称为资产重组。如对一个上市公司而言,股权转让是频繁的,少量的股权转让不属于资产重组范围。基于我国证券市场的约定俗成,可以从以下几方面把握资产重组的概念和含义。

1. 资产重组并不仅仅是存量资产的调整

对于资产重组到底是存量资产的调整还是增量资产的调整,在一般情况下,资产重组包含存量资产的调整,这种基于存量资产结构的调整,往往需要有新的增量资产的进入才能进行更好的调整。资产重组从一般意义上讲,应当是存量资产和增量资产的重新整合,这种整合是一个动态过程。

2. 我国的资产重组的概念比国外的企业重组的概念要广

在国外,企业重组指的是清偿一些领域的项目,并将资产重新投向其他现有领域或新的领域。而中国证券市场约定俗成的资产重组的概念比国外的企业重组的概念要广得多,已经涵盖兼并收购以及企业重组的各个方面。

3. 资产重组概念具有中国特色

在我国现阶段出现的上市公司为保壳或达到类似目的而进行的资产重组,其实是包含债务重组(剥离)、股权重组、职工安置(国企职工身份置换)等一系列社会、经济、政治因素在内的系统工程。因而,我国上市公司资产重组在符合资产重组一般规律的前提下,还具有地方政府主导参与等鲜明的中国特色。例如,我国的国有股回购与成熟市场当中的"股份回购"是不同的。这些正是源自中国特殊的制度环境。

三、资产重组的具体内容

根据我国证券市场的约定俗成,可以把上市公司资产重组分为五大类:①收购兼并。②股权转让,包括非流通股的划拨、有偿转让和拍卖等,以及流通股的二级市场购并(以公告举牌为准)。③资产剥离或所拥有股权的出售,是指上市公司将企业资产或所拥有股权从企业中分离、出售的行为。④资产置换,包括上市公司资产(含股权、债权等)与公司外部资产或股权互换的活动。⑤其他类。

1. 收购兼并

在我国,收购兼并主要是指上市公司收购其他企业股权或资产,兼并其他企业,或采取定向扩股合并其他企业。它与我国上市公司的大宗股权转让概念不同。股权转让是在上市公司的股东层面上完成的,而收购兼并则是在上市公司的企业层面上进行的。收购兼并是我国上市公司资产重组当中使用最广泛的一种重组方式。

2. 股权转让

股权转让是上市公司资产重组的另一种重要方式。在我国,股权转让主要是指上市公司的大宗股权转让,包括股权有偿转让、二级市场收购、行政无偿划拨和通过收购控股股东的股份等形式。上市公司大宗股权转让后一般会出现公司股东甚至董事会和经理层的变动,从而引入新的管理方式,调整原有公司业务,实现公司经营管理以及业务的升级。

3. 资产剥离或所拥有股权的出售

资产剥离或所拥有股权的出售也是上市公司资产重组的一种重要方式,主要是指上市公司将其本身的一部分出售给目标公司而由此获得收益的行为。根据出售标的的差异,可划分为实物资产剥离和股权出售。资产剥离或所拥有股权的出售作为减轻上市公司经营负担、改变上市公司经营方向的有力措施,经常被加以使用。在我国上市公司当中,相当一部分企业上市初期改制不彻底,带有大量的非经营性资产,为以后的资产剥离活动埋下了伏笔。

4. 资产置换

资产置换是上市公司资产重组的重要方式之一。在我国资产置换主要是指上市公司控股股东以优质资产或现金置换上市公司的存量呆滞资产,或以主营业务资产置换非主营业务资产等行为。资产置换被认为是各类资产重组方式当中效果最快、最明显的一种方式,经常被加以使用。上市公司资产置换行为非常普遍。

5. 其他类

除了收购兼并、股权转让、资产剥离或所拥有股权的出售、资产置换等基本方式以外,根据资产重组的定义,我国还出现过国有股回购、债务重组、托管、公司分拆、租赁等重组方式。

其中值得一提的是,壳重组和 MBO(管理层收购)不是两种单独的资产重组方式。因为这两种方式都是"股权转让"重组的一种结果。配股(包括实物配股)不是资产重组的一种方式,因为配股过程中,产权没有出现变化。虽然在增发股份的过程中产权发生了变化,但根据约定俗成,把增发股份当作一种融资行为,而不当作资产重组行为。上市公司投资参股当中的新设投资属于上市公司投资行为,而对已有企业的投资参股则是兼并收购的一种。

四、资产重组的特殊功能

在我国上市公司当中,从国有企业转制而来的国有控股上市公司,除普遍存在产权主体塑造不彻底、股权结构不合理、公司治理结构不完善等问题以外,还肩负着优先安置下岗职工等不少社会目标,使得国有控股上市公司的目标多元化。因此我国上市公司资产重组除了具有西方发达证券市场中上市公司兼并重组的一般功能目标以外,还有一些特殊的功能目标。这些功能目标一部分来自企业自身发展的要求,是企业主动行为的后果,而另一部分则是社会赋予国有企业的特殊目标要求,即在我国上市公司资产重组功能目标体系中,既有为了企业利润最大化而进行兼并重组的一般功能,又有国有资产战略调整等社会功能,还有企业自身发展要求和国家社会目标相一致的产业结构调整等功能。

五、资产重组的原则

在社会主义市场经济条件下进行资产重组,应该遵循以下原则。

(1) 资产重组要以产权连接为基础。因为以产权连接为基础的资产重组是牢固的,它避免以契约形式来进行资产重组时过高的谈判成本和道德风险;同时,真正的产权转移可以为新企业的产权明晰创造条件,使新企业拥有完整的产权。

(2) 资产重组要以市场的要求为出发点。国有资产重组过程中切忌政府的过多干预,而必须是资本所有者和企业经营者根据市场提供的信号,按照资本追逐效益的原则来进行操作。

(3) 国有资产重组要有明确的产业政策。我国是发展中国家,在产业政策中,通过资产存量的调整来改变国家的产业结构状况是一项重要的政策措施。因此国家就必须制定相应的政策来保证资产重组活动的结果符合国家的产业政策的需要。

(4) 资产重组要保持企业竞争性和垄断性的统一。资产重组必然会导致大企业、大集团的产生,这样会产生规模效益,降低企业的生产成本,从而提高企业的市场竞争力。但是这样可能会造成垄断,而市场经济的活力是由竞争机制带来的。所以在资产重组的过程中,要形成一些有规模的大企业,同时要避免产生垄断性的企业集团。

(5) 资产重组不要寻求一劳永逸的方案。因为现在的市场环境变化是非常快的,今天看起来合理的产业结构,过不了多久就会变得不合理了。同时,资产重组的主体也不可能永久不变,现在是被收购的目标企业,过一段时间可能成为收购方,去收购别的企业。

六、企业并购和资产重组之间的区别与联系

公司并购与资产重组是两个不同的概念。并购侧重于股权、公司控制权的转移,而资产重组侧重于资产关系的变化,资产重组后,企业所占有的资产形态和数量通常会发生改变。对于公司来说,即使公司的控股权发生了变化,只要不发生资产的注入或剥离,公司所拥有的资产未发生变化,也只是公司的所有权结构发生变化,实现了控股权的转移。

但是,资产重组与企业并购常常是交互发生的,先收购后重组,或先重组、再并购、再重组在资本运作中也是经常采用的方式。重组和并购是互相交叉的两个概念,它们既可

以互不相干,分别发生,也可以互为因果。比如有些公司,可能实现了控股权的转移,但并没有出现资产重组;而有些上市公司,可能控制权没有转移,但却进行了资产重组。而更多则是先并购后重组,或者先重组、再并购、再重组。此外,还要看从哪个角度看问题。比如甲公司收购了乙公司的股权,取得了对乙公司的控股地位之后,可能拿乙公司的股权进行抵押融资,或利用乙公司进行担保贷款,而乙公司本身并没有重大的资产收购或出售行为,那么,对甲公司而言,其资产进行了重组,而对乙公司而言,则是仅仅换了大股东而已,可以说被收购了,却与重组不沾边。如果是上市公司,即使控股权有变化,只要不发生资产的注入和剥离,对上市公司本身来讲并不会导致资产的重组,而只是公司所有权结构的变化。由此可见,重组侧重于资产关系,并购侧重于股权关系。

从单个企业的视角出发,资本市场上的并购与重组则包含既不相同又互相关联的三大类行为:公司扩张、公司调整和公司所有权、控制权转移。但实践中,一个重组行为甚至可以同时划入这三类概念,如收购公司,对收购方来说,是一种扩张行为,而对目标公司而言是一种控制权或所有权的转移行为,对目标公司的出让方来说又是一种收缩或调整行为。

第二节 企业并购与资产重组的理论

企业并购理论的发展和并购浪潮的发生是紧密相连的,伴随着每次的并购浪潮,企业并购的理论也逐步向前发展。面对一次又一次并购浪潮,经济学家们试图从多种角度对并购活动加以解释,进而形成多种理论。目前,较有影响的有竞争优势理论、效率理论、代理理论、内部化理论、价值低估理论、市场势力论、财富重分配理论、交易费用理论、企业成长理论、产业组织理论等,这些理论从不同角度阐述了企业兼并和收购的动因问题及其实施并购的有效性问题。

一、竞争优势理论

并购动机理论的出发点是竞争优势理论,原因在于以下三个方面:第一,并购的动机来源于竞争的压力,并购方在竞争中通过消除或控制对方来提高自身的竞争实力。第二,企业竞争优势的存在是企业并购产生的基础,企业通过并购从外部获得竞争优势。第三,并购动机的实现过程是竞争优势的双向选择过程,并产生新的竞争优势。并购方在选择目标企业时正是针对自己所需目标企业的特定优势。

二、效率理论

效率理论认为并购活动能提高企业经营绩效,增加社会福利,因而支持企业并购活动。通过并购改善企业经营绩效的途径有规模经济和管理高效两条。

1. 规模经济

一般认为扩大经营规模可以降低平均成本,从而提高利润。因而该理论认为并购活动的主要动因在于谋求平均成本下降。这里的平均成本下降的规模经济效应可以在两个级别上取得：第一级在工厂，包括众所周知的生产专门化的技术经济、工程师规律等；第二级在公司，包括研究开发、行政管理、经营管理和财务方面的经济效益。此外，还可以加上合并的协同效益，即所谓的"1+1＞2"效益。这种合并使合并后企业所提高的效率超过其各个组成部分提高效率的总和。协同效益可从互补性活动的联合中产生。如一家拥有强大的研究开发队伍的企业和一家拥有一批优秀管理人员的企业合并，就会产生协同效益。

2. 管理高效

有些经济学家强调管理对企业经营效率的决定性作用，认为企业间管理效率的高低成为企业并购的主要动力。当A公司管理效率优于B公司时，A、B两公司合并能提高B公司效率。这一假设所隐含的是并购公司确能改善目标公司的效率。在实践中这一假说显得过于乐观。有人在此基础上，进一步解释为并购公司有多余的资源和能力投入对目标公司的管理中。此理论有两个前提：①并购公司有剩余管理资源，如果其能很容易释出，则并购是不必要的。但是，如果管理队伍为不可分组合，或具有规模经济，则必须靠并购加以利用；②目标公司的非效率管理可以在外部管理人介入之下得以改善。

此理论在一定程度上解释了通过并购提高效率的动因。它能解释具有相关知识和信息的相关产业并购活动，却无法解释多元化并购。

三、代理理论

代理问题是Jensen和Meckling于1976年提出的，他们认为在代理过程中，由于存在道德风险、逆向选择、不确定性等因素的作用而产生代理成本。他们把这种成本概括为以下几方面：所有人与代理人订立契约成本；对代理人监督与控制成本；限定代理人执行最佳或次佳决策所需的额外成本；剩余求偿损失。

并购活动在代理问题存在的情况下有以下三种解释。

1. 并购是为了降低代理成本

Fama和Jensen在1983年认为，公司代理问题可由适当的组织程序来解决。在公司所有权和经营权分离的情况下，决策的拟定和执行是经营者的职权，而决策的评估和控制由所有者管理，这种互相分离的内部机制设计可解决代理问题。而并购则提供了解决代理问题的一个外部机制。当目标公司代理人有代理问题产生时，通过收购股票获得控制权，可减少代理问题的产生。

2. 经理论

这一理论认为在公司所有权和控制权分离后，企业不再遵循利润最大化原则，而选择能使公司长期稳定和发展的决策。Muller在1969年提出假设，认为代理人的报酬由公司规模决定。因此代理人有动机使公司规模扩大而接受较低的投资利润率，并借并购来增加收入和提高职业保障水平。马克斯、威廉森等认为经理的主要目标是公司的发展，并认为已接受这种增长最大化思想且发展迅速的公司最易卷入并购活动中。Fuss于1980年发现并购公司经理在合并后的两年里平均收入增加33%，而在没有并购活动发生的公司里，经理的平均收入只增加20%。1975年，马克斯和惠廷顿发现公司规模是影响经理收入的主要因素。这些证据证实了这一理论。1977年，辛格和米克斯对并购后的企业利润情况的研究表明,合并后的企业利润一般都会下降。这一证据表明企业合并注重的是企业长期发展,而不太注重利润情况,甚至愿意牺牲短期利润。但 Lewellen 和 Huntsman 在 1970 年的实证结果显示,代理人的报酬和公司的报酬率有关,而与公司规模无关。这一结论是对经理理论的挑战。

3. 自由现金流量说

这一理论源于代理问题。Michael Jensen 认为自由现金流量的减少有利于减少公司所有者和经营者之间的冲突。自由现金流量是指公司在支付所有净现值为正的投资计划后所剩余的现金量。如果公司要使其价值最大,自由现金流量应完全交付给股东,但此举会削弱经理人的权力,而且在资本市场上筹集再度进行投资计划所需的资金时将受到监控,由此降低代理成本。

除了减少企业的自由现金流量外,Jensen 还认为适度的债权由于必须在未来支付现金,比经理人答应发放现金股利来得有效,而更易降低代理成本。他还强调对那些已面临低度成长而规模逐渐缩小,但仍有大量现金流量产生的公司,控制其财务上的资本结构是很重要的。此时并购的含义是公司借并购活动,适当提高负债比例,以降低代理成本,增加公司价值。

四、内部化理论

内部化理论是在 20 世纪 70 年代后期兴起的。这一理论不再以传统的消费者和厂家作为经济分析的基本单位,而是把交易作为经济分析的"细胞",并在有限理性、机会主义动机、不确定性和市场不完全等几个假设的基础上展开,认为市场运作的复杂性会导致交易的完成需付出高昂的交易成本(包括搜寻、谈判、签约、监督等成本)。为节约这些交易成本,可用新的交易形式——企业来代替市场交易。这一理论在解释并购活动的同时,认为并购的目的在于节约交易成本。通过并购节约交易成本有以下五个方面。

1. 企业通过研究和开发的投入获得产品——知识

在市场存在信息不对称和外部性的情况下,知识的市场难以实现,即便得以实现,也需要付出高昂的谈判成本和监督成本。这时,可通过并购使专门的知识在同一企业内运用,达到节约交易成本的目的。

2. 企业的商誉作为无形资产,其运用也会遇到外部性问题

某一商标使用者降低其产品质量,可以获得成本下降的大部分好处,而商誉损失则由所有商标使用者共同承担。解决这一问题的办法有两个:一是增加监督,保证合同规定的产品最低质量,但会使监督成本大大提高;二是通过并购将商标使用者变为企业内部成员。作为内部成员,降低质量只会承受损失而得不到利益,消除了机会主义动机。

3. 大量专用中间产品投入

有些企业的生产需要大量的专用中间产品投入,而这些中间产品市场常存在供给的不确定性、质量难以控制和机会主义行为等问题。这时,企业常通过合约固定交易条件,但这种合约会约束企业自身的适应能力。当这一矛盾难以解决时,通过并购将合作者变为内部机构,就可以解决上述问题。

4. 资产专用性

一些生产企业为开拓市场需要大量的促销投资,这种投资由于专用于某一企业的某一产品,具有很强的资产专用性。同时销售企业具有显著的规模经济,一定程度上形成进入壁垒,限制竞争者加入,形成市场中的少数问题。当市场中存在少数问题时,一旦投入较高的专门性资本,就要承担对方违约造成的巨大损失。为减少这种风险,要付出高额的谈判成本和监督成本。在这种成本高到一定程度时,并购就成为最佳选择。

5. 组织结构变化

企业通过并购形成规模庞大的组织,使组织内部的职能相分离,形成一个以管理为基础的内部市场体系。一般认为,用企业内的行政指令来协调内部组织活动所需的管理成本较市场运作的交易成本低。

内部化理论在对并购活动的解释上有较强的说服力。但由于其分析方法和所用概念的高度抽象,其难以得到系统检验;又由于分析过程及所得结论过于一般化,其很难在管理领域得到应用。

五、价值低估理论

这一理论认为并购活动的发生主要是因为目标公司的价值被低估。当一家公司对另一家公司的估价比后者对自己的估价更高时,前者有可能投标买下后者。目标公司的价值被低估一般有下列几种情况:①经营管理能力并未发挥应有的潜力。②并购公司拥有外部市场所没有的目标公司价值的内部信息。③通货膨胀等原因造成资产的市场价值与重置成本的差异,公司价值有被低估的可能。

Tobin 以比率 Q 来反映企业并购发生的可能性。Q 为企业股票市场价值与企业重置成本之比。当 $Q>1$ 时,形成并购的可能性较小。当 $Q<1$ 时,形成并购的可能性较大。美国 20 世纪 80 年代的情形说明了这一点。在 20 世纪 80 年代美国并购高潮期间,美国企业的 Q 比率一般在 0.5~0.6,但当一家公司投资一家目标公司时,目标公司的股票行市形成溢价,一般溢价幅度在 50% 左右。如果一家企业比值为 0.6,股票溢价为 50%,那么并购总成本为资产重置成本的 90%,比新建一家企业便宜 10%,而且这种并购形成的投资在投资完成后可立即投入运行。还有人认为,当技术、销售市场和股票市场价格变动非常迅速时,过去的信息和经验对未来收益的估计没有什么用处。结果是价值低估的情况屡见不鲜,并且并购活动增加。因此,价值低估理论预言,在技术变化日新月异及市场销售条件与股价不稳定的情况下,并购活动一定很频繁。

六、市场势力论

这一理论认为,并购活动的主要动因是可以借并购活动达到减少竞争对手来增强对企业经营环境控制的目的,提高市场占有率并增加长期的获利机会。下列三种情况可能导致以增强市场势力为目标的并购活动。

(1) 在需求下降、生产能力过剩和削价竞争的情况下,几家企业联合起来,以取得实现本产业合理化的比较有利的地位。

(2) 在国际竞争使国内市场遭受外商势力的强烈渗透和冲击的情况下,企业间通过联合组成大规模联合企业,对抗外来竞争。

(3) 法律变得更为严格,使企业间包括合谋等在内的多种联系成为非法。在这种情况下,通过合并可以使一些非法的做法"内部化",达到继续控制市场的目的。

1980年,惠廷顿研究发现大公司在利润方面比小公司的变动要小。这说明大公司由于市场势力较强,不容易受市场环境变化的影响。规模、稳定性和市场势力三者是密切相关的。事实上,由于美国等发达国家信奉自由竞争市场的哲学立场,因而企业并购会受到垄断法的强硬约束。在并购产生过度集中时,常借由法庭控诉和管制手段来干预并购活动。

七、财富重分配理论

在并购理论中,财富重分配理论认为并购活动只是财富的重新分配。当并购消息宣布后,各投资人(股东)掌握的信息不完全或对信息的看法不一致,导致股东对股票价值有不同的判断,引起并购公司和目标公司的股价波动。这种价格波动,不是源于公司经营状况的好坏,而是财富转移的结果。并购公司和目标公司间的财富转移使目标公司的市盈率变动,投资人往往以并购公司的市盈率重估目标公司的价值,引起目标公司的股价上涨。同理,并购公司的股票价格也因此上涨;反之则亦然。

并购活动的财富转移曾引起一些争论。有人认为财富的转移可能是并购公司和目标公司股东间的财富转移,有人认为可能是债权人财富转移给股东,甚至有人认为可能是劳工或消费者财富的转移。McDaniel对上述争论做过实证研究,结果显示,并购所创造的资本利得并不是源于债权持有人,即使以负债方式并购而增加负债比例,债权持有人也没有受到什么负面影响。但是,如果以杠杆收购(loveraged buy-out,LBO)方式并购而使负债大量增加,则对债权持有人的负面影响就大。关于这一问题的争论尚无定论。

八、交易费用理论

Hennart和Park最早运用交易费用理论来分析跨国公司的新建与并购选择。他们把交易费用作为工具,分析指出当跨国公司具有技术优势、管理优势时,并购投资会增加交易成本,从而不利于并购进入;如果跨国公司的扩张是在非相关性行业,并购则可以减少投资风险,降低交易费用。内部化理论的著名代表巴克利和卡森发表《国外市场进入战略分析——内部化理论的延伸》一文,进一步发展了Hennart等人的研究。他们利用交易费用这一工具,从东道国宏观环境、产业环境和企业内部因素三个方面全面分析了东道国的文化差异、行业结构、行业进入限制、竞争对手的反应以及跨国公司的技术水平、规模、海外经营经验等对贸易、许可证、特许经营、合资、跨国并购等不同市场进入方式选择的影响。交易费用理论提供了一个解释跨国并购影响因素的一般理论范式和工具,但是其局限性也相当明显。

九、企业成长理论

1959年,Penrose发表《企业成长理论》,提出了以资源为基础的企业成长理论。他认为企业成长不仅要依靠劳动分工,而且内部资源的整合和协调产生的新的"剩余"对企业成长至关重要。新的"剩余"集中体现在企业的人力资源中,这是因为依靠企业经理人员的能力、知识和管理经验,就可以更有效地利用企业内部资源,产生更高的组织效率。该理论将人力资源看作影响跨国公司并购扩张的最重要因素,并认为当企业扩张不具有人力资源优势时,就只能通过并购获得目标公司的人力资源来实现成长。但是,对于跨国并购这样复杂的投资行为,仅仅用人力资源或者企业能力来解释是不充分的,而且该理论对跨国并购选择的解释也有限。

十、产业组织理论

该理论认为,企业的最低有效生产规模、核心技术和政府对产业进入的限制,都可能对企业的行业进入形成产业壁垒,具体包括规模壁垒、技术壁垒和产业进入政策壁垒等。而企业通过对行业内原有企业的并购,获得其生产能力、技术,可以有效地降低或消除规模、技术壁垒,规避政策限制,实现有效进入。因此,东道国产业壁垒的高低会影响跨国并购决策。虽然产业组织理论不能全面、单独解释跨国并购投资行为,但这种探索在理论上却是一大进步,因为以往的研究只关注企业的特征、东道国的环境特征等对跨国并购的影响,忽略了对产业层次的研究。产业组织理论从产业层次上提出了产业壁垒也对跨国并购产生影响。

第三节 企业并购与资产重组的动因分析

企业作为一个资本组织,必然谋求资本的最大增值,企业并购作为一种重要的投资活动,产生的动力主要来源于企业追求资本最大增值的动机和竞争压力等因素,但是就单个企业的并购行为而言,又会有不同的动机和在现实生活中不同的具体表现形式,不同的企业根据自己的发展战略确定并购的动因。

一、并购的效应动因理论

在并购动因的一般理论基础上有许多具体的并购效应动因,主要有以下四个方面。

1. 韦斯顿协同效应

该理论认为并购会带来企业生产经营效率的提高,最明显的作用表现为规模经济效益的取得,常称为"1+1>2"的效应。

2. 市场份额效应

通过并购可以提高企业对市场的控制能力。通过横向并购达到该行业特定的最低限度的规模,改善了行业结构,提高了行业的集中程度,使行业内的企业保持较高的利润率水平;而纵向并购是通过对原料和销售渠道的控制,有力地控制竞争对手的活动;混合并购对市场势力的影响是以间接的方式实现的,并购后企业的绝对规模和充足的财力对其相关领域中的企业形成较大的竞争威胁。

3. 经验成本曲线效应

其中的经验包括企业在技术、市场、专利、产品、管理和企业文化等方面的特长。由于经验无法复制,通过并购可以分享目标企业的经验,减少企业为积累经验所付出的学习成本,节约企业发展费用。在一些对劳动力素质要求较高的企业,经验往往是一种有效的进入壁垒。

4. 财务协同效应

并购会给企业的财务带来效益,这种效益是由于税法、会计处理惯例及证券交易内在规定的作用而产生的货币效益。其主要有:税收效应,即通过并购可以实现合理避税;股价预期效应,即并购使股票市场企业股票评价发生改变从而影响股票价格,并购方企业可以选择市盈率和价格收益比较低,但是有较高每股收益的企业作为并购目标。

二、企业并购的一般动因分析

企业并购的直接动因有两个:一是最大化现有股东持有股权的市场价值,二是最大化现有管理者的财富。而增加企业价值是实现这两个目的的根本,企业并购的一般动因体现在以下几方面。

1. 获取战略机会

企业并购的一个战略动因是要购买未来的发展机会,当一个企业决定扩大其在某一特定行业的经营时,一个重要战略是并购那个行业中的现有企业,而不是依靠自身内部发展。其原因在于:第一,直接获得正在经营的发展研究部门,获得时间优势,避免了工厂建设延误的时间;第二,减少一个竞争者,并直接获得其在行业中的位置。企业并购的另一个战略动因是市场力的运用,两个企业采用统一价格政策,可以使它们得到的收益高于竞争时的收益,大量信息资源可能用于披露战略机会,财会信息可能起到关键作用,如会计收益数据可用于评价行业内各个企业的盈利能力,也可用于评价行业盈利能力的变化等,这对企业并购有巨大意义。

2. 发挥协同效应

并购的协同效应主要体现在以下几个领域:在生产领域,可产生规模经济性,可接收新技术,可减少供给短缺的可能性,可充分利用未使用的生产能力;在市场及分配领域,同样可产生规模经济性,是进入新市场的途径,扩展现存分布网,增加产品市场控制力;在财务领域,充分利用未使用的税收利益,开发未使用的债务能力;在人事领域,吸收关键的管理技能,使多种研究与开发部门融合。

3. 提高管理效率

其一是企业现在的管理者以非标准方式经营,当企业被更有效率的企业收购后,更替管理者而提高管理效率;其二是当管理者自身利益与现有股东的利益更好地协调时,则可提高管理效率,如采用杠杆购买;其三是现有的管理者的财富构成取决于企业的财务是否成功,这时管理者集中精力致力于企业市场价值最大化。此外,如果一个企业兼并另一个企业,然后出售部分资产收回全部购买价值,结果以零成本取得剩余资产,使企业从资本市场获益。

4. 获得规模效益

企业的规模经济是由生产规模经济和管理规模经济两个层次组成的。生产规模经济主要包括企业通过并购对生产资本进行补充和调整,达到规模经济的要求,在保持整体产品结构不变的情况下,在各子公司实行专业化生产。管理规模经济主要表现在由于管理费用可以在更大范围内分摊,单位产品的管理费用大大减少,可以集中人力、物力和财力致力于新技术、新产品的开发。

5. 买壳上市

目前,我国对上市公司的审批较严格。上市资格也是一种资源,某些并购不是为获得目标企业本身而是为获得目标企业的上市资格。通过到国外买壳上市,企业可以在国外筹集资金进入外国市场。中国远洋运输集团在海外已多次成功买壳上市控股了香港中远太平洋和中远国际。中远集团(上海)置业发展有限公司耗资1.45亿元,以协议方式一次性购买上海众城实业股份有限公司占股28.7%的发起人法人股,达到控股目的,成功进入国内资本运作市场。

6. 并购减少进入新行业、新市场的障碍

并购是企业进入新行业、新市场的快捷方式。出于市场竞争压力,企业需要不断强化自身竞争力,开拓新业务,降低经营风险。企业可以通过并购利用被并购方的资源,包括设备、人员和目标企业享有的优惠政策快速地进入新的市场领域。例如,为在上海拓展业务,占领市场,恒通公司通过协议以较低价格购买上海棱光实业国有股份,达到控股目的而使自己的业务成功地在上海开展。

三、企业并购的财务动因分析

在西方,对企业并购存在种种理论上的解释。有的理论认为并购中通过有效的财务活动使效率得到提高,并有可能产生超常利益。有的从证券市场信号上分析,认为股票收购传递目标公司被低估的信息,会引起并购方和目标公司股票上涨。综合各种理论,企业产权在买卖中流动,遵循价值规律、供求规律和竞争规律,使生产要素流向最需要、最能产生效益的地区和行业的同时,还要考虑由于税务、会计处理惯例以及证券交易等内在规律作用而产生的一种纯货币的效益,因此,企业产权并购财务动因包括以下几方面。

1. 避税因素

由于股息收入、利息收入、营业收益与资本收益间的税率差别较大,在并购中采取恰当的财务处理方法可以达到合理避税的效果。税法中规定了亏损递延的条款,拥有较大盈利的企业往往考虑把那些拥有相当数量累积亏损的企业作为并购对象,纳税收益作为企业现金流入的增加可以增加企业的价值。企业现金流量的盈余使用方式有增发股利、证券投资、回购股票、收购其他企业。如发放红利,股东将为此支付较企业证券市场并购所支付的证券交易税更高的所得税,有价证券收益率不高;回购股票易提高股票行市,加大成本。而用多余资金收购企业对企业和股东都将产生一定的纳税收益。在换股收购中,收购公司既未收到现金,也未收到资本收益,因而这一过程是免税的。企业通过资产流动和转移使资产所有者实现追加投资和资产多样化的目的,并购方通过发行可转换债券换取目标企业的股票,这些债券在一段时间后再转换成股票。这样发行债券的利息可先从收入中扣除,再以扣除后的盈余计算所得税,另外企业可以保留这些债券的资本收益直至其转换为股票,资本收益的延期偿付可使企业少付资本收益税。

2. 筹资

并购一家掌握有大量资金盈余但股票市价偏低的企业,可以同时获得其资金以弥补自身资金不足。筹资是迅速成长的企业共同面临的一个难题,设法与一个资金充足的企业联合是一种有效的解决办法,由于资产的重置成本通常高于其市价,在并购中企业热衷于并购其他企业而不是重置资产。有效市场条件下,反映企业经济价值的是以企业盈利能力为基础的市场价值而非账面价值,被兼并方企业资产的卖出价值往往出价较低,兼并后企业管理效率提高,职能部门改组降低有关费用,这些都是并购筹资的有利条件。当前许多国有企业实施的技术改造急需大量发展资金投入,因此采取产权流动形式使企业资产在不同方式下重新组合,盘活存量可以减少投入,迅速形成新的生产力。

3. 企业价值增值

通常被并购企业股票的市盈率偏低,低于并购方,这样并购完成后市盈率维持在较高的水平上,股价上升使每股收益得到改善,提高了股东财富价值。因此,在实施企业并购后,企业的绝对规模和相对规模都得到扩大,控制成本价格、生产技术和资金来源及顾客购买行为的能力得以增强,能够在市场发生突变的情况下降低企业风险,提高安全程度和企业的盈利总额。同时企业资信等级上升,筹资成本下降,反映在证券市场上则使并购双方股价上扬、企业价值增加,并产生财务预期效应。

4. 利于企业进入资本市场

我国金融体制改革和国际经济一体化增强,使筹资渠道大大扩展,企业可以从证券市场和国际金融市场筹资,许多业绩良好的企业出于壮大势力的考虑往往转到资本运营的方向来寻求并购。

5. 投机

企业并购的证券交易、会计处理、税收处理等所产生的非生产性收益,可改善企业财务状况,同时也助长了投机行为。在我国出现的外资并购中,投机现象日渐增多,它们以大量举债方式通过股市收购目标企业股权,再将部分资产出售,然后对目标企业进行整顿再以高价卖出,充分利用被低估的资产获取并购收益。

6. 财务预期效应

由于并购时股票市场对企业股票评价发生改变而影响股价,成为股票投机的基础,而股票投机又促使并购发生。股价在短时期内一般不会有很大变动,只有在企业的市盈率或盈利增长率有很大提高时,价格收益比才会有所提高,但是一旦出现企业并购,市场对公司评价提高就会引发双方股价上涨。企业可以通过并购具有较低价格收益比但是有较高每股收益的企业,提高企业每股收益,让股价保持上升的势头。在美国的并购热潮中,预期效应的作用使企业并购往往伴随着投机和剧烈的股价波动而进行。

7. 追求最大利润和扩大市场

企业利润的实现依赖于市场,只有当企业提供的商品和服务在市场上为顾客所接受,实现了商品和服务向货币转化,才能真正实现利润。与利润最大化相联系的必然是市场份额的最大化。生产国际化、市场国际化和资本国际化的发展而使一些行业的市场日益扩大,并购这些行业的企业需迎接国际开放市场的挑战。

四、资产重组的一般动因分析

1. 资产重组促进优化资源配置

企业资产重组的具体形式可能千变万化,但其最终目的都是使资源得到最佳的配置。那么,什么样的资源配置方式或者状况才能算作最优呢?一般认为:"帕累托有效"(Pareto efficient)状况是一种最佳的资源配置状况。所谓"帕累托有效"是指这样一种资源配置状况:此时整个社会中一切可以利用的资源都已经在各个经济主体之间得到了合理的分配,任何一个经济主体都不可能在不降低其他经济主体效用的情况下来提高自己的效用。"帕累托有效"是一个理论上的抽象概念,在实践中更富有指导意义的概念是"帕累托改进"。

所谓"帕累托改进"是指在现有的资源配置基础上,对各种资源在不同经济主体之间分配比例、规模、素质等加以调整,以促进整体效用水平的提高。"帕累托改进"隐含着这样一个假设:资源尚未得到充分利用或在各经济主体间的分配尚未使其得到充分发挥,因而还存在改进资源配置从而使总效用增加的可能。显然,这一假设很符合实际情况。在这个改进过程中,有可能有关各方面的境况都得到改善,从而使整体效用增加,例如某企业将一台本企业闲置不用的设备转让给另一家急需此设备的企业,那么后者的境况当然是改善了,前者由于出让该设备而得到一笔资金,如将这笔资金妥善运用,同样也可使自身境况改善;也有可能参与调整的某一方境况得到改善,而且改善的程度大于前者恶化的程度,这样也使得效用增加。

我国现阶段企业规模极不合理,"小而全""大而全"的组织规模未发生根本性的变化,生产成本难以降低,恶性的、过度的竞争加剧,整体效益难以提高,大中型企业普遍难以达到规模经济,市场竞争力不强。虽然前期的改革措施都是以实现资源配置的"帕累托有效"为目标,而相对于纯粹的计划方式或较低层次的改革,每一项改革措施也算得上是一种"帕累托改进",但是,由于这些措施没有从根本上触动我国原有的资源配置机制,而是始终想依靠国有资产存量的流动性和企业产权的转让关系来解决它们的效率问题,从而也就决定了不可能依靠这些措施来建立一套有效的、新型的资源配置机制。实际上,存量资产效率的提高与其流动性是资源配置中无法分开的两个方面,两者互为前提又互相制约,而要素存量的流动不仅包括部分要素的流动(如闲置设备的转让),更重要的则是要素整体的流动即企业的买卖。只有使作为各种生产要素有机结合的企业流动起来,才能彻底消除存量资产低效运营的产权基础,从而保持国有资产存量持续的优化组合与总体运行效率的提高。而要实现这一目标,则有赖于产权转让制度的建立与发展。从这个意义上说,我国的企业资产重组应该是以产权重组为核心的企业经营管理体制的重组。

2. 资产重组促进产业结构调整

一般来说,一国的产业结构主要包括产品结构、部门结构、行业结构、地区结构及企业组织结构等,产业结构表明了各经济部门对国家发展和人民生活水平提高的市场需求的共同满足程度。它首先必须具有协调性,不能出现"瓶颈"制约,造成其他产业供给过剩而浪费资源;其次必须具有先进性,反映当代科技成果和生产方式的特征,以促进产业升级换代和国民经济综合实力的提高,这也是优化产业结构所要求达到的目标。回顾近几十年来我国经济发展的历程,尽管对产业结构进行了多次调整,但始终见效不大。我国的产业结构在以下几个方面都存在着严重的不合理之处。

(1) 产品结构严重不合理,具体表现为传统产品有余、新兴产品缺乏,难以满足社会各方面日益增长和变化的消费需求。

(2) 部门与行业结构严重不合理,主要表现为存量资产在部门与行业间的配置不合理,有的过多而有的偏少,造成长线与短线并存的局面。

(3) 地区结构严重不合理,即存量资产的空间配置不合理,如生产基地远离原材料基地和消费密集区,或者地区之间结构趋同,不符合各地利用比较优势进行专业化分工的基本原则等。

(4) 技术结构严重不合理,存量资产中的技术含量偏低,大多仍停留在传统的低水平,新兴产业多数未产业化。

(5) 企业组织结构严重不合理,即企业个体过小、联系分散,陷于"小而乱""小而全""小而劣"的境地,而未形成规模经济效益。

社会生产力的发展和需求结构的改变必然导致产业结构的改变,有的产业在衰落,有的产业则方兴未艾。衰落产业的存量资源利用率在下降,亟须转移到经济效率更高的产业中去,新兴产业的发展则受到有限的资源存量的限制。在市场经济条件下,利润极大化动机必然驱使衰落产业和新兴产业之间发生资源流动,衰落产业多余的存量资产转入新兴产业,从而实现结构调整。在这一过程中,企业资产重组可以起到积极的作用。

从我国目前的情况来看,加快资本市场的发展,把新增资本注入政府产业政策支持的新兴产业中去,充分利用资本市场交易功能以及通过鼓励一、二级市场上的企业资产重组来实现产业结构的调整,可能是最优的选择。

3. 资产重组促进企业对外扩张

在企业资产重组的活动中,重组方与被重组方以资产为纽带,力图实现"强强联合"正成为国有企业资产重组热潮中的一个新聚焦。从经济学的角度来看,企业资产重组的动力来自两个方面,一是迫于同行竞争、经济周期和产业结构的变动压力,试图通过资产重组来提升规模经济效益,达到占有更多市场份额的目的。二是追求利润最大化的动力机制刺激着企业资产重组活动的不断产生和发展。我们从已经发生的资产重组的案例中分析,主要有三大原因激励着企业资产重组,即企业发展动机、占有市场份额动机和企业发展战略动机。

4. 资产重组促进证券市场发展

从近两年证券市场的发展实践来看,企业资产重组有利于促进我国证券市场向前发展,有利于提高证券市场的质量。证券市场的基础是上市公司。常言道:浇花需浇根,根深才能叶茂。只有上市公司质量的提高,才能使证券市场在规范中发展。同样,规范证券市场就是要致力于规范上市公司的行为,提高上市公司的质量。因此,对上市公司采取资产重组的办法,重新优化配置资源,不仅有利于证券市场规范运作,而且还能不断地给上市公司输入新鲜血液,给证券市场带来勃勃生机。

我国证券市场上出现的借壳上市这种新的并购方式就是通过证券市场来完成的。由于我国新股发行的严格控制,许多规模较大和效益较好的企业不能上市,不能通过证券市场直接融资,于是借壳上市的并购方式应运而生。借壳上市,一方面使借壳公司达到了融资目的;另一方面,由于借壳公司把优质资产注入壳公司,壳公司的资本规模急剧膨胀、业务迅速扩大、盈利增强,进一步又可在证券市场上扩股增资。

通过证券市场实行企业收购兼并,促进资源的合理配置,是我国企业资产重组的高级形态。随着中国资本市场的快速发展,以及产业结构调整力度的不断加大,企业资产重组不可避免。国家对国有企业的政策是"抓大放小",为了促进经济增长方式的转变,国家推行大企业、大集团战略,鼓励"多重组少破产",上市公司正走在我国企业资产重组的前列。

第四节 中外企业并购实践总结

一个世纪以来,西方各国通过大规模的企业并购,实现了企业规模的迅速扩张,进而推动了产业升级和资本结构的优化配置,一大批大型跨国公司随之诞生。随着经济全球化的推进,企业并购在全球范围内再次掀起了高潮,而中国企业并购是伴随着以放权让利为特征的国企改革进行的,国企改革的内在驱动力已基本消耗殆尽,国有经济需要战略性重组,并通过国企改革建立适应市场竞争需要的经营机制。

一、西方国家企业并购历史回顾

美国的并购历史是西方并购历史的集中反映和代表。从 1898 年起,美国企业已经掀起了 6 次并购浪潮。

1. 第一次并购浪潮(1898—1903 年)

第一次并购浪潮发生在 1898 年到 1903 年之间。它以横向并购为特征,如图 1-1 所示,使资本主义迅速从自由竞争向垄断过渡,形成了一大批垄断企业。这 5 年间,美国的工业结构发生了重要的变化,100 家最大的公司规模增长了 400%,并控制了全国工业资本的 40%。这次并购浪潮终止的原因有两个:第一,美国在 1903 年出现经济衰退,股市低迷,股价大跌,并购资金来源不足;第二,以《谢尔曼法》的制定为标志,美国国内掀起了反垄断运动的高潮,政府开始抑制导致垄断的并购行为。

2. 第二次并购浪潮(1916—1929 年)

第二次并购浪潮发生在 20 世纪 20 年代,于 1929 年达到高潮。第二次并购浪潮的最大特点是相当规模的纵向并购的出现。虽然横向并购仍为主流,但是纵向并购风行一时。这次并购主

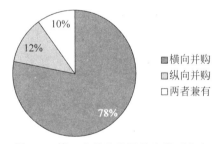

图 1-1 第一次并购浪潮并购类型分布
资料来源:FLIGSTEIN N. The transformation of corporate control [M]. Cambridge, Mass: Harvard University Press,1990:72.

要发生在汽车制造业、石油工业、冶金工业及食品加工业,它加强了第一次并购浪潮的集中,也加强了企业之间的竞争程度。1929年爆发的美国经济危机导致该次并购浪潮终结。

3. 第三次并购浪潮（1955—1969年）

第三次并购浪潮发生在第二次世界大战以后的20世纪五六十年代。它以混合并购为最大的特点。通过这次跨部门和跨行业的混合并购,美国出现了一批多元化经营的大型企业。

4. 第四次并购浪潮（1975—1992年）

第四次并购浪潮从20世纪70年代中期持续到90年代初,以1985年为高潮。它有以下几个特点。

（1）高风险、高收益的垃圾债券这种新型的融资工具的出现,为杠杆收购与经营者收购创造了条件。杠杆收购与经营者收购的结合创造出一批全新的积极投资者。他们集投资者（委托人）和经营者（代理人）于一身,有更大的动力去追求股东利益最大化,从而降低了企业的代理人成本。

（2）分解式交易（divestiture transaction）为许多综合型大公司采用。通过分解式交易,母公司将其子公司作为一个独立的实体分离出去,或者把它出售给别的企业。据估计,此类交易占总交易量的1/3左右。通过这类交易,企业经营者甩掉了包袱,把主要精力放在最有效率的业务上,由此提高了企业的经营效率。

（3）敌意并购的比例较高,如表1-1所示。美国从1990年起开始陷入经济衰退,轰轰烈烈的第四次并购浪潮也暂时进入低潮。

表1-1　1985—1992年的并购数量和敌意并购数量　　　　　　　　　起

年　　份	并购数量	敌意并购数量	年　　份	并购数量	敌意并购数量
1985	2 001	116	1989	2 366	160
1986	3 336	190	1990	2 074	64
1987	2 032	147	1991	1 877	22
1988	2 258	263	1992	2 574	20

资料来源：FLIGSTEIN N. The transformation of corporate control[M]. Cambridge,Mass：Harvard University Press,1990：76.

5. 第五次并购浪潮（1994—2008年美国金融危机之前）

第五次并购浪潮从20世纪90年代中期开始持续至2008年美国金融危机之前,以2000—2001年高新技术领域的并购为高潮。它具有如下特点。

（1）跨国并购风起云涌。比如美国得克萨斯公用事业收购英国能源集团,美国环球影城公司收购荷兰的波利格来姆公司,德国的戴姆勒收购美国的克莱斯勒,英国石油收购美国阿莫科石油。

（2）强强联手引人注目。如美国花旗银行和美国保险巨子旅行者集团的合并金额高达725亿美元,成为全球业务范围涵盖最广的国际金融集团；埃克森以近790亿美元的价格收购了美国的美孚公司,缔造了全球最大的石油公司；美国在线公司和时代华纳公司组建美国在线-时代华纳公司,交易案金额高达1400多亿美元,打造了全球最大的网络传媒集团。

(3) 大多数企业逐渐放弃了杠杆收购,财务性收购让位于战略性收购,企业开始更多地从自身发展的战略角度来考虑并购问题。

6. 第六次并购浪潮(2008年美国金融危机之后)

2008年美国发生的金融危机,引发了全球性经济危机,西方发达国家破产倒闭企业不计其数,一些勉强生存下来的企业,经营困难,纷纷寻求通过兼并重组的方式获得新生,而以中国为代表的新兴市场经济国家,则成为新一轮全球并购浪潮的主角。与此前5次并购浪潮不同的是,这一次是新兴经济体主导的对西方发达国家企业的并购,核心是技术、品牌、渠道、人才的全球整合。其呈现以下特点。

(1) 跨区域横向并购整合。金融危机发生后,欧美各国政府对金融机构加强了监管,单靠以前繁荣时期获取收益的盈利方式吸收流动性的做法,将面临交易成本上升的考验。而跨区域进行横向并购,能够最大限度地利用各国(地区)的资金和金融资产,凸显规模优势。事实上,这种以做大规模为目的的横向并购,早在1898—1903年美国第一次并购浪潮中就已反映出来了,其结果是引发美国政府出台了制止依靠并购形成托拉斯组织阻碍竞争行为的监管措施。

(2) 进入21世纪后,机构的强大和跨国特征已经超越了一个企业自身的属性,每一次大型并购的背后,都有经济、政治和利益集团、监管机构以及公共关系的影子。比如,在1994—2008年发生的第五次并购浪潮中,并购交易已经成为全球性的行业,而且第一次出现了主权财富基金的身影,金融创新变得越来越重要,国家与国家的竞争,开始表现在机构与机构的竞争上。虽然2008年金融危机阻断了这种并购的发展,但金融危机后的一些"巨无霸"并购,延续了第五次并购浪潮中的金融创新。我们可以大胆预期,全球并购"巨无霸"的继续,可能也会催生全球证券行业的运行模式创新性变革,从而推动全球金融行业早日迎来一个新的增长点。

(3) 第六次全球并购是糅合了已有并购范式和创制新模式的多维面并购。第六次全球并购主要是由发展中国家对发达国家发起的并购,是相对落后经济体对发达经济体主导的并购,这就决定了并购过程中一定有不成熟乃至商业逻辑上甚至不成立的东西,因而既有前五次全球并购已产生的横向并购、纵向并购及混合并购模式,也预计一定会创制出一些全新的涉及并购要素的理念、商业模式及盈利模式,所以第六次全球并购预计是糅合了这些创制的新商业模式和已有并购范式的多维面并购。因而,这次并购浪潮,着实需要我们中国从事并购的机构和个人与时俱进地更新知识面,以不断探索、不断历练的态度,积极应对。

(4) 第六次全球并购将是由中国面向全球的并购。中国经过改革开放以来40多年的发展,特别是经过以往吸收西方发达国家过剩资本和产能的历程,一方面中国已进入工业化的中后期,与西方发达国家所处的后工业时代比较接近;另一方面中国目前已积聚了一定的经济体量,这就自然引发由中国主导的全球并购,让中国过剩产能或产业转移到国外。中国政府提出了"一带一路"发展倡议,倡议建立亚洲基础设施投资银行,此举也真实反映了中国企业"走出去"实现全球并购的两条路径。这两条全球并购路径,一条是面向欧美国家并购的"往上走";另一条是到非洲、拉丁美洲一些经济发展水平低于中国的国家推销高铁产品,投资建设钢铁厂、水泥厂,实现中国水泥、钢材、中低端汽车等过剩产品的"往低走"。

(5) 第六次全球并购是第一次由社会主义市场经济国家发起的对西方发达市场经济国家的并购,必然遭遇国别间体制机制与文化差异的碰撞。在以中国这个社会主义市场经济国家为中心的第六次全球并购中,必然交织着社会主义市场经济与资本主义市场经济的体制机制、微观运行、文化理念的碰撞,遭遇较多障碍,其中中国存在的问题是民营企业比较弱,而国有企业能够垄断占据较多业务资源,但对能做得到的跨国并购动力不强。我们以经过40多年发展起来的民营企业作为全球并购主体,因其技术、质量、品牌、管理与经过两三百年发展的西方发达国家相比仍是落后的,体量更显得渺小,更何况前五次全球并购中每次均为发达国家与发达国家间的并购,以大购小,纵使有小企业并购海外大企业,也是在同一个发展水平体系下的并购。因而,以"全球并购、中国整合"为核心内容的第六次全球并购,必然会遭遇中国与西方发达国家间体制机制与文化差异的碰撞。

目前,更大规模的跨国并购和信息产业的并购已成为全球并购的主要特征。如果说第五次并购浪潮的最显著特点是跨国并购的话,伴随着全球经济的进一步一体化和数字技术的飞速发展,第六次并购浪潮将体现更大规模、更多行业的跨国并购和以网络经济为平台的Internet并购。Internet并购,又称赛博并购,从广义角度讲就是指信息技术(IT)产业的一体化过程,从狭义角度讲是新兴网络企业间的并购。信息作为21世纪全球经济发展最重要的资源和最核心的经济技术变量,其生产、流通、交换和分配逐渐成为世界经济活动的主体。信息产业作为一个新兴的产业部门,市场前景非常广阔,它的迅速扩张和一体化趋势都将主要通过并购来完成。

二、中国企业并购历史回顾

中国企业尤其是上市公司的并购是随着我国统一的证券市场的建立而产生发展的。根据不同时期的公司并购活动的特点和发展水平,有的学者把公司的并购活动分为三个阶段,起点是20世纪80年代初期;有的学者将其分为四个阶段,起点是20世纪90年代初期;也有的将其分为两个阶段。一般来看,我国对并购的研究主要集中在上市公司的并购活动,其中于1993年发生的以控制权转移为目的的"宝延案"被视为并购浪潮开始的标志,1997年进入快速发展时期,具体情况如下。

1. 1990—1992年——显现阶段

在此期间我国依旧对社会主义改革的取向存在争论,国有股和公有性质的股权的转让是非常敏感的问题;同时我国证券市场本身还处于初始阶段,上市公司的数量少、质量较优,出现问题的上市公司不多。因此,并购活动总体表现得不是很活跃,企业也并没有把并购行为作为战略手段之一。这个阶段的表现是:①法律制度和市场规则缺乏,市场缺乏统一的行为规范,监管缺乏经验;②并购的对象主要集中在二级市场和"三无"(无国家股、无法人股、无转配股)板块。

2. 1993—1996年——启蒙阶段

1993年9月30日,深宝安收购延中实业标志着中国上市公司并购浪潮的开始,这一阶段的并购活动仍然很少,共14起并购案。这个阶段的并购表现为:①并购支付方式都是现金支付,并购程度低;②并购细节很少对外公布,多数未公布股权收购价格,缺乏相关的法律法规约束;③并购缺乏政府参与和支持。

3. 1997—2004年——快速发展阶段

此阶段中国上市公司并购数达868起,并购的最主要动机是利用壳资源融资,第二个动机是通过并购进行资产重组,第三个动机是实现政府推动的国企改革和扭亏的任务。其中,1999年至今,是我国上市公司并购的规范发展阶段。随着有关并购法规的逐步出台,并购行为得到了一定程度的规范。1999年7月1日开始施行的《中华人民共和国证券法》明确规定了上市公司股权转让的两种方式,即上市公司的股权可以以协议转让和二级市场收购两种形式实施,这标志着规范化的发展,促进了上市公司并购。这个阶段的表现是:①壳资源依旧稀缺,目标公司普遍业绩不佳。这些企业由于面临退市的威胁急于扭亏,兼并这些企业可以得到潜在的收益。②支付方式有现金交易,也有股权划拨,更多的是以资产换股权,一定程度上调整国有经济和整合产业结构。③并购后一般都会注入优质资产,剥离劣质资产,改变企业的盈利状况,以尽快使控股上市公司达到配股的盈利要求。④有关并购的法规包括会计处理和信息披露等具体的规定,使并购行为更规范。⑤转让的股权绝大部分是国有股、法人股。⑥并购动机多元,如战略性重组、二级市场盈利、经济结构调整。其具体数据如表1-2所示。

表1-2 1997—2004年中国并购方式和数量

方式	数量及所占比例	1997年	1998年	1999年	2000年	2001年	2002年	2003年	2004年
无偿划拨	数量/起	7	18	30	27	25	29	35	27
	占当年比例/%	21.2	25.7	35.7	26.5	22.9	17.3	23.6	17.5
司法拍卖	数量/起	0	0	1	3	4	10	12	9
	占当年比例/%	0	0	1.2	2.9	3.7	6	8.1	5.8
购买上市公司股权	数量/起	26	47	46	68	70	104	72	74
	占当年比例/%	78.8	67.1	54.8	66.7	64.2	61.9	48.6	48.1
购买母公司股权	数量/起	0	4	5	2	4	11	20	15
	占当年比例/%	0	5.7	6	2	3.7	6.5	13.5	9.7
母公司改造	数量/起	0	1	2	2	6	14	9	29
	占当年比例/%	0	1.4	2.4	2	5.5	8.3	6.1	18.8
合计	数量/起	33	70	84	102	109	168	148	154

资料来源:朱宝宪.公司并购与重组[M].北京:清华大学出版社,2006:40-41.

4. 2005年至今——扩大发展阶段

从2005年开始,中国企业并购伴随着资本市场的快速发展而呈现出并购规模扩大、发布更加广泛、并购主体更加丰富的快速发展势头。特别是2008年美国发生金融危机后,中国企业并购重组特别是海外并购呈现出"井喷"态势,交易数量、规模屡创新高,并一举成为全球第二大并购投资地,仅次于美国。在 2016 年达到峰值后,中国并购市场出现回调,由于中美贸易战以及西方国家对中国企业海外并购的警惕和防备,并购数量和规模都有所下降。以下趋势图表(图 1-2～图 1-4)来源于智研咨询发布的公开信息。

图 1-2　2013—2019 年 Q1 中国企业国内并购案例数量及金额

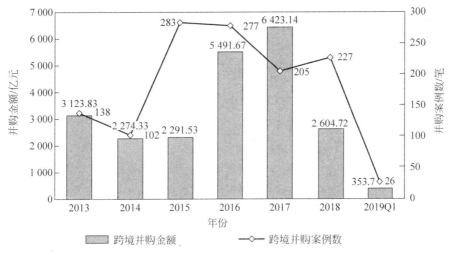

图 1-3　2013—2019 年 Q1 中国跨境并购案例金额数量及金额

三、中国企业并购与重组的发展趋势

随着注册制改革、资本市场对外开放的步伐加快,以及国有企业改革发展壮大、民营企业的日益成长和外商投资规模的不断扩大,我国企业并购的新一轮高潮即将到来。未来,我国企业并购将表现出几大趋势。

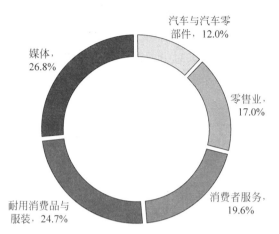

图 1-4　2015—2019 年可选消费行业细分领域并购交易金额占比

1. 并购广泛分布于国内外

改革开放进程不断深化,中国的跨国公司并购浪潮风起云涌。联想集团收购 IBM、上汽集团收购双龙、TCL 集团收购汤姆逊、海尔集团收购美泰克、中海油收购优尼科等都参与到大型海外并购计划。中国企业的并购广泛分布于美国、亚洲、欧洲,并且将积极开拓在广大新兴经济体的并购,如印度、南非等。中国综合国力不断增强,横向、纵向并购成功的案例增加。

2. 横向并购的增长受益于政策因素和行业开放程度

横向并购的目的是改变散、乱、小的产业格局,扩大企业的规模效益,提升企业应对市场竞争的能力。在中国,这种推动力主要来源于两个方面,一是国家与地方政府的政策推动力,这些政策具有强制性,如国务院国有资产监督管理委员会出台相关文件,指出央企重组主要集中在煤炭、民航等七大行业,转眼间山西煤炭企业就被山西五大集团重组而垄断。二是行业开放程度越高,市场竞争越完全,这样的并购就越容易实现。

3. 纵向并购更侧重于增强企业产业链薄弱环节

纵向一体化产业链建设则是为了加强企业对上下游的掌控能力,弥补产业链薄弱环节,提升企业盈利能力和竞争能力。汽车制造有两个关键零部件:发动机与变速器,吉利通过聘用国际化人才解决了发动机的自主研发与生产问题,而中国自主品牌企业几乎不能自主生产自动变速器,因此吉利收购澳大利亚 DSI 自动变速器厂,直接掌握了汽车的变速器技术,并通过国产化而实现低成本配套,从而摆脱了关键零部件受制于人的情况,使企业获得了成本优势,这种情况在中国工程机械行业普遍存在。

4. 混合并购主要体现在向主业集中的相关多元化

中国的大型企业集团已经从美国大型集团多元化发展所遭受的损失中获得了经验教训,中国大型国有企业均在向主业集中,采用"一业为主,相关多元化"的业务发展模式。

5. 并购更加注重品牌、营销、知识产权等无形资产

品牌是企业的名片,品牌效应甚至大于质量效应,并购企业获得被并购企业的商标和品牌使用权,从而获得了该品牌的市场份额,掌握了被并购企业的销售渠道,为企业产品的销售创造了有利的条件。

6. 并购大量运用新型的金融工具

风险投资等金融工具和运作手法已经融入企业并购的融资中以分散风险。通过并购或者是交叉持股形成战略联盟关系,产业演进理论指出产业的发展经历了初始阶段、规模化阶段、集聚阶段、平衡和联盟阶段这四个阶段,当行业巨头达到某种平衡后,就很难形成并购方案,通过相互持股同样能够获取并购所能达到的协同效应,共享来自市场、质量、研发等方面的价值。

本 章 小 结

本章主要分析了企业并购重组的理论知识、实践总结和趋势发展。本章首先对企业并购重组的定义进行了全面的解释;再对企业并购重组的动因、相关理论进行了全方位的阐述;最后通过对西方国家和我国企业并购的历史、现状和发展趋势进行分析,对中国企业并购的大趋势进行了展望。本章是本书的理论基础和铺垫,只有对企业并购的理论基础和实践发展有一个系统的、全面的认识,才能为企业并购运作打好基础。

复习思考题

1. 什么理论认为并购会带来企业生产经营效率的提高,最明显的作用表现为规模经济效益的取得,常称为"1+1>2"的效应?
2. 企业并购与重组的关系是什么?
3. 企业并购动因有哪些?
4. 企业并购理论有哪些?

招商局集团的两次战略性资产重组

从1872年李鸿章创办轮船招商局开始,招商局创办了中国历史上第一家航运企业(轮船招商局)、第一家银行(中国通商银行)、第一家保险公司(保险招商局)、第一家煤矿(开平矿务局)、第一家纺织厂(上海机器织布局),建造了第一条铁路。中华人民共和国成立以后,招商局开改革开放之先,于1978年开始开发蛇口工业区。2016年全年,招商局营业收入近5 000亿元;利润总额逾1 100亿元,在央企中排名第二;2017年年末总资产6.81万亿元,位列央企第一。

和大多数央企不同,招商局并不具备先天的垄断优势——从航运起家,长期身处竞争性领域;集团总部不在北京,而在香港。招商局是对外开放的产物,一出生就在高度的市场竞争中摸爬滚打,各个产业都处于高度竞争领域。在100多年的市场竞争中,招商局经历了粗放式扩张、重组改造、转型升级,终成今日的"巨无霸"。

始于 2000 年的战略性资产重组:"瘦身"与聚焦主业

改革开放以来,招商局经历了 20 世纪 80 年代的非理智扩张、20 世纪 90 年代的盲目投资、1997 年亚洲金融危机以后的生死考验。20 世纪 90 年代初,和当时的大多数企业一样,以航运起家的招商局,曾陷入粗放式扩张,涉及了港口、公路、金融、物流、地产、工业、贸易等 17 个行业的业务,旗下公司 250 余家,并参控股中国近 20 家上市公司。到 1997 年,招商局下属各种参控股企业已经超过了 200 家,资产超过 500 亿港元,投资产业分散在数十个领域,管理架构形成了复杂的多级主体。尽管如此庞大,但企业效益并不好,某些子公司负债亏损严重。

2000 年 7 月,招商局聘请麦肯锡公司为咨询顾问,招商局的重组正式启动。"大动干戈"的重组,旨在彻底清理招商局过去积累的大量不良资产,打破臃肿的管理构架,建立新的财务抗风险体系,以及确定公司未来的核心产业。半年的"诊断"以后,麦肯锡开出"主药方":根据现有资源,招商局应通过资产重组确定四大核心产业,即交通基建、金融、地产和物流。

根据麦肯锡的建议,集团管理层做出了清晰的 3 年近期规划和 5 年长期规划的重组方案。核心产业重组以集团在香港和内地的两家主要上市公司招商局国际(0144.HK)和招商局蛇口控股(000024.SZ)为主要角色,重组方式一是在内部推行资产置换、资产调拨等;二是依靠外部市场,包括利用招商局所拥有的其他上市公司及联合其他战略伙伴等进行资本运作。非核心产业的重组方案,一是对非管控类的投资性资产,不再做更多新投资,效益稳定者予以保持;二是管控类的非核心资产,将伺机在资本市场转让、出售或寻找新战略伙伴共同经营。

方案出台后,2001 年底,招商局四大产业集团分别确定,即以招商局国际(0144.HK)和华建中心为基础,整合招商局所有 30 公里海岸线的港口和 2 300 多公里的公路资产,发展交通基建产业(预期资产 200 亿港元);以招商局蛇口控股(000024.SZ)为基础,整合招商局 4 家公司所有的地产和物业资产,整合组建招商局地产控股集团(预期资产 100 亿港元);以招商银行、国通证券(现更名招商证券)为核心,整合招商保险、招商中国基金、海达保险经纪等 10 多家公司的所有金融资产,发展金融产业,并组建招商局金融管理集团(预期管理资产 4 000 亿港元);以招商物流有限公司为基础,整合招商局在全国的运输、仓储、分销资产,包括招商石化、招商燃气、安达货运、安达集装箱、招商局建瑞运输、深圳外轮代理、香港船务企业等 20 多家公司,组建招商局物流集团(预期资产 30 亿港元)。

招商局集团在资产重组中的重要招数就是围绕上市公司的资本运作,一方面,通过上市公司的资本运作,突出主业,完成公司"瘦身运动",同时改善公司财务状况。比如:招商局蛇口控股(000024.SZ)以资本运作手段,加快剥离石化等非房地产业务,把招商局属下另外 50% 左右的房地产及相关资产以合适价格陆续注入上市公司,在加大上市公司资产的同时清理集团不良资产,增强其资本市场融资能力。招商局国际(0144.HK)则采取"三步走"战略,将公司主业单一优化为港口和公路的交通基建业:其一,加快收购集团内外优质港口资产。两年内,招商局国际(0144.HK)共支付近20亿元,收购10余个项目,包括蛇口招商港务20.8%权益、深圳凯丰码头20%股份、香港西区隧道与香港隧道及公路管理各13%股份、浙江余姚公路60%股份、深圳妈湾港8号泊位49%权益、漳州码头49%股份,增持现代货箱码头1.8%股份、光大亚太23.9%权益等,并加快与上海、宁波、青岛、天津等港口的收购谈判。其二,加快打通公路资产资本市场通道。公司为此考虑了不同的方案,包括招商局国际的公路资产分拆上市、华建中心公路资产注入招商局国际、华建中心独立上市等方案。这些方案都不同程度需要政策的支持。其三,清理公司非主业资产。2002年上半年,公司出售了其持有的南玻集团部分权益,显示了剥离非主业资产的决心。同时公司已申请将持有的中国国际集装箱(中集)B股法人股转为可流通股份,便于退出。重组资产剥离情况和重组资产财务改善情况分别如表1-3、表1-4所示。

表1-3 重组资产剥离情况

项目	金融类	工业类	地产类	交通基建类	科技类
重要资产剥离名目	中国平安保险、友联银行(0349.HK)	广东浮法玻璃、南玻B股(200012.SZ)等	香港西港中心大厦、长沙湾土地等	福建324国道、上海逸仙高架桥等	中国联通"深惠珠项目"等
套取现金数额	预计25亿~30亿港元	4.5亿港元	13.8亿港元	10亿港元	3.2亿港元

表1-4 重组资产财务改善情况

减少负债总额	降低负债比	上半年营收	上半年利润	出售资产变现	持有可投资现金
30多亿港元	20%多	49亿港元	12.19亿港元	50亿港元	90亿港元

资料来源:招商局集团行政办。

围绕着上市改善的资本运作,招商局集团以实业投资为主体的"投资控股企业财团"和以金融服务为主体的"金融控股公司"的架构逐渐清晰,如图1-5所示。

2014年的战略性资产重组:"三大平台"构建及转型

近年来招商局集团通过一系列的内外资产重组整合以及商业模式重塑,2010—2015年保持了高速增长,总资产、净资产、营业收入、利润总额的复合增长率分别为24.3%、22.9%、33%、19.2%,光荣的历史证实了这是一只"会跳舞的大象"。截至2016年底,招商局集团总资产6.81万亿元,位列央企第一。而集团盈利在2015年的基础上继续稳定增长,创造历史新高,全年实现营业收入4 954亿元,同比增长78%;实现利润总额1 112亿元,同比增长34%,在中央企业中排名第二。2017年,招商局创立145周年,提出了到"十三五"规划期末,整个集团要在2014年的基础上实现各项指标往上翻一番,"再造一个招商局"。

对内整合,对外兼并

进入新时代的2014年,招商局领导班子进行了大量的调研,对集团未来发展战略做了深入的研究和思考。当时的分析认为,招商局再次处在一个"大转型时代"。在新常态

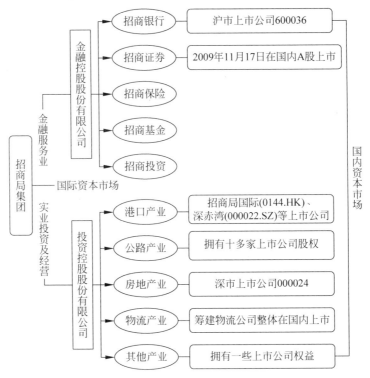

图 1-5　招商局集团重组后的战略架构

下,不少行业产能过剩,企业经营出现较大困难,大洗牌、大重组、大兼并势在必行。

2014年11月,招商地产与招商银行达成全面战略合作,探索地产金融深度互动。双方将在授信及融资服务、国际结算和其他金融服务、品牌共建及客户共同开发、产业园区及社区金融服务、资本市场专业化服务、金融不动产开发、咨询与培训服务等方面展开深入合作。

2015年12月,招商局启动千亿级别的无先例重组:招商蛇口工业区吸收合并招商地产,涉及资产规模2 109亿元,重组后市值达到1 700亿元,实现综合开发运营板块的整体上市。

对内重组整合的过程,招商局往往辅以外部的兼并收购。

2015年,中国外运长航集团整体并入招商局集团,成为招商局的二级子公司。据介绍,招商局专门成立了物流事业部,将中外运物流业务与原招商物流进行整合。

2011—2016年的5年间,招商局累计对外投资665亿元用于兼并收购,通过兼并收购较快地推动了集团核心业务的发展,同时也把资源有效地集中到更有能力的经营者手中,提升了资本效率。

资产重组的背后,折射出招商局的战略思维转变——推动业务结构由2000年重组后的三大主业(交通、金融和地产)全面向三大平台(实业经营、金融服务、投资与资本运营)转型(图1-6),且在发展驱动力上从传统的增长方式向"四轮驱动"(创新、并购重组、数字化和国际化)增长方式转变。

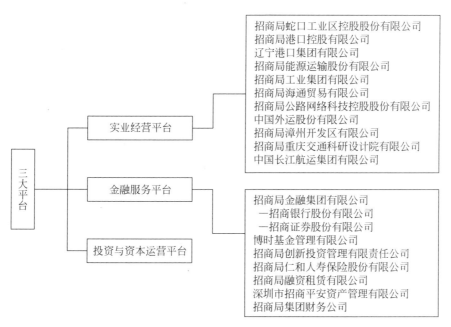

图1-6 招商局集团重组后的三大平台

三大平台运营,产业规模效应凸显

招商蛇口是招商局地产业务与城市运营的平台,"蛇口模式"的最初范本是"港口-区域-城市"(PPC)生态;2015年,招商局实现蛇口工业区和招商地产的重大重组后,招商蛇口由房地产公司向城市与园区运营商转型,2016年利润增长50%,达165亿元;2017年突破200亿元。在整合航运、公路、园区地产开发的基础上,招商局进行了商业模式的重塑,总结出了"蛇口模式"。招商蛇口在"一带一路"沿线输出"蛇口模式",将"前港、中区、后城"进行复制,通过强化某些欠发展地区或国家的软件、硬件设施,提升投资环境和吸引力,将发生在深圳蛇口的奇迹带到海外。

招商公路整合了招商局投资经营的分布于全国公路主干线上的公路、桥梁、隧道等收费公路项目,现已整合成从勘察、设计、施工到投资、运营、养护、服务等公路全产业链的平台。招商公路通过发行A股换股吸收合并华北高速的并购重组(华北高速退市),实现了路权的集中管理,降低高速公路运营成本,提升交通运输的有效供给。

招商局通过招商局港口(0144.HK)对深赤湾(000022.SZ)重大资产重组(深赤湾退市),解决了同业竞争问题,整合了集团旗下的港口资源,成为中国最大、世界领先的港口开发、投资和营运商。

招商局物流集团则被整合进中国外运长航,以上市公司中国外运为平台,继续积极开拓全球服务网络,正打造成中国领先的全供应链物流服务商。2017年8月22日晚间,中国外运(00598.HK)发布公告称,将通过发行股份的方式收购招商局物流的全部股份,总对价人民币54.5亿元。至此,招商局集团旗下物流板块的整合尘埃落定。这一重组案例的成功,就是"突出主业"模式,即将小型央企并入大型、综合类央企中,补强大型央企集团的某一主业,起到做强做优做大的效果。

招商轮船(601872.SH)将中国外运长航的航运资产整合在旗下,打造一个统一的航运业务平台。2017年9月1日,招商轮船公告称拟向中国经贸船务以发行35.86亿股份购买资产的方式购买其持有的恒祥控股有限公司(恒祥控股)100%股权、深圳长航滚装物流有限公司(深圳滚装)100%股权、上海长航国际海运有限公司(长航国际)100%股权及中国经贸船务(香港)有限公司(香港经贸船务)100%股权。招商轮船在完成资产收购后,除了已有的油运、散运以及气运业务之外,新业务将包括滚装船运输以及活畜运输。招商轮船表示,上市公司将形成油、散、气、特相结合的专业化管理平台,以"大客户""低成本"为战略措施,保持VLCC(超级油轮)和VLOC(超级矿砂船)的世界领先地位,维持滚装运输业务国内领先的市场地位,发展国际市场有特色的干散货业务,发展杂货及特种船运输业务,力争成为全球领先的综合航运服务商。

招商局金融服务平台并不简单追求金融全牌照,而是按"4+N"(银行、证券、保险、基金加其他板块)的布局思路,形成集团全产业链金融服务能力,为客户提供全方位综合金融解决方案。一是对招商银行、招商证券等传统优势领域加强管理,实现国有资本保值增值,稳定公司股权结构和治理结构,确保未来长期稳健发展;二是复牌、重组或设立新兴的代表未来发展方向的金融业态,包括保险、直投、金融科技等。近年来,招商局在金融战略上落子频频,加强了在保险、直投和资产管理领域的布局。招商局与中国移动、中航信等8家股东发起成立的仁和人寿在2016年获批筹建,半年后通过监管验收,随即成功开业,招商局集团董事长李建红亲自担任仁和人寿董事长。2017年8月,招商局、平安集团和深投控发起成立深圳市首家地方AMC(资产管理公司)——深圳招商平安资产管理公司,聚焦不良资产处置。2016年11月,招商租赁揭牌成立,实现当年注册、当年开业、当年盈利。2015年12月,招商创投揭牌,体现了招商局这个百年央企全力开展"互联网+"和VC(风险投资)的坚定决心。

从上述资本运作不难看出,招商局将核心产业向上市公司归拢,"平台化"是其战略性资产重组的关键词,其目标在于形成产业规模效应。如今的招商局,不仅在基础设施与装备制造、物流航运、综合金融、城市与园区综合开发等领域保持着领先的优势,还成为中国企业国际化、"一带一路"建设的先锋。

2021年1月27日,招商局集团在2021年度工作会议上公布,集团2020年全年实现营业收入8 148亿元、同比增长14.1%,利润总额1 754亿元、同比增长7.6%,净利润1 373亿元、同比增长8.5%,截至2020年底总资产达到10.4万亿元,均创历史新高,其中资产总额和净利润蝉联央企第一。5年来,集团营业收入、利润总额、净利润、总资产复合增长率分别达到34.0%、17.4%、14.5%、10.8%,集团综合实力大幅提升,经营业绩屡创新高,形成"一个招商,两个500强"格局。

【案例评析】

(1) 招商局集团的两次战略性资产重组是做大做强的前提,为了做大做强而重组,为了重组而进行了一系列并购,使我们加深对并购与资产重组关系的理解。

(2) 招商局作为央企国家队之一,近年来通过利用资本市场来落实国企改革,对其他上市国企而言,极具借鉴意义。招商局是改革开放的产物,一出生就在高度的市场竞争中摸爬滚打,各个产业都处于高度竞争领域。招商局集团的成功说明,国有企业是能够做好的。国际化、市场化一直是招商局集团做大做强坚守的理念和战略。

（3）招商局严肃看待企业战略，保持了很强的战略定力。两次战略性重组相比，尽管资本市场发生了不少变化，但招商局通过资本市场促进主业发展、实现专业化整合、规范企业管理的思路并没有改变。

（4）"招商系"各板块推进对外发展、对内整合的工作，上市平台成为招商局归拢核心产业的主要阵地。从招商局集团的资本运作不难看出，招商局将核心产业向上市公司归拢，"平台化"是2015—2017年"招商系"上市公司频频动作的关键词，其目标在于形成产业规模效应。

（5）目前，招商局集团总资产已达10万亿元左右，较20多年前翻了20多倍，且大量资产遍布全球多地，管控难度急剧增加，如何管好这艘招商巨轮，靠的是转型，由"管业务"变成了"管资本"，由交通、金融和地产这三大主业全面向实业经营、金融服务、投资与资本运营这三大平台转变，打造各大业务线条的平台，利用平台来管理业务，这个平台管理业务的模式值得我们深入研究思考。

（该案例为本书第三次修改出版更新的案例，作者为石建勋）

【案例讨论题】

1. 比较分析一下招商局集团两次战略性资产重组的背景、条件、目标等，分析一下两次战略性资产重组有什么差异。

2. 为什么说招商局两次资产重组是国际化、市场化的战略性资产重组？

3. 结合今天招商局集团的发展成就，讨论一下作为一个有百年历史的国有企业，招商局集团各个产业都处于高度竞争领域，为什么能够生存并快速发展，总资产20多年翻了20多倍？

 **首旅集团收购如家**

即 测 即 练

第二章 企业并购与资产重组的基本知识

第一节 企业并购重组与资本运作

一、企业并购重组是资本运作的主要方式

并购重组是资本运作发展到一定阶段的产物,目前,企业资本运作最主要和使用最广泛的方式是企业并购重组。并购重组是整个资本运作大概念下的主要实现形式,在学习掌握并购与重组基本理论和基本知识之前,有必要从不同层面学习和了解资本运作这个大概念的不同分类和含义。

在经济学意义上,资本指的是用于生产的基本生产要素,即资金、厂房、设备、材料、数据、土地、知识产权等资源或资产。在金融学和会计领域,资本通常用来代表金融财富,特别是用于经商、兴办企业的金融资产。广义上,资本也可作为人类创造物质财富和精神财富的各种社会经济资源的总称。

资本运作又称资本经营,从宏观上讲,资本运作是指以资本增值最大化为根本目的,以价值管理为特征,通过企业全部资本和生产要素的优化配置与产业结构的动态调整,对企业的全部资本进行综合有效运营的一种经营方式。从微观上讲,资本运作是利用市场法则,通过对资本的技巧性经营和科学性运作实现价值增值、效益增长的一种经营方式,包括对企业所拥有的一切有形与无形的存量资产,通过重组、流动、裂变、组合、优化配置、整合等各种方式进行有效经营,实现资本增值、效益增长。

资本运作有两层意义:第一,资本运营是市场经济条件下社会配置资源的一种重要方式,它通过资本层次以上的资源流动来优化社会的资源配置结构。第二,从微观上讲,资本运营是利用市场法规,通过对资本的技巧性运作,实现资本增值、效益增长的一种经营方式。

由此可见,资本运作具有如下三大特征。

第一,资本运作的流动性。资本是能够带来价值增值的价值,资本的闲置就是资本的损失,资本运作的生命在于运动,资本是有时间价值的,一定量的资本在不同时间具有不同的价值,今天的一定量资本,比未来的同量资本具有更高的价值。

第二,资本运作的增值性。实现资本增值,是资本运作的本质要求,是资本的内在特征。资本的流动与重组的目的是实现资本增值的最大化。企业的资本运作,是资本参与企业再生产过程并不断变换其形式,参与产品价值形成运动,在这种运动中使劳动者的活劳动与生产资料物化劳动相结合,资本作为活劳动的吸收器,实现资本的增值。

第三,资本运作的不确定性。资本运作活动,风险的不确定性与利益并存。任何投资活动都是某种风险的资本投入,不存在无风险的投资和收益。这就要求经营者力争在进

行资本运作决策时,必须同时考虑资本的增值和存在的风险,应该从企业的长远发展着想,企业经营者要尽量分散资本的经营风险,把资本分散出去,同时吸收其他资本参股。

再进一步分析资本运作的内涵,主要包括以下内容。

(1) 资本运营的主体可以是资本所有者,也可以是资本所有者委托或邀约的经营者,由他们承担资本运营的责任。

(2) 资本运营的对象或客体,主要包括实物资本、无形资本(如品牌、知识产权、人力资本、管理资本等)、组织资本、土地资源、企业产权、流动资本、数据资本等。资本运作可以是对其中一种形态的资本,如金融资本,或者是两种以上形态的资本,如生产资本、商品资本、房地产资本、无形资本等同时进行运作。

(3) 资本的各种形态必须投入某一经营领域或多个板块之中经营,即投入某一产业或多个产业之中,才能发挥资本的功能,有效利用资本的使用价值。

(4) 资本作为生产要素之一,必须同其他生产要素相互结合,优化配置,才能发挥资本的使用价值,创造价值。

(5) 资本运作的目的是获取高额利润,并使资本增值。从这层意义上来说,资本运作属于企业经营管理中最高层次的经营活动,需要具有深厚的财务管理知识、广博的金融学知识、超级深厚的银行渠道、企业运营管理背景的顶级经营人才。

(6) 从政府层面来说,资本运作的内涵包括三方面:一是政府推动产业结构调整、企业重组和社会资源优化配置的手段与方式。二是构建使市场在资源配置中起决定性作用和更好发挥政府作用的体制机制。由市场决定资本运作和资源配置,政府主要通过完善市场经济制度、有效监管、执法和反垄断的有限干预等发挥积极作用。三是政府对国有资本、政府资源等进行资本运作,实现国有资本和社会资源的保值增值。

(7) 从企业层面来说,企业的资本运作就是对企业内部管理型战略和外部交易型战略的有效运用。建立和培育企业核心竞争能力是企业资本运作的核心。企业通过兼并、收购或者重组等资本运作,迅速巩固或扩大自身的竞争实力,并建立起持续发展的企业核心能力。

(8) 从中介层面来说,为企业的资本运作提供服务是投资银行、审计师事务所、会计师事务所、律师事务所等中介机构的主要业务。

资本运作和商品生产经营是企业经营相辅相成的两个方面,应当有机地结合起来。商品生产经营始终是企业运作的基本形式,也是资本运作的基础;资本运作并不能取代商品生产经营,它通过对生产要素的有效配置,能够扩大企业市场份额、产生规模效益、拓宽经营领域、降低经营风险。资本运作与商品生产经营的联系和区别如下。

两者之间的联系有:①目的一致。②相互依存。生产经营是基础,如果不进行生产经营活动,资本增值的目的就无法实现。因此,资本运作要为发展生产经营服务,并以生产经营为基础。③相互渗透。企业进行生产经营的过程,就是资本循环周转的过程,资本运作与生产经营密不可分。通过资本运作,搞好融资、并购和资产重组等活动,增加资本积累,实现资本集中,目的是扩大生产经营规模、优化生产结构、提高技术水平,以便更快地发展生产经营。

两者之间的区别有:①经营对象不同。资本运作侧重的是企业经营过程的价值方面,追求资本增值。而生产经营的对象则是产品及其生产销售过程,侧重的是企业经营过程的使用价值方面。②经营领域不同。资本运作主要是在资本市场上运作,而企业生产经营涉及的领域主要是生产资料市场、劳动力市场、技术市场和商品市场。③经营方式不同。资本运作要运用各种方式筹集资本,有效地运用资本,合理地配置资本,盘活存量资本,加速资本周转,提高资本效益。而生产经营主要是通过产、供、销等方式,达到增加产品品种、数量,提高产品质量,提高市场占有率和增加产品销售利润的目的。

二、企业实施资本运作的必要条件

企业实施资本运作,必须充分考虑是否具备进行资本运作的条件,主要包括宏观和微观两个方面,下面分别讨论。

1. 企业实施资本运作的宏观条件

(1) 国际化、市场化、法治化和现代化的法律规范等宏观环境的配套和完善。比如公司的有限责任制法律体系,即投资者在其投资额的限度之内承担企业的风险;兼并破产机制和法律体系;股份公司制度日臻完善等。

(2) 我国已经基本建立了适合国情的资本配置机制、相应的市场体系和监管制度,诸如现代化的金融市场体系(包括货币市场和资本市场)、产权市场、劳动力市场、生产资料市场、中介机构市场、知识产权市场、房地产市场、商品市场、技术市场和信息市场等的配套和完善。资本运作的基本条件是资本的证券化如股权,资本运营一方面表现为股权转让的运作,另一方面表现为对收益股权和控制股权的运作。资本运作中的交易不同于交易一般的普通商品,需要大额的资金支持,少则几十万元,多达数亿元,短期信贷很难满足其资金需求,企业资本运作与资本市场是否发达、是否完善密切相关,多层次完善的资本市场体系是实施资本运作的必要条件。

(3) 投资银行、审计师事务所和会计师事务所、律师事务所等中介机构的发达、规范、高质量服务和有序竞争是资本运作的必要条件之一。

2. 企业实施资本运作的微观条件

企业实施资本运作,一方面应借助宏观条件如政策支持,另一方面还要求企业自身具备一定的微观条件。

企业实施资本运作需要具备的基本条件包括:①具有资本运作的自主决策权;②具有追求自身资本增值和资本价值最大化的内在动力与必要的约束机制;③具有内在的资本运作风险规避机制;④具有一批优秀而稳定的经营者;⑤具有资本运作中纳入和借助其他企业的筹资和融资能力等。

建立和培育企业核心竞争能力是企业资本运作的核心。企业有效实施资本运作要实现四个方面的结合。

(1) 实现资本运作与核心能力的有机结合。资本运作是在企业内部形成的以资本效率和效益为核心的,实现资本有效增值的一种经营方式。资本运作必须以企业核心能力为基础,只有二者结合起来,才能实现企业规模扩大和效益提高的同步运行。

(2) 实现企业经济实力与品牌优势的有机结合。品牌是一个企业成功进行生产经营的重要标志。品牌作为一种无形资产,在资本运作中,既可作为一种资本入股,从而减少企业有形资本的流出，又可通过冠名权支持一个企业的持续发展。

（3）实现低成本扩张和资本收益的有机结合。企业在资本运作过程中，应该计算、分析投入和产出的比例，最大限度地降低单位产品的劳动生产率，寻求效益的最大化。

（4）实现企业内部完善管理与外部规模经济的有机结合。企业要搞好资本运作，必须按照《中华人民共和国公司法》（以下简称《公司法》）的要求，明确决策、执行、监督三者间各自独立、权责明确、互相制约的关系。

3. 企业实施资本运作需要慎重决策的几个问题

随着我国市场经济的发展和不断成熟，传统的企业增长方式已无法适应现今的发展要求。企业只有合理运用资本运作，优化资源配置、增强核心竞争力，才能最大限度地实现增值。企业要成功实施资本运作，保障其作用的有效发挥，应当慎重决策如下几个问题。

（1）明确企业资本运作目标。企业要对宏观经济的运行趋势、行业发展前景、市场变动格局、产品市场占有率、自身的生产经营能力以及投入产出效果等进行深入的剖析，并在此基础上确立本企业发展的战略定位，制订企业资本运作的中长期战略规划，确定资本运作的手段和方式，确保企业的兼并收购、股份化改造、联合协作以及合资嫁接等资本运作方式都能围绕一个非常明确的目标开展。

（2）采用合理的资本运作方式。企业在进行收购、兼并等资本运作过程中，必须明确其重心。企业应当在对其资金实力、业务能力、人才结构以及发展战略要求等进行分析和研究的基础上，选择以其主业为核心的相关纵向企业进行收购以实现纵向一体化，或者通过不同行业间的收购或兼并，实现企业主业的逐步转移或者其经营风险的分散，促进本企业综合竞争能力的提升，进而提升其在本行业中的地位。

（3）优化企业资本结构。企业只有优化资本结构，控制资本运作成本，才能实现其资本价值增值的最大化，进而获得巨大的利润，以保证和满足企业长期发展所必需的资金要求。企业资本结构的优化，必须以市场变化情况为依据，并及时调整企业股权融资与债务融资的比重，采用财务杠杆来调整和控制企业的融资成本。

（4）健全企业预算管理体制。企业在进行资本运作的实务中，必须根据自身的具体情况，科学规范其预算管理的程序与方法，不断加强预算约束，确保企业资金的运营效率。

（5）完善企业内部控制制度。作为企业内部财务管理的一种重要方式，企业内控制度的建立与完善不仅有利于健全企业的法人治理结构，实现其经营机制的转换，同时还有利于企业财务管理水平的提升。

（6）重视资本运作成本与风险分析。企业要考虑资本运作带来的市场交易成本、内部组织费用、筹资费用、磨合成本等成本费用是否大于其带来的经济效益。

（7）评估企业对资本运作风险的防范和化解能力。企业要审慎评估自身是否具备对经营风险、管理风险、财务风险、信息风险、反收购风险、经济体制风险、股市风险、国际经济形势风险等资本运作风险进行防范和化解的能力。

三、企业资本运作的类型

（一）按资本运作的规模和方向划分

按资本运作的规模和方向，资本运作可分为扩张型资本运作与收缩型资本运作。

1. 扩张型资本运作

扩张型资本运作,是指在现有的资本结构下,通过内部积累、追加投资、兼并收购等方式,企业实现资本规模的扩张。根据产权流动的不同轨道可以将资本扩张分为以下三种类型。

(1) 横向资本扩张,是指交易双方属于同一产业或部门,产品相同或相似,为了实现规模经营而进行的资本扩张。

横向资本扩张可以减少竞争者的数量,增强企业的市场支配能力,也可以解决市场有限性与行业整体生产力不断扩大的矛盾。具有代表性的案例之一是青岛啤酒集团在啤酒行业的横向资本扩张,如图2-1所示。

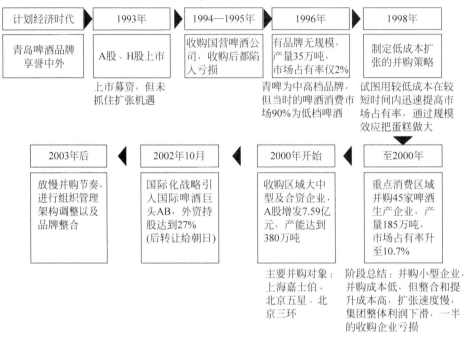

图 2-1 青岛啤酒集团的横向资本扩张

A股和H股上市以来,青岛啤酒集团依靠自身的品牌资本优势,先后斥资6.6亿元,收购资产12.3亿元,兼并收购了省内外14家啤酒企业。不仅扩大了市场规模,提高了市场占有率,壮大了青岛啤酒集团的实力,而且带动了一批国企脱困。2003年,青岛啤酒产销量达260万吨,跻身世界啤酒十强,利税总额也上升到全国行业首位,初步实现了做大做强的目标。

(2) 纵向资本扩张,是指交易双方处于生产、经营不同阶段或者不同行业部门,是直接投入产出关系的资本扩张。具有代表性的案例之一是紫光集团在电子信息产业链的纵向资本扩张,如图2-2所示。

(3) 混合资本扩张,是指两个或两个以上相互间没有直接投入产出关系和技术经济联系的企业间所进行的资本扩张。混合资本扩张通过多元化领域的投资来分散风险,寻

移动智能终端产业链

| IC设计 | 晶圆制造 | IC封装 | 应用服务 | 存储 | 未成功的重量级收购 |

SPREADTRUM
17.8亿美元私有化展讯

RDA
9.1亿美元私有化锐迪科

intel
之后，引入英特尔作为战略股东，英特尔花费15亿美元持有展讯和锐迪科20%股权

Powertech Technology Inc.
6亿美元增资台湾存储封测龙头力成科技，获得25%股权，成为第一大股东

ChipMOS 南茂科技
3.6亿美元增资台湾南茂科技，获得25%股权，成为第二大股东

特点：境内控股、境外参股

H3C
25亿美元收购网络设备公司华三公司51%股权

XMC
武汉新芯50%股权

受让同方股份(600100.SH)持有的同方国芯(002049.SZ) 36.39%股份，成为控股股东，上市公司更名为"紫光国芯"

➤ 西部数据
➤ SANDISK
➤ 美光科技
➤ 台湾矽品

积极联合对象：
1. 台积电
2. 联发科

图 2-2 紫光集团的纵向资本扩张

求主业以外的产业利润。具有代表性的案例之一是华润集团的多元化产业混合资本扩张，如图2-3所示。

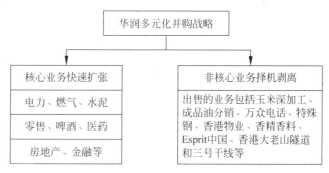

图 2-3 华润集团的多元化产业混合资本扩张

2. 收缩型资本运作

收缩型资本运作，是指企业为了追求企业价值最大化以及提高企业运行效率，把自己拥有的部分资产、子公司、某部门或分支机构转移到公司之外，缩小公司的规模。收缩型资本运作是扩张型资本运作的逆向操作，主要实现形式有以下几种。

（1）资产剥离，是指企业把所属的部分不适应企业发展战略的资产出售给第三方的交易行为。有下列情况之一的，企业应该实施资产剥离。

① 企业存在不良资产，且加速恶化企业的财务状况。

② 某资产明显干扰了其他业务的运行和发展。

③ 行业间竞争激烈，企业需要通过收缩产业战线来确保企业的正常运营。

案例：中国人寿在上市之前，就进行了大量的资产剥离。2003年8月，原中国人寿保险公司一分为三：中国人寿保险(集团)公司、中国人寿保险股份有限公司和中国人寿资产管理公司。超过6 000万张的1999年以前签订的旧保单全部被拨归给母公司——中

第二章　企业并购与资产重组的基本知识

国人寿保险（集团）公司，而2 000万张左右1999年以后签订的保单，则以注资的形式被纳入新成立的股份公司。通过资产剥离，母公司——中国人寿保险（集团）公司承担了1 700多亿元的利差损失，但这为中国人寿保险股份有限公司于2003年12月在美国和我国香港两地同时上市铺平了道路。

(2) 公司分立，是指公司将其拥有的子公司的全部股份，按比例分配给母公司的股东，使子公司的经营从母公司的经营中分离出去，从而形成一个与母公司有着相同股东和股权结构的新公司。公司分立通常可分为以下几种。

① 标准式分立，是指母公司将其拥有的子公司股份，按母公司股东在母公司中的持股比例分配给现有的母公司股东，从而将子公司分离出来的行为。

② 解散式分立，是指母公司将其全部控制权移交给子公司股东，原母公司不复存在的分离行为。

③ 换股式分立，是指母公司将其在子公司所占有的股份分配给母公司的部分股东（不是全部母公司股东），交换其在母公司所占股份的分离行为。

(3) 分拆上市，是指母公司通过将其在子公司所拥有的股份，按比例分配给现有母公司的股东，从法律意义上将子公司的经营从母公司的经营中分离出去的行为。分拆上市后，母公司可享受以下权益。

① 原母公司的股东可以按照持股比例享有被投资企业的净利润分成。

② 子公司分拆上市成功后，母公司可以获得超额的投资收益。

案例：2000年，联想集团实施了有史以来最大规模的战略调整，对其核心业务进行拆分，分别成立新的"联想集团"和"神州数码"。2001年6月1日，神州数码股票在香港上市。神州数码从联想中分拆出来具有一箭双雕的作用。分拆不但解决了事业部层次上的激励机制问题，而且由于神州数码独立上市，联想集团、神州数码的股权结构大大改变，公司层次上的激励机制也得到了进一步的解决。

(4) 股份回购，是指股份有限公司为了达到股本收缩或改变资本结构的目的，购买本公司发行在外的股份的内部资产重组行为。实际操作中，股份公司进行股份回购的原因一般基于以下几种。

① 保持公司的控制权。

② 提高股票的市场价值，改善公司形象。

③ 提高股票的内在价值。

④ 保证公司高级管理人员认股制度的实施。

⑤ 改善公司的资本结构。

案例：1999年，申能股份有限公司以协议回购方式向国有法人股股东申能（集团）有限公司回购并注销10亿股国有法人股，占总股本的37.98%，共计动用资金25.1亿元。国有法人股股东控股比例由原来的80.25%下降到68.16%，公司的法人治理结构和决策机制得到进一步完善。回购完成后，公司的业绩由1998年每股收益0.306元提高到1999年每股收益0.508元，而到2000年，每股收益达到了0.933元。这为申能股份的长远发展奠定了良好的基础，并进一步提升了其在上市公司中的绩优股地位。

（二）按资本运作过程中是否进行资本交易划分

按资本运作过程中是否进行资本交易，资本运作可分为交易形式的资本运作和非交易形式的资本运作。其具体分类如图2-4所示。

图2-4　资本运作方式的分类

1. 交易形式的资本运作

交易形式的资本运作包括上市和非上市两种形式的资本运作。其中非上市形式的资本运作包括以下几种。

（1）资产重组。

（2）债务重组。债务重组有两层含义：一是冲销无法归还的债务；二是改善资产负债结构，改变债权债务关系，或更换债权人、债权转股权。

（3）破产重组，对严重资不抵债、扭亏无望的企业依据《中华人民共和国企业破产法》实施破产处理。

（4）企业并购（包括股权并购、资产并购、承债并购）。

（5）跨国投资经营。企业经营的国际化已成为一种发展趋势，过去多数企业的国际化经营主要停留在直接出口、间接出口和补偿贸易等初级形式上，难以在国际市场取得竞争优势。

（6）参股联合，即企业法人通过共同出资参股，组建有限责任公司，或者在企业内部实行劳资两合，成立股份合作制企业。

（7）利用外资嫁接改造，吸引外商共办合资企业，是资本运作的重要形式，通过此种形式既可利用国外资本，又可引入先进的技术和管理方法，走企业发展的捷径。

2. 非交易形式的资本运作

非交易形式的资本运作包括租赁和托管。租赁是租赁人出租企业部分或全部资产，承租人充分利用企业的经营优势、灵活多变的经营机制，盘活不良资产，为出租企业注入新鲜的血液与活力。托管是在不改变产权归属的前提下，以企业资产保值、增值为目的，通过订立委托营运合同，将企业资产委托给提供一定财产抵押或担保的企业法人或自然人经营的一种资产管理形式。托管有整体托管、部分托管和单项业务托管三种形式。

（三）按资本运作与企业功能相结合的角度划分

按资本运作与企业功能相结合的角度，资本运作可分为资本增量投入型资本运营、管理增量投入型资本运作和技术增量投入型资本运作三类。

(四)按资本运作所使用的资本市场划分

按资本运作所使用的资本市场,资本运作可分为金融证券交易型资本运作、产权交易型资本运作、基金交易型资本运作和国际资本交易型资本运作。

(五)按资本运作的资本来源划分

按资本运作的资本来源,资本运作可分为增量资本运作、存量资本运作。

(六)按资本运作的内容和形式划分

按资本运作的内容和形式,资本运作可分为实业资本运作、金融资本运作、产权资本运作。

把以上资本运作众多类型归纳起来,特点无非是两点:一是资本集中,即凭借自己的优势,聚集资本,把现有的可通过各种方式获取的资本最有效地利用起来,扩大资本运作的规模,提高资本运作的效益;二是资本分散,即采取精干主体、分离辅助、内部分立、分块搞活,以及改组改造,实行资本的空间转换等方式,以激活呆滞资本。

国际化、市场化和现代化经济体系中,资本运作一方面表现为股权转让的运作,另一方面表现为对收益股权和控制股权的运作。因此,并购与重组是资本运作最普通的形式,也是资本运作的核心和最主要使用的方式。

第二节 企业并购与资产重组的基本类型

并购是企业资本扩张发展到一定阶段的产物。近年来,随着科技革命和资本市场金融创新的大发展,并购形式层出不穷。可以按照行业交易方式等进行分类,下面重点介绍一些常见的并购类型。

一、按并购双方所属行业划分

按并购双方所属行业,并购可分为横向并购、纵向并购和混合并购。

1. 横向并购

横向并购是指具有竞争关系、经营领域相同或所生产产品相同的企业之间的并购。其目的在于扩大生产规模,实现规模经济;减少竞争对手,控制或影响同类产品市场;消除重复建设并提供系列产品。横向并购的结果是资本在同一生产领域、销售领域或部门内集中,优势企业吞并劣势企业,组成庞大企业集团,扩大生产规模,以达到在新技术条件下的最佳经济规模。从本质上讲,横向并购是两个或两个以上生产或销售相同或相似产品企业间的并购,以达到消除竞争、扩大市场份额、增强企业的垄断势力的目的。

但是,横向并购可能会破坏竞争,导致行业垄断,进而降低社会整体福利。

2. 纵向并购

纵向并购是指企业与供应商或客户间进行的并购,即优势企业并购与本企业在生产工序上前后紧密相关的企业,形成纵向一体化。

从收购方向看,纵向并购包括向前并购和向后并购两种。向前并购,即向其产品的下游加工流程方向并购,如生产零件或原材料的企业并购加工企业或装配企业。向后并购,即向其产品的上游加工流程方向并购,如装配或制造企业并购零件或原材料生产企业。纵向并购把一个产品的各个生产环节和生产工序统一于一个企业之中进行统一管理、统一经营,从而能够有效利用资源,合理配置生产要素。从科斯的交易成本解释企业性质的理论方面理解,纵向并购扩大了企业的有效边界,使得原本发生在企业之间的市场交易行为转化为企业内部行为,从而节约了交易成本。

3. 混合并购

混合并购是指处于不同产业领域、产品属于不同市场且与其产业部门不存在特别的生产技术联系的企业之间的并购。并购各方既非商业上的竞争对手,也非生产经营上的上下游关系。混合并购又分为产品扩张型并购、市场扩张型并购和纯粹混合并购三种。

混合并购通过收购兼并实现多元化发展战略,以减少仅在一个行业经营所带来的特有风险,并且混合并购能够使企业快速进入更具成长性的行业,提高企业整体盈利能力。混合并购优于横向并购之处在于不会受到反垄断法的限制。

并购类型图示如图 2-5 所示。

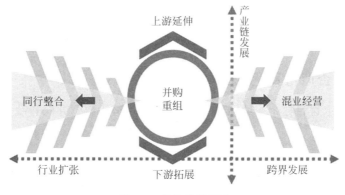

图 2-5 并购类型图示

二、按并购交易是否通过证券交易所划分

按并购交易是否通过证券交易所,并购可分为要约收购和协议收购。

1. 要约收购

要约收购是指收购方通过向目标公司的管理层和股东发出购买其公司股份的书面意向书,并按照要约收购公告中所规定的收购价格、收购条件、收购期限及其他规定事项,收购目标公司股份的收购方式。要约收购直接在股票市场中进行,受到市场规则的严格限制,风险较大,但自主性强。长期以来在我国资本市场上这种形式很少被采用,但要约收购在发达国家资本市场是非常普遍的收购方式。随着我国股权分置改革的完成,资本市场实现了全流通,要约收购将成为一种基本收购形式。

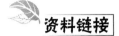 **资料链接**

我国资本市场第一起要约收购

2003年3月12日,民营企业复星集团及其关联企业与上市公司南钢股份(600282.SH)的母公司南钢集团合资成立南京钢铁联合有限公司。南钢集团将其持有的南钢70.95%的股份作为出资注入南钢联合公司,由此形成了南钢联合公司对上市公司南钢股份的收购,并触发了要约收购。4月9日,南钢联合公司发出了对南钢股份的要约收购提示性公告。确定要约价格法人股、流通股分别为3.81元每股和5.86元每股。6月12日,南钢联合公司发出正式要约收购书,进入要约收购阶段。7月12日,要约期结束。其结果是无任何股东接受南钢联合公司的要约收购,即零预受、零撤回。

要约收购一般在资本市场实现全流通的发达国家盛行,我国特殊的市场经济体制使要约收购实施起来较为困难。这反映了我国资本市场要约收购的一些特性:收购不以下市为目的,一般属于强制要约收购行为。但是由于价格往往较低,流通股股东接受的可能性非常小。

2. 协议收购

协议收购是指并购公司不通过证券交易所,直接与目标公司取得联系,通过谈判、协商达成共同协议的收购方式。协议收购易取得目标公司的理解与合作,有利于降低收购行为的风险和成本,但谈判过程中的契约成本较高。协议收购一般都属于善意收购。

三、按并购是否取得目标企业的同意和合作划分

按并购是否取得目标企业的同意和合作,并购可分为善意并购和敌意并购。

1. 善意并购

善意并购也称友好并购,是指并购企业事先与目标企业协商,征得目标企业同意并谈判达成并购条件的一致意见而实现的企业并购。善意并购因征得了目标企业的同意,能得到目标企业的合作,因而有利于降低并购企业的并购成本和风险,成功率较高,但协商、谈判时间过长可能降低并购行为的价值。

2. 敌意并购

敌意并购也称强迫接管并购,是指并购企业在目标企业对并购行动不知晓或持反对态度的情况下对目标企业强行并购的行为。敌意并购由于得不到目标企业的合作甚至目标企业还会采取一系列措施反对并购,因而风险大,成功率较低,但敌意并购由于并购企业完全处于主动地位,不用被动权衡各方利益得失,而且并购行动节奏快、时间短,可有效控制成本。

四、按收购资金来源划分

按收购资金来源,并购可分为杠杆收购和非杠杆收购。

1. 杠杆收购

杠杆收购是指收购方只支付少量的自有资金,主要利用目标公司资产的未来经营收

入进行大规模的融资来支付并购资金的一种收购方式。杠杆收购有以下特征：收购方自付资金相对较少，一般占收购总价款的10%～15%；大部分资金来源于各种债务融资；偿还收购债务的资金来源于目标公司未来的现金流；收购融资的债权人只能向目标公司求偿，而无法向真正的借款方——收购方求偿，因为债券发行主体或者借款的债务人只是一个壳公司，在并购完成后就和目标公司合并了，债务主体就是目标公司。

杠杆收购于20世纪60年代首先出现于美国，并在第四次并购浪潮中盛行。杠杆收购使得一些规模较大的企业可能成为收购的对象。

2. 非杠杆收购

非杠杆收购是指收购方主要以自有资金来完成收购的一种收购形式。但非杠杆收购并不意味着收购公司不用举债即可承担收购价款，在实践中几乎所有的收购都会利用贷款，不同之处只是借贷数额的多少而已。

五、按并购完成后目标企业的法律状态划分

按并购完成后目标企业的法律状态，并购可分为新设型并购、吸收型并购和控股型并购。

新设型并购指并购双方都解散，成立一个新的法人的并购。吸收型并购指目标企业解散而为并购企业所吸收的并购。控股型并购指并购双方都不解散，但目标企业被并购企业所控股的并购。

六、按并购企业是否负有并购目标企业股权的强制性义务划分

按并购企业是否负有并购目标企业股权的强制性义务，并购可分为强制并购和自由并购。

强制并购指并购企业持有目标企业股份达到一定比例，可能操纵后者的董事会并对股东的权益造成影响时，根据《证券法》的规定，并购企业负有对目标企业所有股东发出收购要约，并以特定价格收购股东手中持有的目标企业股份的强制性义务而进行的并购。自由并购是指并购方可以自由决定收购被并购方任意比例股权的并购。

七、按出资方式划分

按出资方式，并购可分为现金购买资产式并购、现金购买股票式并购、以股票换资产式并购和以股票换股票式并购。

1. 现金购买资产式并购

现金购买资产式并购是指购买方通过使用现金购买目标公司的财产以实现并购，收购完成后目标公司成为有现金无生产资源的空壳。这种方式的优点是等价交换、交易清楚，不会产生纠纷，主要适用于产权清晰、债权债务明确的目标公司。

2. 现金购买股票式并购

现金购买股票式并购是指收购方通过使用现金在股票市场上或通过协议转让收购目标公司的股票以实现控制权的一种收购方式。这是一种简便易行的并购方式，但要受到

有关证券法规信息披露制度的制约,而且公开收购价格较高,会增加收购成本。

3. 以股票换资产式并购

以股票换资产式并购是指并购企业向目标公司发行自己的股票以换取目标公司的资产从而达到收购目标公司目的的一种收购方式。在这种并购中,目标公司一般在并购完成后解散,收购方用目标公司的资产重新组建新的公司。目标公司的原管理人员和职工一般得到保留。

4. 以股票换股票式并购

以股票换股票式并购是指收购方直接向目标公司股东发行收购公司发行的股票,以换取目标公司的股票,交换的数量应至少达到收购公司能控制目标公司的足够表决权。收购完成后,目标公司依然存在。采用以股票换股票式并购方式,收购方可以减少现金支出,还可以利用收购公司较高的股价低成本收购其他企业,以实现企业快速成长。

然而,现实中的并购形式远非以上几种。一般而言,并购的类型往往来自对并购行为进行的系统化归类。由于近年来我国企业并购发展迅速,在缺乏法律统一规定的情况下,要将实践中纷繁复杂的公司并购情况进行梳理归类,是一件颇具难度的工作。无论是在学术界还是在实践操作层面,都缺乏明确的分类原则指导。并购的类型只是按照约定俗成的标准进行划分。例如,按涉及并购企业的范围可分为整体并购和部分并购;按并购公司与目标公司是否属于同一国家可分为跨国并购和国内并购;按并购的动因可分为战略并购和财务并购等。

第三节　企业并购与资产重组的风险

企业并购与资产重组作为当今我国经济生活中一个引人注目的经济现象,是政府、经济界、企业界谈论的焦点。这种现象的出现有其深刻的历史背景,我国经济结构调整和国有企业改革已成为推动我国经济进一步持续发展的关键,而企业并购对于我国经济结构调整和国有企业改革有着重要的促进作用。随着我国经济进一步向纵深发展,企业并购浪潮将以人们难以想象的方式改变我国产业的面貌。但是,当前我国资产重组热潮中普遍存在一个问题,即对并购风险认识不足,虽然并购失败的案例时有发生,但由于我国并购的历史尚短,大多数企业的并购还未到收获季节,因此并购风险尚未引起人们足够的重视。

企业并购是一项复杂的系统工程,涉及多方的利益,如果进行得当就能够为公司带来巨大的好处,但是并购本身也是一把锋利的"双刃剑",具有极大的风险。美国是当今世界上最庞大、最活跃的经济体,考察它的并购历史无疑给人以深度的思考。著名学者波特对1956—1986年美国企业成长失败率进行了调查,结果表明:新建企业的失败率为44%,合资企业的失败率为50.3%,并购企业的失败率最高,达53.4%～74%;而且在并购中,不同的方式风险也不一样,相同领域不同行业的并购失败率为53.4%,相关领域不同行业的并购失败率为61.2%,非相关领域的并购失败率则高达74%。由此可见,并购在企业成长中隐藏着巨大的风险。

一、企业并购重组中的风险分类

我国目前并购活动中的风险主要有体制风险、营运风险、财务风险、信息风险、反并购风险和并购整合风险等。

（一）体制风险

体制风险就是由于体制的不确定对并购造成的不利影响。我国一部分企业的并购行为是出于政府部门的意愿，并购双方企业可能缺乏并购动机，因而缺乏对并购完成后企业的经营管理和发展战略，这使得并购一开始就潜伏着体制风险，具体表现在以下三方面。

（1）一些地方政府不按市场经济原则办事，以行政手段对企业并购采取大包大揽方式。比如，以非经济目标代替经济目标，过分强调"帮困扶贫"，偏离了资产优化组合的目标，给企业的长远发展埋下了隐患。

（2）作为我国特色，企业并购中被并购一方人员的安置问题是企业并购的一项重要附加条件，有时甚至是先决条件。目前通行的做法是由买方企业负责解决卖方企业的全部人员，包括离退休人员的就业、福利、社会保障等问题，这种方式可在一定时期内避免产生一些社会问题，但从长期来看，必将影响企业的持续发展能力。

（3）由于企业有不同的隶属关系，并购重组涉及不同政府部门审批，如果不同的部门有不同政策，或者是跨区域并购，不同地方政府有不同的政策，目前这样的体制风险仍然一定程度存在。

（二）营运风险

营运风险是指由于营运方面的问题对并购造成的不利影响。具体地说，就是指并购完成后，并购方无法使整个企业产生经营、财务、市场份额等协同效应，从而无法实现并购的预期效果，有时好企业受到较差企业的拖累。营运风险的表现大致有两种：一是并购行为产生的结果与初衷相违，二是并购后的新公司因规模过大而产生规模不经济的问题。这种效率与规模成反比的现象值得我国组建大型企业集团时考虑。

（三）财务风险

财务风险是指在一定时期内，因并购融资而背负债务，使企业发生财务危机的可能性。企业并购往往需要大量资金支持，并购者有时用本公司的现金或股票去并购，有时则利用卖方融资杠杆并购等债务支付工具，通过向外举债来完成并购。无论利用何种融资途径，均存在一定的财务风险。引起财务风险的原因主要有融资决策和支付决策，而融资决策和支付决策建立在定价决策基础上并影响着税收决策。因此，可以将财务风险分为三类：定价风险、融资风险和支付风险。

1. 定价风险

定价风险主要是指目标企业的价值风险。即收购方对目标企业的资产价值和获利能力估计过高,以致出价过高而超过了自身的承受能力,尽管目标企业运作很好,但过高的买价也无法使收购方获得一个满意的回报。定价风险主要来自以下两个方面。

一是目标企业的财务报表风险。在并购过程中,并购双方首先要确定目标企业的并购价格,主要依据目标企业的年度报告、财务报表等。但目标企业可能故意隐瞒损失信息,夸大收益信息,对很多影响价格的信息不做充分、准确的披露,这会直接影响到并购价格的合理性,从而使并购后的企业面临潜在的风险。

二是目标企业的价值评估风险。并购时需要对目标企业的资产、负债进行评估,对标的物进行评估,但是评估实践中存在评估结果的准确性问题以及外部因素的干扰问题。

2. 融资风险

融资风险主要是指与并购资金保证和资本结构有关的资金来源风险,具体包括:资金是否在数量上和时间上保证需要,融资方式是否适合并购动机,债务负担是否会影响企业正常的生产经营等。融资风险最主要的表现是债务风险,它来源于两个方面:收购方的债务风险和目标企业的债务风险。虽然债务融资相对于完全股权交易更能提高 EPS(每股收益)的增长,但债务融资由于债务放大了收益的波动,它比完全股权交易风险更大。这是因为,如果收购方在收购中所付代价过高,举债过于沉重,就会导致其收购成功后付不出本息而破产倒闭。

3. 支付风险

支付风险主要是指与资金流动性和股权稀释有关的并购资金使用风险,它与融资风险、债务风险有密切联系。支付风险主要表现在以下三个方面。

一是现金支付产生的资金流动性风险以及由此最终导致的债务风险。现金支付工具自身的缺陷,会给并购带来一定的风险。首先,现金支付工具的使用,是一项巨大的即时现金负担,公司所承受的现金压力比较大;其次,使用现金支付工具,交易规模常会受到获现能力的限制;最后,从被并购者的角度来看,会因无法推迟资本利得的确认和转移实现的资本增益,从而不能享受税收优惠,以及不能拥有新公司的股东权益等,而不欢迎现金方式,这会影响并购的成功机会,带来相关的风险。

二是股权支付的股权稀释风险。如香港玉郎国际漫画制作出版公司并购案,其领导层通过多次售股、配股集资进行证券投资和兼并收购。这一方面稀释原有股权,另一方面也为其资本运营带来风险,最终导致香港玉郎国际漫画制作出版公司被收购。

三是杠杆支付的债务风险。20 世纪 80 年代末,美国垃圾债券泛滥一时,其间 11.4% 的并购属于杠杆收购行为。进入 20 世纪 90 年代后,美国的经济陷入衰退,银行呆账堆积,各类金融机构大举紧缩信贷,金融监督当局也严词苛责杠杆交易,并责令银行将杠杆交易类的贷款分拣出来,以供监督。各方面的压力和证券市场的持续低迷使垃圾债券无处推销,垃圾债券市场几近崩溃,杠杆交易也频频告吹。

(四)信息风险

在并购活动中,信息是非常重要的,就像打仗一样,只有知己知彼才能取得并购的成功,但要获得完全的信息是很困难的。在掌握信息方面,被并购方通常处于有利地位。因为被并购方对被并购的资产了解得最清楚,并购方则知之甚少,双方信息的不对称必然给并购带来风险。被并购方会利用自身所处的有利地位损害并购方利益,以获取不正当的收益。在实际并购中并购企业因不了解被并购企业的底细,而蒙受损失的例子比比皆是。

(五)反并购风险

在企业并购活动中,当企业对目标公司的股权进行收购时,目标公司并不甘心于束手就擒,通常会采取措施进行反并购,尤其是在面临敌意收购时,目标公司可能会不惜一切代价,在投资银行的协助下,采用各种反并购措施,西方称之为"驱鲨剂",其中各种具体的技术手段也被赋予五花八门的头衔,如毒丸、金降落伞、跷跷板、反绿色邮件等。反并购的行动会增加并购工作的难度和风险,从而给并购工作带来种种不利后果:其一,打乱并购公司的工作计划,使并购工作停顿乃至夭折;其二,目标公司反并购行为抬高目标公司股票价格,提高收购方的收购成本;其三,收购方被目标公司控告到法院或证券管理部门,延误收购时间、损害收购方的声誉。

(六)并购整合风险

并购整合风险分为经营管理整合风险和人力资源整合风险。

(1)经营管理整合风险。并购之后的经营管理整合既涉及对并购目标的市场定位与发展策略、业务范围与产品种类、品牌与网点布局等业务发展因素的调整,也涉及IT系统改造和对接、风险管理系统更新等基础设施建设,以及与母公司的客户资源共享、上下联动等。经营管理整合是否成功,决定了并购协同效应能否实现。

(2)人力资源整合风险。人力资源整合是对并购目标的人事安排和人力资源管理制度进行的调整,包括高层领导者更换、组织结构变革、激励制度调整等。人力资源整合涉及并购目标管理层和员工的切身利益,是并购整合中的敏感问题。由于人力资源整合涉及的利益主体和利益关系复杂,整合阻力往往较大,容易引起人心不稳、组织动荡等问题,常见风险包括:人员变动导致某些内控机制失效或缺失;在并购执行的过渡期间关键岗位员工流失等。

二、企业并购重组风险来源分析及处置

1. 并购重组中的风险监控、识别、分析和判断

并购重组中的风险分别来自并购环境、并购企业和目标企业,如图2-6所示。

在实施并购重组前和并购重组过程中,企业要实时监控、识别和分析来自三方面的风险,并对风险进行评估和分类。如果判断是可排除或可接受的风险,则可以继续实施并购

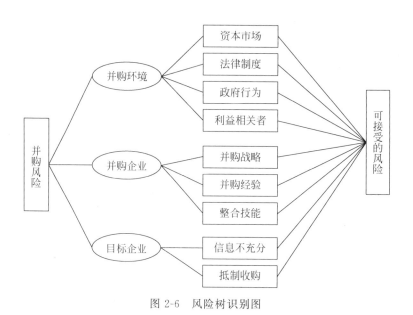

图 2-6 风险树识别图

重组;如果是不可排除但是可接受的风险,则可以审慎实施并购重组;如果是不可排除且不可接受的风险,则要立即果断地停止并购重组,直到风险排除。

2. 并购重组中的风险识别、处置和管理

在并购重组的具体操作中,一些风险是逐渐暴露出来的,主要包括以下几种。

(1) 价值评估与尽职调查风险。价值评估与尽职调查是并购交易结构设计和交易谈判(特别是价格)的重要基础,风险因素表现在:首先,合理的并购价格要以科学评估并购目标价值为前提,但价值评估的准确性和合理性受诸多因素限制。其次,尽职调查能否有效执行。尽职调查是目前并购活动中的通用标准环节,主要目的是风险识别和价值发现,但尽职调查效果受调查人员专业素质、可用调查资料、并购目标配合程度、组织协调效果、并购时间限制等因素影响较大。

(2) 信息披露与竞争对手风险。并购是一项保密和信息披露要求很高的工作,信息披露及其引发的竞争对手风险值得关注。首先,并购信息是高度保密的信息,如果泄露(特别是谈判过程中),既容易使并购目标股东提高要价,增加谈判难度,也容易引发舆论压力,造成声誉风险。其次,并购信息是企业(特别是上市公司)的重要信息,各国上市规则一般都对并购信息披露进行了详细规定,并购各方必须在规定的时间履行信息披露义务。未能依法履行相关义务既会招致处罚,也容易引发声誉风险。

(3) 交易审批与交割过程风险。交易的最终完成需通过内外部审批环节,并实施交割,其中审批程序一般包括双方管理层、董事会(可能包括股东大会)和相关监管机构的审批。首先,审批具体过程可控性较差,风险因素包括:是否按照规定要求履行必要的审批程序;能否按照项目推进整体时间表如期获得内部决策机构和外部监管机构的及时批准。其次,在交易前提条件落实、交割资金准备和支付环节等交割准备过程也可能存在风险。

这些操作过程中的风险,以及来自并购企业的战略风险,来自环境条件的风险和市场变化的风险等时刻伴随着项目始终,因此及时对这些风险进行识别、分类分级处置就十分必要。一般来说,并购项目组承担着风险管理的基础工作,负责收集信息、及时识别和反馈风险,并对低级风险提出处置意见和建议。并购项目组领导层承担风险管理的主要工作,及时处置低级风险,及时识别和反馈中高级风险(战略风险、政策风险、人力资源风险、财务风险、整合风险、市场风险等),并及时提出对中高级风险的处置意见和建议。

风险识别和处置流程如图2-7所示。

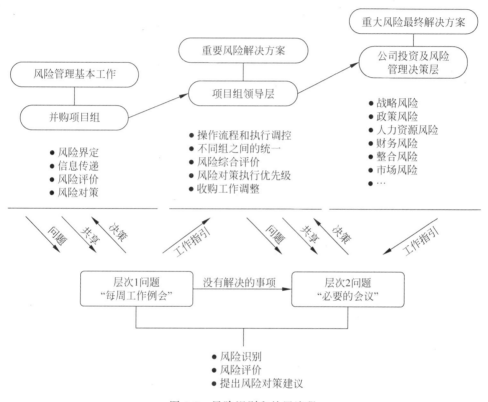

图 2-7　风险识别和处置流程

总之,企业并购所面临的风险相当复杂和广泛,各种风险最终都会影响到财务方面,无论是作为并购活动中的中介机构,还是作为企业本身,以及参与并购活动的政府各主管部门,都应谨慎对待,多谋善选,尽量避免风险,及时识别和妥善处置各类风险,尤其是财务风险,从而最终实现并购的成功。

如果对并购风险认识不足,防范措施不到位,识别和处置不及时,则可能产生并购纠纷。

第四节　企业并购与资产重组中的对赌协议及风险防控

对赌协议(估值调整协议)是投资方与融资方在达成协议时,双方对于未来不确定情况的一种约定。如果约定的条件出现,投资方可以行使一种估值调整协议权利;如果约定的条件不出现,融资方则行使一种权利。由此可见,对赌协议实际上就是期权的一种形式。对赌是投融资双方常用的保障投资安全的手段之一。在过去的司法实践中,缺少对赌协议的适用规则,导致法院在审理该类纠纷时观点尺度有所差异。2019年全国法院民商事审判工作会议纪要,确认了在不违反《公司法》关于股权回购及盈利分配等强制性规定的情况下,投融资双方约定的对赌内容有效,这也给并购双方在交易中留有对赌的空间。

一、对赌协议的意义

实践中的对赌协议,是为了解决目标公司未来发展的不确定性、并购交易双方信息不对称以及代理成本而设计的包含股权回购、金钱补偿等对未来目标公司的估值进行调整的协议。对赌协议的本质就是让投融资双方停止对目标公司现有价值争议不休,将暂无法即刻谈妥的争议点搁置,共同设定目标公司未来的业绩目标,在约定的未来节点,再行调整目标公司估值和双方权益。对赌协议产生的根源在于企业未来盈利能力的不确定性,目的是尽可能地实现投资交易的合理和公平。它既是投资方利益的保护伞,又对融资方起着一定的激励作用。所以,对赌协议实际上是一种财务工具,是对企业估值的调整,是带有附加条件的价值评估方式。

通过条款的设计,对赌协议可以有效保护投资人利益,但由于多方面的原因,对赌协议在我国资本市场还没有成为一种制度设置,也没有被经常采用。但在国际企业对国内企业的投资中,对赌协议已经被广泛采纳。实践中的典型案例如下。

1. 蒙牛乳业

融资方:蒙牛乳业

投资方:摩根士丹利等3家国际投资机构

签订时间:2003年

主要内容:2003—2006年,如果蒙牛业绩的复合增长率低于50%,以牛根生为首的蒙牛管理层要向外资方赔偿7 800万股蒙牛股票,或以等值现金代价支付;反之,外资方将向以牛根生为首的蒙牛管理团队赠予蒙牛股票。

2. 中国永乐

融资方:中国永乐

投资方:摩根士丹利、鼎晖投资等

签订时间:2005年

主要内容:永乐2007年(可延至2008年或2009年)的净利润高于7.5亿元(人民币,下同),外资方将向永乐管理层转让4 697.38万股永乐股份;如果净利润等于或低于6.75亿元,永乐管理层将向外资方转让4 697.38万股;如果净利润不高于6亿元,永乐管理层向外资方转让股份最多达9 394.76万股,相当于永乐上市后已发行股本总数(不计行使超额配股权)的4.1%。

3. 雨润食品

融资方:雨润食品

投资方:高盛投资

签订时间：2005 年

主要内容：如果雨润 2005 年盈利未能达到 2.592 亿元，高盛等战略投资者有权要求大股东以溢价 20% 的价格赎回所持股份。

4. 华润集团

融资方：华润集团

投资方：摩根士丹利、瑞士信贷

签订时间：2008 年

主要内容：两家投行将分别以现金 4.548 6 亿港元认购 1.33 亿股华润励致增发股票，合同有效期为 5 年。若和约被持有到期，且华润励致最终股价高于参考价（3.42 港元），华润集团将向两家投行分别收取差价；若届时股价低于 3.42 港元，那么两家投行就会各自收到一笔付款。

5. 深南电

融资方：深南电 A

投资方：杰润（新加坡）私营公司（高盛全资子公司）

签订时间：2008 年

主要内容：合约有效期 2008 年 3 月 1 日至 12 月 31 日。当国际石油浮动价高于每桶 62 美元，深南电每月最多获利 30 万美元；相反，国际油价每下跌 1 美元，高盛杰润则将多获利 40 万美元。

6. 腾讯

融资方：腾讯

投资方：高盛

签订时间：2009 年

主要内容：当时马化腾并不看好腾讯股价，于是卖出一份看涨期权，收取期权费。两年后如果股价低于 67 港元，马化腾就可获得对方的期权费；如果股价高于 67 港元，马化腾就必须以 67 港元的价格将腾讯股票卖给对方。

二、对赌在并购中的应用模式

对赌协议在并购中"赌"的方式也较为多样，实践中常见的对赌类型包括如下几种模式。

1. 以现金作为对赌补偿

并购双方对目标公司未来业绩进行目标设定，当目标公司未能实现约定的业绩目标时，则由目标公司原股东或实际控制人向并购方支付一定金额的现金补偿，但不再调整双方的股权比例。

例如：A 公司拟从 B 股东处收购甲公司 90% 的股权，实现 A 公司与 B 股东分别持股甲公司 90% 和 10% 的股权结构，同时约定甲公司要在 2025 年实现净利润 50 亿元，否则 A 公司因此少获得的利润分红由 B 股东现金补足。如到期甲公司净利润为 45 亿元，则 B 股东需向 A 公司支付现金补偿 4.5 亿元（5 亿元×90%）。

2. 以股权作为对赌筹码

当目标公司未能实现对赌协议规定的业绩标准时，目标公司原股东或实际控制人将以无偿或者象征性的低价将一部分股权转让给并购方。这种模式在实践中较为常见,并购方通常会通过此种方式分段收购目标公司。

例如,并购方拟收购目标公司 90% 的股权,约定先行收购 80%,目标公司承诺需在 2021 年完成上市,否则并购方有权零对价收购剩余 10% 的股权,如在 2022 年还不能完成上市目标,则原股东需以收购价本息回购股权;相反,如果目标完成,并购方需以原价格上浮 5% 作为剩余 10% 股权的收购对价。

除以股权让渡作为对赌外,实践中有的交易会以股权稀释作为筹码,即如果业绩目标未能实现,并购方可以较低的价格向目标公司增资,以此稀释原股东或实际控制人的股权。

3. 以股权激励作为手段

要更好地实现业绩目标,当然缺少不了管理层的共同努力,因此实践中交易双方会对管理层进行激励,当业绩达到目标时,并购方会让渡部分股权给管理层,以此作为激励。

例如:并购双方约定,并购方收购目标公司 90% 的股权,同时目标公司原管理层继续对目标公司进行经营管理,一年内如能实现净利润上涨 10%,则并购方向管理层零对价让渡 5% 的股权。

4. 以股权特殊权益作为激励

并购双方可约定当目标公司未能实现对赌协议规定的业绩目标时,并购方将获得特定的权利。比如:股权优先分配权、一定表决权、一票否决权等。

例如:并购双方约定,如果目标公司在 2022 年的净利润低于 500 万元,则并购方股东将获得财务负责人的提名权。

根据以上对赌方式的不同,将其再加以细化,可将对赌协议做如图 2-8 所示分类。

三、对赌协议的风险防控

对赌协议的风险主要体现在两个方面:法律风险和经济风险。法律风险的产生是由于目前法律并未有明文规定对赌协议的合法化,如果发生纠纷,诉诸法院有可能产生与合同约定相悖的结果,因此对赌协议存在一定的法律风险;另外,一些具有成长性但融资困难的企业出于对资金和上市的渴求,很可能对自身实际状况以及市场风险不能作出正确的评估,在按合同约定履行对赌协议相应条款的情况下,将承担过高的风险而在对赌中失败。因此,对赌协议也存在着经济风险。

(一) 对赌协议的风险因素分析

在实践中,如下四个因素易使对赌协议产生风险。

1. 不切实际的业绩目标

企业家和投资者切勿混淆了战略层面和执行层面的问题。对赌机制中如果隐含了不切实的业绩目标,这种强势意志的投资者资本注入后,将会放大企业本身不成熟的商业模式和错误的发展战略,从而把企业推向困境。

2. 急于获得高估值融资

企业家急于获得高估值融资,又对自己的企业发展充满信心,而忽略了详细衡量和投资人要求的差距,以及内部或者外部经济大环境的不可控变数带来的负面影响。

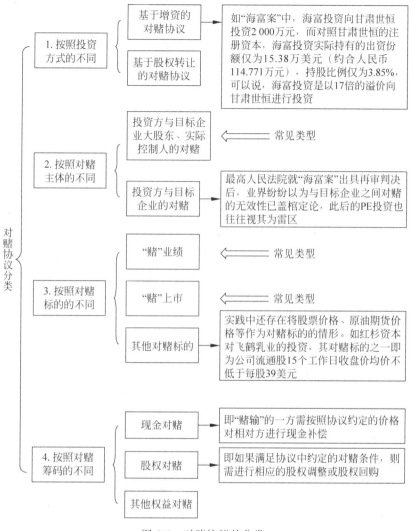

图 2-8 对赌协议的分类

3. 忽略控制权的独立性

企业家常会忽略控制权的独立性。商业协议建立在双方的尊重之上,但也不排除有投资方在资金紧张的情况下,向目标公司安排高管,插手公司的管理,甚至调整其业绩。怎样保持企业决策的独立性还需要企业家做好戒备。

4. 企业家业绩未达标失去退路而导致奉送控制权

一般来说,国内企业间的对赌协议相对较为温和,但很多国外的投资方对企业业绩要求极为严厉,很可能因为业绩发展远低于预期,企业不得不奉送控制权。国内太子奶事件就是一起因业绩未达标而失去控股权的经典案例。

(二)签订对赌协议时的风险防控

对赌协议具有既激励融资方实现盈利目标,也降低投资方信息不对称风险的优点,在

PE投资中运用广泛。对赌协议虽叫"赌",但与投机行为或赌博无关,并购双方也不应对"赌注"过分渲染,或为了实现业绩目标采取不正当手段,将企业推向困境。投融资双方对企业未来收益预期一致,才会达成对赌协议。但市场风险很难预测,原有预期如果无法实现,则争端不可避免。因此,在签订对赌协议时,双方都应有风险意识,注意如下细节。

1. 合理设定对赌协议的评判标准

对赌协议的设立目的是实现并购交易方的双赢,要想实现双赢,关键是要设定合理的对赌目标。对赌协议之所以在我国多有争议,原因就是对赌标准设定得过高,利益明显偏向机构投资者一方,违反了一般合同法的等价有偿原则。国内民营企业正处于发展期,急需国际投资银行的技术和资金支持,导致对赌协议的签订往往缺乏理性的分析判断。因此,目标公司原股东全面分析企业综合实力,设定有把握的对赌标准,是维护自己利益的关键。除了准确判断企业自身的发展状况外,还必须对整个行业的发展态势,如行业情况、竞争者情况、核心竞争力等有良好的把握,这样才能在与机构投资者的谈判中掌握主动。除原始股东外,新进入的风险投资人,在对赌协议中也要主动调低盈利的预期,尽可能为目标企业留足灵活进退、自主经营的空间才是明智之举。

2. 认真设计和仔细斟酌对赌协议条款

对赌协议核心条款包括两个内容:第一,约定未来某节点的业绩判断标准或盈利水平;第二,约定标准未达到时,目标公司及其原股东的补偿方式和额度。对该系列条款建议由专业人员进行审核把关,避免双方在博弈中出现不确定性。

要注意推敲对方的风险规避条款。当事人在引入对赌协议时,需要有效估计企业真实的增长潜力,并充分了解博弈对手的经营管理能力。在签订对赌协议时,要注意设定合理的业绩增长幅度;最好将对赌协议设为重复博弈结构,降低当事人在博弈中的不确定性。

准备签订对赌协议的企业,应合理设置对赌筹码,确定恰当的期权行权价格。对于融资企业来说,设定对赌筹码时,不能只看到赢得筹码获得的丰厚收益,更要考虑输掉筹码是否在自己的风险承受范围之内。

对赌标的不宜太细太高。如果对赌标的很详细,到最后也很难判断是否合理,而且创业者往往为了这些条款,牺牲长远利益而保证达到眼前的要求。比如一个公司一年实际收入只有700万美元、盈利100万美元,而对赌协议要求年终收入达到1 000万美元、盈利200万美元,为了保证当年的收入,企业家就会做一些短期行为,做一些使业务发展不是那么契合长期利益的行为,反而影响公司长远的发展。

合同中设立的保底条款要公平合理。通常情况下,对赌协议会有类似"每相差100万元利润,PE(这里指市盈率,即股权价格)下降××"的条款,如果没有保底条款,即使企业经营不错,PE值也可能降为0。所以在很多细节上要考虑对赌双方是否公平。

3. 对赌协议签署后双方应共同努力实现双赢

如果企业达到对赌标准,被收购方"赢",并购方虽"输"掉部分股权或其他权益,但却可以通过目标公司整体"蛋糕"做大、股价的上涨获得数倍的补偿。另外,如果企业未达到对赌标准,被收购方原股东将不得不通过割让大额股权等方式补偿并购方,其损失不言而喻,而投资方虽然得到了补偿,却可能因为目标公司每股收益的下降导致损失。因此,对赌的结果,要么双赢,要么双输。

为避免出现双输局面,并购双方在签署对赌协议后,应共同对业绩目标做努力,努力提高企业的经营管理水平,不断增强企业抵御风险的能力,灵活调整处理危机,最终共同推进对赌目标的实现,达到双方共赢的目标。对赌协议只是双方相互激励将目标公司做大做强的手段和方法,交易双方切勿本末倒置,将对赌协议变成类似"赌博"的投机行为。

4. 融资企业要客观估量自己的成长能力

钱并非融得越多越好。对于融资的企业而言,在与投资人签订对赌协议时应当注意从风险防范的角度出发,企业在同私人股权资本的谈判中应掌握主动权,把握好自己的原则和底线,要通过合理的协议安排锁定风险,以保证自身对企业最低限度控股地位。在设定对赌筹码时,不能只看到赢得筹码获得丰厚收益,更要考虑输掉筹码是否在自己的风险承受范围之内。这样做才不至于让自己饿着甚至死掉。

公司管理层要对影响企业自身发展的内外因素如商业模式、人力资源、市场发展、竞争对手、资金、客户、原材料等做充分了解和合理分析,制订合理的发展目标。

配合投资人做好尽职调查。公开透明地向投资人开放信息,使投资人经过认真的尽职调查,在充分了解企业状况而不是仅凭对赌机制保护自身利益的情况下,与公司管理层共同制订预期目标。

第五节 企业并购与重组中可能发生的纠纷

根据目前企业并购活动中的法律涉讼案例,企业并购与重组中可能发生的纠纷主要包括以下几种。

一、产权不明导致的纠纷

由于对被并购企业的产权没有进行界定或界定不合理,或者未向有关部门办理相关法定手续,产权不明。并购后容易造成并购方与被并购企业产权相关人的产权确认纠纷,部分并购容易造成股东之间、新老股东之间对资产价值和应承担的义务发生争议而引发诉讼。

二、主体不适格导致的纠纷

一是出售企业的主体不够明晰。如国有资产所有者缺位或不明确或不落实,往往导致出售企业的主体不明确,出现被出售的国有企业以出售者的身份,与购买者订立企业产权转让合同的现象,即"企业自己卖自己"。国家作为国有企业的出资主体,属于国家的产权份额,理应由国家出售。而国家是个抽象的概念,到底哪个机构可以行使,似乎都可以又都不可以。

二是购买主体不适格。如有些被并购企业的经营范围是不允许外商经营的,却由外商收购经营;又如并购方是自然人,作为国有资产的企业出售给个人后,其资产性质(企业性质)相应也发生了变化。根据我国法律规定,个体自然人设立的私营企业不具备法人资格,只有两个以上的自然人方能成立具有法人资格的独立主体。当并购方为个体自然人时,其对原企业的法人主体资格往往不去变更登记为私营企业。这时,该企业的经营和法人登记便与法律发生了冲突。

三、行政干预导致的纠纷

各级人民政府代表国家对国有企业行使所有权,是在计划经济体制下形成的观念,这一观念根深蒂固。有的国企被出售或兼并后,一些地方仍不承认企业出售后其他投资者的股权,以致酿成纠纷。有些政府主管部门强行要求企业并购或被并购,有些则将自愿合并的企业强行拆开,从而导致许多并购纠纷。有些国有企业因并购而由非国有经济主体占控股地位,但政府部门仍直接任命企业领导人,从而导致纠纷。

四、操作不规范导致的纠纷

在企业并购与转制过程中,由于一些法人法制意识不强、操作不规范,各类案件不断增多。如对并购方资信和经营能力了解不够即出售国有企业,导致纠纷;为赶进度,急于求成,资产未评估就出售,未确定资产价值,即由领导拍脑袋定资产价值;企业并购合同或协议中权利义务约定不明导致纠纷;企业并购后,被并购企业未及时向市场监督管理部门办理变更或注销手续,导致民事法律关系的复杂化,由此引发诉讼案件。

五、遗漏、逃废债务导致的纠纷

在企业并购过程中,当事人对原企业的债务承担约定不明、责任不清而引起纠纷。一是企业在资产评估时遗漏债务,有的是遗漏原企业在进行民事和经济活动中应承担的债务;也有的是遗漏原企业可能承担的隐形债务,如未界定原企业提供的担保等隐形债务。二是被并购企业注册资金不到位或抽逃注册资金,使实际净资产数和账面净资产数不相符。三是一些"零改制""零资产"及净资产为负数的企业设法逃债,有的是"剥离式"逃债,有的是"悬空式"逃债,有的是"假破产,真逃债"。

六、员工安置导致的纠纷

并购后的企业,为适应新的运行机制的需要,往往对原企业签订的劳动合同进行清理、规范、变更或重新签订,与劳动者产生争议的事时有发生。

七、利用并购进行欺诈导致的纠纷

鉴于并购活动通常是以并购方对被并购方的债权债务和职工全盘接受为前提,因而社会震荡较小,深受社会各界欢迎。然而,由于并购法律法规不健全、并购操作不规范,一些不法之徒趁机欺诈牟利。在司法实践中,以并购之名行骗财之实的主要类型有以下三种。

(1) 以分期付款为诱饵,先签订兼并协议,办理资产的产权转移手续,然后再将资产抵押、质押贷款,而后拒不支付余款,甚至远走高飞,致使被兼并方债权悬空,这是兼并方惯用的欺骗伎俩之一。

（2）个别企业本已负债累累，资不抵债，但是经过一番乔装打扮，甚至动用舆论工具，大肆炒作，使其俨然变为实力雄厚、前景辉煌的殷实企业。它们利用一些本小利微、实力欠缺的中小企业急欲寻求兼并走出困境的心理，进行兼并，攫取其资产，为自己苟延残喘输血打气。

（3）隐瞒债务，尤其是隐瞒担保债务，做假账，虚报盈利，虚列债权，隐瞒债权的真实情况，对债权进行"技术处理"，致使兼并方在接收后债务增加、债权落空，本想通过并购大展宏图，结果反被并购所累。

本 章 小 结

本章主要分析了企业资产经营与资本运作的关系，对资本运作模式和条件进行了分析，另外对企业并购重组的分类进行了全方位的阐述。第三节至第五节研究分析了并购过程中各类的风险、对赌协议和风险防控，以及可能产生的法律纠纷，使读者从不同侧面对企业并购和资产重组有一个全面认识。

复习思考题

1. 什么是收缩型资本运作？什么是扩张型资本运作？
2. 什么是杠杆收购？杠杆收购与传统的并购方式相比有何特点？
3. 企业并购包括哪些基本内容和模式？
4. 企业并购有哪些风险？如何避免？
5. 对赌协议有哪些风险？如何规避？
6. 企业并购有可能发生哪些法律纠纷？

案例一　蒙牛乳业通过对赌协议在香港上市

2003年，摩根士丹利、鼎晖、英联等投资方投资3 523万美元给蒙牛乳业，同时与蒙牛乳业管理层签署了对赌条款的主要内容：2003—2006年，如果蒙牛业绩的复合增长率低于50%，以牛根生为首的蒙牛管理层要向外资方赔偿7 800万股蒙牛股票，或以等值现金代价支付；反之，外资方将向以牛根生为首的蒙牛管理团队赠予蒙牛股票。

目前状况：对赌协议已完成，蒙牛高管获得了价值数十亿元的股票。

一、并购背景

1999年1月，牛根生创立了蒙牛乳业有限公司，公司注册资本100万元。后更名为内蒙古蒙牛乳业股份有限公司（以下简称"蒙牛乳业"）。2001年底摩根士丹利等机构与其接触的时候，蒙牛乳业公司成立尚不足3年，是一个比较典型的创业型企业。蒙牛乳业想在香港红筹上市，需要国际资本的帮助，获得资金从境外收购境内资产，然后在境外上市。摩根士丹利等机构投资者按照国际通行的对赌协议收购蒙牛境外股权,投资蒙牛乳业。蒙牛乳业投资架构如图2-9所示。

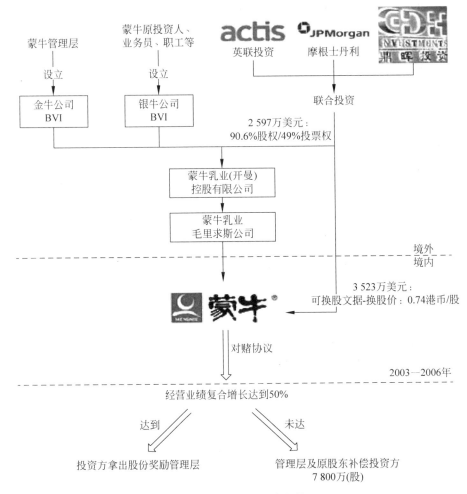

图2-9 蒙牛乳业投资架构

二、并购操作过程

2002年6月,摩根士丹利等机构投资者在开曼群岛注册了开曼公司。2002年9月,蒙牛乳业的发起人在英属维尔京群岛注册成立了金牛公司。同日,蒙牛乳业的投资人、业务员和职工注册成立了银牛公司。金牛和银牛各以1美元的价格收购了开曼公司50%的股权,其后设立了开曼公司的全资子公司——毛里求斯公司。同年10月,摩根士丹利等3家国际投资机构以认股方式向开曼公司注入约2 597万美元(折合人民币约2.1亿元),取得该公司90.6%的股权和49%的投票权,所投资金经毛里求斯最终换取了蒙牛乳业66.7%的股权,蒙牛乳业也变更为合资企业。

2003年,摩根士丹利等投资机构与蒙牛乳业签署了类似于国内证券市场可转债的"可换股文据",未来换股价格仅为0.74港元/股。通过"可换股文据"向蒙牛乳业注资3 523万美元,折合人民币2.9亿元。"可换股文据"实际上是股票的看涨期权。不过,这种期权价值的高低最终取决于蒙牛乳业未来的业绩。如果蒙牛乳业未来业绩好，"可换股文据"的高期权价值就可以兑现；反之，则成为废纸一张。

为了使预期增值的目标能够兑现，摩根士丹利等投资者与蒙牛管理层签署了基于业绩增长的对赌协议。双方约定，从2003年到2006年，蒙牛乳业的复合年增长率不低于50%。若达不到，公司管理层将输给摩根士丹利约7 800万股的上市公司股份；如果业绩增长达到目标，摩根士丹利等机构就要拿出自己的相应股份奖励给蒙牛管理层。

2004年6月，蒙牛业绩增长达到预期目标。摩根士丹利等机构"可换股文据"的期权价值得以兑现，换股时蒙牛乳业股票价格达到6港元以上；给予蒙牛乳业管理层的股份奖励也都得以兑现。摩根士丹利等机构投资者投资于蒙牛乳业的业绩对赌，让各方都成为赢家。

三、并购动因

1. 资金支持，利润回报

蒙牛顺利获得了摩根士丹利、鼎晖、英联3家风险投资机构的投资，在需要资金注入的时候得到了资金支持，顺利解决了资金短缺及融资问题。巨额的资金投入是蒙牛获得成功的敲门砖。在蒙牛资金投入遍寻无门的时候，3家来自海外的风险投资机构可以说是当时条件下蒙牛融资的最佳选择。如果按照2005年4月的股价来看，蒙牛和3家风险投资机构双方均可获得20多亿元的投资利润回报。

2. 获得国际化通道

在经过风险投资融资之后，3家来自海外的风险投资机构不仅为蒙牛带来了巨额的资本，更带来了蒙牛与国际长期投资者合作的桥梁与通行证，同时为蒙牛的管理提供增值服务，提升了该企业的国际化水平，打开了一条迥异于同类企业的全新国际化通道。

摩根士丹利这个名字给蒙牛带来的不单是现金和希望，更多的是国际资本力量的专业精神的震撼和冲击，最终使蒙牛如愿进入资本市场。蒙牛也从一个处于成长初期的中小企业，迅速发展成为一个高速成长的、步入初步成熟阶段的企业。

3. 获取战略机会

根据企业生命周期理论，每一个企业的产品都有一个开发、研制、成型、衰退的过程，对于生产某一主导产品的企业，它一方面可以不断地开发新产品以适应企业产品生命周期；另一方面则可以制订比较长远的发展计划，有意识地通过企业并购的方式达到产品转移的目的。2002年国内乳业竞争激烈，为了在竞争中获得资金支持，蒙牛必须尽快上市，获得加快发展的战略机会，而借助国际著名投行的帮助，迅速在香港上市是一条获取战略机会的快速通道。

四、投资特点分析

摩根士丹利对于蒙牛乳业基于业绩的对赌之所以能够画上圆满句号，总结归纳，该份对赌协议有如下七个特点：一是投资方在投资以后持有企业的原始股权，如摩根士丹利等3家国际投资机构持有开曼公司90.6%的股权和49%的投票权；二是持有高杠杆性（换股价格仅为0.74港元/股）的"可换股文据"；三是高风险性（可能输给管理层几千万股股份);四是投资方不经营乳业,不擅长参与经营管理,仅是财务型投资;五是股份在香港证券市场流动自由;六是蒙牛乳业虽然是创业型企业,但企业管理层原来在同一类型企业工作,富有行业经验;七是所投资的企业属于日常消费品行业,周期性波动小,一旦企业形成相对优势,竞争对手难以替代,投资的行业风险小。

【案例评析】

蒙牛对赌协议有以下几个特点。

(1) 高风险。蒙牛在对赌协议中虽然能解决资金需求,优化股东结构,但是一旦赌输,则会损失惨重甚至失去控制权。对于民营企业所有者来说,这相当于他们将失去自己一手创办起来的企业,且很难有拿回公司控制权的机会。

(2) 激励性。对赌协议是对管理层的刺激手段。蒙牛渴求资金,接受投资之后,面临着达不到目标就要被控制股份的局面,管理层在经营层面和股权结构方面都会更加优化,以达到最佳效果,完成目标。

(3) 成本收益不对等。摩根士丹利和鼎晖等国际顶级投资机构大多资金雄厚、经验丰富、谈判能力强,国内企业与之相比处于弱势,缺乏主动权,所以对赌协议中企业与投资机构之间的成本收益可能不对等。蒙牛和摩根、鼎晖等的对赌协议中,投资机构基本是零风险,而蒙牛虽然可能会得到大笔资金,但这要在冒着被没收股份的风险和被规定一些相对较高的经营目标的基础上才有可能实现。

为了获得风险资本支持,蒙牛以牺牲企业所有权、控制权及收益权的风险作为代价。在蒙牛引入风险投资的阶段,可以说是在刀尖上跳舞,这是一条蒙牛与国外风险投资机构的博弈之路,如果一年后管理层没有完成任务,3 家风险投资机构就是以 2 597 万美元投资完全控制了蒙牛,蒙牛的管理层包括总裁牛根生将会彻底沦为打工者或者失业出局。3 家风险投资机构通过对蒙牛管理层售股的限制使得蒙牛管理层被牢牢拴在资本的战车上,与资本共进退,某种程度上来说蒙牛是没有主权的。

反观 3 家投资行,通过债转股,3 家机构既可分享蒙牛的成长,又加强了对其的控制,保证了其管理层对蒙牛股份控制权的稳定性,同时也控制了一旦蒙牛业绩出现下滑的投资风险:①3 家投资机构设计的重新估值方案使得 3 家投资机构无论如何都是一直处于胜利的一方;②服务限制促使牛根生作为蒙牛的管理层领导人尽心尽力地为蒙牛的发展而努力,同时也是为 3 家投资机构带来价值与盈利;③蒙牛股份的认购权表明了 3 家投资机构对蒙牛资产和股权一直存在觊觎。

(该案例为本书第三次修改出版新编写的案例,作者为石建勋)

【案例讨论题】

1. 蒙牛境外上市为什么要签对赌协议?
2. 结合蒙牛的发展历程,讨论一下蒙牛通过签对赌协议在香港上市的必要性和意义。
3. 从蒙牛的对赌协议案例,我们可以得到什么启示和经验?

 **案例二** 上汽并购韩国双龙汽车的风险与纠纷

即 测 即 练

第三章 企业并购重组的程序与步骤

在当今全球经济一体化加速发展的过程中,并购较以往最大的区别在于跨国性,跨国公司成为并购的主体,资本在全球范围内流动。这一进程的加快使不同国家的并购活动逐渐趋同,大同小异是当今跨国并购的显著特点。本章立足于我国国内的并购活动,具体阐述企业在并购过程中的一些基本步骤和操作环节。

企业并购程序千差万别,依其差异的大小通常分为一般企业并购的程序与上市公司并购的程序,下面分别进行讨论。

第一节 一般企业并购的程序

通常并购对于企业来说并非家常便饭,因而一旦涉及并购问题难免有点手忙脚乱。对于企业而言,并购往往使得企业上上下下都深受其害,不少部门的负责人甚至多日不得安眠,中介机构也苦不堪言。而所有的这一切,其本质都归根于对于并购操作程序没有了然于胸以及缺乏对并购中突发问题的应变能力。一般企业并购的程序通常由以下五个步骤组成:战略决策;准备阶段;尽职调查,核查资料;实施阶段;整合阶段。但不同性质的企业在进行这几个步骤时要求都有差别。

一、战略决策

企业并购不要为了赶时髦、为了并购而并购,而要与企业的发展战略紧密相连,围绕着企业发展战略来谋划。因此,企业并购的首要任务就是进行战略决策,包括以下内容。

(1) 明确并购动机和目的。企业首先应明确为何要进行并购,通过并购想达到什么目的。企业并购的动机一般不外乎扩大市场份额、排挤竞争对手、提高利润率、分散投资风险、获取品牌和销售渠道等。并购动机一定要符合企业整体的发展战略。波士顿咨询公司提出的增长占有率模型可用于参考制定收购战略,如表3-1所示。

表3-1 企业战略类型及主要实施方式

整体战略	战略细分	实施方式
稳定发展战略(金牛业务)		维持发展
扩张战略 问题业务:扩大市场规模,提高市场占有率 明星业务:提高效率,降低资金投入 金牛业务:多元化发展	一体化战略:纵向一体化、横向一体化 多元化战略:同心多元化、混合多元化	并购
放弃战略(瘦狗业务)	调整、放弃弱势业务	减资、剥离、整体出售、清算等

资料来源:李曜.公司并购与重组导论[M].2版.上海:上海财经大学出版社,2010:55.

（2）进行市场观察和调查。根据企业的并购动机对相关市场进行观察和调查,了解类似产品的销售、竞争对手以及可供收购的对象。

二、准备阶段

收购前的准备阶段是整个收购工作的起点,也是并购双方谈判的基础。收购前的准备主要包括选择收购时机、锁定收购目标、确定收购方式、成立内部并购小组、发出并购意向书。

1. 选择收购时机

并购的宏观研究判断最重要的是对产业的研究和判断。产业研究判断的精髓在于,在适当的时候进入一个适当的行业。

2. 锁定收购目标

比较本企业和收购对象的长短处,优化配置双方资源,发挥互补效应,锁定收购目标。进一步了解收购目标的经营、盈利、出售动机,以及竞购形势和竞购对手情况。

3. 确定收购方式

确定是股权收购还是资产收购,是整体收购还是部分收购;明确收购资金来源和可能。

4. 成立内部并购小组

内部并购小组应由公司领导挂帅、各有关部门领导组成,以保障快速应变和决策及对外联络的畅通。选择并购投资总顾问和专业人员,决定他们参与的范围和费用。

5. 发出并购意向书

并购意向书包括并购意向、非正式报价、保密义务和排他性等条款。并购意向书一般不具法律效力,但保密条款具有法律效力,所有参与谈判的人员都要恪守商业机密,以保证即使并购不成功,并购方的意图也不会过早地被外界知道,目标公司的利益也能得到维护。

 资料链接

并购意向书的意义和内容

由并购方向被并购方发出并购意向书是一个有用但不是法律要求的必需步骤。发出并购意向书的意义:第一在于将并购意图通知给被并购方,以了解被并购方对并购的态度。一般公司并购的完成都是善意并购,也就是经过谈判、磋商,并购双方都同意后才会有并购发生。如果被并购方不同意并购或坚决抵抗,即出现敌意收购时,并购不会发生。先发出并购意向书,投石问路,若被并购方同意并购,就会继续向下发展;若被并购方不同意并购,就需做工作或就此止步,停止并购。这样,经由意向书的形式,意向一开始就明确下来,避免走弯路、浪费金钱与时间。第二在于意向书中将并购的主要条件作出说明,使对方一目了然,知道该接受还是不该接受,不接受之处该如何修改,为下一步的进展做正式铺垫。第三在于有了意向书,被并购方可以直接将其提交董事会或股东会讨论,作出决议。第四在于被并购方能够使自己透露给并购方的机密不至于被外人所知。因为并购意向书都含有保密条款,要求无论并购成功与否,并购双方都不能将其所知的有关情况透露或公布出去。有此四点意义,并购方一般都愿意在并购之初先发出意向书,从而形成一种惯例。

并购意向书的内容要简明扼要,可以比备忘录长,也可以内容广泛。并购意向书一般都不具备法律约束力,但其中涉及保密或禁止寻求与第三方再进行并购交易(排他性交易)方面的规定,有时被写明具有法律效力。并购意向书一般包含以下条款。

1. 买卖标的
(1) 被购买或出卖的股份或资产。
(2) 注明任何除外项目(资产或负债)。
(3) 不受任何担保物权的约束。

2. 对价
(1) 价格,或可能的价格范围,或价格基础。
(2) 价格的形式,如现金、股票、债券等。
(3) 付款期限(包括留存基金的支付期限)。

3. 时间表
(1) 交换时间。
(2) 收购完成。
(3) (必要时)合同交换与收购完成之间的安排。

4. 先决条件
(1) 适当谨慎程序。
(2) 董事会批准文件。
(3) 股东批准文件。
(4) 法律要求的审批(国内与海外)。
(5) 税款清结。
(6) 特别合同和许可。

5. 担保和补偿
意向书应注明担保和补偿将要采用的一般方法。

6. 限制性的保证
(1) 未完成(收购)。
(2) 不起诉。
(3) 保密。

7. 雇员问题和退休金
(1) 与主要行政人员的服务合同。
(2) 转让价格的计算基础。
(3) 继续雇用。

8. 排他性交易
意向书应注明排他性交易涉及的时限。

9. 公告与保密
未经相互同意不得作出公告。

10. 费用支出
各方费用自负。

11. 没有法律约束力

排他性交易与保密的规定有时具有法律约束力。

实践中也有很多企业在进行并购时,不发出并购意向书,而只是与目标公司直接接触,口头商谈,真可谓删繁就简,一步到位。

目标公司如果属于国有企业,其产权或财产被兼并,都必须首先取得负责管理其国有财产的国有资产管理局或国有资产管理办公室的书面批准同意。否则,并购不可以进行。

三、尽职调查,核查资料

尽职调查是从财务、市场、经营、环保、法律、IT、税务和人力资源等方面对目标公司进行调查。通过直接查阅目标企业的文件、听取经营者的陈述、提问对话等形式,了解被收购公司历年经营、盈利情况,有无对外债务、潜在诉讼,财务制度是否完善,对外合同的条件和执行情况。了解市场份额、行业、前景和竞争形势,确定目标公司现在和将来的市场战略地位。分析目标公司经营现状,提出改善措施和预测收购后的费用。分析出售价格和构成是否合理,公司人力资源配置和福利情况,管理人员的能力及员工对收购的态度。尽职调查的组成部分如图 3-1 所示。

图 3-1 尽职调查的组成部分

其具体来说有以下工作内容。

（一）聘请中介机构

企业并购的复杂性和专业性，使中介机构成为其中不可或缺的角色，尤其是投资银行的积极参与为并购提供了高质量的专业服务。除投资银行外，并购的中介机构还包括专业并购咨询公司、注册会计师事务所、律师事务所等。

（二）目标公司调查

收购方根据发展战略和中介机构的意见初步确定目标公司后，可以由企业管理人员、财务顾问、律师、会计师等组成的审批队伍，对选定的目标公司做进一步细致的审查和评价，这个过程称为"尽职调查"。尽职调查的目的是发现和分析可能影响收购成功的所有因素，主要内容包括以下几方面。

1. 目标公司基本情况

目标公司基本情况包括：公司的名称、法定住址、公司章程、经营范围、上市时间、股权结构、信用等级、主要股东及董事、出售目的以及所在产业的最新发展变化趋势；主要的生产线及使用情况、主要产品、产品定价、营销组织、竞争对手、广告费用、公共关系等主营业务及营销情况；主要项目、研究开发计划与预算、开发能力、拥有专利等研究开发情况。

2. 产业战略分析

产业战略分析主要是为了了解目标公司运营的市场特征和趋势，把握目标公司在市场上的地位、市场的发展趋势，以及目标公司未来在市场上的地位。产业战略的分析内容主要包括产业结构、产业增长、同行业竞争对手及有关情况、主要客户及供应商、劳动力及有关情况、政府管理制度、专利、商标及版权等。

3. 财务资料分析

财务资料分析包括对财务报表、资产、负债、或有负债、股东权益、会计政策、财务预算及执行结果、通货膨胀或紧缩对公司经营和财务状况的影响、财务比率等方面的分析。收购公司通过进一步的财务资料分析，了解目标公司在过去的财务运营情况，并且和行业基准比较，以便评价公司在未来改变业绩的前景。

4. 法律调查

法律调查的关键领域包括公司的资格、反垄断、员工、保险和环境问题等。

5. 目标公司的组织、人力资源和劳资关系

目标公司的组织、人力资源和劳资关系具体包括：组织系统图、组织结构及其与公司业务发展是否一致；管理团队对并购的态度，是否会留在公司；劳资合同和劳资关系，养老、医疗等社会保险金的缴纳。

（三）制订初步收购方案

通过对目标公司的审查和评价，在中介机构的指导和参与下，收购方就可以根据自身的优势和特点，针对目标公司的实际情况制订初步收购方案。初步收购方案主要包括以下内容：收购方的基本经验情况和收购战略；目标公司的基本情况；收购方式、价格、支付方式及时间；收购后对目标公司的整合计划；公司管理架构的调整及员工的安排；目标公司未来的发展战略及前景分析。

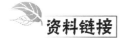资料链接

尽职调查的意义和提纲

一、尽职调查的意义

如果要保证公司的兼并与收购业务有较大的成功机会，在准备兼并一家公司之前，必须对目标公司进行必要的审查，以便确定该项兼并业务是否恰当，从而减少兼并可能带来的风险，并为协商交易条件和确定价格提供参考。兼并与收购的调查是由一系列持续的活动组成的，涉及对目标公司资料的收集、检查、分析和核实等。

在收购与兼并中，对目标公司的调查之所以重要，其原因是，如果不进行调查，收购风险就会迅速增加，在缺少充分信息的情况下购买一个公司可能会在财务上导致重大的损失。尽管这些基本的道理听起来似乎非常简单，但是在实际中却常常会发生违背这些原则的事例。

我们可能会遇到，在一些案例中，兼并与收购的调查似乎是无效的，它不能为正确地评价潜在的目标公司和作出正确的决策提供必要的信息。导致这一结果的原因可能是多方面的，诸如缺少信息沟通、对信息产生误解、缺少认真细致的计划、责任不明或相互之间缺乏协调等，然而最重要的原因可能是调查中经常只注意取得信息的数量，而忽视了信息的质量。

例如，有关市场营销信息，收购方不应该仅仅注意市场占有率或市场增长的统计，还应该重视那些有助于它们评估为什么潜在的目标公司在其市场上能够取得成功，它的竞争战略是否将继续可行等方面的信息。又如，对有关财务信息，收购方应该注意财务报告中揭示的主要问题、变化趋势和非正常财务特征，而不仅仅是注意财务报表中的每一个项目。

收购与兼并中的调查既可以由公司内部的有关人员来执行，也可以在外部顾问人员（如会计师、投资银行家、律师、行业顾问、评估师等）的帮助下完成。但是，一般来说，收购方的经理人员参与调查是非常重要的，因为经理人员对出售方及目标公司的"感觉"和一些定性考虑，对作出收购决策来说都是非常必要的，如果经理人员不参与调查或在调查中不发挥主要作用的话，就会失去这些"感觉"。

二、尽职调查的提纲

1. 公司简介

(1) 公司成立背景及情况介绍。

(2) 公司历史沿革。

(3) 公司成立以来股权结构的变化及增资和资产重组情况。

(4) 公司成立以来主要发展阶段及每一阶段变化发展的原因。

(5) 公司成立以来业务发展、生产能力、盈利能力、销售数量、产品结构的主要变化情况。

(6) 公司对外投资情况，包括投资金额、投资比例、投资性质、投资收益等情况和被投

资主要单位情况介绍。

(7) 公司员工状况,包括年龄结构、受教育程度结构、岗位分布结构和技术职称分布结构。

(8) 董事、监事及高级管理人员的简历。

(9) 公司历年股利发放情况和公司现在的股利分配政策。

(10) 公司实施高级管理人员和职工持股计划情况。

2. 公司组织结构

(1) 公司现在建立的组织管理结构。

(2) 公司章程。

(3) 公司董事会的构成,董事、高级管理人员和监事会成员在外兼职情况。

(4) 公司股东结构、主要股东情况介绍,包括背景情况、股权比例、主要业务、注册资本、资产状况、盈利状况、经营范围和法定代表人等。

(5) 公司和上述主要股东业务往来情况(如原材料供应、合作研究开发产品、专利技术和知识产权共同使用、销售代理等)、资金往来情况,有无关联交易合同规范上述业务和资金往来及交易。

(6) 公司主要股东对公司业务发展有哪些支持,包括资金、市场开拓、研究开发、技术投入等。

(7) 公司附属公司(厂)的有关资料,包括名称、业务、资产状况、财务状况及收入和盈利状况、对外业务往来情况。

(8) 控股子公司的有关资料,包括名称、业务、资产状况、财务状况及收入和盈利状况、对外业务往来情况、对内资金和业务往来情况。

(9) 公司与上述全资附属公司(厂)、控股子公司在行政、销售、材料供应、人事方面如何统一进行管理。

(10) 主要参股公司情况介绍。

3. 原材料供应

(1) 公司在业务中所需的原材料种类及其他辅料,包括用途及在原材料需求中的比重。

(2) 上述原材料主要供应商的情况,公司有无与有关供应商签订长期供货合同,若有,说明合同的主要条款。

(3) 各供应商所提供的原材料在公司总采购中所占的比例。

(4) 公司主要外协厂商名单及基本情况,外协部件明细,外协模具明细及分布情况,各外协件价格及供货周期,外协厂商资质认证情况。

(5) 公司有无进口原材料,若有,说明该进口原材料的比重,国家对进口该原材料有无政策上的限制。

(6) 公司与原材料供应商交易的结算方式、有无信用交易。

(7) 公司对主要能源的消耗情况。

4. 业务和产品

(1) 公司目前所从事的主要业务及业务描述,各业务在整个业务收入中的重要性。

(2) 主要业务所处行业的背景资料。
(3) 该业务的发展前景。
(4) 主要业务近年来增长情况,包括销量、收入、市场份额、销售价格走势,各类产品在公司销售收入及利润中各自的比重。
(5) 公司产品系列,产品零部件构成细分及明细。
(6) 公司产品结构,分类介绍公司目前所生产的主要产品情况和近年来销售情况;产品需求状况。
(7) 上述产品的产品质量、技术含量、功能和用途、应用的主要技术、技术性能指标、产品的竞争力等情况,针对的特定消费群体。
(8) 公司是否有专利产品,若有,公司有哪些保护措施。
(9) 公司产品使用何种商标进行销售,上述商标是否为公司注册独家使用。
(10) 上述产品所获得的主要奖励和荣誉称号。
(11) 公司对提高产品质量、提升产品档次、增强产品竞争力等方面将采取哪些措施。
(12) 公司新产品开发情况。

5. 销售情况
(1) 简述公司产品国内外销售市场开拓及销售网络的建立历程。
(2) 公司主要客户有哪些,并介绍主要客户的有关情况,主要客户在公司销售总额中的比重;公司主要客户的地域分布状况。
(3) 公司产品在国内主要销售地域、销售管理及销售网络分布情况。
(4) 公司产品国内外销售比例、外销主要国家和地区分布结构及比例。
(5) 公司是否有长期固定价格销售合同。
(6) 公司扩大销售的主要措施和营销手段。
(7) 销售人员的结构情况,包括人数、学历、工作经验、分工等。
(8) 公司对销售人员的主要激励措施。
(9) 公司的广告策略如何,广告的主要媒体及在每一媒体上广告费用支出比例,公司每年广告费用总支出数额及增长情况,广告费用总支出占公司费用总支出的比例。
(10) 公司在国内外市场上主要竞争对手名单及主要竞争对手主要资料,公司和主要竞争对手在国内外市场上各自所占的市场比例。
(11) 公司为消费者提供哪些售后服务,具体怎样安排。
(12) 公司的赊销期限一般为多长,赊销部分占销售总额的比例多大;历史上是否发生过坏账,每年实际坏账金额占应收账款的比例如何;主要赊销客户的情况及信誉。
(13) 公司是否拥有进出口权,若无,公司主要委托哪家外贸公司代理,该外贸公司主要情况介绍。
(14) 我国加入WTO后,对公司产品有哪些影响。

6. 研究与开发
(1) 详细介绍公司研究所的情况,包括成立的时间、研究开发实力、已经取得的研究开发成果,主要研究设备、研究开发手段、研究开发程序、研究开发组织管理结构等情况。
(2) 公司技术开发人员的结构,工程师和主要技术开发人员的简历。

第三章 企业并购重组的程序与步骤

(3) 与公司合作的主要研究开发机构名单及合作开发情况,合作单位主要情况介绍。

(4) 公司目前自主拥有的主要专利技术、自主知识产权、专利情况,包括名称、用途、应用情况、获奖情况。

(5) 公司每年投入的研究开发费用及占公司营业收入比例。

(6) 公司目前正在研究开发的新技术及新产品有哪些。

(7) 公司新产品的开发周期。

(8) 未来计划研究开发的新技术和新产品。

7. 公司主要固定资产和经营设施

(1) 公司主要固定资产的构成情况,包括主要设备名称、原值、净值、数量、使用及折旧情况、技术先进程度。

(2) 按生产经营用途、辅助生产经营用途、非生产经营用途、办公用途、运输用途和其他用途分类,固定资产分布情况。

(3) 公司所拥有的房屋建筑物等物业设施情况,包括建筑面积、占地面积、原值、净值、折旧情况以及取得方式。

(4) 公司目前主要在建工程情况,包括名称、投资计划、建设周期、开工日期、竣工日期、进展情况和是否得到政府部门的许可。

(5) 公司目前所拥有的土地的性质、面积、市场价格、取得方式和当时购买价格(租赁价格)。

8. 公司财务

(1) 公司收入、利润来源及构成。

(2) 公司主营业务成本构成情况,公司管理费用构成情况。

(3) 公司销售费用构成情况。

(4) 主营业务收入占总收入的比例。

(5) 公司主要支出的构成情况。

(6) 公司前三年应收账款周转率、存货周转率、流动比率、速动比率、净资产收益率、毛利率、资产负债比率等财务指标。

(7) 公司前三年资产负债表、利润及利润分配表。

(8) 对公司未来主要收入和支出有重大影响的因素有哪些。

(9) 公司目前执行的各种税率情况。

9. 主要债权和债务

(1) 公司目前主要有哪些债权,该债权形成的原因。

(2) 公司目前主要的银行贷款,该贷款的金额、利率、期限、到期日及是否有逾期贷款。

(3) 公司对关联人(股东、员工、控股子公司)的借款情况。

(4) 公司对主要股东和其他公司及企业的借款进行担保及抵押情况。

10. 投资项目

(1) 本次募集资金投资项目的主要情况介绍,包括项目可行性、立项情况、用途、投资总额、计划开工日期、项目背景资料、投资回收期、财务收益率、达产后每年销售收入和盈利情况。

(2) 该投资项目的技术含量、技术先进程度、未来市场发展前景和对整个公司发展的影响。

(3) 公司目前已经完成的主要投资项目有哪些,完成的主要投资项目情况介绍。

11. 其他

(1) 公司现在所使用的技术和生产工艺的先进程度、成熟程度、特点、性能和优势。

(2) 与同行业竞争对手相比,公司目前主要的经营优势、管理优势、竞争优势、市场优势和技术优势。

(3) 公司主要股东和公司董事、高级管理人员目前有无涉及法律诉讼,如有,对公司影响如何。

12. 行业背景资料

(1) 近年来行业发展的情况。

(2) 国家对该行业的有关产业政策、管理措施,以及未来可能发生的政策变化。

(3) 该行业的市场竞争程度,同行业主要竞争对手的情况,包括年生产能力、年实际产量、年销售数量、销售收入、市场份额、在国内市场的地位。

(4) 国外该行业的发展情况。

(5) 国家现行相关政策对该行业的影响。

(6) 目前全国市场情况介绍,包括年需求量、年供给量、地域需求分布、地域供给分布、生产企业数量,是否受同类进口产品的竞争。

四、实施阶段

初步收购方案拟订之后,并购就可以进入实质性的实施阶段。实施阶段是公司并购程序中的核心阶段,是并购能否成功的关键所在。

(一) 与目标公司谈判

准备工作完成后,并购双方就要走到一起进行谈判。通过谈判,主要确定交易的方式、支付方式和成交金额,并明确买方能够提供的特许条款和税收抵免的范围。如果收购方和目标公司就股权转让的基本条件和原则达成一致意见,即可签订并购意向协议书,将目标公司锁住,防止其寻找其他买家。

并购意向书通常只能表明并购双方的合作意向,而没有法律约束力,但可以表达双方的诚意,并在以后的谈判中互相信任,节约时间和金钱。并购意向书一般包括以下几方面内容:①确定并购双方就出售和购买并购企业资产或股权事宜达成合作意向;②商定买卖形式和价格以及价格的计算方式;③确定今后日程安排;④目标公司的主要管理层和职工在企业被并购后的安排;⑤约定在一定期间内不与其他企业进行并购的交涉和洽谈;⑥约定保守双方情报资料的秘密。

(二) 确定支付价格和支付方式

并购双方都同意并购,且被并购方的情况已核查清楚后,接下来就要进行比较复杂的谈判。谈判主要涉及并购的形式(是收购股权、资产,还是整个公司)、交易价格、支付方式与期限、交接时间与方式、人员的处理、有关手续的办理与配合、整个并购活动进程的安排、各方应做的工作与义务等重大问题,是对这些问题的具体细则化,也是对意向书内容的进一步具体化。具体化后要落实在合同条款中,形成待批准签订的合同文本。

交易价格除国有企业外,均由并购双方以市场价格协商确定,以双方同意为准。国有企业的交易价格则必须基于评估价,以达到增值或保值的要求。

支付方式一般有现金支付、以股票(股份)换股票(股份)或以股票(股份)换资产,或不付一分现金而全盘承担并购方的债权债务等方式。

支付期限有一次性付清而后接管被并购方,也有先接管被并购方而后分批支付并购款。

(三) 签订转让协议

当并购双方在中介机构的协助下,就收购价格、支付方式、生效的条件和时间、双方的权利和义务、风险控制、违约责任等完全达成一致意见后,就可以签订并购转让协议。协议内容一般包括以下两个方面。

1. 收购的主要条款或条件

收购的主要条款或条件包括:转让标的;拟转让资产或股权的数量;收购价款;价款支付方式和时间;双方的义务;违约责任;争议的解决对策。

此外,签订转让协议时,还要注意明确以下几个问题:交易完成的条件、中止交易的条件、限制条件、索赔条件及承诺保障条款。

2. 收购完成后章程等有关事项的变更

收购的条款只是在收购的过程中发生作用,收购完成后一些规定或有关章程的变更也应事先约定。如公司名称的重新确定、董事会成员的变更、管理人员的更替、现有业务的保留和更新等。

(四) 报批和信息披露

在我国企业并购中,股权转让涉及国有股,要由目标公司向国有资产管理部门和省级人民政府提出转让股份申请,获批后再向国资委提交报告。获批准后,双方根据批复文件的要求,对协议相关条款进行修改,正式签订股权转让协议。

(五) 办理股权交割等相关法律手续

签订企业转让协议之后,并购双方就要依据协议中的约定履行转让协议,办理各种交接手续,主要包括产权交接、财务交接、管理权的移交、变更登记、按约定条款进行注资或偿债、发布并购公告等事宜。

1. 产权交接

并购双方按照协议办理资产移交手续,经过验收、造册,双方签证后会计据此入账。如果涉及国家资产并购重组,需要在国有资产管理局、银行等有关部门的监督下,进行资产移交。目标企业未了的债权、债务,按协议进行清理,并据此调整账户,办理更换合同债据等手续。

2. 财务交接

财务交接工作主要在于,并购后双方财务会计报表应当依据并购后产生的不同法律后果作出相应的调整。例如,如果并购后一方的主体资格消灭,则应当对被收购企业财务账册做妥善的保管,而收购方企业的财务账册也应当作出相应的调整。

3. 管理权的移交

管理权的移交工作是每一个并购案例必需的交接事宜,完全有赖于并购双方签订转让协议时就管理权的约定。如果并购后,被并购企业还照常运作,继续由原有的管理班子管理,管理权的移交工作就很简单,只要对外宣示即可,但是如果并购后要改组被并购企业原有的管理班子,管理权的移交工作则较为复杂。这涉及原来管理人员的去留、新的管理成员的驻入,以及管理权的分配等诸多问题。

4. 变更登记

这项工作主要存在于并购导致一方主体资格变更的情况:续存公司应进行变更登记,新设公司应进行注册登记,被解散的公司应进行解散登记。如合并后公司名称发生变化,新名称要重新注册并且公司法人在市场监督管理、税务部门进行变更登记备案。只有在政府有关部门进行这些登记之后,并购才正式有效。并购一经登记,因并购合同而解散的公司的一切资产和债务,都由续存公司或新设公司承担。

5. 按约定条款进行注资或偿债

根据双方的协议和并购条件,需要注资的公司应立即将资金划转到位,或者需要偿债的公司应立即与债权人取得联系,偿还应偿的债务。

6. 发布并购公告

并购双方应当将兼并与收购的事实公告社会,可以在公开报刊上刊登,也可由有关机关发布,使社会各方面知道并购事实,并调整与之相关的业务。

股权交割及相关法律手续完成后,公司并购的法定程序即告结束。

五、整合阶段

并购往往会带来多方面变革,可能涉及企业结构、企业文化、企业组织系统或者企业发展战略。变革必然会在双方的雇员尤其是留任的目标企业原有雇员中产生大的震动,相关人员将急于了解并购的内幕。因此,并购交易结束后,收购方应尽快开始就并购后的企业进行整合,安抚为此焦虑不安的各方人士。有关组织结构、关键职位、报告关系、下岗、重组及影响职业的其他方面的决定应该在交易签署后尽快制定、宣布并执行。持续几个月的拖延变化、不确定性会增加目标公司管理层和员工的忧虑感,可能会影响目标公司的业务经营。

并购完成后,即进入整合阶段。收购方需向目标公司的全体高级管理人员解释并购后的发展计划,界定各自的职权范围。其会计人员还要解释收购方对财务报告的要求等。这些程序完成之后,就可以开始按事先确定的目标进行整合,包括公司资产、组织结构、企业文化等各个方面。美国学者拉杰克斯通过对企业并购失败原因的研究结果进行归纳分析,得出如下结论:在并购失败的已知原因中,整合不利占50%,估计不当占27.78%,战略失误占16.66%,其他原因占5.56%。由此可见,整合在整个企业并购中处于举足轻重的地位。

整合阶段的主要工作详见第八章第二节的内容。

并购一家公司是一个多步骤的过程。该过程起始于战略评估、初步的分析和可行性研究,结束于应有相关报告及圆满的协议。典型的并购过程从最初的对多个目标的战略评估到最终完成,可能需要 8~10 个月乃至更长的时间。其详细过程如图 3-2 所示。

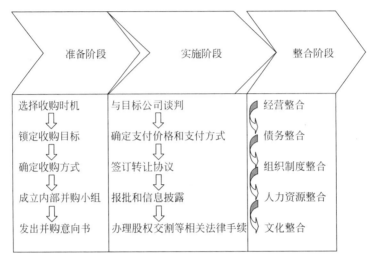

图 3-2　企业并购过程

第二节　上市公司并购的程序

上市公司并购的程序具体如下。

一、确定并购战略和清晰的并购路线

上市公司开展并购工作的首要命题,是要基于自身的产业环境,确定合适的产业并购战略和清晰的并购路线,相当于要将企业并购战略"大方向"制定出来,才能有后续的并购支撑工作。确定并购战略和清晰的并购路线,主要包括以下内容。

1. 对公司所处的产业环境和产业生态圈进行分析

上市公司首先要对所处的产业环境和产业生态圈进行深入分析,结合行业特点和自身在行业中的位置,才能制定出符合实际的产业并购战略和清晰的并购路线。从实践操作中看,上市公司面临的产业环境多种多样,但主要可分为以下几种。

(1) 行业前景广阔,但市场分散,区域差异大,上市公司需要全国布局,形成市场号召力,比如污水处理行业,碧水源在全国收购污水处理厂。

(2) 行业前景广阔,但市场分散,产品差异大,上市公司需要整合产品,打造品牌或客户优势,比如广告策划行业,蓝色光标收购各细分广告龙头。

(3) 行业前景广阔,细分市场集中,但企业间协同效应大,上市公司需要强强联合,建立协同生态圈,比如互联网行业,腾讯曾实施"二股东战略",参股大众点评网、京东商城等各领域细分龙头。

（4）行业增长面临瓶颈,但市场分散,效率差异大,上市公司需要整合低效率企业,形成规模经济,比如水泥行业,海螺水泥收购各低效企业。

（5）行业增长面临瓶颈,但上下游有拓展空间,上市公司需要整合产业链,形成协同效应,比如黄金行业,豫园商城收购黄金采选企业,打造黄金全产业链。

（6）行业增长面临瓶颈,且相关行业皆竞争激烈,但上市公司拥有高估值,需要转型,比如中高端餐饮行业,湘鄂情通过收购进入文化传媒、环保领域。

2. 对现有业务进行全面梳理

对于很多上市公司而言,"不并是等死,并是找死"。对现有业务进行全面梳理,知己知彼是制定正确并购战略和清晰的并购路线的关键步骤。对现有不同业务条线进行全面梳理,可以包括以下几个方面。

（1）梳理出现有业务条线的种类。这里可根据公司业务的特点,分别从产品结构、客户群体等不同角度进行梳理与划分。

（2）分析每一个业务条线目前在市场中的竞争地位与竞争格局。

（3）结合现有市场竞争情况,合理判断每一个业务条线在未来一段时间的发展状况。

（4）分析每一个业务条线目前存在的优势与劣势。也就是需要分析并购方在各个业务条线上,哪些方面是优势,而哪些方面是短板,从而为并购策略的选择奠定基础。

3. 从现有业务条线出发,进行不同的并购组合分析

在梳理与分析现有业务条线后,可分别从产业链的横向并购、纵向并购、多元化并购（包括相关与非相关多元化）、合纵连横等方向,进行多个并购策略的排列组合。

例如,在帝王洁具收购欧神诺的案例中,帝王洁具在收购前业务基本包括亚克力材质与陶瓷材质的两种卫生洁具。其中,陶瓷材质的洁具在原有收入体系中占比较小,仅约为5%～6%。而最终帝王洁具是从陶瓷材质出发进行了横向并购,收购了专注中高端建筑陶瓷的新三板挂牌企业欧神诺。这个案例给我们的启示就是,可以从并购方现有营业收入占比较小的业务条线出发,制定与其相关的并购策略。但其前提为无论是从行业还是被并购标的来看,该业务条线未来都具有很好的发展前景。

例如,在欧比特收购铂亚信息的案例中,欧比特在收购前主要产品包括 SoC（片上系统）芯片类、SIP（系统级封装）芯片类等。此次主要是从 SoC 芯片技术角度出发,收购了从事与其具有技术协同的人脸识别业务的公司,从而实现技术相关性的多元化并购战略。

4. 对不同并购组合进行优劣势分析,重点分析每个并购组合的协同点

对不同并购策略的排列组合分别进行优劣势分析,这里面重点分析每个组合的协同点,也就是每个组合是否能够达到"1+1＞2"的效果,以及达到该种效果的程度。

并购策略的协同点主要包括以下几方面。

（1）盈利协同。被并购标的是否能在短期和未来一段时间内为并购方带来盈利。例如,在欧比特收购铂亚信息的案例中,铂亚信息的客户特性导致其回款周期长、资金压力大,更多的业务需要资金进行撬动。上市公司注入资金后,只要铂亚信息的客户不存在重大的坏账风险,铂亚信息的收入规模将得到快速释放,实际上确实达到了较为理想的效果。

但在这里要强调一下,上市公司的并购重组,不能仅从当前市值管理的角度考虑被并购标的短期盈利能力,而忽略了长远的协同效果与长远的盈利能力。

(2) 客户资源协同。在帝王洁具收购欧神诺、欧比特收购铂亚信息、联建光电收购友拓公关等案例中均具有该方面的协同效果。

(3) 销售渠道互补。在联建光电收购易事达案例中,联建光电专注于LED(发光二极管)显示屏的国内市场,易事达专注于LED显示屏的国际市场,从而形成销售渠道互补,强强联合。

(4) 技术协同。例如,欧比特收购铂亚信息属于技术协同;从一定程度来说围海股份收购千年设计也属于上下游产业链的技术协同。

(5) 其他方面协同。其他任何方面的协同点,可以进行深度挖掘。

总之,需要挖掘每一种组合在不同方面的协同点,然后对每一种组合进行优劣势分析与比较,从而选择最优组合。

5. 设计符合公司长远发展战略的并购路径

较为完美的并购策略需要根据公司长远的发展战略,提前设计一整套的并购路径。因为上市公司一般会进行几次或多次的并购,所以需要提前设计好一整套的并购路径,然后每次的并购都围绕这个设计路径的主线进行,从而才能符合公司长远的发展战略。例如,联建光电就是设计出 LED+传媒的纵向多元化策略,其前后收购分时传媒、友拓公关,均符合该设计路径。

 **资料链接**

不同类型并购组合的协同点案例与启示

一、横向并购案例——帝王洁具收购欧神诺

1. 并购思路

上市公司从其收入占比较小的业务出发,进行与其相关的横向并购。

2. 双方业务

帝王洁具在2016年5月上市,其主要从事卫生洁具,尤其是亚克力材质卫生洁具的研发、设计、制造与销售。本次并购前2014—2016年,亚克力板及亚克力卫生洁具的收入合计占比在90%以上。而陶瓷洁具收入仅占5%~6%,且为OEM(原始设备制造商)代工生产(其中,卫生洁具按照材质可分为亚克力洁具、陶瓷洁具、实木洁具等)。在收购前,帝王洁具2016年度的收入、净利润分别为4.24亿元、0.51亿元。

欧神诺2014年在新三板挂牌,是主要从事中高端建筑陶瓷研发、设计、生产和销售的高新技术企业,产品主要包括抛光砖、抛釉砖、抛晶砖、仿古砖、瓷片及陶瓷配件等。在被收购前,欧神诺2016年度的收入、净利润分别为18.31亿元、1.60亿元。

3. 协同点

(1) 客户资源的协同:"卫生洁具""建筑陶瓷"作为建筑材料的两个重要板块,二者的主要客户群体具有一定的重合性。

(2) 技术协同:双方的技术可以进行互补。

(3) 提高上市公司的盈利能力。

4. 并购亮点

以小吃大,这恰恰是并购重组的"高市盈率收购低市盈率"的原理和魅力所在。

二、纵向并购案例——围海股份收购千年设计

1. 并购思路

围海股份主要从事海堤工程、城市防洪工程、河道工程、水库工程及其他水利工程施工,属于水利和港口工程建筑业,而千年设计主要从事城市规划设计、市政及公路工程设计、建筑设计等业务,上市公司与并购标的在工程产业链上处于上下游环节。

2. 协同点

(1) 增强盈利能力。标的公司2016年、2017年1—6月的净利润分别为6 276万元、4 739.09万元,进一步增强公司的盈利能力。

(2) 延伸与完善上下游产业链。充分发挥上市公司与标的公司的协同效应,加快实现公司从施工总承包到工程总承包的经营模式转变,提升公司的核心竞争力。

三、多元化并购案例——欧比特收购铂亚信息

1. 并购思路

上市公司从与其核心技术相关的业务出发,进行技术相关的多元化并购。

2. 双方业务

欧比特是国内具有自主知识产权的嵌入式SoC芯片及系统集成供应商,掌握着SoC技术。并购前一年度即2013年,其营业收入、净利润分别为1.5亿元、0.28亿元。

铂亚信息原为新三板企业,主要围绕人脸识别和智能视频分析两大核心技术开发产品与提供服务,主要产品和服务包括人脸库系统、人脸识别门禁系统、人脸识别实时布控系统等解决方案。收购前2012年、2013年、2014年1—8月,铂亚信息安防的业务收入分别为6 430万元、8 468万元、6 128万元。

3. 协同点

(1) 技术上的协同。欧比特具有成熟的SoC设计能力,可以将铂亚信息在图像处理及识别领域的核心技术及算法形成图像处理识别专用SoC芯片,兼具成本低、可靠性高、运算速度极大提升的特点。这种革命性的设计,有望在智能识别可穿戴设备、卫星大数据分析应用、手机人脸识别等诸多应用领域上取得突破,市场前景广阔。

(2) 提高上市公司的盈利能力。该并购前2013年度上市公司的净利润仅为2 801万元,而被并购方2013年净利润为2 950万元,该次并购无疑会大力提升上市公司的盈利能力。

(3) 客户资源的协同。上市公司的主要客户为航天、军工、科研机构等,这些企业对安防和保密有着较高的要求,上市公司将借助自身渠道和客户的优势,协助标的公司开拓新的市场和应用领域。

(4) 能够解决标的公司的资金压力,从而进一步扩大标的公司的业务。标的公司主要客户为公安、学校相关部门,收款周期长,但应收账款质量较好。公司前期需要垫付较大的资金,存在较大的资金压力。若上市公司注入资金,将使标的公司得到快速的发展。

4. 并购后产生的效果

并购标的铂亚信息的营业收入得到快速提高。2015年、2016年铂亚信息安防业务收入分别为2.1亿元、3.33亿元。其快速的提升无疑是上市公司的品牌背书以及资金支持起到的作用,收到了较好的协同效果。

双方技术得到互补,使上市公司从SoC业务逐步切入人脸识别领域。

四、横向+纵向多元化——联建光电收购易事达、友拓公关

1. 并购思路

(1) 联建光电收购易事达属于横向并购,进行LED显示屏的市场整合,增强上市公司的市场竞争力。

(2) 联建光电主要从事LED显示屏的生产,文化传媒是LED显示屏下游应用中占比最大的部分,由于业务上具有极强的关联性,文化传媒领域是LED显示屏上市企业转型关注的最主要的方向。因此,联建光电收购友拓公关就属于LED+文化传媒的纵向多元化策略。

(3) 联建光电收购友拓公关符合其设计的发展战略和并购路径,因为联建光电在此次收购之前,分别成立了联动文化、收购了分时传媒,从而进入LED+文化传媒的领域。

2. 双方业务

联建光电:主要是中高端LED显示应用产品的系统方案提供商,为国内中高端LED全彩显示应用行业的领军企业之一。

易事达与友拓公关:易事达主要从事LED高清节能全彩显示屏产品的研发、设计、生产和销售,是国内领先的LED显示方案专业服务商;友拓公关为客户提供以品牌及产品传播、活动管理、危机管理、企业社会责任体系建设与完善为核心的服务产品。

3. 协同点

上市公司与易事达:

(1) 提升盈利能力。2013年、2014年1—6月,易事达的营业收入分别相当于同期上市公司营业收入的49.42%和43.30%,归属于母公司股东净利润分别相当于同期上市公司归属于母公司股东净利润的220.03%和81.13%。

(2) 强强联合,销售渠道互补。上市公司主要专注于LED显示业务的国内市场,易事达主要专注于国际市场。并购后减轻双方之间的竞争压力,形成经营合力。

(3) 技术协同。上市公司拥有LED显示应用领域的V·me微密小间距技术、无缝拼接技术,而易事达拥有高精度匹配技术、高刷新显示技术、消隐控制技术,从而形成技术协同。

(4) 生产线等资源的共享,优化资源配置。双方生产线、技术研发、市场推广、员工培训、供应链等方面资源的共享,避免重复建设,优化资源配置。

上市公司与友拓公关:

(1) 提升盈利能力。2013年、2014年1—6月友拓公关的营业收入分别相当于同期上市公司营业收入的24.58%和28.84%,归属于母公司股东净利润分别相当于同期上市公司归属于母公司股东净利润的139.12%和64.22%。

(2) 符合上市公司的并购路径、发展战略。上市公司打造LED+文化传媒的并购策

略,在此之前收购了分众传媒,此次收购友拓公关无疑是提升了文化传媒的发展与盈利能力,符合上市公司设计的并购路径。

(3)客户资源的协同。上市公司的子公司分时传媒和联动文化业务以户外广告为主,友拓公关的业务以公关创意与数字营销服务为主,3家公司在经营过程中均积累了一定的优质客户资源,客户类型和客户分布行业均有所侧重。

二、组织并购队伍,建立工作机制

组建一个专业化的并购部门或精干的战略投资部,由资深的并购经理人带队,并由具有投资、咨询、财务、法律或业务背景的员工支撑;公司核心高管也需要深度参与并购工作,甚至随时按照并购要求开展工作。

聘请一支中介队伍:聘请优秀的中介队伍,包括券商、律师、会计师等。

建立一套工作机制:建立常态的工作组织机制,包括项目搜索、分析机制、沟通机制、决策机制;依据并购战略规划,制定上市公司开展并购工作的指引性文件,针对不同工作阶段、不同标的类型,明确并购工作的主要工作内容、工作目标、工作流程、工作规范、工作方法与行动策略、组织与队伍建设等内容,保障并购战略的落地执行。

事实上,并购不仅仅是一个产业选择、战略选择问题,更是一个组织能力的问题。确定并购战略之后,能否见到成效取决于人员的素质、判断力和执行力。

三、评估自身能力,确定并购主体

结合行业特点、自身特点和实力,根据并购对象的特点和协同点,确定并购的实施主体和并购重组模式,通常的模式有以下四种,各有利弊,分析如下。

模式一:由上市公司作为投资主体直接展开投资并购

(1)优势:可以直接由上市公司进行股权并购,无须使用现金作为支付对价;利润可以直接在上市公司报表中反映。

(2)劣势:在企业市值低时,若采用股权作为支付手段,对股权稀释比例较高;上市公司作为主体直接展开并购,若标的小频率高,牵扯上市公司的决策流程、公司治理、保密性、风险承受、财务损益等因素,比较麻烦;若并购后业务利润未按预期释放,影响上市公司利润。有些标的希望一次性获得大量现金,上市公司有时难以短期调集大量资金。

蓝色光标的并购整合成长之路

以上市公司作为投资主体直接展开投资并购是最传统的并购模式,也是最直接有效驱动业绩增长的方式,如2012—2013年资本市场表现抢眼的蓝色光标,自2010年上市以来,其净利润从6 200万元增长至2013年的4.83亿元,4年时间利润增长约7倍,而在将近5亿元的盈利中,有一半以上的利润来自并购。

蓝色光标能够长期通过并购模式展开扩张,形成利润增长与市值增长双轮驱动的良性循环,主要原因如下。

(1) 营销传播行业的行业属性使企业适合以并购方式实现成长,并购后易产生协同,实现利润增长。与技术型行业不同,营销传播行业是轻资产行业,核心资源是客户,并购时的主要并购目的有两项:一是拓展不同行业领域的公司和客户,二是整合不同的营销传播产品。通过并购不断扩大客户群体,再深入挖掘客户需求,将不同公司的不同业务和产品嫁接到同一客户上,从而可以有效扩大公司的收入规模,提升盈利能力。因此,这样的行业属性使得蓝色光标并购后,因投后管理或并购后整合能力不足导致并购失败,被收购公司业绩无法得到释放的可能性较小。

(2) 由于我国并购市场和二级市场存在较大估值差异,蓝色光标的快速并购扩张带来资本市场对其未来业绩增长的高预期,从而带动股价的上涨、市值的跃升。市值的增长使蓝色光标在并购时更具主动权,因为从某种意义上讲,高市值意味着上市公司拥有资本市场"发钞权"。

(3) 利用上市超募资金迅速且密集展开行业内并购,将募集资金"转化为"高市值,再以发行股票的方式继续展开后续并购与配套融资。

从蓝色光标上市后的并购支付方式可以看出,上市时,蓝色光标共募集资金6.2亿元,公司账面现金充裕,因此,公司上市后的并购几乎都是以募集资金直接作为对价支付,2012年末至2013年初,超募资金基本使用完毕,而此时,公司市值已近百亿,百亿市值为蓝色光标在后续并购中带来了更多主动权。从2013年起,蓝色光标的并购标的规模进一步扩大,而公司凭借其高估值溢价多采用定增方式进行收购。

模式二:由大股东成立子公司作为投资主体展开投资并购,待子公司业务成熟后注入上市公司

(1) 优势:不直接在股份公司层面稀释股权;未来如果子公司业务发展势头良好,可将资产注入股份公司;通过此结构在控股股东旗下设立一个项目"蓄水池",公司可根据资本市场周期、股份公司业绩情况以及子公司业务经营情况有选择地将资产注入上市公司,更具主动权;可以在子公司层面上开放股权,对被并购企业的管理团队而言,未来如果经营良好,可以将资产注入上市公司,从而实现股权增值或直接在上市公司层面持股,实现上市,具有较高的激励效果。

(2) 劣势:规模有限,如成立全资子公司或控股子公司则需要大股东出资较大金额,如非控股则大股东丧失控制权;子公司或项目业绩不能纳入股份公司合并报表,使得并购后不能对上市公司报表产生积极影响;公司需成立专门的并购团队开展项目扫描、并购谈判、交易结构设计等,对公司投资并购能力和人才储备要求较高。

模式三:由大股东出资成立产业投资基金作为投资主体展开投资并购,待子业务成熟后注入上市公司

(1) 优势:模式三除模式二所列优势外,还具有以下优势。大股东只需出资一部分,撬动更多社会资本或政府资本展开产业投资并购;可以通过与专业的投资管理公司合作解决并购能力问题、投后管理问题等;可以通过基金结构设计实现与基金管理人共同决策,或掌握更多的决策权。

(2) 劣势:大股东品牌力、信誉、影响力等较弱,可募集资金规模可能受限;前期需要大股东出资启动,对大股东的出资有一定的要求。

思科和红杉资本的协同并购

思科堪称硅谷新经济中的传奇,过去20多年,其在互联网领域创造了一个又一个奇迹,思科在其进入的每一个领域都成为市场的领导者。思科的成长几乎可以视为高科技行业并购史的缩影,而其并购成长模式离不开另一家伟大的公司:红杉资本。

思科1984年创立于斯坦福大学,创始人夫妇一个是商学院计算机中心主任,一个是计算机系计算机中心主任,两人最初的想法只是想让两个计算机中心联网,1986年生产出第一台路由器,让不同类型的网络可以互相连接,由此掀起了一场通信革命。1999年,思科在纳斯达克上市。市值一度达到5 500亿美元,超过微软,雄踞全球第一。

红杉资本创始于1972年,是全球最大的VC,曾成功投资了苹果、思科、甲骨文、雅虎、Google、PayPal等著名公司。红杉累计投资了数百家公司,其投资的公司,总市值超过纳斯达克市场总价值的10%。红杉资本早期投资了思科,在很长时间里是思科的大股东。被称为"互联网之王"的思科CEO钱伯斯就是当时红杉委派的管理层。

思科真正的强势崛起,是在上市之后开始的;而并购重组正是它神话般崛起的基本路线(思科在2001年之前就进行了260起技术并购)。在IT行业,技术创新日新月异,新团队、新公司层出不穷。作为全球领先的网络硬件公司,思科最担心的并不是朗讯、贝尔、华为、中兴、北电、新桥、阿尔卡特等网络公司的正面竞争,而是颠覆性网络技术的出现。颠覆性网络技术一旦出现,自己的帝国就可能会在一夜之间土崩瓦解。因此思科把地毯式扫描和并购这些新技术新公司作为自己的竞争战略和成长路径。

然而新技术新应用在哪里?颠覆性的技术在哪里?它可能在任何地方,可能藏在全球各地的创业公司、实验室甚至某个疯狂创业者的家中(正如思科自己的创业背景)。因此,思科必须建立自己的"行业雷达"与"风险投资"功能,高度警惕,保持对新技术的获悉。

但在实际操作中,对于大量出现的新技术应用,作为上市公司,思科并不适合扮演VC角色,因为这牵扯上市公司的决策流程、公司治理、保密性、风险承受、财务损益等因素。因此,思科需要一家VC与自己配合,共同来完成这个工作任务。

于是,风险基金红杉扮演起风投和孵化的角色,与思科形成战略联盟、结伴成长的关系。一方面,思科利用自己的技术眼光、产业眼光和全球网络,扫描发现新技术公司,对项目进行技术上和产业上的判断,把项目推荐给红杉投资。另一方面,红杉对项目进行投资后,联手思科对项目进行孵化和培育。若孵化失败,就当风险投资的风险。若孵化成功,企业成长到一定阶段,就溢价卖给思科,变现回收投资,或换成思科的股票,让投资变相"上市"。

上述过程常态性地进行,在全行业里地毯式地展开,思科将行业内的创新技术和人才,一个个地整合进来,企业神话般崛起,直取全球第一。而红杉成了VC大王,名震IT行业,获取了丰厚收益。

在这一模式中,各方各得其利,对于新技术公司而言:获得了VC投资,赢得了存活和成长;而卖给思科,创业者实现了财富梦想,思科的大平台也更有利于自己技术的创新和广泛应用;对于红杉:依靠思科的技术眼光和全球网络,源源不断地发现并投资好项目。一旦孵化成功,能够顺利高价卖出,获得高额回报,消化投资风险;对于思科:充分利用自己的上市地位,用现金或股票支付,在全社会范围整合了技术和人才,强化了自己的技术领先优势,造就了产业和市值上的王者地位;而对于华尔街市场:思科的技术领先和高速成长,成了明星股和大蓝筹,拉动了资金的流入和交易的活跃,促进了纳斯达克市场的繁荣。红杉的选项和投资管理能力得到了业绩的证明,资本市场持续地向红杉供给资本。

模式四:由上市公司与PE合作成立产业投资基金,产业投资基金作为投资主体展开投资并购,等合适的时机再将投资项目注入上市公司

(1) 优势:模式四除具备模式二、模式三的优势外,还具备以下优势。基金旗下设立一个项目"蓄水池"、战略纵深、风险过滤,公司可根据资本市场周期、股份公司业绩情况以及子公司业务经营情况有选择地将资产注入上市公司,特别是可以熨平标的利润波动,避免上市公司商誉减值,更具主动权。

可以利用上市公司的品牌力、影响力、信誉等撬动更多社会资本与政府资本,更容易募集资金;上市公司的资金比较充裕,便于启动基金;不直接在股份公司层面稀释股权;可以通过股权比例和结构设计将投资的子公司业绩纳入股份公司合并报表。

资本市场形势变化快,很多上市公司自己发育、组建并购团队来不及,因此,结盟PE,以并购基金的方式开展并购,是一种现实的选择。

(2) 劣势:对合作方要求高。由于我国资本市场环境与国外有很大不同,上市公司大股东或实际控制人很少是基金投资人,因此能够依托大股东力量与上市公司形成模式三中所述产融互动模式的公司非常少。伴随我国私募基金以及并购市场的不断发展壮大成熟,越来越多的上市公司选择与私募基金合作成立并购基金展开对外投资和收购,由并购基金扮演上市公司产业孵化器的角色,提前锁定具有战略意义的优质资源,待培育成熟后再注入上市公司。

大康牧业携手天堂硅谷,成立产业并购基金

2011年8月,湖南大康牧业股份有限公司(以下简称"大康牧业")与浙江天堂硅谷股权投资管理集团有限公司(以下简称"天堂硅谷")共同成立专门为公司产业并购服务的并购基金,双方合作后,自2012年至今,已先后与武汉和祥畜牧发展有限公司、湖南富华生态农业发展有限公司、武汉登峰海华农业发展有限公司、慈溪市富农生猪养殖有限公司达成收购及共同管理协议,主要合作模式为:由天堂硅谷和大康牧业共同管理被投资公司,其中天堂硅谷主要负责公司战略规划、行业研究分析、资源整合优化等方面;大康牧业负责经营方案及其日常经营和管理等内容,派驻专业管理团队。

上市公司以这种方式展开并购,有以下优势。

(1) 上市公司扩大了可调用资金规模,大康牧业仅用3 000万元即撬动3亿元现金用于自己的产业并购。

（2）由并购基金直接收购被投公司股权无须经过证监会行政审批，极大地提高了并购效率。

（3）上市公司通过与私募基金管理公司合作，在战略研究、资源整合等方面与私募基金管理公司形成互补。

（4）在并购基金投资期间上市公司即介入经营管理，降低了并购后整合阶段可能给公司带来的利润无法如期释放的风险。

综上所述，作为公众公司，上市公司并购重组的战略路线设计，应将并购主体的选择作为整个并购结构设计中的重要一环，综合评估自身资产、市值等情况，标的企业盈利能力、成长性、估值等情况，选择、设计合适的并购主体开展并购，打开公司并购成长的通路。

四、寻找并购机会，确定并购对象

成功的并购者总是在不断地寻找机会，上市公司的战略投资部应依据产业并购战略，对上市公司所在行业、产业链或者跨领域的公司进行系统搜寻，搜寻的对象需要保持较大的数量，而仔细调研考察的对象比例在两成至三成之间，最终收购达成的可能仅有 1%～2%。

战略投资部需专注于 2～3 个需要关注的市场，并对每个市场中的 5～10 家目标公司保持密切关注，了解其业务、团队、经营、资源、被收购的潜在意愿等情况与信息。

搜寻大量的收购对象具有两个好处，一方面能了解到目前存在何种并购机会，与其需付出的对价；另一方面还能更好地对比评估收购标的价值。

1. 遴选目标公司要坚持的标准

（1）规范性：规范带来安全，给未来带来溢价。

（2）成长性：复合成长会提高安全边际。

（3）匹配性：对于产业并购而言，除了风险、收益外，还要重点考虑双方战略、文化上的匹配。

值得注意的是，在寻找并购机会的时候，要坚守既定的产业并购战略，围绕公司发展的战略布局开展并购。往往会有一些机会看似令人振奋，但却偏离产业并购战略，需要抵抗住诱惑。

所有的搜寻信息与调研考察纪要，将形成上市公司收购标的数据库，是一份重要的知识宝藏。

2. 深入研究分析收购目标的全部信息

（1）收集目标公司的有关信息资料，包括公开披露的招股说明书、上市公告书、年度报告、中期报告、重大事件临时公告以及各媒体的报道与评论等。

（2）研究分析目标公司的股本结构与主要股东构成情况，确定实施并购的可能性。

（3）研究分析目标公司的财务状况，了解其资产质量，估算公司实际价值与并购成本。

（4）研究分析目标公司的产业结构、收益构成与经营业绩，估计并购后实施资产整合和重组的可能性与难度。

（5）分析目标公司的市场定位与市场表现，结合二级市场的整体趋势，探讨目标公司二级市场维护与运作的可能性，估计维护最低成本、运作资金投入、运作风险规避、市场题材配合与目标收益实现。

(6) 与并购股权的持有单位接触,了解其出让股权的意向与目的,判断在对目标公司实施并购过程中股权出让方的配合诚意。

(7) 顾问公司向并购方提供关于目标公司的并购可行性建议报告。

3. 重点分析目标企业的需求,沟通合作框架

(1) 识别目标企业的需求。观察、捕捉、识别、满足目标公司的需求,对于并购成功特别重要。通常而言,目标公司出于以下原因愿意被并购:业务发展乏力,财务状况不佳,现金流紧张甚至断裂,产业发展受挫,管理能力不足,代际传承失效,上市运作无望,公司价值无法实现……

(2) 沟通双方的合作框架。各自立场是什么?各自的合理立场是什么?共同的目标是什么?业务、资产、财务、人员、品牌、股权、公司治理、管理、资本分别怎么安排?

(3) 进行有穿透力的并购沟通,包括但不限于以下方面。

① 利益沟通:换位思考,各自的利益诉求是什么,如何各得其所。比如,上市公司对于未上市企业的管理层,最大的利益点在股权激励和新的事业平台。

② 战略沟通:针对目标企业的经营段位,收购方最好比目标企业高一个段位。这就要求收购人员脑中有众多的战略范畴、模型,如技术思维、产品思维、市场思维、生意思维、产业思维、产业链思维、产业生态思维、资本经营思维、资源圈占思维、投行思维、文化思维等。

③ 文化沟通:在众多竞购方中,除了利益和战略外,需要根据目标企业的特点,在文化理念上与对方达成一致认识。

④ 分寸把握:需要特别注意沟通什么内容、沟通到什么分寸、分寸如何拿捏。比如,在沟通的早期,应多关注目标企业的业务,找找整体感觉,不应留恋价格或一些细节的谈判。

4. 内部并购重组方案设计,确定收购主体

(1) 初步分析收购成本。

(2) 内部清产核资,制订内部重组方案。

(3) 设计初步并购方案。

(4) 向相关部门汇报,取得政策支持。

5. 踩准并购节奏,推动并购实施

并购的每一个阶段,都有大量复杂的工作,而核心环节直接决定了并购是否成功。概而言之,主要环节包括战略制定阶段、方案设计阶段、谈判签约阶段、并购接管阶段、并购后整合阶段、并购后评价阶段。

五、并购协议阶段

1. 与出让方初步洽谈,草签股权转让意向书

(1) 顾问公司与并购方双方代表组成并购工作小组,与股权出让方进行初步接触,表达并购诚意,并调查了解以下情况。

① 出让方的出让意向、目的、股权份额、心理价位、付款方式、配合诚意、对公司的控

制力以及对资产处置的意向等。

② 根据并购的报批程序,了解出让方的主管部门、当地证券管理部门、国有资产管理部门以及当地政府等在审批股权转让事宜时的倾向和意见,并寻求有关方面的支持。

③ 对目标公司进行考察,了解目标公司主要企业的经营规模、生产状况、管理水平以及并购后资产处置、整合与重组、产业结构调整的难度。

(2) 了解并购方的企业情况,必要时可派代表到并购方进行访问与实地考察。

① 综合了解并购方的股东背景、经营范围、主要产业、资产规模、盈利能力、管理与经营水平等,以判断并购方的综合实力。

② 了解并购方拟受让的股权份额、心理价位、付款方式、资产处置以及董事会改组等初步意见。

③ 顾问公司与并购方可以进一步对目标公司的并购可行性进行再评估,修正、调整并购可行性报告与并购策划方案及运作策略,并对下一步工作作出安排。

股权转让意向书系非正式的法律性文件,对双方均不具有法律约束力。

2. 正式洽谈,签订股权转让协议

(1) 并购方与出让方在签署股权转让意向书后,应及时取得各自的上级主管部门或董事会、股东会准予继续开展工作的授权,双方在获得授权后可继续有关协议条款的正式谈判。

(2) 谈判期间对目标公司进行资产评估、财务审查、价值评估与法律评价,应聘请有证券执业资格的会计师事务所与律师事务所承担此项工作。

① 通过财务审查,了解目标公司的真实财务状况,如负债结构与偿还能力、盈利来源与前景等。

② 通过价值评估,估算目标公司的真实审查价值,准确掌握目标公司可能有的负债情况,充分估计并购后的风险,为转让价格的确定提供双方均能认可的依据。

③ 通过法律评价,确认对目标公司继续并购与经营管理的法律风险,以避免对目标公司继续股权转让、资产处置、资产注入、债务重组、董事会改组、重要人事调整等重要决策受到法律限制与制约,以及因控股股东的变更可能造成地方、行业或产业优惠政策的丧失。

(3) 并购方与出让方就目标公司股权转让的有关条款达成一致,在顾问公司的协助下签订股权转让协议。股权转让协议应确定以下条款。

① 协议双方:股权受让主体、股权出让方。

② 转让标的:拟转让的国家股或国有法人股或法人股。

③ 股权转让形式:协议转让或换股或划拨。

④ 股权转让份额:拟转让股权数量。

⑤ 股权转让价格:以现金或股票支付的价格。

⑥ 付款方式与时间:如以现金方式支付股权转让金,一般采取分期付款方式。即在股权转让协议确定后5个工作日内支付总价款的5%～10%的定金,在股权转让协议得到国家审批机关批准并依照文件协议双方签订正式的股权转让合同后5个工作日内支付转让总价款的50%～70%,在完成有关股权转让的信息披露、董事会改组以及公司接管

工作后 10 个工作日内支付股权转让总价款的余款。

相关条款主要作出以下几方面约定与安排。

① 股权交割：对付款后办理股权交割与相关费用事先作出约定与安排。

② 董事会：对协议双方股权转让后有关修改公司章程、改组董事会、转让出让方的董事席位、召开股东大会等事项作出约定与安排。

③ 双方的义务：对协议双方办理报批手续、提供有关合法文件、履行付款或股权交割义务、安排信息披露等事项作出约定与安排。

④ 违约责任：对协议双方的违约责任与处罚方式作出约定。

⑤ 争议的解决：对协议双方在执行协议中有关争议的解决作出约定。

（4）并购方与出让方还可以就股权转让协议未予载明与约定的事项签订补充协议。

3. 转让协议的报批

股权转让协议的报批程序如下。

（1）由股权出让方将股权转让事项报请上级主管部门批准。

（2）股权出让方的主管部门批复后将股权转让事项转报地方证券监管部门与国有资产管理部门批准。

（3）股权出让方的地方证券监管部门与国有资产管理部门批复后转报国家证券监管部门与国有资产管理部门批准。

当股权并购方或与关联方共同受让股权达到或超过目标公司总股本的 30%，在办理股权转让协议报批手续时，须由股权受让方向国家证券监管部门提出申请，以获得豁免全面要约并购义务的批准。办理股权转让协议的报批手续需要提供的文件资料如下。

（1）协议双方签订的股权转让协议（律师提供）。

（2）目标公司的资产评估报告或经审计的最近年度财务报告（会计师提供）。

（3）股权出让方的上级主管部门、地方各级证券监管部门与国有资产管理部门的批复文件。

（4）股权出让方关于股权转让的可行性报告，其内容包括公司的基本情况、股权出让主体、股权受让主体、转让标的、转让价格、转让股权份额、协议总金额、转让目的、转让前后股本结构与主要股东的变化情况以及股权转让金的管理方式与使用投向计划等（财务顾问提供）。

（5）股权受让方须提供企业法人营业执照复印件、公司章程、最近年度的财务报表和企业基本情况介绍，包括成立时间、法人代表、注册资本、股东构成、经营范围、资产与负债状况、盈利水平以及主要产业、关联公司情况等。

4. 并购方与出让方签订正式的股权转让合同

（1）完成股权转让协议的报批工作并获得各级监管部门的批复文件后，协议双方应根据批复文件对股权转让协议的相关条款进行调整与修改，并重新签订正式的股权转让合同。

（2）签订正式的股权转让合同后，并购方应依照合同约定条款向股权出让方支付部分转让金。

5. 股权转让的信息披露

（1）正式的股权转让合同签订后 3 日内，并购人必须将股权转让合同及相关事项向国家证券监管部门及证券交易所作出书面报告,并授权股份公司依照有关上市公司的监管法规办理重大事件的临时公告。

(2) 书面报告与公告文稿一式4份,应同时分别送达国家证券监管部门、上市公司上市之交易所以及地方证券监管机构,上市公司需备一份完整的与股权转让有关的全部文件资料。

(3) 部门报告必须依照证券监管部门要求的内容与格式编制,内容包括以下几项。

① 并购方关于股权转让事项的报告书。

② 并购方与出让方签订的股权转让合同。

③ 各级审批机关关于股权转让事项的批复文件。

④ 有关股权转让的资产评估报告或经审计的最近年度财务报告。

⑤ 具有证券执业资格的律师事务所出具的有关股权转让的法律意见书。

⑥ 并购方基本资料,包括企业法人营业执照复印件、公司章程、最近年度的财务报表、企业基本情况介绍等。

⑦ 办理信息披露的公告文摘。

⑧ 并购方、出让方关于授权上市公司办理信息披露的授权委托书。

(4) 公告须依照上市公司监管规定要求的内容与格式编制,内容包括以下几项。

① 上市公司董事会公告。

② 并购方关于受让股权的公告。

③ 出让方关于出让股权的公告。

④ 并购方的基本情况介绍。

(5) 书面报告与公告文稿编制的格式规范与内容要求都具有很高的政策性,相关各方就有关事项的说明与声明须符合法律法规的规定,协议须在顾问公司的专业咨询与协助下进行。

(6) 有关股权转让的法律意见书可以由顾问公司安排具有证券执业资格的律师事务所出具。

六、实施重组阶段

1. 股权交割

在并购方履行完毕付款义务并依照上市公司的监管规定予以公告后,协议双方即可派授权代表到证券登记结算机构办理已转让股权的交割手续。办理股权交割手续须提供的文件资料如下。

(1) 并购方与出让方签订的股权转让合同。

(2) 有关股权转让的审批机关批复文件。

(3) 并购方与出让方分别出具的同意办理所转让股权交割手续的授权委托书。

(4) 股权出让方出具的股权转让金收款凭证与到账银行的有关凭单。

(5) 协议双方的法人代表证明文件与企业法人营业执照。

如协议双方根据股权转让合同约定,在并购方未完成对上市公司的董事会改组与公司接管前,未履行完毕全部付款义务而不能办理所转让股权的交割手续,根据有关证券法规的规定,协议双方可以临时委托证券登记结算机构保管协议转让的股票,并将股权转让金存放在双方指定的银行。待并购方完成对上市公司的董事会改组与公司接管并履行完毕全部付款义务后方可办理所转让股权的交割与股权转让金的划付手续。

股权交割后,上市公司并购的法律程序即告完成。

2. 公司接管

公司接管的目的是实现对公司的控制力,要在公司管理与决策上体现控股股东的地位和作用。公司接管主要包括实现法律保障与委派主要工作人员两个方面。

(1) 实现法律保障。

① 并购方可以通过提议召开临时股东大会的方式,根据公司股权的变动情况,对公司章程有关条款进行相应修改或完善,明确并巩固并购方作为公司控股股东地位,使并购方对公司的控制合法化,排除不利于控股股东对公司实施管理与决策的法律限制。

② 由临时股东大会授权董事会对公司重大经营管理活动进行决策,以利于公司重组工作的合法化和顺利进行。

③ 通过临时股东大会改组公司董事会、监事会,使并购方的代表在新的董事会、监事会中占据多数席位,选举并购方的代表担任公司新的董事长、法人代表、监事长。

(2) 委派主要工作人员。新的董事会、监事会组成后,由董事长提名任命并购方选派的人员分别担任公司各关键职位,如总经理、董事会秘书、财务负责人、主要事务负责人等。

七、上市公司并购程序的特殊要求

为了规范上市公司并购及相关股份权益变动活动,保护上市公司和投资者的合法权益,我国对上市公司并购流程作出相关规定。

1. 权益披露制度

《上市公司收购管理办法》规定,并购方通过证券交易、协议转让、行政划转或其他合法途径拥有权益的股份达到一个上市公司已发行股份的5%时,应当在该事实发生之日起3日内编制权益变动报告书,向证监会、证券交易所提交书面报告,通知该上市公司,并予公告;在上述期限内,不得再行买卖该上市公司的股票。

并购方拥有权益的股份达到一个上市公司已发行股份的5%后,其拥有权益的股份占该上市公司已发行股份的比例每增加或者减少5%,也应当进行相应的报告和公告。

2. 国有股东转让上市公司股份

2018年5月18日,国务院国资委、财政部、中国证监会联合发布《上市公司国有股权监督管理办法》(以下简称办法)。

国有股东通过证券交易系统转让上市公司股份,按照国家出资企业内部决策程序决定,有以下情形之一的,应报国有资产监督管理机构审核批准:

(1) 国有控股股东转让上市公司股份可能导致持股比例低于合理持股比例的;

(2) 总股本不超过10亿股的上市公司,国有控股股东拟于一个会计年度内累计净转让(累计转让股份扣除累计增持股份后的余额,下同)达到总股本5%及以上的;总股本超过10亿股的上市公司,国有控股股东拟于一个会计年度内累计净转让数量达到5 000万股及以上的;

（3）国有参股股东拟于一个会计年度内累计净转让达到上市公司总股本5%及以上的。

3. 国有企业受让上市公司股份

国有股东受让上市公司股份属于以下两条规定情形的，由国家出资企业审核批准，其他情形由国有资产监督管理机构审核批准。

（1）国有股东通过证券交易系统增持、协议受让、认购上市公司发行股票等未导致上市公司控股权转移的事项。

（2）国有股东与所控股上市公司进行资产重组，不属于中国证监会规定的重大资产重组范围的事项。

4. 财务顾问制度

财务顾问在企业并购重组中扮演重要角色，对于活跃企业并购市场、提高重组效率、维护投资者权益发挥了积极作用。我国有关法律法规规定，并购方进行上市公司的收购，应当聘请在中国注册的具有从事财务顾问业务资格的专业机构担任财务顾问；上市公司国有控股股东拟采取协议转让方式转让股份并失去控股权，或国有企业通过协议受让上市公司股份并成为上市公司控股股东的，应当聘请境内注册的专业机构担任财务顾问；外国投资者以股权并购境内公司，境内公司或其股东应当聘请在中国注册登记的中介机构担任顾问。

财务顾问应当勤勉尽责，遵守行业规范和职业道德，保持独立性，保证其所制作、出具文件的真实性、准确性和完整性。

第三节 中介机构在企业并购中的作用

在西方，中介机构特别是投资银行参与企业并购是一大特征。但是在我国，由于体制和法律因素的制约，中介机构在企业并购中所起的作用有待充分发挥。从金融中介的角度来看，我国的金融体制系偏于传统的信贷业务，侧重于发展商业银行，缺乏足够的产权交易中介，不利于交易成本的降低和资产流动性的增强。

中介机构不能充分参与企业并购，短期来看可能会节省一部分中介费用，但长期来看，由于企业并购中不可避免地存在信息不对称，这种无中介的并购，会给并购完成后的整合带来很大的风险。较之中介费用，这种信息不对称的成本要大得多。中介机构的参与可以大大降低企业并购中信息不对称的成本。总之，中介机构作为企业并购过程中的策划者和直接参与者，仍然在整个过程中起着举足轻重的作用。本节着重介绍投资银行、会计师事务所、律师事务所、投资顾问公司等中介机构。

一、投资银行

（一）投资银行的主要业务

投资银行从事业务的范围有四种：第一，投资银行的业务仅限于证券承销和交易业务；第二，投资银行的业务仅限于证券承销、交易业务以及企业并购业务；第三，投资银行的业务包括资本市场的所有业务;第四,投资银行的业务包括所有金融市场的业务。目前普遍接受的是投资银行的业务应该包括所有资本市场的业务。但这个定义是动态的,其业务是一个有机过程,经常在变化、发展、进化。

投资银行具体业务主要有:①证券发行承销,主要指在一级市场上以承销商的身份按照协议包销或代销发行人的股票、债券等有价证券。②证券经纪交易,指在二级市场上扮演着做市商、经纪商和交易商的三重角色。③企业并购,指在并购市场上作为财务顾问,为并购双方提供服务。④项目融资,指利用有关各方的关系,在项目融资中作为中介人,进行项目评估、融资方案设计等工作。⑤资产管理,指利用自己的理财经验和专业知识,接受客户的委托,代理客户理财或管理资产。⑥风险投资和私募股权,指担任基金管理人,对新兴公司在创业期和拓展期或者对成熟企业进行私募的股权投资。

(二)投资银行在企业并购中的作用

投资银行在公司并购中的作用主要体现在两方面:一方面,在公司并购中扮演产权投资者的角色;另一方面,在公司并购中扮演财务顾问的角色。但是,投资银行的主要作用还是体现在并购策划和财务顾问上。

1. 投资银行作为收购方的财务顾问

投资银行作为收购方的财务顾问,其作用主要体现在以下几个方面。

(1) 指导和参与收购方经营战略和发展规划的制定,明确收购目标,制定收购标准。

(2) 全方面评价目标公司,给出公平合理的出价建议。

(3) 设计合理的融资结构,包括支付方式和融资渠道等。

(4) 研究收购活动对收购方的影响,分析财务上可能出现的问题以及应对措施。

(5) 设计目标公司股东能够接受的收购方案。

(6) 做好相关公关和舆论宣传工作,游说目标公司的股东、管理层和职工并争取政府部门、监管机构和社会公众的支持。

(7) 提供收购后对目标公司的整合建议和方案,帮助实现收购目标。

2. 投资银行作为被收购方的财务顾问

在善意收购的情况下,投资银行的主要作用如下。

(1) 收集、分析和评估潜在收购方情况,帮助选择最合适的对象。

(2) 与注册会计师、律师一起审查收购方提出的收购方案。

(3) 向董事会提供专业意见,确保收购价格及条件对被收购公司股东的公平。

(4) 预测和分析各相关当事人与机构对收购的反应并监督交易过程的公平、合法。

在敌意收购的情况下,投资银行的主要作用如下。

(1) 帮助收集收购方的有关资料,发现幕后收购者,调查、分析其收购目的和可能采取的措施。

(2) 分析公司发展前景并寻找并购中的不合理之处,协助管理层做好股东的思想工作,争取股东的支持。

（3）依据现行法律关于企业并购的有关规定，寻找收购方的法律漏洞及缺陷，运用法律武器实施反收购。

（4）帮助被收购方筹措资金，用于反收购，或者直接参与竞价，提高收购方的收购成本，阻碍收购进展。

二、会计师事务所

在资本市场，会计师事务所公开对有关公司的资本到位、财务状况、资产状况、盈利状况等进行评估，主要职责就是验资、资产评估、财务审计、财务资信评价、财务顾问咨询和培训等。会计师事务所出具的有关报告，会对投资者、企业乃至整个资本市场产生重要影响。

当一个项目需要同时进行财务审计和资产评估时，一家会计师事务所只能从事其中一项工作，以保证各项工作的独立开展，并通过相互制约来维持工作报告的公正性。

（一）会计师事务所的主要业务

（1）企业注册资本金的验收。

（2）企业财务顾问、财务调整、财务审计。

（3）企业发行股票、债券前的资产评估，财务资信评价和财务咨询等。

（4）公司并购活动中的财务分析及安排等。

（二）会计师事务所在企业并购中的作用

1. 并购初级阶段

在初级阶段，注册会计师应配合投资银行等做好对目标公司的尽职调查工作，对目标公司进行财务分析并对其财务状况等写出分析报告，为初步收购方案提供依据。

2. 并购过程中

参与并购双方的谈判工作，向收购方提供财务咨询；对目标公司会计报表进行审计，出具审计报告，并对目标公司的财务状况、经营成果和现金流量的真实性、合理性、正确性作出评价。对目标公司的全部资产进行评价，为确定最后的收购价格提供依据。

3. 整合阶段

并购完成后，协助投资银行为收购方拟订整合方案，并对债务重组等后续整合工作提出可行的措施和方法。

三、律师事务所

律师事务所的工作关系到投资者、公司和社会公众的利益，是企业并购重组必不可少的重要参与者。

（一）律师事务所的主要业务

（1）公司进行注册登记或运作过程中，协助公司制定相关法律文件，审核有关文件的合法性。

(2) 公司发行证券时,审定有关文件合法性,检查公司行为并出具法律意见书。

(3) 在企业并购重组过程中,协助公司进行有关活动策划。

(4) 担任企业法律顾问,提供法律咨询意见并帮助培训有关法律工作人员。

(二) 律师事务所在企业并购中的作用

(1) 了解委托方的收购意图,参与拟订收购计划,从法律角度对收购的可行性进行初步评估。

(2) 根据委托方的收购意图,进行相关法律调查和法律审计。

① 对目标公司进行法律调查,审查工商登记资料。

② 审查转让方是否合法持有目标公司股权,拟转让股权是否存在法律问题。

③ 审查目标公司的相关协议、合同等是否存在,当目标公司控制权变化时,需提前履行相关义务的法律规定。

④ 审查目标公司的纳税情况,查明有无偷税、漏税情况以及提供合理税收规划,是否享有合理的税收优惠政策。

⑤ 审查目标公司章程、董事会及股东大会决议等,查明有无影响收购的条款和规定。

⑥ 参与收购的谈判,向收购方提供相关法律咨询。

(3) 与投资银行、会计师等协作帮助收购方达到目标。

① 配合收购方聘请的财务顾问、注册会计师等审查目标公司各项财产权利的合法性和完整性,有无时效和相关权利限制。

② 与收购方的管理层及其聘请的投资银行、注册会计师一起就收购中涉及的重大法律问题进行磋商,发现和克服其中的法律障碍。

③ 与其他中介机构一起协助收购方对目标公司从股本结构、经营、财务和管理等方面进行规范调整,消除隐患。

(4) 负责起草收购过程中的各种相关法律文件并对收购事项出具法律意见书。

(三) 律师在企业并购中的法律服务

1. 前期调查和咨询

协助并购公司拟订初步的并购方案和对并购可能涉及的政策、法律提供专业服务。根据有关并购的政策和法律、产生的法律后果、有关批准手续和程序向公司提供法律意见和并购方案,并对各种并购方案的可行性、法律障碍、利弊和风险进行法律分析。

2. 协助并购双方签署保密协议

鉴于并购涉及双方公司的商业机密,所有参与的人员要签署保密协议,以保证在并购不成功时,目标公司的利益也能够得以维护,并购者的意图不过早外泄。因此在并购实施前,律师应该协助并购双方签署有关的保密协议并约定赔偿责任条款。

3. 尽职调查

尽职调查是指就股票发行上市、收购兼并、重大资产转让等交易中的交易对象和交易事项的财务、经营、法律等事项,委托律师、注册会计师等专业人员按照其专业准则进行的审慎、适当的调查和分析。并购公司对并购交易中的隐蔽风险进行研究,对目标公司实施包括法律、财务、经营在内的一系列审查和审计,以确定其并购的公司或资产对其是否存在隐蔽的、不必要的风险。

(1) 律师尽职调查的主要内容。

① 审查目标公司主体资格。对目标公司主体资格的调查包括目标公司设立的程序、资格、条件、方式等是否符合当时法律法规和规范性文件的规定。如果涉及须经批准才能成立的公司,还需查验其是否得到有权部门的批准。同时还需查验目标公司设立过程中有关资产评估、验资等是否履行了必要程序,是否符合当时法律法规和规范性文件的规定,特别是涉及国有资产时更需特别小心。此外,还要查验目标公司是否依法存续,是否存在持续经营的法律障碍,其经营范围和经营方式是否符合有关法律法规和规范性文件的规定等。

② 调查目标公司的主要财产价值及其产权。调查目标公司拥有的土地使用权、房产及其价值;调查目标公司拥有的商标、专利、软件著作权、特许经营权等无形资产及其价值;调查目标公司拥有的主要生产经营设备和存货及其价值;调查目标公司对其主要财产的所有权或使用权的行使有无限制,是否存在担保或其他权利受到限制的情况;调查目标公司有无租赁房屋、土地使用权等情况以及租赁的合法有效性等。

③ 调查目标公司的重大债权债务。调查目标公司金额较大的应收、应付款和其他应收、应付款情况,并且应当调查其是否合法有效;调查目标公司将要履行、正在履行以及虽已履行完毕但可能存在潜在纠纷的重大合同的合法性、有效性,是否存在潜在风险;调查目标公司对外担保情况,是否有代为清偿的风险以及代为清偿后的追偿风险;调查目标公司是否有因环境保护、知识产权、产品质量、劳动安全、人身权等原因产生的侵权之债等。

④ 调查目标公司的税务、环境保护、原材料资源、产品质量、生产技术、销售网络、市场前景等因素。目标公司所适用的税收政策、环境保护政策,目标公司的原材料来源、遵循的产品质量和生产技术标准,目标公司的产品销售网络、市场前景等可能因被并购而改变,因此也是尽职调查的重要内容之一。

⑤ 调查目标公司的人力资源情况。人力资源调查包括公司管理人员与工人结构,他们的学历与知识结构,并购可能引起的下岗人数,再就业的方向和可能发生的费用。

⑥ 调查并购的外部法律环境。关于公司并购法律的调查,除了直接规定公司并购的法律法规以外,还应当调查反不正当竞争法、贸易政策、环境保护、安全卫生、地方行政规章等方面的规定。另外,还需调查相关税务政策。

(2) 律师尽职调查的途径。

律师尽职调查的途径包括:目标公司为上市公司时法定公开披露的信息,其他公开出版物,登记机构,政府主管部门,目标公司的供应商、客户和协议另一方,目标公司的专业顾问等。

4. 协助并购公司参与并购谈判

在尽职调查有了初步的结论之后,并购当事人进入谈判阶段,根据调查了解到的实际情况开始进行有针对性的谈判。谈判过程中并购当事人的相互了解会进一步加深,知己知彼的境界在逐渐提升,各自的相同与不同之处会逐步显现出来,整个谈判的过程都直接关系到并购的成败。律师参与其中可以帮助双方寻求到双赢互利的解决方案,可以就谈判过程中涉及的法律问题给予解答。

律师在谈判中提供的法律服务主要有以下两个方面。

(1) 帮助并购公司拟定谈判策略。提前准备好相关法律问题概要;在谈判中回答对方有关法律方面的问题;根据谈判实际情况提出合法的建设性意见,并告知其法律后果。

(2) 制作谈判记录和谈判意向书。谈判涉及的内容多、时间长,谈判双方最好将所有的谈判内容及达成的一致进行详细的记录。从并购双方进入谈判阶段到正式订立并购合同是一个漫长的过程,为了保障各自的权益,并购双方会在并购谈判的各个阶段缔结相应的意向书。由于并购公司在并购活动中投入人力、物力、财力较大,意向书中一般会加入排他协商条款、提供资料及信息条款、不公开条款、费用分摊条款等,以避免并购的风险。同时,意向书中还会应目标公司要求加入终止条款、保密条款,以防止并购公司借并购之名获取非法利益。

5. 协助签订并购合同

并购双方经过谈判交锋达成共识,同时按照规定进行相应的审计、评估之后,就应签署集中反映尽职调查、谈判、并购公司案的并购合同。并购合同的签订是一个漫长的过程,通常是并购公司的律师在双方谈判的基础上拿出一套并购合同草案,然后双方的律师在此基础上经过多次磋商、反复修改,最后才能定稿。并购合同的条款是并购双方就并购事宜达成的一致内容。合同的约定是并购双方的权利和义务,也是实际并购操作的准则和将来争议解决的根据。合同一旦生效,对双方就具有如同法律一样的约束力,所以在拟定并购合同条款时必须谨慎对待。一份比较完备的并购合同一般包含以下条款。

(1) 定义条款。此条对合同条款中的术语进行定义,防范术语解释产生纠纷。

(2) 先决条件条款。该条款指只有当其成就后并购合同才能生效的特定条件。设立先决条件需要考虑哪一方当事人有责任促使该条件的成就,如何判断该条件成就,未成就时会带来何种后果,以及放弃先决条件对其他相关合同的影响等诸多因素。先决条件条款是并购合同能够实际履行的前提。

(3) 陈述和保障条款。目标公司或者并购公司保证自己不会就合同他方关心的问题进行虚假陈述,如果出现虚假陈述,应该承担责任。设立该条款的目的是避免并购双方预料不到的风险。对并购公司来说,陈述和保证条款是化解并购风险的最好办法。为了最大限度维护自己的利益,并购公司设置出陈述和保证条款,让目标公司就并购公司关心的问题陈述并保证自己所提供的资料的真实性。对目标公司来说,陈述和保证条款也能最大限度保障自己的利益。

(4) 介绍转让的国有资产和国有股权条款。该条款主要是说明并购交易的标的。如果是国有资产,则要详细说明资产的组成、数量、坐落位置、使用年限等;如果是国有股权,则要详细说明股权的基本情况。

（5）支付条款。该条款包含价格、支付期限和股权或资产移转、支付方式等。价格涉及作价依据、价款计算方法、价款总额等。股权和资产转移主要规定转移的先决条件与期限、转移的执行等。

（6）过渡期安排。过渡期安排指并购合同签署之日至股权或资产转移之日期间,并购成败尚处于不确定状态,并购当事人在此期间需要履行约定的义务以使并购的各项条件一一成就。在此期间,并购当事人需要就重要事项的知情权、相关资产的保护、日常运营、管理人员安排及重大事项的处置权作出明确约定。

（7）违约责任。并购合同应该对违约责任进行具体、细致、可操作性高的约定。

（8）法律适用及争议解决条款。法律适用包括并购合同的签署、履行及解释的法律适用。争议的解决方式、解决地点具有可选择性。解决方式、解决地点的不同对争议的解决可能产生重大影响,争议解决的方式有友好协商、第三方调解、仲裁和诉讼。

6. 出具相关的法律意见书,履行有关报批手续

（1）律师在下列情况下应当出具法律意见书,并向有关政府部门报批：要约收购时,并购公司应当聘请律师对其要约收购报告书内容的真实性、准确性、完整性进行核查,并出具法律意见书,连同收购要约报告书一并公告;当并购公司持有目标公司30%或以上的股份时,并购公司提出强制要约收购豁免申请的,应当由律师事务所就其所申请的具体豁免事项出具专业意见,向有关机关报批。

（2）律师协助并购双方履行相应的报批、公告手续,主要包括并购公司大额持股情况及所持股份数额变化的公告、并购公司收购意图的公告、收购结果的公告。

7. 办理各项变更登记、重新登记、注销登记等手续

相关过户手续的办成与否往往是一个并购合同的先决条件,同时也直接影响到新公司的生存和发展,为此律师可从专业的角度出发协同办理有关房屋、土地使用权、专利、商标、供水、供电、保险等过户手续。其主要包括不动产变更登记、股东名册登记变更、关于公司形式的登记变更与注销。

8. 处理原目标公司签订的重大合同

其包括通知缔约对方关于合同当事人变更、与缔约对方进行合同延期履行磋商、进行赔偿或者索赔。

9. 提供诉讼、仲裁等法律服务,代为清理障碍

目标公司可能是一个法院随时可能上门查封账号和财产的公司,即使在并购后的一段时间内,这种麻烦也少不了。因此,律师应当在并购后整理有关诉讼、仲裁、调解、谈判的资料,并通知法院、仲裁机构、对方当事人关于当事人变更的事实。如果诉讼、仲裁、调解、谈判还未开始,则应当做好应诉准备。

10. 协助新公司正常运行

协助制定新公司内部规章制度,办理公司纳税申报,进行劳动合同的签署,办理相关保险,理顺各种行政关系。

11. 协助安置目标公司原有人员

其包括协助并购后的公司留住人才和依法安置目标公司富余员工。

四、投资顾问公司

（一）投资顾问公司的主要业务

投资顾问公司是为市场投资者提供咨询服务、接受投资委托、代理投资者管理资产的中介机构。投资顾问公司的业务主要有以下几方面。

(1) 提供宏观经济和证券市场的研究报告及对策咨询建议。

(2) 接受投资者委托，提供投资分析、市场法规等方面业务咨询服务。

(3) 接受公司委托，策划公司的证券发行和上市方案。

(4) 接受有关企业委托，策划有关重组事务方案，担任财务顾问。

（二）投资顾问公司在企业并购中的作用

投资顾问公司主要为各种类型的合并或收购以及参与的各方交易主体提供财务顾问服务。

1. 为收购方服务

帮助收购方搜寻目标，进行尽职调查，设计和评价收购方案并协助实施收购方案，控制目标公司。

2. 为出让方服务

寻找、选择受让方并设计交易方案，与受让方沟通，协助实施交易方案，协助出让方获得出让利益。

本 章 小 结

本章重点介绍了企业并购程序，通常把其分为一般企业并购的程序与上市公司并购的程序。一般企业并购的程序通常由以下几个步骤组成：战略决策；准备阶段；尽职调查，核查资料；实施阶段；整合阶段。但不同性质的企业在进行这几个步骤时要求都有差别。上市公司对并购程序有些特殊要求，必须按照有关规定做好信息披露，谨慎操作。最后，本章还着重介绍了投资银行、会计师事务所、律师事务所、投资顾问公司等中介机构在并购过程中所起的作用。

复习思考题

1. 企业并购在准备阶段应该做哪些工作？尽职调查的内容有哪些？

2. 在与潜在目标公司进行接触时，如何防止竞争者加入，提高收购成本？

3. 并购完成后，企业应该从哪些方面对目标公司进行整合？其目的是什么？整合成功的评判标准是什么？

4. 比较投资银行、会计师事务所、律师事务所、投资顾问公司等中介机构在企业并购中的作用各具哪些优势。

案例一　上海璞泰来新能源公司战略并购及流程

一、背景介绍

上海璞泰来新能源公司成立于 2012 年 11 月 6 日,并成功于 2017 年 11 月 3 日登陆上海证券交易所。从公司成立到上市不过短短 5 年时间,这 5 年间,作为非上市公司,璞泰来通过战略并购和业务整合,在锂电池行业快速成长,从不具备任何技术沉淀且在行业内缺乏知名度的创业公司,实现了行业产业链的快速整合以及公司实力的迅速壮大。上市前,公司的负极材料、自动化涂布机、涂覆隔膜、铝塑包装膜生产技术即处于国内领先地位,并与 ATL、宁德时代、三星 SDI、LG 化学、珠海光宇、中航锂电、天津力神、比亚迪等行业知名企业建立了密切的业务合作关系。

璞泰来成立之初就确定了公司的战略定位,聚焦于锂电池行业,并明确提出了公司的战略目标:"致力于成为具有技术和规模双重领先优势的综合解决方案提供商。"在全面、深入分析了公司所处的行业竞争格局、决定因素,并对行业未来发展趋势进行研判后,公司多次进行战略并购,通过并购手段,集中优势,逐步形成了覆盖全国的锂电池关键材料和设备产业平台。璞泰来战略并购过程如图 3-3 所示。

2012年11月	璞泰来有限设立;收购东莞凯欣80%股权
2013年3月	公司和深圳嘉拓合资设立新嘉拓,布局锂电设备,公司持股70%
2014年7月	增资东莞卓高布局涂覆隔膜,持有65%股权;出售东莞凯欣80%股权
2015年	收购子公司江西紫宸、深圳新嘉拓、东莞卓高、东莞卓越(铝塑膜)剩余少数股东权益
2016年8月	收购经营湿法隔膜业务的上海电能源、更名为上海月泉
2017年11月	登陆A股
2017年12月	增资山东兴丰布局石墨化,持股51%;增资溧阳月泉,持股33.33%
2018年4月	山东兴丰向内蒙古兴丰增资建设5万吨石墨化产能
2018年7月	收购溧阳月泉66.67%股权,持股100%
2019年6月	收购振兴炭材28.57%股权,布局针状焦,一期产能4万吨10月增资后持有32%股权
2020年1月	发行可转债募资8.7亿元,投资3万吨负极材料、建设涂层隔膜项目
2020年7月	非公开发行二次修订,拟募资45.9亿元,建设5万吨负极/石墨化、2.49亿平方米隔膜、5亿平方米涂覆隔膜,收购山东兴丰49%股权

图 3-3　璞泰来战略并购过程

对成立之初的璞泰来来说,锂电池生产大厂往往有自己独特的技术路线,且进入锂电池大厂供应商名单,需要经过半年到两年的资格认定周期。锂电池行业具有明显的技术密集型加上资本密集型特点,锂电池相关上游核心材料通常都具有高技术壁垒的护城河。璞泰来为达到进入锂电池行业的战略目的,在经过详细分析后,决定通过首先进入壁垒较低的电解液行业,获得战略资源后快速进行业务调整,布局具有更高壁垒的锂电池行业核心设备领域。

璞泰来切入高技术壁垒行业,构建核心业务平台的第一步就是通过购买深圳嘉拓经营性资产,布局专用设备。

二、并购动因

璞泰来设立之初即定位于新能源锂离子电池上游行业,希望通过渠道共享、研发合作、工艺配套等实现关键业务价值链的产业协同。

三、并购流程

1. 根据公司的战略发展规划,寻找并购标的并制订并购方案

公司在进入电解液行业后,需要尽快进入技术优势更高的正负极材料、隔膜以及锂电池专用设备制造领域。而对于隔膜业务领域,高技术壁垒以及高资金壁垒使得公司在进入时,相比于新设公司,收购成熟业务是更有效的选择。

在经过对并购目标的仔细筛选和研讨后,鉴于深圳嘉拓的主要产品涂布机是锂电前端核心设备,技术门槛高,深圳嘉拓的业务定位也与璞泰来公司的战略定位高度契合,客户存在较强的协同效应,璞泰来公司充分认可深圳嘉拓团队的技术实力和行业影响力,希望以此为突破口布局锂电涂布设备领域,实现锂电上游产业协同效应。由此,璞泰来公司就将深圳嘉拓作为标的公司,进一步准备并购包括制订并购方案在内的相关事宜。

2. 向并购标的发出并购意向书

一份意向书一般包含以下条款:意向书的买卖标的;对价;时间表;先决条件;担保和补偿;限制性的保证;雇员问题和退休金;排他性交易;公告与保密;费用支出;法律约束力等。

2013年初,深圳嘉拓的原有股东为获得更好发展而调整投资计划,决定出售该公司。因此收到璞泰来的并购意向书时,表现出了积极的态度,愿意与璞泰来共同谋求更好的发展。

3. 与并购方初步达成并购意向后,对并购方进行尽职调查

在进行并购的尽职调查中,要核查的主要是被并购方的资产,特别是土地权属等的合法性与正确数额、债权债务情况、抵押担保情况、诉讼情况、税收情况、雇员情况,以及章程合同中对公司一旦被并购其价款、抵押担保、与证券相关的权利如认股权证等的条件会发生什么样的变化等如何规定。尽职调查的核查具有专业性,一般在核查时,企业会聘请专门的会计师事务所和律师事务所。

璞泰来对深圳嘉拓的收购主要是出于收购经营性资产的目的,因此在与深圳嘉拓达成并购意向后,尽调的重心放在了经营性资产的调查上,由此确定交易价格与其他条件。璞泰来披露了被并购方深圳嘉拓的无形资产、存货及固定资产以及人员安置等情况。

在无形资产方面主要涉及了专利和商标两个方面,其中包括13项实用新型、1项发明专利和1项商标权。

4. 将并购方案、尽调资料及被并购方资料进行汇集,制订谈判方案

谈判方案主要涉及并购的形式(是收购股权,还是资产,还是整个公司)、交易价格、支付方式与期限、交接时间与方式、人员的处理、有关手续的办理与配合、整个并购活动进程的安排、各方应做的工作与义务等重大问题,是对这些问题的具体细则化,也是对意向书内容的进一步具体化。具体化后要落实在合同条款中,形成待批准签订的合同文本。

并购方璞泰来和被并购方深圳嘉拓都不属于国有企业,因此在对资产进行定价时,主要采取市场价格协商,双方同意为准。

在这次交易中,交易的无形资产作价依据为评估值。深圳市启佳信资产评估事务所以2013年2月28日为基准日,对13项实用新型、1项发明专利和1项商标权进行了评估,并于2013年3月10日出具了"启佳信评报字〔2013〕第03003号"《评估报告》。评估方法采用收益法,评估价值合计300.58万元。交易价格300万元。

原材料的购买价格为账面价值的67%,固定资产的购买价格为账面价值的90%,库存设备的购买价格为账面价值的96%,工具的购买价格为账面价值。原材料的折价比例较大,主要是考虑部分原材料重置价格下降,经双方协商给予较大的价格折扣。

5. 形成决议,正式签订并购合同

在经过多次友好谈判后,本次善意并购得到了双方股东和董事会的支持,签订并购合同。

2013年2月20日,璞泰来和深圳嘉拓签署《关于建立合资公司的协议书》,双方约定:出资设立深圳新嘉拓,作为未来提供工业自动化技术服务、设备及相关制造工艺解决方案的业务平台,重点拓展锂电池等行业的市场机会及业务;深圳新嘉拓成立后,不再独立承接新订单,尽快完成原有订单后注销公司。

2013年3月22日,深圳新嘉拓设立,注册资本1 500万元,璞泰来公司以现金出资1 050万元,占70%的股权,深圳嘉拓以现金出资450万元,占新公司30%的股权。

2013年4月30日,深圳新嘉拓召开2013年第二次临时股东会,审议通过如下决议:"(1)同意公司现金出资300万元购买经深圳市启佳信资产评估事务所评估的深圳嘉拓合法有效拥有的专利及商标等无形资产,作价参考'启佳信评报字〔2013〕第03003号'资产评估报告;(2)同意公司出资600万元(其中原材料与库存设备不含税)购买深圳嘉拓合法拥有并经双方实地盘点确认的资产,包括原材料、固定资产、库存设备和工具,具体如下:①原材料原账面价值4 002 793元,购买金额为2 700 000元(不含税);②固定资产原账面价值2 800 000元,购买金额为2 520 000元;③库存设备原账面价值626 000元,购买金额为600 000元(不含税);④工具原账面价值180 000元,购买金额为180 000元。"同日,深圳新嘉拓和深圳嘉拓签署《关于新嘉拓购买嘉拓品牌、商标、专利、原材料、固定资产和工具的协议》。

6. 并购后的整合

并购合同生效后,买方除照单接收目标公司的资产外,还要对目标公司的董事会和经理机构进行改组,对公司原有职工进行重新处理。

璞泰来收购深圳嘉拓,与其出资共同成立新嘉拓后,为保证业务的连贯性和管理的专业性,深圳嘉拓控股股东齐晓东成为深圳新嘉拓的总经理。

并购合同涉及的原材料于2013年5月完成交割,库存设备和工具于2013年10月完成交割,固定资产于2014年2月完成交割。

在办理完相关资产交割后,深圳嘉拓将相关的管理、生产、技术人员转入深圳新嘉拓,并由深圳新嘉拓与员工签署了劳动合同。

自2013年5月起,深圳嘉拓不再独立承接新订单(仅在深圳新嘉拓未取得部分客户认证前代深圳新嘉拓接单)。2013 年基本完成原有在手订单交付工作,2014 年、2015 年继续完成原订单的开票、收款等事宜。2016 年 2 月 26 日,深圳嘉拓完成清算事宜,深圳市工商管理局出具了《企业注销通知书》,深圳嘉拓完成注销。

自此,作为非上市公司的璞泰来并购同为非上市公司的深圳嘉拓的并购流程完成,璞泰来在构建锂电池核心业务平台的进程中,成功布局专用设备,为之后的腾飞打下了基础。

【案例评析】

回看璞泰来历史发展,其本质上是一家投资控股型公司,成立以来通过新设、收购、出售子公司等方式完成了锂电池行业关键材料和设备的产业链布局。对深圳嘉拓的收购是公司布局涂布专用设备领域最重要的一步。涂布机是锂离子电池制造的核心前端设备,在锂电池主要设备价值量占比约为 20%。本次收购,奠定了璞泰来公司涂布机逐步发展的基础,使其达到全国前三的地位。公司的涂布机收入自收购以来稳定增长,璞泰来逐步成长为"锂电材料+核心设备"的供应商。

(该案例为本书第三次修改出版新编写的案例,作者为石建勋、郑雨柔)

【案例讨论题】

1. 璞泰来选择收购深圳嘉拓是出于什么考虑?
2. 璞泰来收购深圳嘉拓的尽调过程中,主要考虑的资产内容是什么?
3. 为稳定公司并购整合阶段,璞泰来采取了什么措施?

 **案例二**　美的鲸吞德国库卡

即 测 即 练

第四章 企业上市前的并购与重组

随着企业上市实行注册制改革全面推进,越来越多的企业谋划着在股票市场注册挂牌交易上市,但并不是所有企业都可以随便上市,需要满足上市条件。为满足上市的必要和基本条件,企业必须在上市前进行并购重组。

第一节 企业上市前要满足的必要和基本条件

按照《证券法》的规定,发行人应当是依法设立且持续经营时间在3年以上的股份有限公司,或者有限责任公司按原账面净资产值折股整体变更为股份有限公司。上市前进行并购重组,主要是为了解决独立性问题、同业竞争问题、关联交易问题以及保持公司的股权清晰等,通过并购重组以及公司改制,企业能够符合证监会对上市公司主体资格的要求,为上市打下良好基础。企业上市前需要达到的必要和基本条件主要包括以下几方面。

一、突出主营业务

主板要求主营业务突出,创业板要求主要经营一种产品。并购重组中的主要目的就是将不相关业务剥离出去,相关业务纳入上市主体中来,从而达到主营业务突出或主要经营一种产品的目的。

该种主营业务要求具备完整的产供销体系,具备直接面向市场独立经营的能力,不允许把与主营业务相关的资产、人员、资质等放到上市主体之外。

主业突出、业绩优良、核心竞争力强的上市公司,是市场主流价值逻辑,但也有少数上市公司脱离主业,热衷编故事,频繁变更融资用途,不利于企业长远发展,还扰乱市场秩序。资本市场欢迎主业突出,业绩优良,做"专精特新"的单项冠军,在细分行业竞争力强的龙头企业。

二、公司独立运作

上市公司应当符合资产独立、业务独立、机构独立、财务独立和人员独立五个要求。通常称其为公司的独立性。上市公司缺乏独立性,会带来许多问题,包括:关联交易频繁,经营业绩失真,业务不稳定,大股东侵害上市公司和中小股东的利益,严重危害到证券市场的健康发展。针对投资者十分关注的上市公司独立性问题,2002年1月,证监会发布《上市公司治理准则》(证监发〔2002〕1号),要求上市公司实行人员、资产、财务、机构、业务的"五分开"。2003年9月,证监会发布了《关于进一步规范股票首次发行上市有关工作的通知》,对拟上市公司"五分开"提出了可量化的标准。2006年5月,《首次公开发行股票并上市管理办法》(中国证券监督管理委员会令第32号)及《公开发行证券的公司信息披露内容与格式准则第9号——首次公开发行股票并上市申请文件(2006年修订)》(证监发行字〔2006〕6号)对此做了新的规定。

企业在上市辅导过程中,应根据有关法律法规,在辅导机构的指导下,采取措施提高独立性。企业的"五分开"主要是相对于控股股东(或实际控制人,下同)来说的,一般包括以下要求。

(1) 人员独立。企业的劳动、人事及工资管理必须完全独立。董事长原则上不应由股东单位的法定代表人兼任;董事长、副董事长、总经理、副总经理、财务负责人、董事会秘书,不得在股东单位担任除董事、监事以外的其他职务,也不得在股东单位领取薪水;财务人员不能在关联公司兼职。

(2) 资产完整。企业应具有开展生产经营所必备的资产。企业改制时,主要由企业使用的生产系统、辅助生产系统和配套设施、工业产权、非专利技术等资产必须全部进入发行上市主体。企业在向证监会提交发行上市申请时的最近一年和最近一期,以承包、委托经营、租赁或其他类似方式,依赖控股股东及其全资或控股企业的资产进行生产经营所产生的收入,均不得超过其主营业务收入的30%;企业不得以公司资产为股东、股东的控股子公司、股东的附属企业提供担保。

(3) 财务独立。企业应设置独立的财务部门,建立健全财务会计管理制度,独立核算,独立在银行开户,不得与其控股股东共用银行账户,应依法独立纳税。企业的财务决策和资金使用不受控股股东干预。

(4) 机构独立。企业的董事会、监事会及其他内部机构应独立运作。控股股东及其职能部门与企业及其职能部门之间没有上下级关系。控股股东及其下属机构不得向企业及其下属机构下达任何有关企业经营的计划和指令,也不得以其他任何形式影响其经营管理的独立性。

(5) 业务独立。企业应具有完整的业务体系和直接面向市场独立经营的能力。属于生产经营企业的,应具备独立的产、供、销系统,无法避免的关联交易必须遵循市场公正、公平的原则。在向证监会提交发行上市申请时的最近一年和最近一期,拟上市公司与控股股东及其全资或控股企业,在产品(或服务)销售或原材料(或服务)采购方面的交易额,占拟上市公司主营业务收入或外购原材料(或服务)金额的比例都应不超过30%;委托控股股东及其全资或控股企业,进行产品(或服务)销售或原材料(或服务)采购的金额,占拟上市公司主营业务收入或外购原材料(或服务)金额的比例都应不超过30%。企业与控股股东及其全资或控股企业不应存在同业竞争。

三、规范并尽可能减少关联交易

关联交易就是企业关联方之间的交易。关联交易是公司运作中经常出现而又易于发生不公平结果的交易。关联交易在市场经济条件下广为存在,从有利的方面讲,交易双方因存在关联关系,可以节约大量商业谈判等方面的交易成本,并可运用行政的力量保证商业合同的优先执行,从而提高交易效率。从不利的方面讲,由于关联交易方可以运用行政力量撮合交易的进行,从而有可能使交易的价格、方式等在非竞争的条件下出现不公正情况,形成对股东或部分股东权益的侵犯,也易导致债权人利益受到损害。因此,要规范并尽可能避免上市公司的关联交易。

2020年6月1日,中国证监会发布《创业板首次公开发行股票注册管理办法(试行)》,明确指出:"发行人业务完整,具有直接面向市场独立持续经营的能力:(一)资产完整,业务及人员、财务、机构独立,与控股股东、实际控制人及其控制的其他企业间不存在对发行人构成重大不利影响的同业竞争,不存在严重影响独立性或者显失公平的关联交易……"

(一)关联交易的范围和内涵界定

2020年12月第十四次修订的《上海证券交易所股票上市规则》第10.1.1条规定,上市公司的关联交易,是指上市公司或者其控股子公司与上市公司关联人之间发生的转移资源或者义务的事项,包括以下交易:

(1)第9.1条规定的交易事项[①购买或者出售资产;②对外投资(含委托理财、委托贷款等);③提供财务资助;④提供担保;⑤租入或者租出资产;⑥委托或者受托管理资产和业务;⑦赠与或者受赠资产;⑧债权、债务重组;⑨签订许可使用协议;⑩转让或者受让研究与开发项目;⑪本所认定的其他交易]。

(2)购买原材料、燃料、动力。

(3)销售产品、商品。

(4)提供或者接受劳务。

(5)委托或者受托销售。

(6)在关联人财务公司存贷款。

(7)与关联人共同投资。

(8)其他通过约定可能引致资源或者义务转移的事项。

(二)如何界定关联方

一方控制、共同控制另一方或对另一方施加重大影响,以及两方或两方以上受同一方控制、共同控制的,构成关联方。控制,是指有权决定一个企业的财务和经营政策,并能据以从该企业的经营活动中获取利益。共同控制,是指按照合同约定对某项经济活动所共有的控制,仅在与该项经济活动相关的重要财务和经营决策需要分享控制权的投资方一致同意时存在。重大影响,是指对一个企业的财务和经营政策有参与决策的权利,但并不能够控制或者与其他方一起共同控制这些政策的制定。

2020年12月第十四次修订的《上海证券交易所股票上市规则》对关联方的明确界定:

10.1.2 上市公司的关联人包括关联法人和关联自然人。

10.1.3 具有以下情形之一的法人或其他组织,为上市公司的关联法人:

(一)直接或者间接控制上市公司的法人或其他组织;

(二)由上述第(一)项直接或者间接控制的除上市公司及其控股子公司以外的法人或其他组织;

(三)由第10.1.5条所列上市公司的关联自然人直接或者间接控制的,或者由关联自然人担任董事、高级管理人员的除上市公司及其控股子公司以外的法人或其他组织;

(四)持有上市公司5%以上股份的法人或其他组织;

(五)中国证监会、本所或者上市公司根据实质重于形式原则认定的其他与上市公司有特殊关系,可能导致上市公司利益对其倾斜的法人或其他组织。

10.1.4 上市公司与前条第(二)项所列法人受同一国有资产管理机构控制的,不因此而形成关联关系,但该法人的法定代表人、总经理或者半数以上的董事兼任上市公司董事、监事或者高级管理人员的除外。

10.1.5 具有以下情形之一的自然人,为上市公司的关联自然人:

(一)直接或间接持有上市公司5%以上股份的自然人;

(二)上市公司董事、监事和高级管理人员;

(三)第10.1.3条第(一)项所列关联法人的董事、监事和高级管理人员;

(四)本条第(一)项和第(二)项所述人士的关系密切的家庭成员,包括配偶、年满18周岁的子女及其配偶、父母及配偶的父母、兄弟姐妹及其配偶、配偶的兄弟姐妹、子女配偶的父母;

(五)中国证监会、本所或者上市公司根据实质重于形式原则认定的其他与上市公司有特殊关系,可能导致上市公司利益对其倾斜的自然人。

10.1.6 具有以下情形之一的法人或其他组织或者自然人,视同上市公司的关联人:

(一)根据与上市公司或者其关联人签署的协议或者作出的安排,在协议或者安排生效后,或在未来12个月内,将具有第10.1.3条或者第10.1.5条规定的情形之一;

(二)过去12个月内,曾经具有第10.1.3条或者第10.1.5条规定的情形之一。

10.1.7 上市公司董事、监事、高级管理人员、持股5%以上的股东及其一致行动人、实际控制人,应当将其与上市公司存在的关联关系及时告知公司,并由公司报本所备案。

由于关联交易存在利益输送,损害中小投资者利益的可能性、可操作性和现实性,因此世界各国的交易所一般都通过规制和严格监管、强化信息披露、完善公司治理等规范关联交易。由于规范关联交易的规则复杂、麻烦,违反规则的处罚较重,所以一般拟上市公司都通过企业并购和资产重组,尽可能地减少或避免关联交易。《上海证券交易所股票上市规则》关联方示意图如图4-1所示。

证监会要求拟上市企业消除同业竞争,减少关联交易。在上市前并购重组的过程中,企业可以考虑将同业竞争或关联交易金额比较大的公司吸收到上市主体当中,或注销同业竞争公司和关联公司,一般不建议企业将其转让给无关联的第三方。

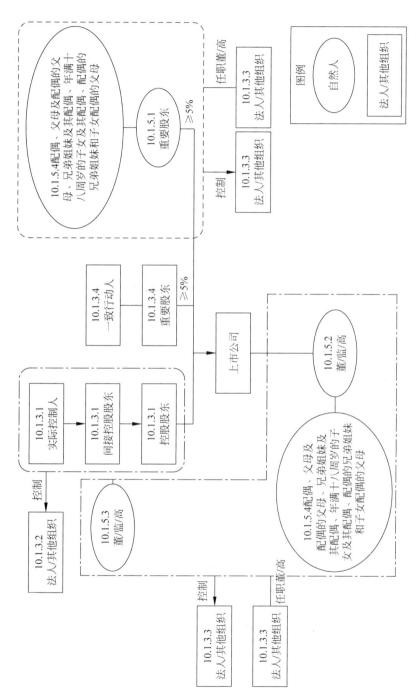

图 4-1 《上海证券交易所股票上市规则》关联方示意图

第四章 企业上市前的并购与重组

四、消除或避免同业竞争

何谓同业竞争,我国相关法律法规并无明确界定。最常见的表述是,公司所从事的业务与其控股股东、实际控制人及其所控制的企业所从事的业务相同或近似,双方构成或可能构成直接或间接的竞争关系。通常情况下,同业竞争的形成与未进行"完整性重组"有直接关系,在公司上市时,发起人未能将构成同业竞争关系的相关资产、业务全部装入上市公司,最终导致上市公司现有的经营业务与控股股东形成竞争关系。大型国有企业、跨国集团以及民营企业作为主要控股股东的情形下,比较容易出现同业竞争的问题。

竞争是市场经济的灵魂,是促进社会发展和经济进步的原动力。但是,由于发行人与控股股东、实际控制人及其控制的其他企业之间的被控制与控制的关系,以及两者自身利益的差别,所以,当这两者之间出现竞争关系时,控股股东、实际控制人及其控制的其他企业就可能损害上市公司利益,进而侵害广大中小投资者的利益。

2018年9月30日,证监会发布修订后的《上市公司治理准则》,其中第七十三条指出:上市公司业务应当独立于控股股东、实际控制人。控股股东、实际控制人及其控制的其他单位不应从事与上市公司相同或者相近的业务。控股股东、实际控制人应当采取有效措施避免同业竞争。

另外,根据证监会2015年修订的《公开发行证券的公司信息披露内容与格式准则第1号——招股说明书》中第五十二条、第五十三条规定,发行人应在招股说明书中披露是否存在与控股股东、实际控制人及其控制的其他企业从事相同、相似业务的情况;对存在相同、相似业务的,发行人应对是否存在同业竞争作出合理解释,并披露控股股东、实际控制人作出的避免同业竞争的承诺。

到底什么属于相同或相似业务,尤其对于相似业务如何进行界定,在实践中存在一定的难度。首先需要了解一下,为什么要禁止同业竞争。

不允许存在同业竞争,就是为了防止控股股东、实际控制人或其他能够影响与控制公司运营的机构与人员,利用公司已有的技术、资产、采购与销售渠道等相关资源,投资或经营其他类似的公司。该类公司的存在,势必将会影响到上市主体的市场份额、采购与销售渠道、公司资产的完整性,也存在着潜在利益输送的可能性,从而不利于保护未来上市主体中小公众股东的利益。

通过查询历年来的相关案例,发现证监会对于同业竞争还是有较为严格的审核理念,可以总结为以下三个方面。

(1) 存在相同或具有替代性产品或服务的主体(其由控股股东、实际控制人等相关机构或人员控制)是不允许的。例如,钢笔与碳素笔虽然产品不相同,但在功能及满足客户需求的方面,具有替代性,形成一定的市场竞争。

(2) 在生产、技术、研发、设备、销售或采购渠道、客户、供应商等方面是否具有重叠之处。

(3) 不能以细分行业、细分产品、细分客户、细分区域等方面的不同,而主张不存在同业。

一个典型的案例可以给我们一些启示。在2017年8月29日通过主板发审委会议的上海翔港包装科技股份有限公司(以下简称"翔港科技"),主要从事包装印刷产品的研发、生产、销售；而其实际控制人董建军控制的另外一家企业优俐派(上海)包装科技有限公司(以下简称"优俐派")，主要从事化妆品塑料瓶盖的生产、销售。其在招股说明书中，分别从所属行业、业务资质、技术、资产、人员、采购渠道、销售渠道等角度，论证主要产品存在实质性的差异，不存在同业竞争的情况。

当然我们无法客观准确地判断，这两家企业所生产的产品到底是否存在相似与替代性。但恰恰这两家企业在销售客户上存在一定的重合。在报告期内，两家重合的客户实现的收入占优俐派收入的比例在66%~80%之间，占翔港科技收入的3%~5%，那么这两家企业是否存在同业竞争，是否存在潜在的利益输送，就存在着很大的质疑。因此，在2017年7月董建军将持有优俐派股份转让给了其他无关联的第三方，从而此问题得到了妥善的解决。

我们可以看出，以上转让的时间恰恰是在发审委会议之前完成的。因此，我们可以猜测，是否是在与证监会的沟通过程中，该种情况与解释不能被接受，而进一步采取的措施。其在招股说明书中是这样论述的："发行人与优俐派在资产与人员、业务和技术、采购与客户渠道等方面进行了严格区分，独立运营，保证了自身良好的独立性；两者之间的主要产品存在实质性差异，不具备可替代性，公司与优俐派不存在同业竞争。""通过股权转让，发行人的独立性进一步加强，避免了潜在的利益输送可能性。"也就是说，翔港科技与优俐派从产品与业务的角度看，表面上虽不构成同业竞争，但是客户存在重合性。未来是否会进一步地将发行人的客户逐步导流到优俐派，未来两个企业的产品是否存在替代性、是否存在潜在的利益输送，就存在一定的风险与可能性。因此，该种情况必须得到妥善的解决。另外，从该案例得到一个启示，就是对于同业竞争的问题，必须秉持谨慎及彻底解决的态度，否则将会存在很大的风险性。

综上，我们可以得出：我们需要全面结合公司的独立性、是否存在潜在的利益输送，从保护上市主体的中小公众股东的利益的大角度去考虑这个问题，而不能单单就同业竞争的问题考虑同业竞争，否则将忽略同业竞争问题的出发点和本质。

五、具备持续盈利能力

通过分析近些年企业IPO被否的原因，发现导致企业IPO失败的因素众多，有的企业同时还会涉及多个原因。由于持续盈利能力(41%)、独立性(18%)、规范运行(12%)、募集资金(9%)、会计核算(9%)5项原因被否合计占比89%。其中，因持续盈利能力被否占比最大。

从被否原因来看，持续盈利能力已是IPO审核未通过的主要原因。能够持续盈利是企业发行上市的一项基本要求，从财务会计信息来看，盈利能力主要体现在收入的结构组成及增减变动、毛利率的构成及各期增减、利润来源的连续性和稳定性等三个方面。

从公司自身经营来看，决定企业持续盈利能力的内部因素有核心业务、核心技术、主要产品以及其主要产品的用途和原料供应等方面。从公司经营所处环境来看，决定企业持续盈利能力的外部因素有所处行业环境、行业中所处地位、市场空间、公司的竞争特点及产品的销售情况、主要消费群体等方面。

公司的商业模式是否适应市场环境，是否具有可复制性，这些决定了企业的扩张能力和快速成长的空间。

公司的盈利质量,包括营业收入或净利润对关联方是否存在重大依赖,盈利是否主要依赖税收优惠、政府补助等非经常性损益,客户和供应商的集中度如何,是否对重大客户和供应商存在重大依赖性。

企业持续盈利能力是否影响IPO主要依据以下法规。

《首次公开发行股票并上市管理办法》第二章第三十条有如下内容:

第三十条 发行人不得有下列影响持续盈利能力的情形:

(一)发行人的经营模式、产品或服务的品种结构已经或者将发生重大变化,并对发行人的持续盈利能力构成重大不利影响;

(二)发行人的行业地位或发行人所处行业的经营环境已经或者将发生重大变化,并对发行人的持续盈利能力构成重大不利影响;

(三)发行人最近1个会计年度的营业收入或净利润对关联方或者存在重大不确定性的客户存在重大依赖;

(四)发行人最近1个会计年度的净利润主要来自合并财务报表范围以外的投资收益;

(五)发行人在用的商标、专利、专有技术以及特许经营权等重要资产或技术的取得或者使用存在重大不利变化的风险;

(六)其他可能对发行人持续盈利能力构成重大不利影响的情形。

通过一些案例解析有助于我们加深对持续盈利能力的理解。

华光新材可能是因为持续经营能力存疑而导致IPO被否的最典型案例。华光新材主要产品是钎焊材料,2013年至2015年钎料销售持续收缩,净利润连续3年下滑,降幅为23%~46%,该公司预测未来可能出现下滑50%以上的情况。华光新材银钎料销售持续下滑,有市场需求波动的原因,也有该产品被替代的原因。下游客户选择使用降银钎料,或者通过自身研发和改进工艺,用铜钎料代替银钎料,而华光新材的铜钎料产品还处于市场推广阶段。

在审核中,审查人员要求保荐人核查华光新材"经营业绩是否存在继续大幅下滑的风险,主要产品之一银钎料是否存在被其他产品替代的风险,所处经营环境是否已经发生或将要发生重大变化,持续盈利能力是否存在重大不确定性,相关信息披露和风险揭示是否充分"。尽管业绩下滑已经不是IPO的绝对拦路虎,但业绩大幅下滑仍然是一块硬伤,尤其是在华光新材案例中,业绩大幅下滑同时还存在主要产品可能被替代的风险。

润玛股份的产品主要应用于已经明显产能过剩的传统太阳能光伏行业,因为回款问题应收账款多次进行债务重组;从事节能服务的硕人时代2016年上半年亏损;川网股份手机月报计费用户主要依靠群发外呼维持,而群发外呼2015年被监管叫停;中山金马关联交易减少和规范可能影响未来经营;日丰电缆业绩异常波动;思华科技大客户结构变化较大、资金实力与采购规模匹配性存疑。这些公司的持续经营、盈利能力都被审查人员打上了问号。

为了与时俱进地发挥资本市场服务实体经济的功能,监管层近年对IPO上市调整思路。从对IPO审核变化进行梳理,发现与5年前相比,审核重点在变迁。如今,持续盈利能力被否减少,监管盯防"带病申报"项目,愈发强调信息披露,注册制的理念逐渐深入人心。根据致同会计师事务所对2010—2016年IPO被否案例的研究统计,2010—2012年间,因持续盈利能力被否决的项目数量最多,分别有27家、43家、15家。2014年后,审核形势发生了变化。从数据上来看,主要表现为因持续盈利能力被否项目数量出现了减少,2015—2016年间分别只有11家、12家。但是,尽管案例数量下降明显,"持续盈利能力"仍是目前IPO审核重点。

六、具备合法合规性

企业拟上市前的合法合规性主要包括三个方面。

1. 企业规范运作

企业通过上市前的并购重组和企业改制,建立公司完善的股东大会、董事会、监事会以及经理层规范运作的制度,建立健全完善的、合法合规的财务会计制度,促进企业的管理水平的提升、业务流程的优化,从而提升公司整体的运营效率。

2. 企业合法合规经营

企业合法合规经营主要包括:企业的资本来源、资产要合法;企业的经营范围要合法,没有偷税漏税,有合法经营执照和许可证书等;企业的董高监和控股股东无违法犯罪记录。

3. 公司股权清晰

拟上市企业的股权关系必须清晰,不存在法律障碍、股权纠纷隐患,不存在委托持股、信托持股、工会持股情形。

第二节 企业上市前并购重组的主要方式

企业上市前的并购与重组是指在拟上市股份公司设立前,通过股权重组和资产整合,将公司股权、业务、资产、人员、机构和财务进行合理并购及有效组合,解决好主业突出、关联交易和同业竞争等问题,使其符合上市发行的规范要求,形成股权关系清晰、业务体系完整、直接面向市场独立经营和持续发展的发行主体。

一、企业上市前并购与重组的动因

1. 建立健全拟上市公司的主体资格

企业在上市前的并购与重组中应在最短的时间内,以较低的成本成为合法存续的股份有限公司。在上市前的并购与重组中,公司应该重点关注股份制改造后业绩是否可以连续计算,要达到业绩连续计算,有限责任公司就要按账面净资产折股整体变更为股份公司,公司最近3年内主营业务及董事、高级管理人员没有发生重大变化,实际控制人没有发生变化。

另外,公司的生产经营符合法律、行政法规和公司章程的规定,符合国家产业政策;公司的股权清晰,控股股东和受控股股东、实际控制人支配的股东持有的本公司股份不存在重大权属纠纷。

2. 消除同业竞争、减少关联交易,提高公司独立性

在企业上市前通过资产并购重组、业务并购重组使发行主体具有完整的业务体系和直接面向市场独立经营的能力。企业与控股股东及其全资或控股企业不应存在同业竞争,如果存在同业竞争问题,可以考虑以吸收合并或股权收购及资产收购等方式置入拟上市公司,也可以通过出售企业股权、清算注销等方式予以解决。

3. 加强公司规范运行

并购重组后的公司要依法建立健全股东大会、董事会、监事会、独立董事、董事会秘书制度。公司的董事和其他高级管理人员符合法律、行政法规和规章规定的任职资格,且不存在《公司法》所禁止的行为。公司的内部控制制度健全且被有效执行,能够合理保证财务报告的可靠性、生产经营的合法性、营运的效率与效果。

4. 改善治理结构

企业通过上市前的股权重组,可以优化股权结构,改善治理结构,改变"一股独大"的局面,提高治理水平;可以降低资产负债率,修复财务指标,为上市创造条件;可以引进资金解决企业燃眉之急,满足企业现时需求;可以引进高端人才,实现高管人员利益与股东利益、企业利益的一致性,有助于自身长远发展;可以借鉴国际知名战略投资者先进的管理和营销运作经验,并在新成立的董事会下设财务审计、投资决策等委员会,对约束和促进公司的规范运作发挥更大作用。

5. 减少进入新行业、新市场的障碍

并购是企业进入新行业、新市场的快捷方式。出于市场竞争压力,企业需要不断强化自身竞争力,开拓新业务,降低经营风险。企业可以通过并购利用被并购方的资源,包括设备、人员和目标企业享有的优惠政策快速地进入新的市场领域。

6. 非上市公司通过并购上市公司借壳上市

目前,我国对上市公司的审批较严格,上市资格也是一种资源。一些非上市公司并购上市公司,不是为获得目标企业本身而是为获得目标企业上市资格。例如非上市公司通过到国外买壳上市,企业可以在国外筹集资金进入外国市场。借壳上市是一种简捷的上市方法,成本低、时间快,能避免直接上市的高昂费用与上市"流产"的风险。借壳上市的费用一般包括壳公司的成本、律师费、审计费、申报费、材料费等,其费用不高,远远低于IPO的前期费用。另外,借壳上市的时间周期也较短,一般3~4个月内就可以完成。同时,借壳上市的效果也不亚于IPO。中国远洋运输集团在海外已经多次成功买壳上市,控股了香港中远太平洋和中远国际就是一个典型例子。

二、企业上市前并购与重组的主要方式

为了突出主营业务,解决独立性问题、同业竞争问题、关联交易问题等,拟上市公司需要通过并购重组以及公司改制,使得企业能够符合证监会对上市公司主体资格的要求,为上市打下良好的基础。因此,解决好同业竞争、关联交易和主业突出问题,是企业上市的先决条件,而通过资产重组,剥离一些非主业资产、低效率资产,卖掉一些有可能产生同业竞争和关联交易的资产,是企业上市前必须要进行的一项重要工作。通过资产重组,满足法律法规对发行股票的要求,这些要求包括盈利水平、负债水平、净资产收益率、资产规

模、股权结构要求等方面;通过资产重组,集中突出公司的主营业务、品牌优势和重点发展方向,精干主体,分离负担,使之既能发挥已有资产的优势,又能形成新的经营机制。

并购与重组是很多公司成为一个合格上市发行主体的第一步,也是这些企业上市成功与否的关键,通过并购重组,企业一方面可以彻底解决其历史积弊,另一方面也可以使得企业符合上市的各项条件。根据上市前并购与重组的目的不同,主要模式可以分为以下几种。

（一）以突出主营业务为目的的并购重组模式

如果企业存在主营业务不突出的情形,将构成企业上市的实质性障碍,企业应当通过有效的手段消除主营业务不突出情形,企业通常选择的重组手段是剥离非相关业务,而剥离的方式既可以是出售非相关业务所属公司的股权,也可以是出售非相关业务所对应的资产,还可以是将非相关业务分离出去成立新公司。

1. 出售非相关业务所属公司的股权

这种解决方案的具体操作方法是:如果拟上市企业持有非相关业务所属公司的股权,企业为了实现主营业务突出,选择将所持的股权进行转让。

2. 出售非相关业务所对应的资产

这种解决方案的具体操作方法是:拟上市企业将非相关业务所对应的资产打包整体出售,在运用此方案时,为了将非相关业务彻底剥离出拟上市企业,企业应当遵循全面打包原则:在对非相关业务资产进行选择时,除了将生产性资产、固定性资产进行打包外,还应将该业务对应的应收账款等资产进行打包;如果该业务项下还有相应的应付账款等负债,也应当一并打包;对于之前开展非相关业务所招聘的人员,在出售资产时也应当一并安置,如果受让方愿意接收相关员工,则可以办理劳动合同的换签;如果受让方不愿意接收,则拟上市企业应当通过合法的途径解除相应的劳动合同,或者将这些员工安排至其他岗位。

3. 将非相关业务分离出去成立新公司

在拟上市企业部分或者全体股东不愿意出售非相关业务的情况下,企业可以选择将非相关业务单独分离出去成立新的公司。为了将非相关业务彻底剥离出拟上市企业,拟上市企业也应当遵循上述全面打包原则。

（二）以避免同业竞争为目的的并购重组模式

如果拟上市企业存在同业竞争情形,这些情形将构成企业上市发行的实质性障碍,拟上市企业必须采取相应的措施消除同业竞争。而并购重组恰恰提供了消除同业竞争非常实用的解决方案。

1. 拟上市企业收购竞争关联方资产

这种解决方案的具体操作方法是:拟上市企业通过与竞争关联方签订资产购买协议,将竞争性业务所对应的生产性资产一揽子购买过来,竞争关联方则在资产出售以后不再从事该业务。拟上市企业支付对价的方式,既可以通过现金购买,也可以通过资产置换,还可以通过承担债务方式,当然也可以通过向竞争关联方发行股份购买资产。

2. 拟上市企业收购竞争关联方股权

这种解决方案的具体操作方法是：拟上市企业与竞争性业务所属公司的股东签订股权购买协议，使该公司成为拟上市企业的全资子公司或控股子公司。这种方案相比于第一种方案的优势是竞争性公司的资产仍然直接留在原公司，无须履行繁杂冗长的资产过户手续。

3. 将有竞争关系的公司资产或股权转让给无关联第三方

这种解决方案的具体操作方法是：竞争关联方将竞争性业务对应的资产转让给无关联的第三方，或者竞争关联方的公司股东直接将所持公司股权全部出让给无关联的第三方。这种解决方案虽然能够彻底解决同业竞争问题，但是如果竞争性业务是营利性非常好的业务，而且企业可以通过收购资产或股权方式解决的情况下，则不建议企业选择此种方式。当然，如果竞争性业务盈利能力一般甚至出现下降，企业则可以选择这种方案从根本上解决同业竞争。

4. 直接注销有竞争关系的公司

这种解决方案的具体操作方法是：控股股东或实际控制人将与拟上市企业存在竞争性业务的公司注销，以此彻底解决同业竞争问题。该种解决方案的适用情形一般是：竞争性业务所属的公司基本已经停止营业或者虽然营业但是基本处于亏损或微利状态。

5. 拟上市企业吸收合并有竞争关系的公司

这种解决方案的具体操作方法是：拟上市公司吸收合并与其存在竞争性业务的公司，从而将有竞争关系的公司资产、负债全部纳入拟上市企业，将被合并方予以注销。

6. 培育注资模式

对于一次性解决同业竞争问题存在较大困难的少数央企，在实践中根据自身的情况创造性地提出了培育注资模式。所谓培育注资模式，即国有股东代为培育符合上市公司业务发展需要但暂不适合上市公司实施的业务或资产，在条件成熟后，再注入上市公司。

（三）以减少关联交易为目的的并购重组模式

证监会出台的相关规范对关联交易作出了硬性要求，即关联交易不得显失公平、关联交易应当价格公允，不得通过关联交易操纵利润，关联交易系证监会重点审查的对象之一。因此，如果拟上市企业与关联方之间存在大量的、不规范的关联交易，企业必须对关联交易进行减少或规范，以符合上市发行条件，而并购重组恰恰提供了一系列的解决方案。

1. 收购关联方资产

这种解决方案的适用条件一般是：关联方资产具有收购的价值，即一方面企业可以通过收购该资产解决关联交易问题，另一方面企业可以通过该收购提高资产的盈利能力，进而为企业带来更多利润。至于关联方，可以选择继续存续，也可以选择注销。

2. 收购关联方股权

这种解决方案的具体操作是：拟上市企业通过收购关联公司股权，使得关联公司成为自己的全资子公司或者控股子公司。

3. 吸收合并关联方

这种方法的实施与同业竞争的解决方法一样,拟上市企业吸收合并关联方后,关联方注销。

4. 剥离关联业务

如果关联方与拟上市企业之间的关联交易并非是必需的,则拟上市企业可以将该部分业务主动剥离,彻底消除与关联方之间的交易。

(四)以实现五个独立为目的的并购重组模式

为实现拟上市公司的资产独立、人员独立、财务独立、机构独立、业务独立,通常的办法是,对于不独立的业务,拟上市企业可以选择将该部分业务直接收购,当然收购的方式既可以是资产收购,也可以是股权收购。实践中,企业为了降低重组的成本,也会选择先将不独立业务单独分离成立新的公司,然后再由拟上市企业吸收合并新的公司的方式。

三、企业上市前并购与重组中应注意的问题

在资产重组过程中,会受到诸多因素的影响,这些因素构成相互约束的条件。应注意统筹兼顾,对出现的问题及时加以妥善解决。

1. 资产重组比例不要影响经营业绩的连续计算

公司发行上市的条件之一就是"发行人最近3年内主营业务和董事、高级管理人员没有发生重大变化,实际控制人没有发生变更"(《首次公开发行股票并上市管理办法》)。企业资产整合要充分考虑这一因素,尽量避免发生此类变化,否则将付出高昂的时间成本。判断主营业务变化考虑的参数,一是性质,指企业主要经营活动的性质发生变化,如产品种类发生根本性改变;二是数量,指企业主要经营活动的性质虽然没有发生变化,但是数量发生了重大变化。目前对于"重大"的界定,有关法律法规均无明确的标准,只能依赖于专业判断。判断数量是否重大,应看该项资产及其带来的收入占整个企业资产和收入之比,以前惯例掌握的警戒线是30%,超过该比例的,对上市时间周期将产生一定影响。对于董事、高级管理人员变化的判断,应考虑发生变化的职务的高低,至于变化的数量可以参考《首次公开发行股票辅导工作办法》对于重新辅导的规定"辅导工作结束至主承销商推荐期间发生三分之一以上董事、监事、高级管理人员变更"。但这不是判断是否为重大变化的绝对标准,只能作为专业判断时考虑的因素。

2. 要处理好上市公司与原有企业的关系

在资产重组过程中,通常把盈利水平较高的资产投入上市公司,但如果只顾提高上市公司的盈利水平,不顾及原有企业的生存和发展,可能造成许多今后难以解决的问题。从长远看,原有企业的资产,特别是非经营性资产,如果生存和发展出现了问题,也会直接或间接地对上市公司产生不利影响。

3. 要协调境内与境外的法律关系

从实践情况看,境内、境外法律、法规的要求有时是一致的,有时也不尽一致。境内设立的公司到境外上市,必须同时满足境内、境外两方面法律、法规的要求,在重组过程中做到统筹兼顾。

第四章 企业上市前的并购与重组

4. 应注意发展和稳定的关系

进行资产重组,必然使各方面因素受到影响。上市公司和非上市部分今后的生存发展将受到影响,特别是在重组过程中会有一部分职工下岗,这就涉及企业和社会的稳定问题。因此,在重组时应统筹兼顾,充分考虑到企业和社会的具体情况,做到既要使上市公司有一个合理的资产结构和发展前景,又要维护社会的稳定。

5. 应注意税务及环保问题

这包括重组产生的税务及重组前企业应缴或欠缴的税款,通过改制重组应将原企业应缴欠缴税款补交齐全完整,因为是否合法纳税也是上市审核的重点考察项。

在整个审核过程中,环保问题是上市审核中唯一"一票否决"的审核项。而现实中,该问题往往是较容易被遗忘的事项,尤其是成熟型老企业。所以拟上市公司在重组阶段也应当对该事项尤为注意。

第三节 企业上市前资产重组中的财务整合

为了能使企业顺利上市,需要做好各项准备,其中一个关键的准备环节就是并购与资产重组,而在并购与资产重组中,要以财务整合作为核心。

财务整合包括财务管理目标、财务组织机构、财务制度体系、会计核算体系和货币资金管控五个方面的整合,以满足营利性和规范性的上市要求。

1. 营利性

企业为成功上市,应有良好营利性,通常,符合上市条件的企业,其盈利能力要在行业中处于领先地位,并超过平均水平;与此同时,IPO还对企业的营利性提出很多硬性要求。只有营利性过关的企业,才具备通过审核的条件,在资本市场上筹集资金。

2. 规范性

企业上市并非简单之事,如果企业成功上市,意味着变成公众企业,对企业自身规范性提出极高要求,立法与规范性文件都要求成功上市的企业有合理治理结构,并且对包含人员管理和内部控制等在内的诸多方面提出了明确要求,另外要求公开企业信息。

一、企业上市前要满足营利性的主要财务指标

企业的营利性通常是由一系列财务指标来体现的。企业上市前通过资产重组,提升公司的财务质量,通常会用以下几个财务指标来衡量公司的营利性。

1. 每股税后利润

每股税后利润也称每股盈利,是用公司税后净利润除以公司总股份数来计算的,它能反映出公司经营业绩的好坏。如果一家公司的税后利润总额很大,但每股盈利却很小,表明它的经营业绩并不理想,每股价格通常不高;相反,每股盈利数额高,则表明公司经营业绩好,往往可以支持较高的股价。

2. 每股净资产

每股净资产是用公司的净资产除以总股份数,它能反映出每一股份所代表的公司净资产价值,是支撑股票市场价格的重要基础。每股净资产值越大,表明公司每股股份所拥有的财富越雄厚,通常创造利润的能力和抗击风险影响的能力也越强。

3. 净资产收益率

净资产收益率是公司税后净利润与净资产的比率,它能衡量公司运用自有资本的效率,反映出公司对股东投入资本的利用效率,是股东追求的目标。净资产收益率弥补了每股税后利润指标的不足。例如,在公司用资本公积金为股东按持股比例送红股后,由于股份数增加,每股盈利将会下降,从而在投资者中造成错觉,以为公司的获利能力下降了。事实上,公司的净资产没有发生变化,获利能力并没有改变,用净资产收益率来分析公司获利能力就比较适宜。

4. 资产负债率

负债是公司对债权人支付现金、转移资产、提供服务的义务。资产负债率是公司的总负债与总资产的比率,它能反映公司利用外部资金的能力以及公司的经营风险。负债率高说明公司利用外部资金的能力强,同时也反映出公司的经营风险比较大。通常情况下,公司上市前的资产负债率控制在50%左右较为适宜。当然,有个别企业在公开发行股票前负债率是比较高的,但它们在细分行业中排名靠前。例如,浙江大东南包装股份有限公司(002263)于2008年6月在深圳中小企业板上市发行股票,2007年12月31日,该公司资产负债率为69.31%,2006年年底资产负债率为75%,2005年年底资产负债率为74%,而且3年的流动比率分别为0.49、0.60、0.52。由此看出,该公司近3年一直是高负债运营,公司首次发行股票募集资金的主要用途是归还银行借款,拟用于归还银行借款总额为36 858万元。但发行人是目前国内塑料包装薄膜行业的龙头企业,产销量和效益均名列前茅。

5. 流动比率

流动比率是资产负债表中的流动资产总额与流动负债总额的比率。即

$$流动比率 = 流动资产总额/流动负债总额 \times 100\%$$

流动比率能反映企业资产的安全性,表明企业在短期内偿还债务的能力。公司能否偿还短期债务,取决于有多少可以变现偿债的资产以及债务的多少。如果流动资产越多,短期债务越少,则偿债能力越强,反之则相反。一般认为,生产型公司合理的流动比率在1.5以上,这表示公司流动资产的变现能力是所还债务的近两倍,即使流动资产有一半在短期内不能变现,也能保证全部的流动负债得到偿还。

6. 速动比率

速动比率是指速动资产与流动负债的比率,衡量企业流动资产中可以立即变现部分用于偿还流动负债的能力。速动资产是流动资产中去掉预付账款、存货、待摊费用等之后的资产。即

$$速动比率 = (流动资产总额 - 存货总额)/流动负债总额 \times 100\%$$

速动比率的高低能直接反映企业立即偿债能力的强弱,是对流动比率的补充,并且比流动比率反映得更加直观可信。如果流动比率较高,但流动资产的流动性却很低,则企业的短期偿债能力仍然不高。在流动资产中有价证券一般可以立刻在证券市场上出售,转化为现金,应收账款、应收票据、预付账款等项目可以在短时期内变现,而存货、待摊费用等项目变现时间较长,特别是存货很可能发生积压、滞销、残次等情况,其流动性较差。因此,流动比率较高的企业,偿还短期债务的能力并不一定很强,而速动比率就避免了这种情况的发生。一般来说,速动比率与流动比率的比值在1左右较为合适。

二、企业上市前要满足规范性的财务整合

(一) 整合企业财务管理目标

通常来说,财务管理目标包括利润最大化、每股收益最大化、股东财富最大化。重组前各企业的财务管理目标各有不同,但并购重组后的公司必须专注主业,财务管理目标必须整合一致。

目前来说,上市前企业资产重组主要是通过兼并、股权转让、收购资产等方式来进行的。进行资产重组以后的民营企业,往往形成母公司及数个子公司,或者总公司及分公司,其既是一个系统的整体,又是一个独立的有机整体,各个成员企业既要进行自主发展、独立经营,又要时刻围绕企业整体的发展战略,受到核心企业的影响和控制。至于资产重组以后的企业到底要采用哪种财务运作的体制,虽然至今还没有统一的模式,但是我们仍旧应该遵循评价、监督、决策一体化的战略。对于资产重组中的财务整合工作,不同的重组企业具有不相同的做法。

一个企业优化其自身理财行为结果的理论化描述就是企业的财务管理目标,企业的财务管理目标已经成为企业未来发展的重要蓝图。企业的财务管理目标还是一个极其重要的企业财务理论问题,企业财务管理目标对企业财务理论体系的构建产生了直接的影响,也直接决定了企业的财务决策。

(二) 整合企业财务组织结构

企业组织结构的制定是根据企业发展战略和经营方针来进行设计的,因为不同的企业特定环境不相同,企业之间的组织结构也就不相同。进行资产重组的双方必须通过资产的重组成为母子公司或关联公司,其自身的经营战略也是必须由其核心的企业来决定的。因此,在企业进行资产重组以后,各个成员企业组织结构也必须有一定的协调性和相关性,财务组织结构及人员的配置必须既能满足各成员企业经营管理的需要,又能满足财务业务上的统一性管理。

(三) 整合财务制度体系

财务制度体系涵盖范围广泛,与经营业务保持横向、纵向、交叉联系,可以说凡是有成本、费用、物质或资金流向之处,均是财务管控所在,需要通过制度约束业务行为。重要的财务制度包括货币资金管理制度、销售及应收账款制度、采购及应付账款制度、工资管理制度、费用报销制度、成本核算制度、存货管理制度、利润分配制度、投资制度、融资制度、担保制度等。重组后的拟上市民营企业应按《企业内部控制应用指引》的要求建立健全统一的企业内控管理制度。对财务制度体系进行整合已经成为保证民营企业进行资产重组以后有效运行的重要手段和关键。

(四) 整合会计核算体系

进行会计核算体系的整合时,重组方会对被重组方的会计政策、会计估计、科目设置、凭证管理、会计账簿、会计报表及其他管理表单形式等进行一定的整合。整合会计核算体

系有利于企业投资者、税务、财政等外部的人员对民营企业会计的信息进行正确使用;有利于进行统一的业绩评价;有利于重组的企业准确、及时地获取被重组的企业会计信息;有利于民营企业业务融合、管理者进行经营决策;等等。整合后的会计核算体系应当体现统一性、重要性、及时性等原则。实际工作中,往往启用集团财务软件或ERP(企业资源计划)软件,可以通过财务软件固化财务工作标准与流程,取得良好的效果。

(五)整合货币资金管控

货币资金是企业的血液,"现金为王"一直被视为企业资金管理的中心理念。企业进行重组后财务整合极其重要的要求就是重建货币资金管控体系。货币资金管控主要是确保资金安全,提高资金使用效率,降低资金成本。各成员企业资金状况不均衡,在某一时点上,有的公司资金闲置,有的公司资金紧张,通过集中管理、合理调配,可以满足生产经营所需,同时可以降低资金成本,规避资金运作风险。对于上市前的企业并购重组后,比较适用的方式有以下两种。

1. 设立结算中心

结算中心通常是由企业内部设立的办理各成员企业现金收付和往来结算业务的独立运行的专门机构。它通常设立于母公司财务部门内,集中管理各成员企业的现金收入,统一拨付各成员企业因业务需要所产生的货币资金,核定各成员企业日常留用的现金余额。

2. 设立销售公司

各成员企业将本企业的商品均销售给该销售公司,由销售公司再销售给客户,由销售公司统一收取客户货款;各成员企业与销售公司进行结算,各成员企业与销售公司结算必须考虑该商品的市场价格、毛利率、期间费用、利税等相关因素,做到既能集中有效管控货币资金,又能避免纳税风险。该方式适用于各成员企业均具有增值税一般纳税人资格。

第四节 企业上市流程及主要工作内容

一、多层次资本市场的企业上市

IPO(initial public offerings),中文释义是首次公开募集股票,指的是一家企业或公司(股份有限公司)将它的股份通过资本市场首次向社会公众公开招股的发行方式。通常,上市公司的股份是根据相应证监会出具的招股书或登记声明中约定的条款通过经纪商或做市商在资本市场上进行销售。一般来说,一旦首次公开上市完成,这家公司就可以申请到证券交易所或报价系统挂牌交易。

目前,我国多层次资本市场主要由交易所市场(上海证券交易所、深圳证券交易所)、新三板(全国中小企业股份转让系统)、四板市场(区域股权交易中心)等构成,每个市场都各自扮演着其重要角色。现有的多层次资本市场已经能够基本满足不同类型的企业在不同发展阶段的融资需求。多层次资本市场的区别如表4-1所示。

二、企业上市的主要流程

资本市场不同,企业上市的条件和流程有所不同,一般情况下,主要包含重组改制、尽

表 4-1　多层次资本市场的区别

项　　目	沪深交易所	新　三　板	四板市场
场所性质	全国性证券交易所	全国性证券交易场所	地方股权交易中心
设立方式	国务院批准	国务院批准	省级地方政府批准
监管机构	证监会	证监会	省级地方政府
挂牌/上市制度	保荐制度	主办券商制度	推荐挂牌制度
交易制度	竞价交易	做市转让、协议转让	协议转让
督导制度	主板(中小板)：上市当年剩余时间及其后两个完整会计年度；创业板：上市当年剩余时间及其后三个完整会计年度	主办券商持续督导	
融资方式	首次公开发行、公开或定向增发、配股	定向增发	定向增发
公司类型	上市公司	非上市的公众公司	非上市的非公众公司

职调查与辅导、申请文件的制作与申报、受理、见面会、问核、反馈会、预先披露、初审会、发审会、封卷、会后事项、核准发行、路演询价与定价及发行与挂牌上市等主要流程。企业上市流程如图 4-2 所示。

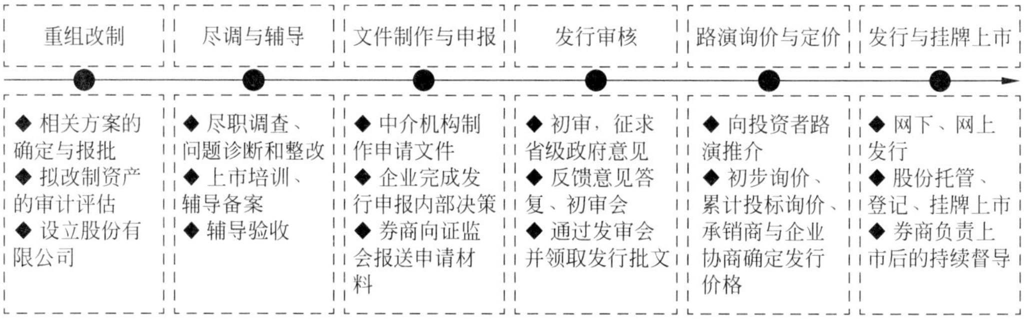

重组改制	尽调与辅导	文件制作与申报	发行审核	路演询价与定价	发行与挂牌上市
◆ 相关方案的确定与报批 ◆ 拟改制资产的审计评估 ◆ 设立股份有限公司	◆ 尽职调查、问题诊断和整改 ◆ 上市培训、辅导备案 ◆ 辅导验收	◆ 中介机构制作申请文件 ◆ 企业完成发行申报内部决策 ◆ 券商向证监会报送申请材料	◆ 初审，征求省级政府意见 ◆ 反馈意见答复、初审会 ◆ 通过发审会并领取发行批文	◆ 向投资者路演推介 ◆ 初步询价、累计投标询价、承销商与企业协商确定发行价格	◆ 网下、网上发行 ◆ 股份托管、登记、挂牌上市 ◆ 券商负责上市后的持续督导

图 4-2　企业上市流程

一般情况下，企业自筹划改制到完成发行上市总体上需要 3 年左右，如果企业各方面基础较好，需要整改的工作较少，则发行上市所需时间可相应缩短。

从目前实际发生的发行上市费用情况看，我国境内发行上市的总成本一般为融资金额的 6%～8%，境外为 8%～15%。

三、企业上市的具体流程

企业上市是一个复杂系统工程，流程繁杂，具体介绍如下。

1. 前期准备

无论在哪个资本市场上市，前期准备的内容和流程基本上都是一样的，区别在于不同市场的上市条件和要求不同，要求严、条件多的就需要多准备一些内容和时间，反之就少准备一些内容和时间。如图 4-3 所示。

图 4-3 企业上市前期准备的流程与内容

第四章 企业上市前的并购与重组

2. 申报

IPO 申报的流程与内容如图 4-4 所示。

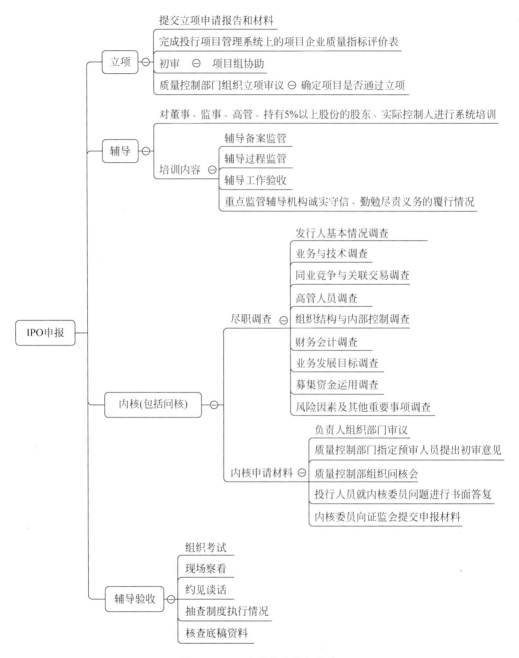

图 4-4　IPO 申报的流程与内容

3. 审核

主板和中小板审核的流程与内容如图 4-5 所示。

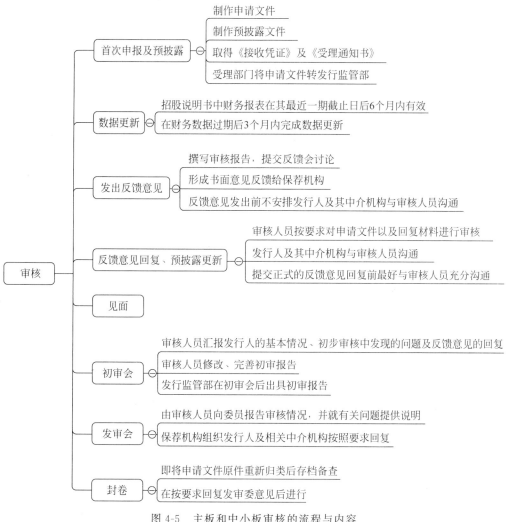

图 4-5 主板和中小板审核的流程与内容

科创板和创业板实行注册制改革后,上市流程有所变化,主要是由原来证监会审核变为证监会注册,交易所审核,虽然流程有所变化,但审核的内容和程序并未减少,下面是科创板和创业板的注册与审核流程。

(1) 科创板 IPO 申请全流程:六步骤。

第一步,股东大会决议阶段。

拟上市公司董事会就本次股票发行的具体方案、募集资金使用的可行性及其他必须明确的事项作出决议,并提请股东大会批准。

第二步,提请注册文件阶段。

发行人委托保荐人通过上海证券交易所(以下简称"上交所")发行上市审核业务系统报送发行上市申请文件。

第三步,上交所受理阶段。

上交所收到发行上市申请文件后5个工作日内,对文件进行核对,作出是否受理的

第四章 企业上市前的并购与重组

决定,上交所受理发行上市申请文件当日,发行人在上交所预先披露招股说明书。上交所受理发行上市申请文件后10个工作日内,保荐人应以电子文档形式报送保荐工作底稿。

第四步,上交所审核问询阶段(6个月)。

交易所按照规定的条件和程序,3个月作出同意或者不同意发行人股票公开发行上市的审核意见,根据需要,交易所还向交易所科技创新咨询委员会进行行业问题咨询、约谈问题与调阅资料、现场检查等。在这个过程中,企业与交易所的互动时间总计不超3个月。

第五步,证监会履行发行注册程序。

证监会在20个工作日内对发行人的注册申请作出同意注册或者不予注册的决定。主要关注交易所发行审核内容有无遗漏、审核程序是否符合规定,以及发行人在发行条件和信息披露要求的重大方面是否符合相关规定。可以要求交易所进一步问询。

第六步,挂牌上市阶段。

证监会作出注册决定,发行人股票上市交易,未通过交易所或证监会审核的,自决定作出之日起6个月后可再次提出上市申请。

(2)创业板注册制审核流程将经历以下五大环节。

第一,受理环节。深圳证券交易所(以下简称"深交所")收到发行上市申请文件后5个工作日内,对文件进行核对,作出是否受理的决定。

发行上市申请文件不符合证监会和深交所要求的,比如文档名称与文档内容不相符、签章不完整或者不清晰,发行人应当予以补正,补正时限最长不超过30个工作日。

第二,审核顺序及问询环节。深交所发行上市审核机构按照发行上市申请文件受理的先后顺序开始审核,自受理之日起20个工作日内,通过保荐人向发行人提出首轮审核问询。

首轮审核问询后,深交所发现新的需要问询事项、发行人及中介机构的回复未能有针对性地回复深交所审核问询或深交所就其回复需要继续审核问询、发行人信息披露仍未满足规定要求的,深交所发行上市审核机构收到发行人回复后10个工作日内可以继续提出审核问询。

第三,上市委员会审议环节。如果深交所发行上市审核机构收到发行人及其保荐人、证券服务机构对深交所审核问询的回复后,认为不需要进一步审核问询的,将出具审核报告并提交上市委员会审议。

上市委员会审议时,参会委员就审核报告的内容和发行上市审核机构提出的初步审核意见发表意见,通过合议形成发行人是否符合发行条件、上市条件和信息披露要求的审议意见。

第四,向证监会报送审核意见和注册环节。深交所审核通过的,向证监会报送发行人符合发行条件、上市条件和信息披露要求的审核意见、相关审核资料和发行人的发行上市申请文件。

证监会在20个工作日内对发行人的注册申请作出予以注册或者不予注册的决定。证监会认为存在需要进一步说明或者落实事项的,可以要求深交所进一步问询。

第五,挂牌上市环节。

证监会作出注册决定,发行人股票上市交易,未通过交易所或证监会审核的,自决定作出之日起6个月后可再次提出上市申请。

4. 发行

发行的流程与内容如图4-6所示。

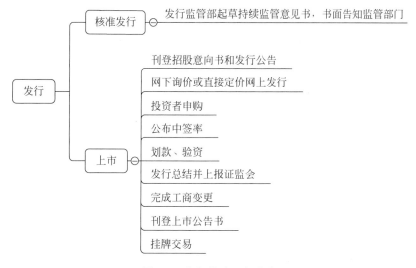

图4-6 发行的流程与内容

本 章 小 结

本章首先介绍了企业上市前要满足的必要和基本条件、企业上市前改制与重组的意义;然后介绍了企业上市前并购重组的主要方式,以及要注意的几个重点问题;接着介绍了企业上市前资产重组中的财务整合,以满足营利性和规范性这两个主要要求;最后用简图全面介绍了企业上市流程及主要工作内容,从而使读者能够对企业上市前的并购重组有一个全面的认识和把握。

复习思考题

1. 企业上市前为什么要进行资产重组?
2. 企业上市前资产重组的方式有哪些?各有什么特点?
3. 企业上市前资产重组中的财务整合的重点内容有哪些?

案例一 康力电梯上市前的并购重组

一、背景介绍

康力电梯是集国内电梯、扶梯的研发、制造、销售、安装和维保为一体的民营企业,是中国国内最主要的电梯供应商之一。公司始终着力打造中国自主品牌,产品涵盖多种电梯类别,整机产品可广泛应用于住宅、商业、酒店、商场、综合体、医院、公共交通、旅游景区、体育展馆、公共设施等领域。

2010年,据国家统计局中国行业企业信息发布中心调查统计信息显示,康力电梯股份有限公司生产的康力牌电梯荣列2009年全国市场同类产品国产品牌销量第一名。康力电梯已5年蝉联第一。在公司业务迅速扩张的背景下,康力电梯拟上市借助资本力量以获得更长远迅速的发展。

为满足上市要求,康力电梯早在上市前3年就开始为上市做准备。公司面临的主要问题是需要突出主营业务,实现上市主体的独立运作,规范关联交易及同业竞争,提高公司整体运营效率,并明晰公司股权。根据康力电梯招股说明书,2007年5—10月,康力电梯根据生产经营和发展的需要梳理主业,增加了与主业配套的控股子公司持股比例,对前景一般或与主业无关的资产和业务进行了整合或出让,为快速发展奠定了良好的基础。截至2007年9月30日,康力电梯以账面净资产按1∶0.6530的比例折股整体变更设立为股份有限公司,并于2010年3月成功在创业板上市,成为中国电梯业第一家上市公司。

2020年3月12日,康力电梯迎来了上市10周年的纪念日。上市后的10年里,康力电梯借助资本平台的力量,不断提升产能规模和市场影响力,营业收入年复合增长率超16%,净利润年复合增长率达11.72%,保持持续快速增长的良好态势。据公布的年报显示,康力电梯2019年度营业总收入36.63亿元,再次刷新历史最佳业绩;公司2020年上半年实现营业收入17.65亿元,比上年同期增长3.60%;利润总额1.997亿元,比上年同期增长59.67%,中标多项城市轨道交通电梯项目。康力电梯良好地借助了上市后的资源,成功发展主营业务,实现了盈利能力的稳步上升。

二、重组原因

按照中国证监会的规定,股票发行人应当是依法设立且持续经营3年以上的股份有限公司,或者有限责任公司按原账面净资产值折股整体变更为股份有限公司。康力电梯上市前并购重组,主要是为了解决公司的独立性问题、同业竞争问题、关联交易问题以及保持公司的股权清晰等问题。

三、重组原则

康力电梯上市前进行重组的主要原则主要有以下两个方面。

(1) 专注主营业务,剥离非主营业务,主营业务全部进入拟上市公司。
(2) 规范同业竞争和减少关联交易行为。

四、重组过程

康力电梯改制重组主要情况如图4-7所示。

康力电梯重组完成时间及情况如表4-2所示。

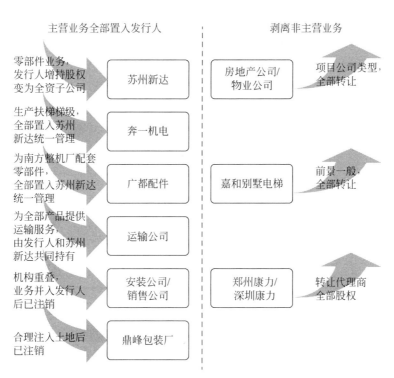

图 4-7 康力电梯改制重组主要情况

表 4-2 康力电梯重组完成时间及情况

序号	重 组 行 为	完成时间	重组结果及影响
1	增持苏州新达股权	2008 年 9 月	逐步成为全资子公司,解决关联交易
2	收购奔一机电股权	2007 年 9 月	成为新达全资子公司,解决关联交易
3	收购广都配件股权	2007 年 9 月	成为新达全资子公司,解决关联交易
4	收购运输公司股权	2007 年 9 月	解决关联交易
5	注销安装公司、销售公司	2007 年 9 月	减少管理层次,提高运作效率
6	出售房地产公司、物业公司	2007 年 9 月	设立的目的在于开发公司存量土地解决职工住房问题;出售目的在于集中精力发展公司主业;出售后公司资产和业务结构合理,主营业务突出
7	出售嘉和别墅电梯公司	2007 年 10 月	消除同业竞争
8	转让郑州康力、深圳康力	2007 年 11 月 2008 年 7 月	设立的目的在于对营销模式的尝试;出售的目的在于减少管理层次,提高运作效率;出售后营销管理的组织体系清晰

(一)纳入发行人业务主体的整合

1. 股权收购——苏州新达

苏州新达成立于 2000 年 11 月,注册资本 700.00 万元,其中朱美娟出资 490.00 万元,占注册资本的 70%,朱小娟出资 210.00 万元,占注册资本的 30%。

苏州新达设立时的两名股东均为康力电梯实际控制人王友林的关联方:朱美娟系王

友林的妻子,朱小娟系朱美娟的妹妹。苏州新达受实际控制人王友林控制。

苏州新达从事电、扶梯零部件产品的生产与销售,在康力电梯从事整机业务后,也为其生产配套零部件。因此,苏州新达是发行人康力电梯的上游零配件生产厂家,与发行人之间存在较大的关联交易。根据发行主体业务完整性的要求,必须将苏州新达纳入上市主体当中来。由于苏州新达和康力电梯拥有共同的实际控制人,因此,在股权收购的过程中按照账面价值收购,并不产生所得税。

收购前苏州新达拥有2 240万元出资额,股东情况分别为康力电梯(33.25%)、鼎峰包装厂(33.05%)、朱美娟(26.34%)、朱小娟(9.38%),康力电梯以出资额收购鼎峰包装厂、朱小娟全部股份和朱美娟大部分股份。

转让后苏州新达股权情况如表4-3所示。

表4-3　转让后苏州新达股权情况

整合方式	注册资本/万元	股权结构
2007年6月出资转让	2 240.00	发行人99.00%、朱美娟1.00%

2008年8月,根据苏州新达股东会决议,同意发行人按原值收购朱美娟持有的苏州新达1%的股权;约定本次股权的转让价款为22.40万元。

收购完成以后,发行人全资控股苏州新达。2008年9月9日,工商变更登记手续完成,零部件业务与资产全部置入康力电梯体系中。

2. 股权收购——奔一机电

奔一机电专业从事扶梯梯级产品的开发、生产、销售,其主要为发行人整机产品生产配套梯级零部件,亦为发行人康力电梯的上游厂家。

奔一机电注册资本2 000万元,其中朱小娟出资1 400万元,占注册资本的70%,朱奎顺出资600万元,占注册资本的30%,如表4-4所示。

表4-4　收购前奔一机电股权结构

整合前的历史沿革	注册资本/万元	股权结构
2006年3月设立	2 000.00	朱小娟70.00%、朱奎顺30.00%

奔一机电设立时的两名股东均为康力电梯实际控制人王友林的关联方:朱小娟系王友林之妻朱美娟的妹妹,朱奎顺系王友林的岳父。奔一机电实际上受公司实际控制人王友林控制。

2007年8—9月,苏州新达分别出资1 400万元、600万元陆续收购了奔一机电,使之成为苏州新达的全资子公司,纳入上市主体当中,从而解决了业务完整性问题和关联交易问题。

收购后奔一机电股权结构如表4-5所示。

表4-5　收购后奔一机电股权结构

整合方式	注册资本/万元	股权结构
2007年8月、9月出资转让	2 000.00	苏州新达100%

出于同样的原因,公司收购了广都配件和运输公司两家业务关联公司。

广都配件专业从事电梯零部件的开发销售。收购前广都配件股权结构如表4-6所示。

表4-6 收购前广都配件股权结构

整合前的历史沿革	注册资本/万元	股 权 结 构
2006年9月设立	200.00	朱奎顺60.00%、朱美娟40.00%

2007年8月,苏州新达分别出资120万元、80万元收购了朱奎顺、朱美娟持有的广都配件60%、40%股权。

收购后广都配件股权结构如表4-7所示。

表4-7 收购后广都配件股权结构

整 合 方 式	注册资本/万元	股 权 结 构
2007年8月出资转让	200.00	苏州新达100%

广都配件成为苏州新达的全资子公司,苏州新达将其定位于零部件业务在华南地区的窗口企业。

运输公司设立时,则主要从事公司及苏州新达电、扶梯整机与零部件产品的专业运输服务。整合前,发行人占有公司62.5%的股份。2007年8月,苏州新达出资480万元收购了朱奎顺持有的37.5%的股权。

收购后运输公司股权结构如表4-8所示。

表4-8 收购后运输公司股权结构

整 合 方 式	注册资本/万元	股 权 结 构
2007年8月出资转让	1 280.00	发行人62.50%、苏州新达37.50%

苏州新达、奔一机电和广都配件分别从事零部件的生产与销售业务,与发行人的整机业务存在上、下游产业关系,互补性较强;运输公司的业务与制造业务之间是配套关系。

通过上述整合,发行人将电梯、扶梯配套业务完整纳入上市主体,增强了对重要子公司的控制力;与整合前上述公司由发行人与实际控制人共同控制的股权结构相比,明晰了股权关系,避免了整机与零部件业务之间的关联交易,解决了同业竞争问题。

3. 业务合并——注销安装公司与销售公司

安装公司实际上受实际控制人王友林控制,设立该公司的初衷是发行人从事整机制造业务初期,由其为整机业务提供配套安装服务。整合前安装公司沿革情况如表4-9所示。

表4-9 整合前安装公司沿革情况

整合前的历史沿革	注册资本/万元	股 权 结 构
2002年10月设立	300.00	发行人60%、王友林40%
2002年12月出资转让	300.00	发行人60%、朱美娟40%

随着发行人业务的快速发展,为缩减管理链条,2007年5月,安装公司股东会决议注销该公司,其业务人员并入发行人工程部门。

销售公司受公司实际控制人王友林控制,设立该公司的初衷是发行人从事整机制造业务初期,由其专业销售整机产品和管理销售渠道。整合前销售公司沿革情况如表4-10所示。

表 4-10 整合前销售公司沿革情况

整合前的历史沿革	注册资本/万元	股 权 结 构
2002年10月设立	400.00	发行人60%、苏州新达40%

与上述原因相同,销售公司股东会决议注销公司,并将相关业务及业务人员并入上市主体的营销中心。

(二) 发行人剥离非主营业务的整合

1. 转让房地产公司、物业公司、嘉和别墅电梯公司

(1) 房地产公司设立的主要目的是解决发行人外来高级管理人员、技术人员、职工的住宿问题。一方面,发行人为了专注于发展电梯主业,另一方面因为余下部分地块涉及政府拆迁,需要一定的时间和投入,特别分散精力,故公司将房地产公司全部股权转让给自然人孙琳,孙琳与发行人及公司的实际控制人、董事、监事、高管不存在关联关系。转让后,孙琳占有该房地产公司95.00%的股权。房地产公司于2007年9月办理工商变更登记手续。由于该次转让给第三方,股权转让价格需按照公允价值转让,因此本次转让的价格为公司的净资产价格,高于出资额100万元,因此需要按照20%的税率缴纳财产转让所得税。

房地产公司转让情况如表4-11所示。

表 4-11 房地产公司转让情况

出售方	收购方	交 易 标 的	交易价格/万元	对应账面净资产/万元
发行人	孙琳	该公司68%的股权	1 260.00	1 234.54
朱美娟	孙琳	该公司27%的股权	500.00	490.19

(2) 物业公司为服务于房地产公司的管理公司,与房地产公司同时将全部出资额(70%)转让给自然人孙琳,转让后,孙琳持有该物业公司70%的股权;朱美娟持有30%的股权。经本次转让后,物业公司股权结构如表4-12所示。

表 4-12 转让后物业公司股权结构

整合方式	注册资本/万元	股 权 结 构
2007年8月出资转让	100.00	孙琳70%、朱美娟30%

转让房地产公司、物业公司后,发行人能够集中精力发展主业。

(3) 嘉和别墅电梯公司为2006年发行人收购的公司,起初目的为发展别墅电梯,但由于国内别墅电梯行业市场不成熟,该公司业务基本停滞。同时该公司与发行人康力电梯存在同业竞争问题,因此,发行人与控股股东经股东会决议转让所有嘉和别墅电梯公司

的股权,股权转让情况如表 4-13 所示。

表 4-13　嘉和别墅电梯公司股权转让情况

出售方	收购方	交易标的	交易价格/万元	对应账面净资产/万元
发行人	郑九妹	该公司 40% 的股权	80.00	13.12
王友林	孙琳	该公司 60% 的股权	120.00	19.67

事实上,发行人将嘉和别墅电梯公司与房地产公司、物业公司一起转让给孙琳与郑九妹属于一揽子交易方案。2008 年 10 月,出于谨慎性考虑,嘉和别墅电梯公司注销。

2. 转让参股的郑州康力、深圳康力

转让发行人持有的郑州康力和深圳康力两家参股代理商的股权(30%)是出于公司统一管理的需求,公司将两家由参股关系转变为单纯的代理关系。

发行人参股代理商的初衷是在营销服务体系尤其是代理商渠道建设上做新的尝试。由于其他代理商亦有此要求,为便于统一管理,发行人退出上述代理商股权,此举也是为了平衡代理商关系。

上述整合和转让完成后,康力电梯发行人外部组织结构如图 4-8 所示。

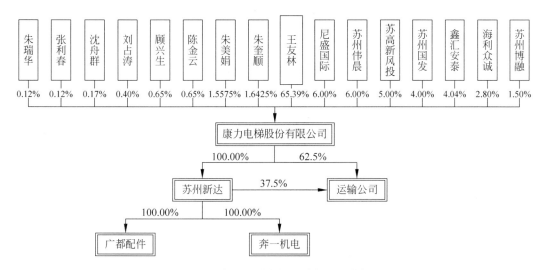

图 4-8　康力电梯发行人外部组织结构

【案例评析】

康力电梯上市前对企业资产进行重组,通过上述重组以后,发行人专注于电梯的设计、制造、销售、安装、维保业务,子公司苏州新达、奔一机电及广都配件专注于零部件的制造,运输公司从事专业运输业务。这样既可以充分发挥发行人与苏州新达各自的专业化优势,又有利于整机和零部件业务在研发、设计、制造、销售方面的相互协作,充分发挥协同效应;同时解决了公司独立性问题(业务独立、人员独立、资产独立)、同业竞争问题和关联交易问题。

重组过程中企业运用了收购股权、与其他企业合并等方式,合理优化资产结构,理顺了业务关系,出售非主营业务,以资产为纽带进行组织的优化和再造,扫清了上市的障碍。

(该案例为本书第三次修改出版新编写的案例,作者为石建勋、郑雨柔)

【案例讨论题】

1. 结合案例中的重组内容,讨论一下康力电梯为什么要在上市前进行重组。
2. 康力电梯上市前重组中,用什么重组办法突出主业,消除同业竞争?
3. 康力电梯上市前的重组活动对其他企业有何借鉴意义?

案例二 顺丰借壳上市的流程及资产重组

即 测 即 练

第五章 上市公司的并购与重组

并购重组是资本市场永恒的话题,在中国证券市场40多年的发展历程中,上市公司并购重组始终是市场关注的热点问题,是实现我国产业结构快速调整、产业组织优化、资源配置优化、国家竞争力提升的重要途径,同时也是推动上市公司做大做优做强、夯实证券市场发展的微观基础,促进公司价值增长的主要渠道。因此,学习研究分析上市公司并购重组具有重要的理论意义和现实意义。

第一节 上市公司并购重组的理论分析和实践总结

一、上市公司并购重组目的分析

上市公司实施重大资产重组交易的目的大致表现为以下四个方面。

1. 增强企业核心竞争力

该目的下的资产重组交易旨在优化资源配置,促使优质资产得到最佳利用并适时剥离劣质资产,以始终保证企业资产的运营处于高效率的状态,具体分为以下三种情况。

(1)收购优质资产,夯实主业。企业需要增强核心竞争力以求得长久的生存与发展,通过购买优质资产可以突出主营业务、品牌优势和重点发展方向,并使企业精干主体、分离负担,这些都是增强竞争力的重要方面。这种做法既能发挥已有资产的优势并产生协同效应,又能形成新的经营机制。

(2)剥离不良资产,转向高盈利行业。其具体包括以下两类:①当企业所在行业竞争环境发生变化时(包括市场由垄断状态进入完全竞争状态、产品生命周期从开发期进入成熟期及行业利润率呈现下降趋势等情形),企业通过不良资产的剥离实现原有产业战略的收缩,转而投资利润更高的产业;②当企业在所投资的领域内不具备竞争优势,其资产的盈利能力低下时,为了避免浪费资源和被淘汰出局,可以剥离资产,使企业掌握发展的主动权,减少或规避风险,及早实现产业的战略转型。

(3)通过资产重组拓展新的业务。其包括延伸产业链、寻求多元化发展等以保证企业未来业绩的持续增长。

2. 增强企业再融资的能力

具有融资功能是上市公司存在与发展的一个基础,实现该功能的前提之一就是上市公司要有良好的财务状况。上市公司的直接融资通常借助增资扩股等手段完成,这就要求发行企业的盈利水平、负债水平、净资产收益率、资产规模及股权结构等符合法律规定的条件。但是,大多数上市公司在生产经营中,难免会有财务质量不高的情况发生,即丧失再融资的资格。因此,借助资产重组调整资本结构、改善财务状况、恢复再融资能力是很多上市公司实施重大资产重组的重要目的。

3. 摆脱退市等财务危机

上市公司往往会遭遇以下一项或几项财务困难：因为投资失误、对外担保等原因背负巨额债务；因为经营不善导致主营业务收入下降；因为不良债权导致大量坏账计提；等等。这些都将引起企业亏损、导致企业净资产减少，不但严重影响了上市公司的生产经营，而且连续3年亏损时还要面临退市的风险，更有甚者还会破产。此类上市公司一般依靠原有资产很难扭转局面，经常需要借助资产重组处理不良资产、增加企业利润或资产净值以摆脱危机。因此，控股股东、当地政府等外部力量通过资产重组挽救上市公司的案例屡见不鲜。

4. 顺利完成资本层面（控制权转让）与产业层面（主业更迭）的对接

有的资产重组属于因控制权变更而带动的重组，新的产权所有人按照自身发展战略对新介入的上市公司进行业务重组并改善其资产结构，达到买壳上市并借助资本平台发展已有产业的目的。在该种重组形式下，上市公司的资本层面（控制权）和产业层面（主营业务）先后发生改变，即控制权转移以股权转让形式、主营业务变更以资产重组形式分别完成。

二、上市公司并购重组类型分析

上市公司重大资产并购重组交易的形式包括资产的购买、出售、置换及赠予等，有的并购重组交易会同时涵盖上述三种甚至四种形式。根据重组目标侧重点的不同，将重大资产重组交易划分为战略性并购重组与财务性并购重组。

1. 战略性并购重组

战略性并购重组是以完善产业结构、培育核心竞争力和提升企业价值等作为重组目的，凭借重组注入的优质资产实现与现有资产产生协同效应，或者实现现有资产产业链的延伸，或者寻求与现有资产关联度不大的多元化发展，或者摆脱现有资产进入更有发展前景的业务领域等，使重组后的资产结构及组成更加符合企业长期发展战略的需要，保证企业未来业绩的持续增长。

总的来看，战略性并购重组交易呈现以下特征。

（1）强调公司的长远发展而非短期的绩效改善。

（2）业绩增长依靠实在的优质资产。

（3）不仅注重实物资产的重组，也强调无形资产的重组。

（4）产业结构升级，企业核心竞争力增强。

（5）产生协同效应或产业链延伸，提高经营效率和规模效益。

（6）从企业现实和发展的要求出发，具有明确的发展战略导向。

2. 财务性并购重组

财务性并购重组是以优化资本结构、改善财务质量、规避财务风险和增加账面利润等作为重组目的，通过资产重组剥离不良资产等使其暂时避免退市危机或达到配股、增发等再融资条件，却并不一定符合企业长远发展战略的需要。

总的来看，财务性并购重组交易呈现以下特征。

(1) 并购重组过程和重组目标均具有短期行为的性质。

(2) 经营业绩的改变主要来自出售资产、债务重组等所得的收益。

(3) 一般属于关联交易。

(4) 收益实现往往具有"一次性"的特点,即重组当年的账面利润可能确实不错,但未来年度却难以为继。

(5) 往往存有保住企业上市资格或者争取配股、增发资格等动机。

(6) 通常发生在由于资产负债比率过高、沉淀资产过多等资本结构性因素导致经营困难的上市公司之中。

与战略性并购相伴发生的重大资产重组一般为战略性重组,反之,战略性重组伴随的并购交易却不一定是战略性并购;与财务性并购相伴发生的重大资产重组一般为财务性重组,反之,财务性重组伴随的并购交易却并不一定是财务性并购。

三、我国上市公司并购重组的现状及特点

(一) 我国上市公司并购重组的现状

自 2014 年以来,中国并购市场迎来快速发展,交易数量、规模屡创新高,一举成为全球第二大并购投资地,仅次于美国。但在 2018 年,随着中美贸易战的持续加剧,中国并购市场出现回调,交易数量及规模双双下滑。自 2018 年三季度以来,证监会等监管机构接连出台"小额快速"审核、重组上市间隔期缩短、可转债支付工具等宽松政策鼓励上市公司并购重组,使得并购交易审核效率提升、风险和资金压力下降,这对于中国并购市场环境而言是重大利好。

2019 年 7 月,我国成功推行科创板并试行注册制,科创板上市公司重大资产重组相关政策也于下半年出台,为科创板公司实施并购重组奠定了政策基础。2019 年 10 月,证监会修订《上市公司重大资产重组管理办法》,放宽重组上市认定标准和计算期间,恢复重组上市配套融资,同时允许符合国家战略的高新技术产业和战略性新兴产业在创业板重组上市。这对于资本市场激活存量资产、缓解高新技术企业上市压力有着重大意义。但是,2019 年巨大的市场不确定性,导致中国并购市场延续了降温趋势,国内并购交易金额和交易数量急剧下降,跌至 2014 年的水平。据相关数据显示,2019 年,中国企业并购市场共计完成 2 782 笔并购交易,同比上升 5.26%。其中披露金额案例数量有 2 412 笔,交易总金额为 2 467 亿美元,环比下降 18.57%。从行业来看,2019 年完成并购的案例主要集中在制造业、金融业、房地产业、医疗健康和能源及矿业。其中,制造业的并购交易规模占比最大,占比近 20%。2015—2019 年中国企业并购市场情况如图 5-1 所示。

从交易规模来看,2019 年交易规模大于 100 亿元的大额并购事件共 17 起,较 2018 年减少 1 起;合计交易金额约 3 400 亿元,较 2018 年合计 4 300 亿元减少近 1 000 亿元。这表明,在宏观经济增速放缓、企业普遍现金流紧张、上市公司商誉大幅减值等因素影响下,高估值泡沫逐渐出清,并购交易估值恢复理性。值得关注的是,2019 年并购市场完成的重大案例交易规模却屡屡刷新历史纪录:2019 年,超 10 亿美元规模完成并购交易 40 笔,超 1 亿美元完成并购案例 426 笔。年内交易规模最大的是万华化学 82.06 亿美元吸收合

图 5-1　2015—2019 年中国企业并购市场情况

数据来源：前瞻产业研究院整理

并万华化工。

(二) 我国上市公司并购重组的特点

1. 仍以国内并购为主

2019 年我国并购市场仍以国内交易为主,交易数量占比 93.0%,交易规模占比 83.4%。其中交易金额最大的一起是 2019 年 12 月居然之家借壳武汉中商完成重组上市,居然之家 100% 股权交易总对价 356.50 亿元。

2. 制造业的并购交易规模占比最大

2019 年中国并购市场完成的交易中行业变化较大,整体来看,完成并购案例主要集中在制造业、金融业、房地产业、医疗健康业和能源及矿业。其中制造业的并购交易规模占比最大,达 26.20%,无疑成为 2019 年并购市场最吸睛的行业。如图 5-2 所示。

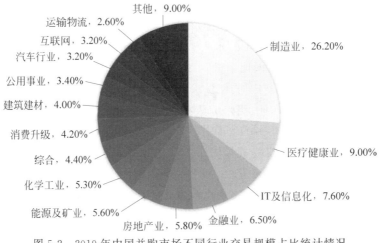

图 5-2　2019 年中国并购市场不同行业交易规模占比统计情况

数据来源：前瞻产业研究院整理

从已有数据来看,2019年全年,制造业共完成交易额482.27亿美元,金融业共完成交易额292.17亿美元,房地产业共完成交易额225.08亿美元,医疗健康业共完成交易额188.65亿美元,能源及矿业共完成交易额183.36亿美元。如图5-3所示。

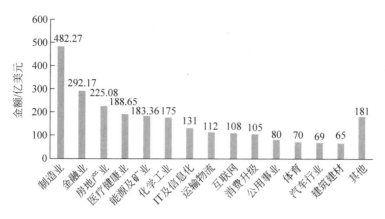

图5-3　2019年中国并购市场各行业交易金额情况
数据来源:前瞻产业研究院整理

3. 广东省并购案例占比摘得冠军

从并购交易的地域分布来看,广州、浙江、江苏、上海这些"长三角""珠三角"等东部地区的优势依旧明显。2019年,广东省并购完成案例占比摘得冠军。

本期中西部并购活跃地区主要包括四川、安徽、湖南等地,该地区并购市场未来仍具有广阔的发展空间。

4. 海外并购虽有所回落,但民企仍是海外并购主力军

2019年中国市场完成跨境并购案例244笔,其中出境并购181笔,入境并购63笔;披露交易金额378.63亿美元。其中最大跨境并购交易规模是安踏体育用品集团有限公司等出资53.87亿美元收购Amer Sports所有已发行及发行在外的股份的公开要约。如表5-1所示。

表5-1　2019年中企参与跨境并购完成部分案例

被并购方	所在地	行　业	金额/亿美元	并购方
Amer Sports	芬兰	体育	53.87	安踏体育等
戴姆勒	德国	汽车行业	34.00	北汽集团
Linxens	法国	制造业	25.72	紫光集团
Global Switch	英国	互联网	22.09	沙钢集团
BIGO	新加坡	互联网	14.50	欢聚时代
Nevsun	加拿大	能源及矿业	14.32	紫金矿业
EGH	秘鲁	公用事业	14.10	湖北能源等
NBA篮网队	美国	体育	13.50	蔡崇信
Australis	智利	农林牧渔	8.79	佳沃股份等
WorldFirst	英国	金融	7.00	蚂蚁金服

数据来源:投中研究院整理

从国内外并购交易的金额来看,2019年中国内地企业海外并购回落至2015年的水平,各种因素共同导致大型跨境交易大量减少;但是仍然存在大量较小规模的海外并购,整体交易数量保持不变,甚至略有增加。如图5-4所示。

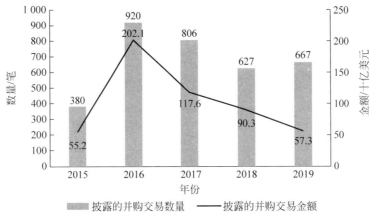

图5-4　中国内地企业海外并购交易数量与交易规模

数据来源:汤森路透、投中数据及普华永道分析

从中国内地企业境外并购涉及的行业来看,2019年中国内地企业对境外能源矿产领域企业的收购非常活跃,案例数占比近20%;并购方以矿采、冶炼企业为主,通过收购将境外矿产资源纳入旗下。其次是机械制造、半导体及电子设备领域企业被并购数量领先;机械制造企业以德国企业为主,半导体及电子设备企业则集中在亚洲地区,如日本、马来西亚、新加坡、中国香港等。从并购的活跃度上来看,民企仍然是最活跃的境外买家,如图5-5所示。

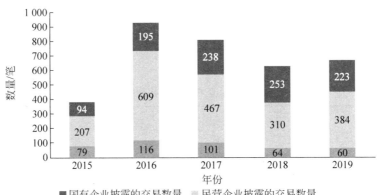

图5-5　中国内地企业境外并购交易按投资者性质分类

数据来源:汤森路透、投中数据及普华永道分析

从海外并购的投资区域来看,欧洲的海外并购交易金额缩水明显,比如德国和英国这些主要投资地区大幅下降。但对"一带一路"沿线国家的海外并购活动依然保持良好。如图5-6所示。

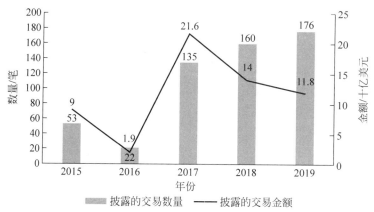

图 5-6 中国内地企业赴"一带一路"并购交易数量及金额
数据来源：汤森路透、投中数据及普华永道分析

5．同业整合成为并购的主要逻辑

从被并购方行业分布情况来看，2019年绝大多数行业的交易案例数同比均出现不同程度的下降，但同业整合案例数明显较以往有所增加，尤其是医药行业的同业整合非常明显。因为医药行业研发难度大且周期长，通过收购可快速获得专利、扩大生产规模，由此提升企业业绩。另一个典型行业是能源及矿业，同业并购案例数占比超过60%。实际上，同业整合已经成为目前企业并购的主流逻辑。

第二节 上市公司并购重组实务

2020年实施的新《证券法》，对上市公司并购重组的基本要素进行了严格和明确的法律界定，上市公司并购重组的流程更加明确和清晰。因此，有必要对新《证券法》规范的上市公司并购重组实务进行系统分析和解读。

一、上市公司并购重组基本要素的法律界定

1．收购人

收购的含义：取得和巩固公司控制权。

收购人范围：包括投资者及其一致行动人。

收购人取得上市公司控制权的方式有以下两种。

（1）通过直接持股成为上市公司控股股东。

（2）通过投资关系、协议和其他安排等间接方式成为公司的实际控制人。

有下列情形之一的，不得收购上市公司：①收购人负有数额较大债务，到期未清偿，且处于持续状态；②收购人最近3年有重大违法行为或者涉嫌有重大违法行为；③收购人最近3年有严重的证券市场失信行为；④收购人为自然人的，存在《公司法》第一百四十六条规定情形；⑤法律、行政法规规定以及中国证监会认定的不得收购的其他情形。

依据:《上市公司收购管理办法》第六条。

2. 一致行动人

投资者有下列情形之一的,视为一致行动人。

(1) 投资者之间有股权控制关系。

(2) 投资者受同一主体控制。

(3) 投资者的董事、监事或者高级管理人员中的主要成员,同时在另一个投资者担任董事、监事或者高级管理人员。

(4) 投资者参股另一投资者,可以对参股公司的重大决策产生重大影响。

(5) 银行以外的其他法人、其他组织和自然人为投资者取得相关股份提供融资安排。

(6) 投资者之间存在合伙、合作、联营等其他经济利益关系。

(7) 持有投资者 30% 以上股份的自然人,与投资者持有同一上市公司股份。

(8) 在投资者任职的董事、监事及高级管理人员,与投资者持有同一上市公司股份。

(9) 持有投资者 30% 以上股份的自然人和在投资者任职的董事、监事及高级管理人员,其父母、配偶、子女及其配偶、配偶的父母、兄弟姐妹及其配偶、配偶的兄弟姐妹及其配偶等亲属,与投资者持有同一上市公司股份。

(10) 在上市公司任职的董事、监事、高级管理人员及其前项亲属同时持有本公司股份的,或者与其自己或者其前项所述亲属直接或者间接控制的企业同时持有本公司股份。

(11) 上市公司董事、监事、高级管理人员和员工与其所控制或者委托的法人或者其他组织持有本公司股份。

(12) 投资者之间具有其他关联关系。

一致行动人应当合并计算其所持有的股份。投资者计算其所持有的股份,应当包括登记在其名下的股份,也包括登记在其一致行动人名下的股份。

投资者认为其与他人不应被视为一致行动人的,可向证监会提供相反证据。

依据:《上市公司收购管理办法》第八十三条。

3. 被收购人的行为规范

被收购公司的控股股东或者实际控制人不得滥用股东权利损害被收购公司或者其他股东的合法权益。

被收购公司的控股股东、实际控制人及其关联方有损害被收购公司及其他股东合法权益的,上述控股股东、实际控制人在转让被收购公司控制权之前,应当主动消除损害;未能消除损害的,应当就其出让相关股份所得收入用于消除全部损害作出安排,对不足以消除损害的部分应当提供充分有效的履约担保或安排,并依照公司章程取得被收购公司股东大会的批准。

被收购公司的董事、监事、高级管理人员对公司负有忠实义务和勤勉义务,应当公平对待收购本公司的所有收购人。

被收购公司董事会针对收购所作出的决策及采取的措施,应当有利于维护公司及其股东的利益,不得滥用职权对收购设置不适当的障碍,不得利用公司资源向收购人提供任何形式的财务资助,不得损害公司及其股东的合法权益。

依据:《上市公司收购管理办法》第七条、第八条。

4. 上市公司控制权

有下列情形之一的,为拥有上市公司控制权。

(1) 投资者为上市公司持股50%以上的控股股东。

(2) 投资者可以实际支配上市公司股份表决权超过30%。

(3) 投资者通过实际支配上市公司股份表决权能够决定公司董事会半数以上成员选任。

(4) 投资者依其可实际支配的上市公司股份表决权足以对公司股东大会的决议产生重大影响。

(5) 中国证监会认定的其他情形。

依据:《上市公司收购管理办法》第八十四条。

二、上市公司并购重组的信息披露义务

信息披露是上市公司与投资者间沟通的重要桥梁,也是投资者投资决策的重要依据。持股比例达到法定披露比例的投资者及其一致行动人,包括收购人和相关权益变动的当事人,上市公司董事会、独立董事,相关中介机构财务顾问、律师、会计师、资产评估机构等是信息披露义务人。

2020年新《证券法》新增持有表决权股份达5%的股东所持有表决权股份每增加或者减少1%,应当在该事实发生的次日通知该上市公司,并予公告的规定,此项规定大幅提高了大股东权益变动的披露密度。

违法责任:2020年新《证券法》将罚款金额提高,根据其第一百九十七条,未按规定报送有关报告或者履行信息披露义务的,信息披露义务人最高可罚500万元,责任人员最高可罚200万元。报送的报告或者披露的信息有虚假记载、误导性陈述或者重大遗漏的,信息披露义务人最高可罚1 000万元,责任人员最高可罚500万元。相较原证券法关于信息披露义务人最高罚款60万元的规定,此次修订大幅提高罚款金额,将对信息披露违法行为起到一定震慑作用。

根据规定,信息披露违法致使投资者在证券交易中遭受损失的,信息披露义务人应当承担赔偿责任,控股股东、实际控制人、董事、监事、高级管理人员和其他直接责任人员以及保荐人、承销的证券公司及其直接责任人员,应当与发行人承担连带赔偿责任,但是能够证明自己没有过错的除外——可见,信息披露违法不但要受到严厉的行政处罚,还要承担民事赔偿责任,另外还会受到失信惩戒约束,涉嫌犯罪的还将移送司法机关追究刑事责任。

1. 披露量的界限(披露主体)

(1) 增持股份(持股5%~30%)。

① 增持股份5%~20%(不含)情形。

未成为第一大股东或实际控制人:简式权益变动报告书。

成为第一大股东或实际控制人:详式权益变动报告书。

② 增持股份20%~30%(含)情形。

未成为第一大股东:详式权益变动报告书。

成为第一大股东:详式权益变动报告书+财务顾问核查。

(2) 减持股份(持股 5% 以上)。

依据:《上市公司收购管理办法》第十六条、第十七条。

2. 披露内容

(1) 简式权益变动报告书:投资者及一致行动人名称、住所;持股目的,未来 12 个月是否继续增持;上市公司的名称、股票种类、数量和比例;在上市公司中拥有权益的股份达到或者超过上市公司已发行股份的 5% 或者拥有权益的股份增减变化达到 5% 的时间及方式;权益变动发生事实之日前 6 个月内通过二级市场买卖公司股票的情况;证监会、交易所要求披露的其他内容。

(2) 详式权益变动报告书:除披露简式权益变动报告书必备内容外,还要披露:投资者及其一致行动人的控股股东、实际控制人及其股权控制关系结构图;取得相关股份的价格、所需资金额、资金来源,或者其他支付安排;投资者、一致行动人及其控股股东、实际控制人所从事的业务与上市公司的业务是否存在同业竞争或者潜在的同业竞争,是否存在持续关联交易,若存在,是否作出避免同业竞争和保持上市公司独立性的相应安排;未来 12 个月内对上市公司资产、业务、人员、组织结构、公司章程等进行调整的后续计划;前 24 个月内投资者及其一致行动人与上市公司之间的重大交易;不存在禁止收购的情形。

依据:《上市公司收购管理办法》第十六条、第十七条。

3. 披露要求

(1) 二级市场举牌收购:持有上市公司的股权比例达到 5%、10%、15%、20%、25% 等(5% 的整数倍);达到 5% 时,事实发生之日起 3 日内报告监管部门、公告、通知上市公司;在此期间停止买入,未披露前也不得继续增持,不得卖出;持股达到 5% 后,通过二级市场每增加/减少 5% 时 3 日内报告、公告,在该事实发生之日起至公告后 3 日内,不得再行买卖该上市公司股票,但中国证监会规定的情形除外。

依据:《上市公司收购管理办法》第十三条。

(2) 协议转让:持有上市公司股权比例达到或超过 5%、10%、15%、20%、25% 等(5% 的整数倍);持股达到或超过 5% 时,事实发生之日(达成协议日 T)起 3 日内(T+3)报告监管部门、公告、通知上市公司;在此期间停止买入,未披露前也不得继续增持,不得卖出;持股达 5% 后,增加/减少达到或超过 5% 时的,应当依照前款规定履行报告、公告义务。

依据:《上市公司收购管理办法》第十四条。

三、收购方式

1. 要约收购

要点:以要约方式进行上市公司收购的,收购人应当公平对待被收购公司的所有股东。

要约价格遵循孰高原则:①收购人前 6 个月支付的最高价;②公告日前 30 个交易日均价;③不挂钩,财务顾问把关,陈述理由。

要约期限:30~60 日,有竞争要约的除外。

要约收购最低比例:5%。

要约收购支付手段：现金、证券、现金与证券结合等多种方式。其中：以退市为目的的全面要约和证监会强制全面要约，必须采用现金方式；以证券为支付手段的，应当提供现金供选择。

履约保证：①现金支付：20％保证金；②上市证券支付：全部保管；③非上市证券支付：需提供现金选择。

换股收购：收购人提供该证券发行人近3年审计报告和证券估值报告。

允许有条件要约：允许收购人发出有条件要约，在取得批准或达到约定条件后，收购人再履行要约。

要约撤销：公告要约收购报告书前，撤销要约的，12个月内不得再收购同一公司；要约收购期间，不得撤销要约。

增减股份限制：要约期间，不得采取要约以外方式或超过要约条件增持，也不得减持。

要约条件变更：要约期届满前15日内不得变更，但出现竞争要约除外。

保证退市时收购人与剩余小股东权利义务的平衡：可以要求收购人在要约收购报告书中明确收购完成的具体时间；在此时点前，小股东有权将剩余股份按要约价格出售给收购人。

对不履约或虚假要约收购人严惩：3年内不得收购上市公司，证监会不受理其申报文件，并追究未尽勤勉尽责义务财务顾问的法律责任。

要约收购报告书内容：收购人的姓名、住所，与控股股东、实际控制人之间的股权控制关系结构图；收购人收购的决定及收购目的，是否拟在未来12个月内继续增持；上市公司的名称、收购股份的种类；预定收购股份的数量及比例；收购价格；收购所需资金额、资金来源及资金保证或其他支付安排；收购要约约定的条件；收购期限；报送收购报告书时持股数量、比例；本次收购对上市公司影响分析，包括同业竞争及关联交易等问题；未来12个月内对上市公司资产、业务、人员、组织结构、公司章程等进行调整的后续计划；前6个月内通过二级市场买卖公司股票的情况；全面要约的，需充分披露终止上市的风险，终止上市后收购行为完成的时间及仍持有上市公司股份的股东出售剩余股票的其他后续安排；证监会要求披露的其他内容。

要约收购流程如图5-7、图5-8所示。

依据：《上市公司收购管理办法》第三章。

2. 协议收购

协议收购是目前资本市场上最常见的上市公司收购方式，与要约收购相比，现行法规有一些特别规定。原控股股东对收购人的主体资格、收购意图、诚信情况有调查了解义务；原控股股东未清欠解保的，不得转让。

按照《上市公司收购管理办法》(2020年3月修订)规定，收购人拟通过协议方式收购一个上市公司且符合办法第六章规定情形的，收购人可以免于发出要约，应当在与上市公司股东达成收购协议之日起3日内编制上市公司收购报告书，通知被收购公司，并公告上市公司收购报告书摘要。

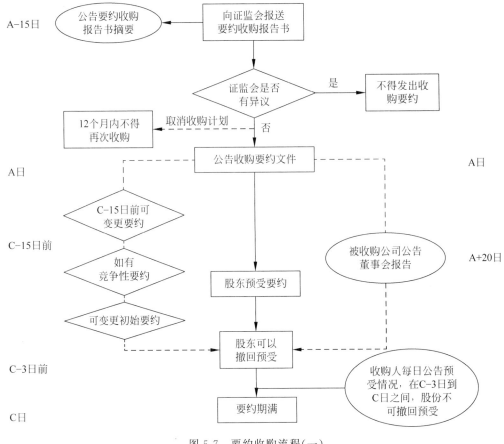

图 5-7 要约收购流程（一）

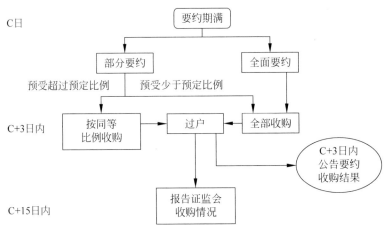

图 5-8 要约收购流程（二）

收购人应当在收购报告书摘要公告后 5 日内，公告其收购报告书、财务顾问专业意见和律师出具的法律意见书；不符合办法第六章规定的情形的，应当予以公告，并按照办法第六十一条第二款的规定办理。

3. 间接收购

间接收购是指通过协议安排,以间接控制、支配表决权等方式来实现对上市公司的控制。间接收购与直接收购的披露原则和法定义务一致;通过间接方式可支配表决权的股份达到或超过5%但未超过30%的,按照前述权益披露规定履行报告、公告义务;超过30%的,按照有关协议收购的规定履行法定义务。

依据:《上市公司收购管理办法》第四章、第五章。

4. 免除发给要约

免于发出要约的类型:免于以要约方式增持股份,继续以原来的方式增持股份,如协议受让、二级市场收购等;免于向所有股东发出要约,因存在主体资格、股份种类限制,仅向部分股东发出要约;未免于发出要约的,接到通知之日起30日内,发出全面要约,或者减持至30%及以下。

按照《上市公司收购管理办法》(2020年3月修订)第六十二条规定,有下列情形之一的,收购人可以免于以要约方式增持股份:

(1) 收购人与出让人能够证明本次股份转让是在同一实际控制人控制的不同主体之间进行,未导致上市公司的实际控制人发生变化;

(2) 上市公司面临严重财务困难,收购人提出的挽救公司的重组方案取得该公司股东大会批准,且收购人承诺3年内不转让其在该公司中所拥有的权益;

(3) 中国证监会为适应证券市场发展变化和保护投资者合法权益的需要而认定的其他情形。

免于发出要约可直接增持的11种情况如图5-9所示。

图5-9 免于发出要约可直接增持的11种情况

依据:《上市公司收购管理办法》第六章。

四、重大资产重组

重大资产重组,是指上市公司(含子公司)在日常经营活动之外购买、出售资产或者通过其他方式进行资产交易达到规定的比例,导致上市公司的主营业务、资产、收入发生重大变化的资产交易行为。上市公司重大资产重组是一个宽泛的概念,包括上市公司的重大资产购买、出售、置换及与他人新设企业等行为。

上市公司发行股份购买资产是当前最重要、运用最广泛的重组方式之一,除应符合重大资产重组的一般规定外,还要符合其他特别规定,满足以下要求。

符合国家产业政策和有关环境保护、土地管理、反垄断等法律法规规定;不会导致上市公司不符合股票上市条件;所涉资产定价公允,不存在损害上市公司和股东合法权益的情形;所涉资产权属清晰,资产过户或者转移不存在法律障碍,债权债务处理合法;有利于上市公司增强持续经营能力,不存在可能导致上市公司重组后主要资产为现金或者无具体经营业务的情形;有利于上市公司在业务、资产、财务、人员、机构等方面与实际控制人及其关联人保持独立,符合中国证监会关于上市公司独立性的相关规定;有利于上市公司形成或者保持健全有效的法人治理结构。

1. 触发标准

重大资产重组触发标准如表 5-2 所示。

表 5-2 重大资产重组触发标准

触发标准	具体内容
资产总额标准	购买、出售的资产总额占上市公司最近一个会计年度经审计的合并财务会计报告期末资产总额的比例达到 50% 以上
营业收入标准	购买、出售的资产在最近一个会计年度所产生的营业收入占上市公司同期经审计的合并财务会计报告营业收入的比例达到 50% 以上
资产净额标准	购买、出售的资产净额占上市公司最近一个会计年度经审计的合并财务会计报告期末净资产额的比例达到 50% 以上,且超过 5 000 万元人民币
审慎监管标准	购买、出售资产未达到前款规定标准,但中国证监会发现存在可能损害上市公司或者投资者合法权益的重大问题的,可以根据审慎监管原则责令上市公司按照《上市公司重大资产重组管理办法》的规定补充披露相关信息、暂停交易并报送申请文件

2. 股权资产交易计算原则

股权资产交易计算原则如图 5-10 所示。

3. 非股权资产交易计算原则

非股权资产交易计算原则如图 5-11 所示。

4. 流程

重大资产重组流程如表 5-3、表 5-4、图 5-12 所示。

股权资产交易计算原则	控股权		参股权	
	购买	出售	购买	出售
资产总额	资产总额与成交金额较高者	资产总额为准	资产总额×股权比例与成交金额较高者	资产总额×股权比例
营业收入	营业收入为准	营业收入为准	营业收入×股权比例	营业收入×股权比例
资产净额	净资产额与成交金额较高者	净资产额为准	净资产额×股权比例与成交金额较高者	净资产额×股权比例

图 5-10 股权资产交易计算原则

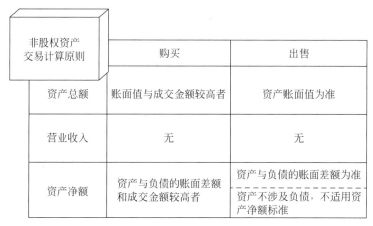

非股权资产交易计算原则	购买	出售
资产总额	账面值与成交金额较高者	资产账面值为准
营业收入	无	无
资产净额	资产与负债的账面差额和成交金额较高者	资产与负债的账面差额为准 资产不涉及负债,不适用资产净额标准

图 5-11 非股权资产交易计算原则

表 5-3 重大资产重组流程(一)

重组程序	特 别 规 定
初步磋商	交易双方应当采取保密措施,若董事会公告前,相关信息已泄露,上市公司董事会应立即公告相关事项
首次董事会	1. 首次董事会当日或前一日,上市公司应与交易对方签订附条件生效的交易合同; 2. 首次董事会前,相关资产尚未审计、评估等,董事会决议披露同时公告重组预案
再次董事会	上市公司在相关审计、评估、盈利预测审核完成后再次召开董事会,同时披露董事会决议、独董意见、重组报告书、法律意见书、拟购资产盈利预测报告、上市公司盈利预测报告,并于 6 个月内发出召开股东大会的通知
股东大会	1. 股东大会 2/3 以上表决权通过; 2. 实行回避表决

第五章 上市公司的并购与重组

表 5-4 重大资产重组流程(二)

重组程序	特别规定
申报	股东大会决议公告后 3 个工作日内,委托独立财务顾问申报
反馈意见	证监会审核期间提出反馈意见,上市公司应当在 30 日内提供回复意见,逾期未提供的,应公告进展情况及未能按期提交回复意见的具体原因
方案调整或终止	1. 方案调整:重新提交股东大会审议,重新报送申请材料; 2. 方案终止或撤回:应说明原因并提交股东大会审议; 3. 首次董事会决议公告后,非因充分理由,撤销、中止或对重组方案作出实质性变更的,应当承担法律责任
重组委审核	达到标准,提交重组委审核
审核结果	1. 证监会作出审核结果的次一工作日予以公告; 2. 予以核准的,补充披露相关文件; 3. 证监会依照法定条件和法定程序对重大资产重组申请作出予以核准或者不予核准的决定,依据《中华人民共和国行政许可法》,审核期限为 20 个工作日
实施阶段	1. 证监会核准重大资产重组申请的,上市公司应当立即实施,并于实施后 3 日内报送实施情况报告书; 2. 收到核准文件 60 日内,重组未实施完毕的,应于期满后次一工作日将实施进展情况报告并公告,此后每 30 日公告一次,直至实施完毕; 3. 核准文件有效期 12 个月

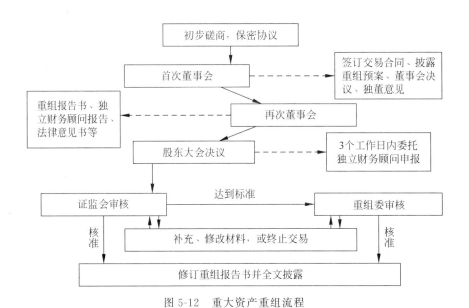

图 5-12 重大资产重组流程

5. 应当提交重组委审核的资产重组

借壳上市,上市公司购买的资产对应的经营实体持续经营时间应当在 3 年以上,最近两年净利润均为正数且累计超过人民币 2 000 万元;上市公司定向增发向特定对象购买资产;上市公司出售资产的总额和购买资产的总额占其最近一个会计年度经审计的合并财务会计报告期末资产总额的比例均达到 70% 以上;上市公司出售全部经营性资产,同时购买其他资产。

6. 上市公司可以申请提交重组委审核的内容

上市公司购买的资产为完整经营实体且业绩需要模拟计算的；上市公司对中国证监会有关职能部门提出的反馈意见表示异议的。

7. 信息管理

重大资产重组最敏感的问题就是内幕交易问题，为防范内幕交易，现行法规设计了以下制度：及时停牌，按期公告；禁止内幕交易；交易进程备忘制度。

8. 停牌及公告

上市公司申请股票停牌的条件：上市公司获悉股价敏感信息；上市公司预计筹划中的重大资产重组事项难以保密或已经泄密；在重组委工作会议期间和停牌期间，上市公司有公告义务，至少每周发布一次事件进展公告。

9. 禁止内幕交易

承担保密义务的主体：上市公司及其董监高人员；重组交易对方及其关联方；交易对方及其关联方的董监高人员（主要负责人）；交易各方聘请的中介机构及其从业人员；参与重组筹划、论证、决策、审批等环节的机构及人员。

10. 交易进程备忘录

备忘录记载内容：重大资产重组筹划过程中每一具体环节的进展情况，包括商议相关方案，形成相关意向，签署相关协议或意向书的具体时间、地点、参与机构和人员，商议和决议的相关内容等。

11. 相关人员签字确认

参与每一具体环节的所有人员均应当在备忘录上签名确认。

12. 审核重点关注点

资产重组是资产证券化过程中发生的交易行为，交易能否成功的关键在于资产定价的公允性，这也是重大资产重组的审核重点。

审核的视角：①定价方法的科学性；②定价依据的合理性；③定价机制的市场化。

审核的立足点：中小股东的利益是否得到充分保护。其主要表现在：①置入上市公司的资产是否高估；②置出上市公司的资产是否低估。

审核的主要方式：①相关决策程序是否合法、合规；②相关信息披露是否充分、完整。

对于资产评估增值率较高的情形，采取强化约束机制，加强对资产评估的后续监管，主要指：采取收益现值法、假设开发法等基于未来收益预期的估值方法作为定价参考依据的，重组实施完成后3年年报中单独披露实际盈利与预测盈利差异比较，会计师出具专项审核意见。

交易对方应与上市公司就相关资产实际盈利不足预测盈利签署明确可行的补偿协议，补偿方式和补偿期限如下。

（1）补偿一般采取补偿股份的方式进行，计算公式为：（截至当期期末累积预测净利润数－截至当期期末累积实际净利润数）×认购股份总数÷补偿期限内各年的预测净利润数总和－已补偿股份数量。

(2) 业绩补偿期限一般为重组实施完毕后的3年,对于标的资产作价较账面值溢价过高的,视情况延长业绩补偿期限。

第三节　上市公司并购重组的财务整合

一、企业并购会计处理的方法

(一) 上市公司并购重组会计处理方法

企业并购会计处理方法一般有权益结合法、购买法和新开始法三种。

1. 权益结合法

会计实务中最早采用的是权益结合法,即将规模大小相当的公司资产、负债和股东权益联合起来组成一个单一的、更大的经济实体,把企业并购作为各个合并方经济资源以及相关风险和收益的联合,不要求对被购买方的资产进行重新估价。因此,在计量基础的选择上,以原账面价值入账,不确认商誉。参与合并公司的留存收益在合并日进行合并反映在合并公司的财务报表中,对所有合并公司的收益进行汇总作为合并收益对外报告,并不考虑合并发生的年度,从而有时会产生"瞬时利润"(instant profit)。

2. 购买法

购买法是要求所有权发生变化,即一家公司被视为买方,另一家公司则被视为卖方,因而采用了常规的资产购置的会计处理程序,注重合并完成日资产、负债的实际价值,对被合并企业的资产需要按公允价值进行重估,购买成本与净资产公允价值之间的差额确认为商誉。在合并日,只有购买方的留存收益反映到合并财务报表中。合并报表中的企业利润仅包括购买方的利润以及合并日后被购买方所实现的利润。

3. 新开始法

新开始法是合并双方没有一个继续存在,而从合并中产生一个新的实体,各合并方的资产、负债都要按改组日的公允价值进行重估。由于是建立一个新主体,不可能在开始日出现留存收益,所以合并日不考虑合并公司的留存收益。新开始法目前仅是理论上的探讨,实务中主要运用的是权益结合法与购买法。

从以上分析可知,在其他条件不变的情况下,采用权益结合法一般比采用购买法和新开始法报告的合并当年收益及留存收益余额要高,使合并企业的财务报表比较好看,也给企业经营者进行盈余管理提供了较大空间。因此,作为主合并方管理当局一般倾向于选择权益结合法对企业并购进行会计处理。

(二) 权益结合法的优缺点

新开始法、购买法在我国实际操作中尚不具备完善的环境,从我国的现实情况来看,权益结合法在一定范围内具有其合理性,因此,一般情况下上市公司并购重组都采取权益结合法。

1. 权益结合法在我国实际运用中的优点

(1) 权益结合法操作简便,会计处理相对简单,降低了会计核算的工作量和难度,在我国会计人员整体素质较低的情况下不失为可行之法。

(2) 我国目前尚未出台确定可辨认资产公允价值的规定,购买法的应用在一定程度上受到影响。

(3) 由于现代企业制度尚不健全,审计处于发展阶段,因此目前我国存在会计信息严重失真的情况。权益结合法以历史成本为基础,增强了会计信息的可靠性,有助于缓解会计信息失真的局面。

2. 权益结合法在我国实际运用中的缺点

(1) 权益结合法名不符实。权益结合法的反对者认为,一般情况下,如果企业并购涉及双(多)方之间的资产与权益之间或权益与权益之间交换,原则上不存在"权益结合"的概念。而且合并中谈判的主体是参与企业的管理者而非股东,合并企业的股东在企业并购前后因频繁的股票交易而不断更替,权益结合法与事实不符,且没有反映合并谈判中讨价还价的交易结果。

(2) 合并会计方法的选择决定合并企业的价值。从理论上讲,商誉费用(包括商誉摊销费用和商誉的减值费用)是一种非现金费用,合并企业采用权益结合法时,其合并后的会计利润通常高于购买法的会计利润,但只要所得税不受影响,二者并不导致现金流量的差异。因此在有效市场下,合并会计方法的选择不影响合并企业的价值。但是即使美国的证券市场,也没有达到强式有效。而实际表明采用权益结合法的企业比采用购买法的企业具有权益估价优势,而作为财务报告的使用者,很难辨别不同的合并会计方法所产生的会计差异,这样就使权益结合法的使用对经济资源的配置产生了负面的影响。

(3) 权益结合法减少了主并企业股东的财富。由于权益结合法能带来较高的会计利润,在证券市场没有达到强式有效的情况下,并购企业的管理者为了提高自己的经营业绩,会与被并企业的管理层合作,支付比成本法更高的购买溢价,从而减少了并购企业股东的财富。

二、上市公司并购重组的税务处理

税收是企业在并购重组的决策及实施中不可忽视的重要规划对象。有些企业甚至将获得税务优惠列为并购重组行为的直接动机之一。不论企业的并购重组行为出于何种主要动机,合理的税务筹划都可以降低企业并购重组的成本,实现并购重组的最大效益。并购重组过程涉及的可以进行筹划的主要税种有消费税、增值税、所得税等。

对于企业来说,并购重组是采用股权交易还是采用资产交易,其税负有很大不同。在股权转让税费承担中,承担者是股权转让方和股权受让方,股权转让方须缴纳所得税、印花税;股权受让方须缴纳印花税(非上市公司股权出让)。在资产转让税费承担中,承担者是资产转让方和资产受让方。资产转让方须缴纳所得税、土地增值税、印花税、增值税;资产受让方须缴纳契税、印花税。由此可见,通过股权转让的方式实施并购重组,可以极大地减轻税负。

(一)并购重组中出资方式的选择与税务问题

在进行现金购买资产式并购重组、现金购买股票式并购重组时,目标企业股东在收到以红利形式发放的现金时需要缴纳所得税,因而无法取得免税或递延纳税的优惠。股票换取资产式并购重组、股票换取股票式并购重组这两种方式对目标企业股东而言,在并购重组过程中,不需要立刻确认其因交换取得并购重组企业股票所获得的资本利得,即使日后出售这些股票也只需要就资本利得缴纳所得税,达到延迟纳税的效果。我国税法规定只对现金红利征收所得税,对资本利得不征所得税,目标企业股东可以完全免税。

(二)选择并购重组所需资金融资方式环节的税务筹划

各国税法一般都规定,企业因负债(主要指金融机构的借款)而产生的利息费用可以抵减当期利润,从而减少企业应纳税所得额。因此并购重组企业在进行并购重组所需资金的融资规划时,可以结合企业本身的财务杠杆程度,通过负债融资的方式筹集并购重组所需资金,提高整体负债水平,以获得更大的利息避税效应。

(三)选择并购重组会计处理方法环节的税务筹划

对企业并购重组行为,各国会计准则一般都规定了两种不同的会计处理方法:权益结合法与购买法。我国会计准则对此尚未作出具体规定,因此企业可以根据自己的具体情况作出不同选择。从税收的角度来看,购买法可以起到减轻税负的作用。这是由于各国会计准则规定企业的资产负债表反映其资产的历史成本,税法也要求固定资产折旧的计提以账面价值所反映的历史成本为依据。即使资产的市场价值高于账面价值,折旧的计提依据依然不变。在发生并购重组行为后,反映购买价格的购买法会计处理使并购重组企业的资产基础增加,能以市场价值为依据计提折旧,从而可产生更大的折旧避税额,减轻了所得税税负。

(四)并购重组中重点税种的税务处理

1. 企业所得税的税务处理

根据《财政部 国家税务总局关于企业重组业务企业所得税处理若干问题的通知》(财税〔2009〕59号)和《企业重组业务企业所得税管理办法》(国家税务总局公告2010年第4号)的规定,资产收购应区分一般性税务处理和特殊性税务处理。

在一般性税务处理中,转让方应确认股权、资产转让所得或损失。收购方取得股权或资产的计税应以公允价值为基础确定。实践中,大多以资产评估机构出具的资产评估结果作为依据。资产收购满足以下条件的,适用特殊性税务处理规定:第一,具有合理的商业目的且不以减少、免除或者推迟缴纳税款为主要目的;第二,资产收购中受让企业收购的资产不低于转让企业全部资产的75%;第三,企业重组后的连续12个月内不改变重组资产原来的实质性经营活动;第四,受让企业在该资产收购发生时的股权支付金额不低于其交易支付总额的85%;第五,企业重组中取得股权支付的原主要股东,在重组后连续

12个月内,不得转让所取得的股权。其具体政策要点如表5-5所示。

表5-5 并购重组中企业所得税处理的政策要点

政 策 公 告	细 节 要 点
2009年财税59号文 2014年财税109号文	特殊性税务处理: 债务重组确认的应纳税所得额占该企业当年应纳税所得额50%以上,可以在5个纳税年度均匀计入; 收购企业/受让企业购买的股权/资产不低于被收购企业/转让企业全部股权/全部资产的50%,收购企业/受让企业在该股权/资产收购发生时的股权支付金额不低于其交易支付总额的85%,将不再确认各方转让所得
2014年财税116号文	居民企业以非货币性资产对外投资确认的非货币性资产转让所得,可在不超过5年期限内,分期均匀计入相应年度的应纳税所得额,按规定计算缴纳企业所得税
2014年财税109号文 2015年税总第40号公告	对100%直接控制的居民企业之间,以及受同一或相同多家居民企业100%直接控制的居民企业之间按账面净值划转股权或资产,凡具有合理商业目的不以减少、免除或者推迟缴纳税款为主要目的,股权或资产划转后连续12个月内不改变被划转股权或资产原来实质性经营活动,且划出方企业和划入方企业均未在会计上确认损益的,可以采用特殊性税务处理

做特殊性税务处理时,转让企业取得受让企业股权的计税基础以被转让资产的原有计税基础确定;受让企业取得转让企业资产的计税基础,以被转让资产的原有计税基础确定。也就是说,转让企业取得的股权支付部分暂时不确认转让所得或损失,但交易总额中的非股权支付额仍要计算转让所得或损失。

2. 增值税的税务处理

对资产重组的转让方来说,《中华人民共和国增值税暂行条例》第一条规定,在中华人民共和国境内销售货物或者加工、修理修配劳务,销售服务、无形资产、不动产以及进口货物的单位和个人,为增值税的纳税义务人。《中华人民共和国增值税暂行条例实施细则》第二条规定,增值税暂行条例第一条所称货物,是指有形动产。因此,在资产收购中,转让方将存货、固定资产转让给受让方,无论换取受让方货币资产或非货币性资产,都要视同销售货物的行为,计算缴纳增值税,转让方向受让方开具增值税发票。

对资产重组的受让方来说,如果转让方转让资产,换取受让方的支付对价形式是非货币性资产,则受让方对该非货币性资产中涉及的存货、固定资产,也要视同销售货物的行为,计算缴纳增值税。

在增值税处理上也有特殊事项,按《国家税务总局关于纳税人资产重组有关增值税问题的公告》(国家税务总局公告2011年第13号)规定,将全部或部分实物资产以及相关联的债权、债务和劳动力一并转让给其他单位和个人,不属于增值税的征税范围,其中涉及的货物转让,不征收增值税。从上述规定看,如果转让方转让的资产不仅仅是资产本身,还包括与资产相关联的债权、债务和劳动力,此时企业出售的是业务组合,不是资产组合,不属于增值税的征税范围,不征增值税,转让方不开具发票,受让方按评估报告和转让协议确认资产入账价值。

（五）其他并购重组避税方略

（1）选择同一行业内生产同类商品的企业作为目标企业即横向并购,这种并购可以消除竞争、扩大市场份额、形成规模效应。从税收角度来看,由于并购后企业经营的行业不变,横向并购一般不改变并购企业的纳税税种与纳税环节。

（2）选择与供应商或下游企业的合并即纵向并购,可以增加或减少流转税的纳税环节。

并购重组行为能否成功完成,除成本因素外还受其他众多内外因素影响。而并购重组行为是否最终成功,关键在于并购重组后对目标企业的整合与战略重组。税负的减少只是理财手段之一,要与企业其他理财措施结合使用,才能发挥对企业整体的积极作用。

第四节 上市公司并购重组新规解读

2019年12月28日,第十三届全国人大常委会第十五次会议审议通过了修订后的《证券法》,自2020年3月1日起施行。为做好新《证券法》的贯彻落实工作,2020年3月20日,中国证监会发布了《关于修改部分证券期货规章的决定》(第166号令),集中"打包"修改证券期货规章、规范性文件,对13部规章、29部规范性文件的部分条款予以修改。本次修改是中国证监会继前期集中废止18部规范性文件后,对有关规章、规范性文件进行修改完善的又一重要举措。

2020年3月20日,根据中国证券监督管理委员会令第166号,对《上市公司收购管理办法》(以下简称《收购办法》)再次进行了修订。

一、《收购办法》修订的背景和主要变化

《收购办法》在A股上市公司收购和上市公司股东权益变动履行程序与信息披露方面一直起着至关重要的作用。《收购办法》自2006年9月1日施行,分别于2008年、2012年和2014年进行了修订。鉴于新《证券法》对第四章"上市公司的收购"进行了完善,2020年3月20日,中国证监会对《收购办法》进行了配套调整,进一步完善对持股5%及以上股东持股变动的监管要求,细化对持股变动信息的披露要求,明确对免除要约收购义务的监管安排,强化事中事后监管机制。

本次修订的主要变化如下。

（一）明确要约收购豁免行政许可取消后的监管安排

本次新《证券法》针对上市公司收购的最大调整为取消了要约收购义务豁免的行政许可审批,本次《收购办法》同步调整了向中国证监会申请要约豁免的相关表述,尤其是原第六章"豁免申请"的相关内容。

（二）增加持股5%及以上股东的持股变动达到1%时的信息披露要求

投资者及其一致行动人拥有权益的股份达到一个上市公司已发行股份的5%后，其拥有权益的股份占该上市公司已发行股份的比例每增加或者减少1%，应当在该事实发生的次日通知该上市公司，并予公告。

但是，需要注意的是，新《证券法》将股东权益变动界定为"持有一个上市公司已发行的有表决权股份"达到相应的比例，而本次《收购办法》的修订并未严格按照新《证券法》进行调整或者予以明确，使得对于新《证券法》的该等界定仍然留有歧义。

（三）明确超比例增持的股份在一定期限内不得行使表决权

通过证券交易所的证券交易，投资者及其一致行动人拥有权益的股份达到一个上市公司已发行股份的5%，以及在此之后通过证券交易所的证券交易导致拥有权益的股份比例每增加或者减少5%，投资人均应当履行信息披露义务并遵守限制交易规定。违反前述要求的，在买入后的36个月内，对超比例买入的股份不得行使表决权。

（四）简式权益变动报告书增加披露要求

投资者及其一致行动人不是上市公司的第一大股东或者实际控制人，其拥有权益的股份达到或者超过该公司已发行股份的5%但未达到20%的，应当编制简式权益变动报告书。本次修订后，简式权益变动报告书应当披露增持资金的来源以及在上市公司中拥有权益的股份变动的时间及方式。

（五）延长上市公司收购中收购人所持股份的锁定期

在上市公司收购中，收购人持有的被收购公司的股份，在收购完成后的锁定期由12个月延长至18个月。

二、其他有关上市公司并购重组新规梳理及解读

2017年9月21日和2018年11月15日，中国证监会发布了《公开发行证券的公司信息披露内容与格式准则第26号——上市公司重大资产重组（2017年修订）》《公开发行证券的公司信息披露内容与格式准则第26号——上市公司重大资产重组（2018年修订）》。

2019年5月10日，深交所发布了《深圳证券交易所上市公司信息披露指引第3号——重大资产重组》。

2019年8月23日，为落实科创板上市公司并购重组注册制试点改革要求，建立高效的并购重组制度，规范科创公司并购重组行为，证监会发布了《科创板上市公司重大资产重组特别规定》。

2019年10月18日，证监会发布《〈上市公司重大资产重组管理办法〉第十四条、第四十四条的适用意见——证券期货法律适用意见第12号》及《上市公司重大资产重组管理办法》(2019年修正)（以下简称《重组办法》）。此次《重组办法》的颁布，是证监会继2016年6月之后对并购重组规则的又一次重大修改。当时，由于投机"炒壳"现象泛滥，证监

会修改了重组规则,通过全链条严格执行规则,借重组上市"炒壳""囤壳"之风得到明显抑制。这次修改后的《重组办法》实施后,不再以净利润指标来认定重组上市标准;"累计首次原则"从60个月缩减至36个月;允许符合国家战略的高新技术产业和战略性新兴产业相关资产在创业板重组上市;恢复重组上市配套融资;明确重大资产重组的交易对方作出业绩补偿承诺的,应当严格履行补偿义务。修改内容主要包括以下关键点。

第一,取消重组上市认定标准中的净利润指标。在2016年6月修改后的并购重组规则执行中,多方意见反映,以净利润指标作为衡量重组上市的认定标准,一方面,亏损公司注入任何盈利资产均可能构成重组上市,不利于推动以市场化方式"挽救"公司、维护投资者权益。另一方面,微利公司注入规模相对不大、盈利能力较强的资产,也极易触及净利润指标,不利于公司提高质量。鉴此,为强化监管法规适应性,发挥并购重组功能,本次修改删除净利润指标,支持上市公司资源整合和产业升级,加快质量提升速度。

第二,进一步缩短"累计首次原则"计算期间至36个月。2016年,证监会修改《重组办法》时,将按"累计首次原则"计算是否构成重组上市的期间从"无限期"缩短至60个月。此次修改考虑到累计期过长不利于引导收购人及其关联人控制公司后加快注入优质资产。特别是对于参与股票质押纾困获得控制权的新控股股东、实际控制人,60个月的累计期难以满足其资产整合需求。因此,本次修改统筹市场需求与证监会抑制"炒壳"、遏制监管套利的一贯要求,将累计期限减至36个月。

第三,推进创业板重组上市改革。考虑创业板市场定位和防范二级市场炒作等因素,2013年11月,证监会发布《关于在借壳上市审核中严格执行首次公开发行股票上市标准的通知》,禁止创业板公司实施重组上市。经过多年发展,创业板公司情况发生了分化,市场各方不断提出允许创业板公司重组上市的意见建议。经研究,为支持科技创新企业发展,本次修改参考创业板开板时的产业定位,允许符合国家战略的高新技术产业和战略性新兴产业相关资产在创业板重组上市。同时明确规定,非前述资产不得在创业板重组上市。

第四,恢复重组上市配套融资。为抑制投机和滥用融资便利,现行《重组办法》取消了重组上市的配套融资,但为多渠道支持上市公司置入资产改善现金流、发挥协同效应,重点引导社会资金向具有自主创新能力的高科技企业聚集,本次修改结合当前市场环境,以及融资、减持监管体系日益完善的情况,取消前述限制。

第五,加强重组业绩承诺监管,重大资产重组的交易对方作出业绩补偿承诺的,应当严格履行补偿义务。超期未履行或违反业绩补偿承诺的,可以对其采取相应监管措施,从监管谈话直至认定为不适当人选。

第六,简化信息披露要求。《重组办法》简化了借壳上市的信息披露要求,上市公司只需选择在一种报刊上进行披露即可。这一修订简化了信息披露程序,节省了上市公司的运作成本,也适应了互联网时代背景下信息披露方式的革新。

2019年11月29日,上交所发布《上海证券交易所科创板上市公司重大资产重组审核规则》,从科创公司实施并购重组应当符合的标准与条件,重组信息披露要求及重组参与各方信息披露义务,重组审核的内容、方式及程序,以及重组持续督导职责等方面,对科创板并购重组审核进行了全面规定。

2019年12月20日,上交所修订发布《上市公司重大资产重组信息披露业务指引》,提高了并购重组规则的适应性和包容度,进一步支持上市公司通过并购重组突破主业瓶颈、提升质量。

2020年3月20日,证监会发布《上市公司重大资产重组管理办法》(2020年修正),是与新《证券法》的修订相衔接,主要涉及并购重组、信息披露、证券交易所管理、行政许可事项取消、证券基金经营机构监管、证券服务机构监管、监管执法措施、诚信监管等制度中的相应条款。本次《上市公司重大资产重组管理办法》修正主要是为适应新《证券法》,对2019年10月18日修正的部分条款做了相应修改,本次修正的主要条款如下。

(1) 根据新《证券法》的规定,删除"非公开发行"相关表述,不再区分公开与非公开的要求,增加"存托凭证"相关表述。

(2) 增加并单独列出信息披露要求中上市公司控股股东、实际控制人的责任,上市公司控股股东、实际控制人组织、指使违规信息披露或者隐瞒相关事项导致信披违规的,依照《证券法》第一百九十七条予以处罚;情节严重的,可以责令暂停或者终止重组活动,并可以对有关责任人员采取市场禁入的措施;涉嫌犯罪的,依法移送司法机关追究刑事责任。增加上市公司发行股份购买资产隐瞒重要事实或者编造重大虚假内容或上市公司的控股股东、实际控制人组织、指使从事前述违法行为的,按《证券法》第一百八十一条予以处罚。

(3) 删除对中介机构人员"责令参加培训"的监管措施。

(4) 将"科创板"表述修改为"证券交易所相关板块"。

2020年6月12日,深交所发布《深圳证券交易所创业板上市公司重大资产重组审核规则》,明确创业板上市公司并购重组注册制的规则,由交易所对申报材料进行审核,通过后报请证监会注册,证监会收到交易所报送的审核意见等相关文件后,在5个工作日内对上市公司注册申请作出予以注册或者不予注册的决定。

2020年7月31日,证监会将涉及上市公司日常监管及并购重组审核的监管问答进行清理、整合,发布了《〈上市公司重大资产重组管理办法〉第二十八条、第四十五条的适用意见——证券期货法律适用意见第15号》,对不符合《证券法》等上位法精神以及与上位法规定重复的内容予以废止;对明确相关规章适用的问答进行合并,以证券期货法律适用意见发布,包括重组方案重大调整、发行价格调整机制等内容;对涉及同类问题的各项问答整理合并,对不适应市场发展、监管导向更新的问答做相应修改,完善体例、统一编号、优化结构、科学分类,以监管规则适用指引发布,包括募集配套资金、业绩补偿承诺及奖励、内幕交易核查要求、分类审核安排等16项内容。

2020年9月11日,上交所发布《上海证券交易所上市公司自律监管规则适用指引第1号——重大资产重组》,整合吸纳了交易所层面与并购重组相关的8项信披规则,优化体例结构、简化信息披露要求,进一步为上市公司并购重组信息披露提供便利,降低信息披露成本,提高并购重组效率。

本 章 小 结

本章首先对我国上市公司并购重组所涉及的主要问题进行了概述,介绍了上市公司并购重组的目的、类型、特点、问题及发展趋势,接着根据新《证券法》等新法律和新规,系统介绍了上市公司并购实务,又从财务角度分析了企业并购重组的会计处理和税务处理等财务整合问题,最后系统解读了近年来并购重组新规,使读者对上市公司并购重组的法律法规和实务操作有一个全面系统的认识和掌握。

复习思考题

1. 公司上市后为什么还要进行并购和资产重组?
2. 上市公司开展并购活动如何进行财务整合?
3. 上市公司开展并购活动如何规范操作,有效规避并购风险?
4. 上市公司并购新规有哪些新特点?新规对未来企业并购发展有哪些影响?

美的并购小天鹅,构建完整家电版图

作为家电行业的领军企业,美的集团股份有限公司(以下简称"美的集团")的成长之路是一部波澜壮阔的并购史,美的集团成立以来,多次通过并购的路径,整合国内外优秀企业的业务线,并配合着自主创新,成就了当今强大的综合性家电生产商。在竞争压力越来越大的家电行业,如何进一步减轻公司的同业竞争压力,美的集团选择了自己熟悉且快捷的方式:并购重组。从2007年参股小天鹅到2018年公告停牌筹划重大资产重组,这场并购长跑历时10年终于迎来终点。

一、背景介绍

美的集团成立于1968年,前身为广东美的电器股份有限公司(美的电器),是一家全球领先的电器制造商公司。其初期业务为电风扇生产,在1980年后正式进军家电制造行业。1985年,美的正式进入空调行业,也是当时国内最早生产空调的企业之一,积极推动了国内空调产业的发展。1992年开始,公司与日本东芝、三洋、意大利梅洛尼等知名企业开展合资合作,开启了企业产品线拓宽之路。2002年开始,为了获得更大发展,公司积极推进收购兼并与合资合作,借力外部快速拓宽市场,并加大国内外布局,加速全球化发展。2013年公司正式上市,美的集团以"产品领先,效率驱动,全球经营"为主轴全面战略转型升级并多元化布局。2016年先后收购库卡、Clivet、东芝白电等著名国际公司,为主业版图再下新城。目前,公司主营业务以家电产业为主,涉足电机、物流等领域,旗下拥有四大业务板块:大家电、小家电、电机及物流。美的集团参控股公司如图5-13所示。美的产品线扩张历程如图5-14所示。

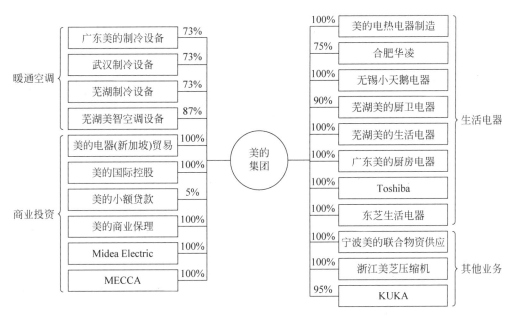

图 5-13 美的集团参控股公司

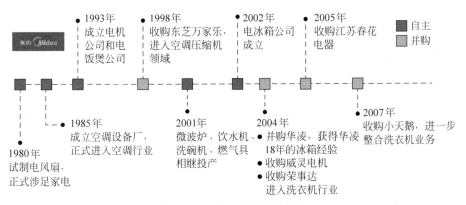

图 5-14 美的产品线扩张历程
资料来源：招商证券

早在 2003 年，美的集团就有意进军洗衣机行业，进一步完善多元化体系。而成立于 1958 年的老牌洗衣机公司小天鹅，对美的来说是很好的并购标的。1978 年，小天鹅研制出了全国第一台全自动洗衣机，开启了国内洗衣机的自动化时代，并逐步发展为全球第三大洗衣机制造商。小天鹅凭借过硬的技术和卓越的品质，一度在国内洗衣机行业牢牢占据冠军王座。"全心全意小天鹅"响彻大江南北，并于 1997 年成功上市。然而，由于战略决策失误，21 世纪初，小天鹅陷入经营状况不佳的被动局面。积极拓展产品线并属意洗衣机行业的美的集团看到了机会，于 2007 年开始采取行动，揭开了这场并购的序幕。

二、美的并购小天鹅动因

美的集团和小天鹅都是家电行业的优质企业,美的集团自 2007 年以来便参股小天鹅,且小天鹅的洗衣机产品线及其口碑与技术能力卓越,收购完全符合美的集团一直以来的多元化战略。2018 年公告重组并购前,美的集团已经直接及间接持有小天鹅 52.67% 的股权,本次私有化小天鹅,美的主要出发点可能有三个方面。

首先,为了避免同业竞争,消除关联交易。自从参股小天鹅后,美的和小天鹅虽然迄今为止尚未出现实质性同业竞争,但不排除未来业务出现交叉的可能性,且双方关联交易持续增加引发市场关注(图 5-15)。为避免在法律法规及监管上出现问题,选择并购重组私有化小天鹅对美的集团来说是一个更好的选择。

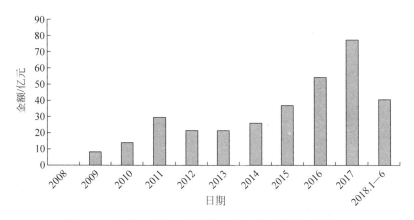

图 5-15 自美的成为小天鹅股东后二者的关联交易金额
资料来源:公司公告、招商证券

其次,旗下拥有多品牌的美的集团,设有四大业务板块、10 个事业部。虽然品牌种类繁多,集团疆土开阔,但如何在市场上将旗下品牌效用发挥到最大,品牌间协同效应高效利用,是集团做大做强必须要考虑的问题。截至 2018 年,美的系洗衣机的份额已经从 15% 提升至 29%,与海尔形成双寡头局面,共占据市场份额 60% 左右(图 5-16)。行业整体已经进入存量竞争时代,主要依靠转型升级而非新增市场份额形成高增速。洗衣机历年销量及同比增速如图 5-17 所示。当规模扩张不再有效、产品升级成为主流时,对企业的品牌推广、渠道利用、产品研发实力等软实力提出了更高的要求。要在这场战役中胜利,美的私有化小天鹅、促进集团洗衣机产品线的转型升级是明智之举。如图 5-16、图 5-17 所示。

最后,考虑到成本因素,在市场低迷阶段进行交易可以节省大量交易费用。鉴于 2018 年宏观经济增速放缓,海外不确定因素增加,家电板块也深度调整,股价下行,美的集团股价下跌幅度 30% 以上,小天鹅 A 股下跌幅度超过 35%。抓住市场调整的机遇,全面私有化小天鹅,美的选择了良好的并购时机。

三、并购的流程

2007 年,美的通过境外全资子公司 TITONI 在二级市场购入小天鹅 1 800 万 B 股,

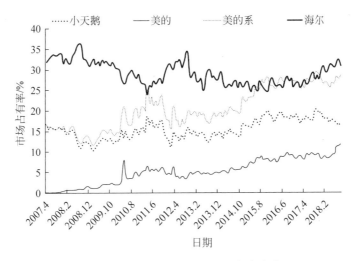

图 5-16 美的系、海尔洗衣机历年市占率

资料来源：Wind、招商证券

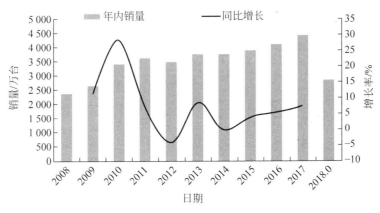

图 5-17 洗衣机历年销量及同比增速

资料来源：Wind、招商证券

初步持有小天鹅企业 4.93% 的股权，成功参股。2008 年，美的以 16.8 亿元收购了小天鹅大股东无锡国联持有的小天鹅 24.01% 的股权，成为小天鹅最大的股东，加上通过境外子公司间接持有的股份，美的集团拥有小天鹅近 30% 的股份。如图 5-18 所示。

2010 年，美的电器决定将合肥荣事达洗衣设备制造有限公司（荣事达）并入小天鹅，一方面解决内部同业竞争问题，实现双品牌的良性发展；另一方面通过本次交易进一步加强对小天鹅的控制。并购完成后，小天鹅股权情况如图 5-19 所示。

在 2011 年至 2012 年间，美的电器通过深圳证券交易所证券交易系统累计增持了小天鹅股份共计 631.955 6 万股，占公司总股比例的 1%，增持后美的电器持股比例增长至 35.2%，直接及间接累计持股达 40.08%。

2014 年 6 月，美的集团联同 TITONI 对小天鹅 A 股及 B 股股票实施部分要约收购，

第五章 上市公司的并购与重组

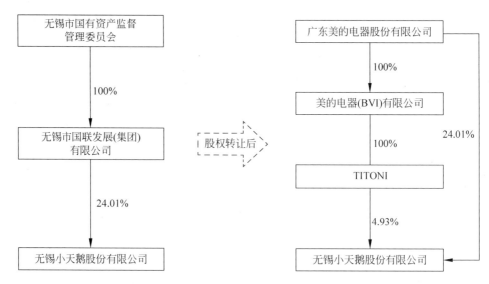

图 5-18　2008 年美的并购小天鹅后股权情况

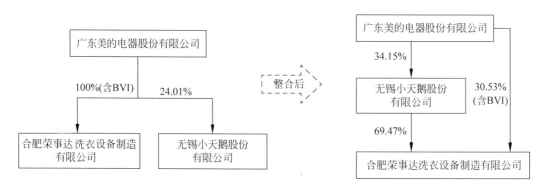

图 5-19　2010 年美的并购小天鹅后股权情况

截至要约收购期限届满之日,小天鹅 A 股有 180 户以其持有的 16 286 546 股股份接受收购人发出的收购要约,小天鹅 B 股有 26 户以其持有的 63 353 228 股股份接受收购人发出的收购要约,收购完成后,美的集团直接和间接持有小天鹅总股本的 52.67%(图 5-20)。在正式吸收合并前,美的公司就取得了对小天鹅的绝对控制权。

2018 年 9 月 9 日,美的集团和小天鹅同时发布公告,正式宣布美的正在筹划重大资产重组,并于 9 月 10 日停牌。在停牌前美的和小天鹅市值分别为 2 670.64 亿元和 294.11 亿元,合计近 3 000 亿元。

2018 年 10 月 23 日,美的集团拟以发行 A 股方式,换股吸收合并小天鹅,即美的集团向小天鹅除美的集团及 TITONI 外所有换股股东发行股票,交换该等股东所持有的小天鹅 A 股股票及小天鹅 B 股股票。相应股票将在本次换股吸收合并后予以注销。按照美的集团换股价格,美的集团与小天鹅 A 股的换股比例为 1∶1.211 0,即每股小天鹅 A 股股票可以换得 1.211 0 股美的集团股票;美的集团与小天鹅 B 股的换股比例为 1∶1.000 7,即

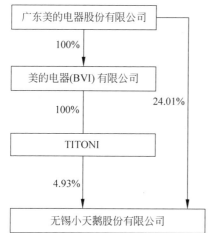
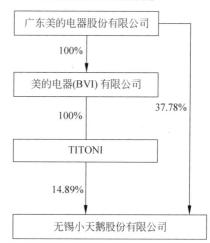

图 5-20　2008 年与 2014 年美的直接及间接持股比对比图

每股小天鹅 B 股股票可以换得 1.000 7 股美的集团股票。本次换股吸收合并购买资产的成交金额为 143.83 亿元。

2019 年 2 月 20 日,本次换股吸收合并事项获证监会的无条件通过,小天鹅 A、B 股成功完成退市摘牌。

2019 年 6 月 18 日,美的发布了公司发行 A 股股份换股吸收合并无锡小天鹅股份有限公司暨关联交易实施情况暨新增股份上市公告书,意味着美的集团持续推进了 8 个月的换股合并小天鹅事项彻底完结。

美的收购小天鹅历史进程回顾如图 5-21 所示。

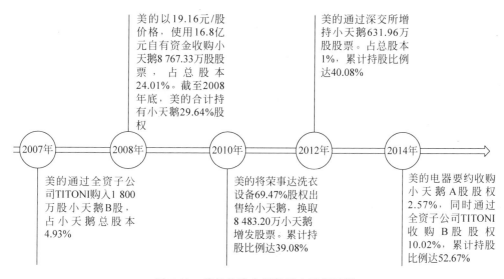

图 5-21　美的收购小天鹅历史进程回顾

四、并购的方案

2019年4月25日晚间,美的集团发布公告称,经中国证监会核准,正式启动发行A股股份换购吸收无锡小天鹅。

美的作为此次换股吸收合并的吸并方和换股实施方,将通过证券转换方式对投资者持有的小天鹅A股、小天鹅B股股份进行换股。在完成证券转换后,美的在深圳证券交易所申请新增股份上市交易。

【案例评析】

美的集团通过五个阶段的并购最终将小天鹅纳入囊中,对于美的集团来说,并购小天鹅是解决同业竞争问题的有效方式,也是企业多元化发展战略的重要环节。小天鹅先进的研发技术和成熟的生产线,有利于美的集团在洗衣机行业的综合竞争力的提升;美的集团丰富的平台资源,为小天鹅扩大市场份额提供了有效的保障。未来,美的将进一步发挥内部协同效应,使"美的小天鹅"越飞越高。

(该案例为本书第三次修改出版新编写的案例,作者为石建勋、郑雨柔)

【案例讨论题】

1. 美的2018年宣布并购重组时,选择的是哪种并购方案?
2. 美的为什么选择在2018年并购吸收小天鹅?
3. 美的出于什么目的并购小天鹅?

乐视上市后的多元化并购重组之殇

即 测 即 练

第六章 跨国并购

跨国并购是企业国内并购的延伸,是跨越国界的兼并与收购活动。20世纪50年代以来,跨国公司迅猛发展,成为国际贸易和国际投资的主要承担者与微观载体。跨国公司通过对外直接投资控制着许多国家的经济活动,通过内部的经营活动,将不同国家和地区的生产资源进行调拨,实现低成本的优化配置。通常,跨国公司打开他国市场或控制他国企业的主要方式有绿地投资和褐地投资两种。绿地投资就是直接投资创建独资或合资企业;褐地投资则是直接投资并购企业,即跨国并购。本章将重点介绍跨国并购的相关理论知识和中国企业跨国并购的实践。

第一节 跨国并购理论与发展

一、跨国并购的定义和分类

对跨国兼并和收购最权威的定义当属联合国贸易和发展会议(UNCTAD)有关文献的界定:"在跨国兼并中,原来分属两个不同国家的两家企业的资产与经营被结合成一个新的法人实体。在跨国收购中,资产和经营控制权从当地企业转移到外国公司,前者成为后者的子公司。"

1. 跨国并购的定义

通常,跨国并购是跨国兼并和跨国收购的总称,是指一国企业(又称并购企业)为了达到某种目标,通过一定的渠道和支付手段,将另一国企业(又称被并购企业)的所有资产或足以行使运营活动的股份收买下来,从而对另一国企业的经营管理实施实际的或完全的控制行为。跨国公司的国际并购一般涉及两个或两个以上国家的企业、两个或两个以上国家的市场和两个或两个以上政府控制下的法律制度,其中"一国跨国性企业"是并购发出企业或并购企业,"另一国企业"是他国被并购企业,也称目标企业。而所谓的"渠道",包括并购的跨国性企业直接向目标企业投资和通过目标国所在地的子公司进行并购两种形式,这里的"支付手段"包括支付现金、从金融机构贷款、以股换股和发行债券等形式。而跨国公司的国内并购是指某一跨国性企业在其国内以某种形式并购本国企业。

20世纪90年代以来,发达国家企业的并购规模日益增大,并购金额连创新高,诞生了许多超大型跨国公司。如1998年德国的戴姆勒-奔驰公司和美国的克莱斯勒公司合并,成立了戴姆勒-克莱斯勒汽车公司。新公司的市场资本额在世界汽车业中名列第二。又如1999年1月15日,英国沃达丰移动电话公司宣布与美国空中火炬公司合并,成立沃达丰空中火炬公司,新公司成为世界最大的移动电话公司。21世纪以来,跨国并购已经成为企业扩大经营规模、迅速打开他国市场或控制他国企业所采用的主要手段。据统计,过去10年中,跨国并购交易约占全球外商直接投资流入的75%,在发达国家,这一比例甚至更高。根据联合国贸易和发展会议发布的2002年《世界投资报告》对10亿美元以上的大宗跨国并购案的统计,世界跨国并购活动以英国、法国、美国、德国、瑞士、荷兰和加拿大7个国家为主。特别是排在前四位国家的大宗并购额超过2 000亿美元,其流出量共计12 612亿美元,约占总额的73.8%。其中,尤为突出的是英国,其大宗并购额约占总流出量的36.2%。如果加上西欧各国的并购额,那么在2002年,并购额共计8 267亿美元,占大宗并购总额的95.4%。从上述这些国家和地区流出的金额为8 381亿美元,占世界流出总额的96.8%。其中,流入美国的并购交易额高达2 554亿美元,德国为2 339亿美元,英国为1 400亿美元。

根据联合国贸易和发展会议的定义,跨国并购具体包括两种形式:一是跨国收购,即外国企业收购当地企业或国外子公司10%以上的股权,将其控制权转移到自己手中;二是跨国兼并,当地企业与外国企业的资产和业务合并后建立一家新实体或现有的企业。这种合并可分为法定合并和平等合并,在前种情况下,只有一家公司继续存在,成为新成立的公司,承担起不再是法人实体的另一家公司的全部债务。跨国并购的结构如图6-1所示。

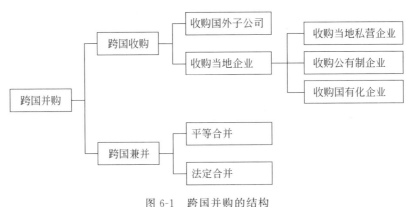

图6-1 跨国并购的结构

资料来源:UNCTAD投资报告(2000)

需要注意的是,由于跨国并购发生在两个及两个以上不同主权国家之间,为了保护本国利益或出自产业安全、经济安全和国家安全考虑,各国对外国投资并购境内企业在并购领域、比例及程序上加以种种规定。

从中国现有的规定来看,当并购目标是外商投资企业时,无须通过审批程序,但并购资产若是享受过进口设备减免税收优惠待遇并仍在海关监管年限内的机器设备,则应根据相关规定,首先获得海关的许可且补缴关税后才能进行资产转移。当并购目标是境内国有企业时,资产收购价格一般需经过审计和政府批准。当目标公司为上市公司时,这一重大资产变动应按照《上市公司重大资产重组管理办法》的规定上报证监会批准。

在并购控股方面,我国政府相关条例规定,凡不允许外商独资经营的产业,并购不得导致外国投资者持有全部股权;须由中方控股或相对控股的企业,并购后仍由中方占据股权控制优势;禁止外国投资者经营的产业,外国投资者不得并购该产业内的企业。

在反垄断审查方面,规定当外国投资者并购境内企业出现并购一方当事人当年在中国市场营业额超过15亿元人民币或1年内并购国内关联行业的企业超过10个,或在中国的市场占有率已经达到20%,或并购导致其在中国的市场占有率达到25%时,该投资者就应向商务部和国家市场监督管理总局报告。在虽未达到上述条件,但应国内相关部门和行业协会的请求,商务部或国家市场监督管理总局认为外国投资者并购涉及市场份额巨大,或者存在其他严重影响市场竞争等重要因素的,也可以要求外国投资者作出报告。

2. 跨国并购的分类

企业的跨国并购一般有跨国兼并和跨国收购两种方式。但就并购形式而言,从不同角度有不同的分类。从方式上可分为直接并购和间接并购,从并购动机上可分为调整型跨国并购和战略型跨国并购。但是,通常谈到的跨国并购类型主要是横向跨国并购、纵向跨国并购和混合跨国并购,这是按并购领域分类的。

按跨国并购双方的行业关系,跨国并购可以分为横向跨国并购、纵向跨国并购和混合跨国并购。横向跨国并购是指两个以上国家生产或销售相同或相似产品的企业之间的并购。其目的是扩大世界市场的份额,增加企业的国际竞争力,直至获得世界垄断地位,以攫取高额垄断利润。在横向跨国并购中,由于并购双方有相同的行业背景和经历,所以比较容易实现并购整合。横向跨国并购是跨国并购中经常采用的形式。纵向跨国并购是指两个以上国家生产同一或相似产品但又处于不同生产阶段的企业之间的并购。其目的通常是稳定和扩大原材料的供应来源或产品的销售渠道,从而减少竞争对手的原材料供应或产品的销售。并购双方一般是原材料供应者或产品购买者,所以对彼此的生产状况比较熟悉,并购后容易整合。混合跨国并购是指两个以上国家处于不同行业的企业之间的并购。其目的是实现全球发展战略和多元化经营战略,减少单一行业经营的风险,增强企业在世界市场上的整体竞争实力。

自20世纪90年代以来,跨国并购形式变得越来越复杂,跨国并购后的企业国籍变得难以识别。通常,跨国并购可分为七种类型:①X国国内企业并购X国外国子公司;②X国国内企业并购Y国国内企业;③X国国内企业并购Y国外国企业;④X国的外国子公司并购X国的国内企业;⑤X国的外国子公司并购X国的另一家外国子公司;⑥X国的外国子公司并购Y国国内企业;⑦X国的外国子公司并购Y国的外国子公司。

二、跨国并购相关理论

跨国并购理论是国际贸易理论、经济学以及企业国际商务理论中最重要的课题之一,随着组织经济理论、福利经济学、企业行为理论、信息经济学、博弈论的发展而得到很大进步。20世纪七八十年代以来,跨国并购理论发展迅速,成为经济学界最活跃的领域之一。跨国并购随着全球经济一体化而产生,众多学者自20世纪80年代以来从各个不同的角度对跨国并购的动机、效应和整合等方面进行了探索,形成了多种理论。本节重点阐述在跨国并购方面形成的交易费用、产业组织、企业成长以及效率规模等理论。

1. 交易费用理论

交易费用理论是整个现代产权理论大厦的基础。1937年,著名经济学家罗纳德·科斯在《企业的性质》一文中首次提出交易费用理论,该理论认为,企业和市场是两种可以相互替代的资源配置机制,由于存在有限理性、机会主义、不确定性与小数目条件,市场交易费用高昂,为节约交易费用,企业作为代替市场的新型交易形式应运而生。交易费用决定了企业的存在,企业采取不同的组织方式最终目的也是节约交易费用。他指出:市场和企业是两种不同的组织劳动分工的方式(两种不同的"交易"方式),企业产生的原因是企业组织劳动分工的交易费用低于市场组织劳动分工的费用。一方面,企业作为一种交易形式,可以把若干个生产要素的所有者和产品的所有者组成一个单位参加市场交易,从而减少了交易者的数目和交易中的摩擦,降低了交易成本;另一方面,在企业之内,市场交易被取消,随着市场交易的复杂结构被企业家所替代,企业家指挥生产,因此,企业替代了市场。由此可见,无论是企业内部交易还是市场交易,都存在不同的交易费用;而企业替代市场,是因为通过企业交易而形成的交易费用比通过市场交易而形成的交易费用低。所谓交易费用,是指企业用于寻找交易对象、订立合同、执行交易、洽谈交易、监督交易等方面的费用与支出,主要由搜索成本、谈判成本、签约成本与监督成本构成。企业运用收购、兼并、重组等资本运营方式,可以将市场内部化,消除由于市场的不确定性所带来的风险,从而降低交易费用。

Hennartt和Park最早运用交易费用理论来分析跨国公司并购选择。他们指出,当跨国公司具有技术优势、管理优势时,并购投资会增加交易成本,从而不利于并购进入;但是如果跨国公司的扩张是在非相关行业,并购可以减少投资风险,降低交易费用。Horn和Persson则从贸易成本的角度分析跨国并购的进入方式。当贸易成本较低时,跨国公司的出口贸易使东道国市场竞争激烈,国内企业在购买并购资产竞价中的竞争力被削弱,外国企业购买国内资产可能实现;当高关税使得贸易成本较高时,国内并购使国内企业获得垄断租金,从而愿意支付较高的价格,使外国企业购买国内资产的成本提高,抑制外资并购的发生。

2. 产业组织理论

产业组织出现在20世纪初现代制造业企业兴起后,早期学者将"产业"和"制造业"等同,把产业视为生产同一或相似产品的企业集合。马歇尔最早提出了产业组织的概念。在他看来,产业和生物组织体一样,是一个随着组织体中各部分的机能分化(企业内的分工和社会分工)和组织各部分之间紧密联系和联合(企业的兼并和准兼并)的社会组织体。他以分工和协作作为产业组织理论的基础讨论了产业组织中的内部经济与外部经济,工厂规模和经济规模。产业组织理论认为,企业的最低有效生产规模、核心技术和政府对产业进入的限制,都可能对企业的行业进入形成产业壁垒。而企业通过对行业内企业的并购,获得其生产能力和技术,可以降低或消除其产业壁垒,规避政策限制,从而实现有效进入。

在国际市场上,跨国公司面临更高的产业壁垒,这是因为跨国公司不熟悉东道国市场,以及国际市场竞争更加激烈。从政策上讲,东道国的产业政策对外资进入有更多的限制,构成了更高的产业进入政策壁垒。由此,在国际市场上,产业壁垒对跨国并购的影响更大。如电信、石油等行业,即使是实力雄厚的大型跨国公司也难以通过新建方式进入东道国市场,而只能采取并购投资。可见,产业组织理论已经从产业层次上提出了产业壁垒对跨国并购产生影响的观点。

3. 企业成长理论

Penrose基于资源这一生产要素提出企业成长理论,认为企业成长不仅要依靠劳动分工,而且企业内部资源的整合和协调对企业的成长至关重要。这集中体现在企业的人力资源中,因为依靠企业经理人员的能力、知识和管理经验,就可以更有效地利用企业内部资源,产生更高的组织效率。企业成长理论将人力资源看作影响跨国公司并购扩张的最重要因素,并认为当企业扩张不再具有人力资源优势时,就只能通过并购获得目标公司的人力资源来实现成长。收购一家现有的企业而不是选择内部成长的动机可能是从外部寻求战略性资产,这样更有利于企业的成长。所谓战略性资产,是指企业通过在规模经济、范围经济、设施和系统效率及品牌资产方面投资积累起来的资源,这些所有权资产或多或少地带有东道国的某些本土化特征,如当地的供应链和分销网络。企业为达到实现国际成长的目标,就必须在这些资产的获取上占有时间优势,所以跨国并购是最佳的战略选择。跨国并购可以增加收购方在相关行业资产的控制能力,提高企业的生产能力,促进企业的成长。

4. 效率规模理论

效率规模理论认为企业并购后经济效益随着资产经营规模的扩大而得到提高。该理论假说在行业中存在规模经济和范围经济,在公司合并之前,公司的经营活动达不到实现规模经济的潜在要求,但是通过并购可以实现这一规模。就微观而言,跨国并购的动机是多元化的,体现在投机型动机、经济型动机和战略型动机上。跨国并购的目的是规模经济。跨国并购将具有不同最佳有效规模的中间产品或生产过程分布到不同区域生产,就会带来生产节约以使交易效率提高。当各个不同的跨国公司都将某种不同产品和工序集中于某一特定区域时,产业集聚形成,而产业集聚又使产业内贸易规模扩大,由此产业内贸易和跨国公司并购是并存的经济现象。因此,跨国公司的全球战略、对技术能源和市场的寻求、对规模和效率的追求以及经济全球化、金融自由国际化以及东道国经济发展,众多因素一起促成了跨国并购的发生。

三、跨国并购的优势

近几十年来,跨国并购越来越成为国际直接投资的首选,跨国并购的浪潮一浪高过一浪。这种情况和跨国并购本身的优势密不可分。具体来说,跨国并购有如下优势。

1. 迅速进入他国市场并扩大其市场份额

一国企业进入他国市场,通常采用两种方式:第一种是直接向他国出口产品。由于跨国运输的高昂运费和他国关税壁垒的阻碍,企业产品的价格变得非常高,从而在他国市场丧失了价格竞争力。第二种是在他国建厂,也就是所谓的"绿地投资"。但是这种方式耗费的时间比较长,从选择厂址、修建厂房、购买和安装生产设备、招聘并培训管理人员和其他员工,一直到安排企业的原材料供应和产品的销售,这些都要耗费相当的时间和精力。由于国际市场变化很快,当新厂建设完成时,原来建厂所依据的市场情况已经发生了很大的变化。但是,并购可以使一国企业以最快的速度进入他国市场并扩大市场份额。

2. 有效利用目标企业的各种现有资源

目标企业在东道国一般都有比较成熟和丰富的资源,具体说来包括以下内容:①成熟完善的销售网络;②既有的专利权、专有技术、商标权、商誉等无形资产;③稳定的原材料供应保障体系;④成型的管理制度和既有的人力资源;⑤成熟的客户关系网。这些资源的存在可以使并购方绕开初入他国市场的困难,迅速投入生产,完善和开拓销售渠道,扩大市场份额,减少竞争压力。这些都是其他跨国投资方式难以获得的。

3. 充分享有对外直接投资的融资便利

一国企业向他国投资常常需要融资。与"绿地投资"相比,并购可以比较容易地获得融资。具体来说,跨国并购完成后,并购方可以通过以下途径获得资金:①用目标企业的实有资产和未来收益做抵押,通过发行债券获得融资;②用目标企业的实有资产和未来收益做抵押,直接从金融机构获得贷款;③并购方通过与被并购方互相交换股票的方式控制目标企业,从而避免现金支付的压力。

4. 可以廉价购买资产或股权

跨国并购常常能够用比较低的价格获得他国企业的资产或股权。这主要有三种情况:第一种是目标企业低估了自己某项资产的价值,而并购方对该项资产却有真实的认识,这样,并购方就能以较低的价格获得他国企业的资产;第二种是并购方利用对方的困境,低价收购亏损或不景气的企业;第三种是在目标企业股票暴跌的时候收购其股票。

5. 其他优势

跨国并购还可以有效降低进入新行业的壁垒,大幅降低企业发展的风险和成本,充分利用经验曲线效应,获得科学技术上的竞争优势等。

四、当今世界跨国并购的特点

与以往的跨国并购相比,21世纪初以来的跨国并购主要有如下特点。

1. 跨国并购行为日益趋向全球化

跨国并购以美国企业和英国企业为火车头,拉动了其他发达国家,更可观的是过去从不过问此行动的发展中国家的一些企业也加入并购的行列。从这个新的发展趋势来看,发展中国家向发达国家"逆向并购"的规模正在不断扩大,而且并购领域也正在逐渐从传统行业向历来是发达国家天下的高技术含量、高附加值行业渗透。这说明在商品经济价值规律的作用下,发展中国家某个部门或某个企业只要在资金、管理和技术等方面具有局部的或个别的相对优势,也有可能到国外去投资参与并购。

2. 新兴经济体国家跨国并购日趋活跃

20世纪,跨国并购舞台上的主角还是美国、欧洲和日本的企业,21世纪初以来,新兴经济体国家的公司已经崛起为跨国并购的生力军。普华永道发布的一份报告显示,2008

年至 2012 年间,中国、印度、俄罗斯、巴西和部分中东海湾国家共"投下"1 610 亿美元,用于收购美、英、德、澳、日、加等国企业,相比后者收购前者企业的逆向资金总额高出 100 亿美元。在当今世界经济和资本天平上,新兴经济体集群已是沉甸甸的"金砖"。从经济基础看,截止到 2018 年年底,金砖五国的经济总量合计约为 20.23 万亿美元,约为全球的 23.58%,基本和美、欧等量齐观。2016 年,金砖五国对外投资将近 2 000 亿美元,占全球投资总量的 12%。从资本实力看,来自美国财政部的数据显示,截至 2012 年,中国、俄罗斯、印度、巴西、南非的美国国债持有总余额近 17 万亿美元,全球占比约三成。普华永道的数据显示,2012 年新兴经济体收购发达经济体企业的总投入为 326 亿美元,是 2005 年的 3 倍。这一趋势有望持续,并不断改变全球资本流动的格局。

强劲的宏观经济和充沛的资金供给,带来的是企业利润的增长和经营扩张的动力,表明新兴经济体驱动的"全球化"已经展开。波士顿咨询公司以"全球挑战者"为新兴经济体跨国公司冠名。它们观察到,与 2008 年金融危机前相比,这些新锐完成的交易数量减少,但规模扩大,并且旨在建立全球领导地位。来自中国的企业尤其引人注目,其海外并购交易额从危机前两年的 70 亿美元增至危机爆发后两年的 300 亿美元,近两年依然在 230 亿美元左右的高水平。另外,新兴经济体跨国企业和欧美老牌跨国企业之间的合作关系,从过去侧重对资源、品牌、市场、技术以及低成本的利用,转向更多携手合作,共同开发新产品,进行技术交流(而非技术转让),并打入新市场。合作关系的转变正在改变游戏规则。

3. 全球跨国并购经历了由升到降的过程,逆全球化导致跨国并购规模几乎减半

跨国并购市场资本雄厚、金额庞大。2000 年全球跨国并购市场总额创历史新高,为 12 230 亿美元,比 1999 年 8 010 亿美元增长 53%,占 2000 年外国直接投资总额的 88%。此后,全球跨国并购市场规模不断扩大,2018 年,全球已宣布并购交易总额约 3.55 万亿美元,同比增长 6.39%,如图 6-2 所示。

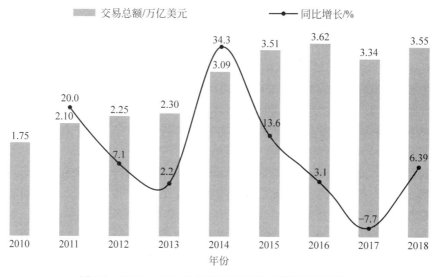

图 6-2 2010—2018 年全球并购市场交易总额及增长率

资料来源:PitchBook 前瞻产业研究院整理

2019年,由于受美国发动的全球贸易战影响,全球整体经济增长动能疲弱,广泛的贸易摩擦不确定性等下行风险加剧,2019年全球海外直接投资(FDI)流量仍未从连续3年的下滑中复苏,总体规模基本与2018年持平。2019年全球跨国并购规模总计4 900亿美元,同比大幅下跌近40%,为2014年以来新低。跨国并购额萎缩最严重的是服务业,同比降低56%至2 070亿美元,其次是制造业,下降19%至2 490亿美元,初级部门下降14%至340亿美元;从行业细分来看,金融和保险业、化工行业的并购活动颓势最为明显。

此外,大型并购项目的减少也是并购总额大幅萎缩的重要原因。2019年,50亿美元以上的超大型并购项目由2018年的39个减至30个。以美国公司作为并购目标的交易仍是全球并购活动的主要构成部分,特朗普政府的保护主义政策一定程度上阻碍了外国公司对美国标的企业的收购。同期,全球各经济体国内并购交易总额降幅为14%,远低于跨境交易降幅,延续了过去几年跨境扩张相对不受企业实体青睐的趋势。作为主要目的地的经济体增长动能疲弱降低了其市场吸引力,以美国、欧盟为首的经济体加紧对并购投资的审查与限制,同时,美国与多个国家的贸易争端、英国脱欧等重大风险,均打击了企业进行国际扩张的积极性。当然,目前非股权模式的国际生产增速超越了海外直接投资增速,特许权使用费、许可费等无形资产在跨国投资中愈发广泛地被运用,也是跨国并购活动减少的一大原因。

4. 跨国并购涉及领域更加广阔,新兴产业并购活跃

跨国公司的并购不仅发生在新兴产业之间及新兴产业与传统产业之间,而且在汽车、钢铁、金融服务、航空运输、石油、航空航天设备等市场集中度本来就很高的技术资本密集领域,也接二连三地发生了跨国公司并购,尤其是在电信行业的并购行为最为积极,2000年占全球并购活动的1/3。在跨国并购的大潮中,新经济型优势企业及时利用其资本市场上暂时的高市盈率,用高溢价格或以互换股权的方式并购那些市场价值低估的但素质优良的传统企业,以实现优势互补和寻求更好的盈利模式。例如,美国在线与时代-华纳的并购交易案金额高达1 400多亿美元。

为了争夺市场的份额,一些新兴产业如电子、信息、网络和通信等高新技术领域,以及其配套服务行业正在不断地发动并购大战,仅信息业和电子业的并购市场总额就从1999年的440亿美元提高到2000年的1 160亿美元,增长了近2倍。在新兴产业,技术创新和进步对企业起着至关重要的作用,而高新技术的研究与开发不仅投资费用高、资金回收周期长,而且使用生命周期短,企业要想迅速占领技术制高点,在竞争中立于不败之地,就必须解决以上难题。而通过跨国并购,企业能够迅速有效和安全地运用收购来的最新技术,这样既节省了高昂的研发或交易成本,又克服了中间产品市场不完全的缺陷。

例如,思科公司就是通过不断并购技术创新型企业,在短短的10年时间之内,逐步从一个名不见经传的小企业发展成为全球最大的互联网设备供应商的。1993年至2000年间,思科公司共并购了71家处于成长阶段的小企业,仅2000年一年就并购了23家企业。

5. 战略性并购占有绝对优势,恶意并购减少

与20世纪中期的大量恶意并购行为不同,90年代以来的跨国并购主要是企业出自长远发展的考虑,并购协议也是经过当事人双方谨慎选择、长时间接触、耐心协商之后达成的。因此,恶意并购案件明显减少。由于战略性并购是一种理性并购行为,虽然给产业、市场等各方面带来较强的震动,但却是一种双赢的交易,不会像恶意并购那样,造成两败俱伤的结果。

6. 从并购方式看,股本互换已成为并购特别是大型并购普遍采用的融资方式

通过股本互换实现跨国并购是金融服务贸易自由化的产物。20 世纪 80 年代曾流行一时的以大量发行垃圾债券为特征、以追求短期内股东利益最大化为目标的杠杆收购,给企业长期发展带来了严重的不良后果。这些不良后果在 20 世纪 90 年代完全暴露出来,不少企业由于难以承受沉重的债务负担而走向衰退,甚至破产倒闭。因而,在 20 世纪 90 年代,人们更乐于接受以股票互换作为并购的交易方式。换股方式对于并购企业来说,既可以解决企业筹资难的问题,又可以避免由于债务过多、利息负担过重而对企业财务状况造成的不良影响。对于被并购企业来说,换股交易可以避免现金交易造成的纳税问题,又可以分享新企业继续成长的好处,还可以享受股市走强带来的股价上涨的收益。因而,换股并购成为 20 世纪 90 年代企业并购的潮流。

7. 中介机构在跨国并购中发挥了重大作用

在跨国并购中,中介机构功不可没,特别是投资银行起了重要支持和推动作用。根据汤姆森证券数据公司的资料,1999 年高盛、摩根士丹利和美林参与顾问的全球兼并与收购交易总值均超过 1 万亿美元。这些投资银行为了保持自己在业界的霸主地位,不遗余力,积极参与各大并购,从而成为 21 世纪跨国并购的一大推动力。

8. 全球并购市场或将出现一定程度的降温

展望未来,由于各国企业进行并购的意愿下降,全球并购市场或将出现降温,其背后的原因主要包括政治因素、监管因素、经济因素等。

从政治因素来看,贸易保护主义抬头是未来 12 个月影响收购战略的最重要的地缘政治因素之一,其次是美国与传统盟友的紧张关系。另外,英国脱欧预计也将影响企业在欧洲的并购计划。

从监管因素来看,监管环境的挑战也是影响并购的主要因素,具体包括反垄断法规、税收相关法律和国家安全审查等。目前,反垄断规则正在全球范围内收紧,如美国采取各种严格的政策限制外国公司。同时,全球各国政府正在采取更严格的方法来审查潜在威胁其国家安全的海外并购交易,特别是涉及技术时。

从经济因素来看,中美贸易摩擦的加剧,严重破坏经济全球化背景下所形成的高效的全球供应链、产业链和技术创新生态,进而对全球经济增长、理性的世界经济分工格局以及全球迎接新工业革命等都会产生不良后果。而全球宏观经济的波动可能会延误整合的发展,并购市场将出现一定程度的疲软,但周期性复苏将在未来再次显现。

五、跨国并购的法律风险及识别

跨国并购的好处明显,但企业跨国并购中面临的法律风险与国内并购不可同日而语,企业需要充分认识和识别这些法律风险。跨国并购所涉法律关系复杂,涉及的法律可能有公司法、证券法、反垄断法、劳动法、社会保障法、知识产权法、环境保护法、银行法、外汇管理法、会计法等。首先,跨国并购直接受到不同国家或经济体的公司法、证券法和反垄断法这三类部门法规范:公司法对企业并购的规制注重于出资人(股东)、债权人和职工权益的保护,要求公司在并购时对债权人履行告知义务和偿债担保义务;证券法对企业并购的规制侧重于信息披露、正当程序和被收购方的公正待遇等;反垄断法对企业并购的规制则是强调在保护市场竞争的同时,促进企业并购的发展,要求企业合并不要对市场竞争造成实质性减少或创设、强化市场支配地位。其次,跨国并购大量涉及环境保护法、知识产权法、劳动法、银行法、外汇管理法和会计法等。当这些法律不健全、歧视性执法或发生法律冲突,相关法律风险——一种因法律原因而给投资者造成损失的风险,就可能转变为一种现实危害,企业需要审慎应对。可以从不同视角具体分析一些跨国并购的法律风险及其识别。

(一)收购阶段与经营阶段的法律风险

跨国并购投资的法律风险从接受东道国的外资并购审查开始,一直贯穿并购成功后对并购企业经营管理的全过程。在收购阶段主要是:对于资产收购而言,收购方会面临很多债权人,目标公司出售资产需要经过债权人的批准才能完成。而股权收购则需要收购方不仅继受目标公司的资产,也承担目标公司的债务责任和法律责任,风险的隐蔽性更大。

在经营阶段,收购方会面临来自环境保护、知识产权、劳工组织、公司治理、企业社会责任等方面的法律风险。例如,排放污水和废气要遵守当地环境法的规定;公司的治理要符合当地公司法或证券法的规定;在知识产权、合同管理、会计准则、税收、社会保障等方面都要遵循当地法律。我国企业由于缺乏这方面的经验,往往低估并购后的法律风险,从而导致并购后出现劳工、知识产权等纠纷。

法律风险通常在贸易政策、法律制度及规则的框架下运作,中国企业要顺利"走出去",实现跨国并购的战略目标,就必须深入研究跨国并购中法律风险的特征和具体表现,着重从以下四个方面建立健全风险的预警与预防机制。

(1)目标企业法律风险尽职调查。
(2)目标企业内部法律风险控制。
(3)并购合同法律风险控制。
(4)税收、环保、知识产权等潜在法律风险控制。

(二)法律不健全、执法不公和法律冲突的风险

法律不健全的风险,表现为:并购东道国还没有形成一套有关外商并购投资活动的法律规范,投资者的并购活动缺乏法律保障,一旦出现问题或基于自身利益,东道国便可随意处置外国投资,因而可能使并购投资者遭受不应有的损失。

执法不公的风险,是对并购外资执法上实行歧视。这种法律风险对中国企业而言,可因政治或(和)文化偏见而产生。

法律冲突的风险,源于东道国的法律与国际法或国际惯例的冲突、东道国与投资者母国的法律冲突、两国间投资活动违背了第三国法律等几种情形。由于中国和东道国在知

识产权、劳动法和环境标准等方面存在的较大差异,忽视这些差异会给企业带来意想不到的损失。

这三种形式的法律风险,可涉及跨国投资的准入风险、各国会计准则的差异风险、环境保护风险、知识产权风险、劳工保护和安全生产风险等方面。而所有这些法律风险都会增大并购企业的投资风险。

(三)跨国并购法律风险源的识别

跨国并购法律风险主要来自三个方面。

(1)法律环境因素,包括立法不完备,执法不公正,合同相对人失信、违约、欺诈等。

(2)法律本身产生的风险,包括法律制定和废止对企业的影响。例如城镇土地使用税提高,必将对房地产企业的经营产生影响。这就是法律规定本身产生的风险,对于法律规定本身产生的风险,企业是无法抗拒的。

(3)企业自身法律意识淡薄,对法律环境认知不够,经营决策不考虑法律因素,甚至故意违法经营等。企业经营行为违反法律、法规产生的风险,例如,某些企业违反安全生产法规,仿造知名品牌,或披露虚假信息。

相比之下,企业自身原因引起的法律风险比例较高,主要原因是企业管理层依法治企的能力与法律环境变化存在差距。这可从三个方面来认识。

(1)相当一部分企业应对法律风险的基础工作还比较薄弱,没有充分意识到加强企业法制建设对防范企业经营风险的重要性,企业法制建设不自觉、不主动。

(2)部分企业防范法律风险的意识不强。这主要表现在一些重大投资决策、重大经营活动或企业改制工作等前期工作缺少法律专才的参与。有的单位虽设立了法律事务机构,但其主要职能仍局限于事后补救,以处理企业法律纠纷为主,企业法律工作机构没有发挥应有的前瞻作用。

(3)一些企业依法经营的意识不够,或因法律意识淡漠不自觉地违法经营,或认为只要是为了公司的利益就可以不顾法律约束,或存在钻法律空子的侥幸心理,有意打"擦边球"。

总之,跨国并购是一项涉及跨国经济、法律、政治和文化多种因素的复杂交易。对于想要"走出去"的中国企业来说,在开展跨国并购前,必须确立明晰的并购战略,对自身和目标企业进行全面的调查评估,建立现代企业制度,规范企业行为,从根源上采取防范措施应对各种法律风险。

第二节 跨国并购动因与效应分析

一、跨国并购动因分析

从国家战略角度,跨国并购是出于维持经济增长速度所需的能源供应、转换经济增长方式以及应对新形势下产业竞争的需要。

从宏观经济角度分析,近年来跨国公司财务状况的改善、资本的迅速增加对跨国并购行为起了很大作用。此外,其他经济结构性变化因素也起了决定性作用。

目前,完成工业化的大国服务业已经完全自由化,特别是在银行、保险和电信行业,其自由化程度已经很高。这种自由化的进程伴随着取消管制和私有化的进程,在美国是从20世纪70年代中期开始的,20世纪80年代初发展到了英国,中期又扩展到了欧洲其他国家和日本。1985—1986年间在发达国家普遍展开的服务业自由化和金融市场的改革使得跨国公司筹措到各种各样灵活的新资金,以便去实施其国际扩张战略,积极进取,保持垄断竞争优势。

科学技术的进步,尤其是在电信和信息领域,全球技术的进步刺激了国际资本的流量,同时也增加了跨国企业在他国选择建厂生产或建立商业营销网点的自由程度。

在20世纪80年代,世界大多数国家,先是工业化国家,后来是发展中国家都取消了对国际直接投资的管制,因此,国际投资者在他国遇到的障碍和限制明显地减少。在大多数情况下,各国政府简化了投资许可申请,取消了行业限制,提高了外国控股最高限制,使得跨国并购更加简便易行。

20世纪80年代末世界区域经济一体化的加强也对国际上跨国公司并购浪潮起了推动作用。特别是在北美和欧洲,经济区域之间的跨国并购日趋加强,1997—1999年间,北美跨国并购总额从1997年的2 420亿美元增至1999年的5 610亿美元,增长131.82%;欧洲的增长更快,高达246.93%,跨国并购总额从1997年的1 470亿美元增至1999年的5 100亿美元。

欧洲跨国并购之所以出现爆发性的增长,是因为欧洲跨国公司的大企业家们意识到:随着经济全球化的迅猛发展以及国际市场相互开放程度的大大提高,面对美国跨国公司的国际竞争,欧洲跨国公司不得不加快扩大规模、抢占市场的步伐,否则就有可能被全球化浪潮所吞没。而通过并购进行强强联合,形成规模经济,是达到优势互补、增强竞争实力、实现全球战略目标的一条捷径。因此,欧洲跨国公司掀起了海外并购的狂潮,尤其是在北美的并购,使欧洲跨国公司在北美的地位得到明显改变。1997年欧洲跨国公司对北美公司并购总额还仅仅是120亿美元,两年之后,1999年欧洲公司对北美公司的并购总额已高达2 540亿美元,狂增2017%。相反,北美跨国公司对欧洲公司的并购活动略为逊色,1997年总额为250亿美元,到1999年达到620亿美元,增长148%。此外,对于新出现的经济区域或是地理位置上相接近的国家的大企业,北美和欧洲这两个最发达的经济区域已经向它们打开了大门。只要是有经济实力的大公司都可以加入跨国并购的激烈竞争中去。

新一轮技术革命和产业革命,促进了新经济时代的到来,造就了一批以信息技术、生物基因技术为基础的新兴产业,在资本市场上一度形成了很大的高科技股泡沫;然而20世纪末一大批传统产业则相形见绌,许多质地优良的大公司股票市值被低估,被一些几年前还无名的科技公司的市值远远抛在后面。因此,新兴高科技企业利用其股票市值暂时的高溢价跨国并购(以换股方式)价值低估的目标公司的事也时有发生。

各国大企业千方百计想打入外国市场也是这次跨国并购浪潮的主要动因。这些跨国企业的战略目标是:绕过关税和非关税壁垒;尽可能地接近客户,使自己的产品适合当地消费者的偏好,确保优质服务(包括咨询、交货期、售后服务和援助等)。为了打入世界市场,并取得优势竞争地位,国际化程度已经很高,但是与更强大的外国竞争对手相比地位还较弱的大公司,致力于扩大自己的规模;而规模已经足够大,并在本经济区域内已经站稳脚跟的跨国公司利用跨国并购作为调整业务结构的手段。

总之,通过跨国并购,各国大企业有足够的融资能力和庞大的国际营销网络,以及建立有效的研发试验中心,不断地开发出新技术和新产品,使自己在国际竞争中永远是胜利者。

二、跨国并购效应分析

一般而言,跨国并购可以为企业带来效应,这一效应不仅是企业总产出或总收益大于并购前两企业之和,而且还包括:企业未来的发展潜力;企业因获得先进技术,竞争力的增强;所在国家就业状况的好转和国家福利效应的提高。人们在分析跨国并购带来的效应时,主要提出了以下几个效应。

1. 财富效应

跨国公司的并购能够为东道国的企业的市场价值带来显著的提升作用,这是因为跨国并购带来了规模经济效应、战略协同效应和市场势力效应,从而提高了企业的经营绩效,造成公司财富效益的提升。

2. 协同效应

这一效应最早由韦斯顿提出,他认为跨国并购可以为企业的经营活动带来效率上的提高,从而产生规模经济的效应。简而言之,就是"1+1＞2"的效应。跨国并购是一种快速和低成本扩张的方式,不同国家的企业在生产、科研、市场营销等方面的优势能够互补,这有利于各生产要素充分发挥协同作用。这主要体现在以下两方面。

第一,跨国并购能够提高并购者的管理业绩,有利于公司实施全球化战略。由于跨国并购的成功实施,管理能力较弱的企业将会得到管理能力较强的公司的管理经验,计划、组织和控制等一般管理职能能够实现管理能力的最佳配比,优化资源配置,提高新企业的劳动生产率,产生管理协同效应。

第二,根据并购双方产业模式的不同,又可分为横向并购、纵向并购、混合并购后产生的效应:进行横向并购可以减少竞争对手的成本,使竞争对手的谈判干扰力量相对减弱,提高并购公司在竞争中的强势地位而减少竞争成本;纵向并购的公司可以降低收购公司的搜寻成本、讨价还价成本和履约成本,从整体上降低收购公司的交易成本,获得经营协同效益;混合并购可以强化多元化的经营战略,降低企业风险,使得企业经营业务范围扩大,实现范围经济。

3. 就业效应

一方面,跨国并购会增加企业的产出数量,提高企业员工的工资水平,改善员工的就业环境,扩大生产规模。同时向新兴市场的拓展也需要增加劳动力,导致并购企业所在国和东道国就业率的提高。但另一方面,跨国并购也可能导致并购行业的劳动力失业人数增加,因为并购提高了跨国公司的市场的实际控制力,让并购企业得到新的技术和专利,实现规模经济,批量生产的出现导致了工人失业人数的增加。可见,跨国并购对劳动力市场就业的影响是不确定的,其状况取决于并购前行业劳动力就业状况。Gugler认为,跨国公司并购对劳动力市场的影响取决于东道国劳动力市场的实际状况。如果东道国的劳动力雇佣成本较高,那么跨国公司倾向于减少劳动力的雇佣;如果东道国的劳动力市场会迅速调整,就会导致跨国公司的雇佣劳动力数量不断增加。如1975—1996年英国公司跨国并购共442起,并购后跨国公司减少了19%的雇佣劳动力,同样,分析瑞士制造业公司的跨国并购发现,由于大量跨国并购而导致的雇佣劳动力大幅度减少约10%,而没有并购的公司却很少出现劳动力雇佣数量减少的情况。

4. 福利效应

跨国公司并购后,会对跨国公司所在国家和并购的东道国产生福利影响。一般认为,并购导致的垄断给社会带来的收益可以抵消因垄断而带来的社会成本,而且跨国公司会将利润带回国内,这会影响东道国的社会福利。生产要素方面,跨国公司拥有生产、资金和技术等方面的独特优势,并购将会挤占东道国本土企业的市场份额,提高东道国市场集中度,减弱竞争,加剧垄断,导致东道国社会福利的损失。Neary提出了在古诺竞争情况下的国内低成本公司购买国外高成本公司的模型,认为尽管公司的利润因跨国并购发生变化,但给跨国公司所在国带来的福利是不确定的。当国内企业在数量和市场份额上占有绝对优势,低效率的企业市场份额较小时,小幅度提高国家的贸易成本可以增加跨国并购公司所在国的社会福利。

三、中国企业跨国并购的动因分析

国际金融危机导致部分国外企业经营困难为中国企业的跨国并购提供了机遇。由于美国次贷危机,海外众多经营不善的企业资产价值大幅缩水,降低了跨国并购的成本,中国国内各行业中运营健康、资金充裕的企业为扩大国际市场地位,纷纷将视野投向国际市场。

首先,跨国并购是经济结构转换的客观需要。随着中国经济持续快速发展,经济社会发展水平有了很大的提高,但是,粗放型的经济增长模式主要依靠消耗大量能源来维持,经济增长中93%的能源来自矿产资源。国内有限的能源难以满足经济快速发展的需要。加之越来越多的国家对初级形态的能源出口采取限制政策,促使国内能源企业需要通过对海外能源行业的并购,推动经济发展。

其次,跨国并购是适应企业提升技术水平的需要。随着金融危机向实体经济的蔓延,具有核心制造技术的部分国外企业遭受重创,市值大幅缩水,给中国制造业参与国际产业结构调整、提升自身技术水平,提供了难得的机遇。虽说中国的制造业经过40多年改革开放的锐意进取,已经具备部分产品的设计、制造能力,但与国外大型制造业相比,仍存在一定距离。为此,中国制造企业希望通过投资、收购海外企业,获得高端技术,建立有一定研发能力的制造基地,为拓展海外市场,增强企业核心竞争力。

21世纪以来,全球对外投资体系发生了翻天覆地的变化,发展中国家逐步崛起,出现了发展中国家向发展中国家投资和发展中国家向发达国家投资的局面。随着中国贯彻落实"走出去"战略,中国的基础设施水平不断提升,越来越多的中国跨国企业开始走向国际市场,通过跨国并购的方式提高本企业的技术创新能力,2016年,中国跨国并购实际交易总额为1 353.3亿美元,达到历史最高水平。越来越多的中国企业通过跨国并购提升自身的创新能力,成为促进中国经济发展的重要驱动力量。

中国企业跨国并购动因如下。

(1) 获取战略性自然资源。我国是资源消费大国,人均占有自然资源相对匮乏,再加上未来的经济增长需要大量资源支持,每年对石油、铁、铝等重要资源和能源的需求量高达数亿吨且逐年攀升。而目前国际能源价格上涨现象普遍存在,发展中国家从国际市场获得发展能源成本较高。近年来,中国企业跨国并购很大一部分属于对跨国稀缺资源的收购。在2009年中国并购市场完成的十大并购交易中,资源类的并购事件就占到了8例,其中中国石化以75.02亿美元收购瑞士ADDAX石油公司,成为当年完成的最大规模并购交易。

(2) 获取先进研发技术。科学技术是生产力的重要支撑因素。尽管我国企业为许多国际品牌进行代工并每年出口大量的产品,然而许多产品的核心技术都掌控在外方手中,我国出口的产品一般而言也是劳动密集型产品,技术含量不高,经济附加值较低,从整体上来说,我国的技术水平与发达国家相比有较大的差距。目前,我国政府鼓励吸引外资,不仅是出于对资金的需求,也存在"以市场换技术"的考虑。但是外国政府和跨国企业对技术转让十分谨慎,对知识产权的保护也很严密,核心技术很难通过招商引资引进中国。通过跨国并购,中国企业可以将国外拥有先进技术的企业作为收购目标而获得专利技术,这具有明显的速度效益和经济效益,也有利于我国的技术创新和产业升级。

(3) 获取优质资产和品牌。品牌是企业最宝贵的无形资产,具有极高的共享价值,通过并购和使用知名度较高的品牌,可提高企业的品牌知名度,增强企业核心竞争力。国内竞争的加剧使一些行业的增长速度减缓、生产能力过剩、盈利机会减少,但这些行业的一些本土企业已经在低成本制造、产品市场定位、市场销售和服务等方面形成了独特的竞争优势,并在产品的出口过程中,发现了富有吸引力的市场机会,开始实施海外并购,以寻求更广阔的市场。我国企业的市场寻求型跨国并购主要集中在传统制造业,如家电业、机械制造业等,并购对象主要是国际上具有一定知名度的企业。中国企业通常采取贸易的方式进入国际市场,但是对于欧美高度发达和成熟的市场,新品牌的进入是非常困难的,进入成本高昂,需要投入巨额广告费用、营销费用。目前,很多外国企业为了提高利润,开始调整公司战略,实施"回归主业,强化核心业务"的战略,将非核心业务和亏损业务剥离出去,以较低的价格卖出这些资产,这为中国企业提供了获取优质资产、迅速扩大企业规模的机会。

(4) 拓展海外市场。跨国并购是中国企业抢占国际市场的一条捷径。对于增长已进入瓶颈时期的中国制造业企业来说,通过跨国并购,既可以依靠目标企业的效应优势增强在国内市场的竞争力,还可以利用目标企业原有的稳定的、系统的销售渠道为本企业产品开辟跨国市场,迅速在当地市场占有一席之地,提高在国际市场上的占有率。因此,中国企业通过跨国并购尽快建立起自己的国际品牌并形成稳定的营销网络,不仅能够满足企业发展的需要,而且可以迅速开拓国际市场。

(5) 规避贸易壁垒。我国自2001年加入WTO以来,随着国内企业对外业务的增加,加之各国关税的普遍降低,贸易保护主义有所抬头,寻求合法而隐秘的保护工具的国家越来越多。价格优势一直是我国产品在国际贸易中的一大优势,可越来越多的中国企业遭受着反倾销和非关税壁垒,涉及纺织、彩电等各个行业,这些都严重制约着我国产品的出口量。欧盟、美国等计划以碳关税的名义提升贸易壁垒,或许碳关税将成为今后数年贸易摩擦的焦点。因此,越来越多的中国企业选择通过对外直接投资,或是并购,或是"绿地投资",来扩大国外市场,打破贸易壁垒,缓解贸易摩擦。我国企业通过并购国外当地企业,利用原产地规则,在当地生产、当地销售,就可以有效规避贸易壁垒,直接进入国际市场,从而达到开辟新市场的目的。

(6) 延伸价值链,获取更多附加值。通过跨国并购,整合上游资源,延伸行业价值链,如中海油对印尼气田的收购就是掌握上游资源确保稳定原材料供给。我国自然资源总量虽然丰富,但人均贫乏。以石油为例,无论储存总量还是人均储量,中国都不属于富油国。中国虽已成为世界第五大产油国,但同时又是世界上仅次于美国和日本的第三大石油进口国。据权威部门估算,到 2050 年,中国将成为世界第一能耗大国。要维持国内经济稳定持续的增长,中国就必须通过参与国际生产分工,尽可能多地利用世界性资源,于是,中石化、中海油、中石油这 3 家中国石化行业巨头频频参与海外并购。除石油外,矿石也是我国企业跨国并购的另一主要自然资源。五矿、宝钢、首钢频繁的海外并购就表明了这一点。这种跨国并购都是以自然资源的寻求为目标,将上游价值链整合,或者整合下游资源,获取价值链更具附加值的部分,如京东方对冠捷科技的并购,就是为了掌握下游分销网络,保证海外销售。

(7) 获得战略资产。虽然我国企业目前的海外并购规模无法与国际大公司的并购行为相提并论,但也不难发现不少企业的海外并购带有战略资产寻求的动机。2004 年 12 月 8 日,柳传志代表联想对全世界宣布:联想以 17.5 亿美元的价格并购了 IBM 的全球个人电脑业务,包括:PC 机和笔记本电脑,以及与个人电脑业务相关的研发中心、制造工厂、全球的经销网络和服务中心。根据双方达成的协议,联想还可在 5 年内使用 IBM 的品牌。并购完成之后,联想就成为世界上仅次于戴尔、惠普的第三大 PC 厂商。联想支付的 17.5 亿美元有很大一部分是用于对无形资产的支付,联想认为,自我发展所需要的投资比并购还要高许多倍,而且在时间上花 20 年也未必能建立起一个国际知名品牌。而此次并购买到了"能解决自己问题的业务",即国际化需要的大量人才、品牌、研发能力、完整的渠道和供应链。此外,中国企业的并购案例中还有一些不是以获取技术和品牌等资源为目的的,而是获取海外上市公司的壳资源,比如收购在美国上市的业绩不良的公司,然后以该公司名义进行二次发股筹资。中国企业这样做的目的是获取海外资本,根本上也是战略发展需要驱动的。

四、中国企业跨国并购的显著特征和效应

中国企业跨国并购的显著特征是对核心技术、关键技术的渴望,而最显著的效应就是获得先进技术,提升自身技术竞争力,缩短与发达国家公司的技术差距。

1. 获取核心技术

通过对许多中国企业跨国并购的案例研究分析,可以发现成功实现技术融合的企业大多具备相同的特点,即企业在核心技术上的缺失是上述成功的跨国并购案的共同特点。中国企业的历史积累和发展历程不长,从头开始进行技术研发需要耗费大量时间和精力

才能取得成果,要想短期内迅速实现核心技术的融合与赶超,通过跨国并购进行技术学习是最快捷也是最高效的渠道。与此同时,中国企业的跨国并购之路的艰辛也体现了技术获取和应用的难度,比如,上汽并购双龙汽车失败,没有实现上汽引入双龙汽车技术的初衷。

2. 提升技术研发能力

中国企业之所以热衷并购那些拥有核心技术的外国公司,一方面是由于核心技术的缺失严重地影响了企业的发展速度,企业没有话语权,即便拥有高市场占有率,也无法获得核心技术带来的利润,而不采用核心技术,企业产品又将被冠以低价低质的标签,无法实现企业的长远发展。另一方面,在信息技术广泛应用的今天,技术更新换代速度是过去从未出现的,今天的核心技术明天便有可能过时,所以,企业在获取核心技术的同时,往往不是单一针对技术本身,而是对自身技术研发水平的一种追求,只有具备了相应的技术研发能力,才能实现企业在核心技术领域的追赶和超越。

3. 强烈的技术获取意愿

一个典型的失败案例充分说明中国公司获得国外先进技术的迫切性和艰难程度。丹麦 Scape 是全球最早开始从事机器人和自动化生产研发的企业之一,早在 20 世纪末便获得了机器人和自动化生产的相关专利,并且随后持续投入研发和产品创新,使得丹麦 Scape 在 21 世纪初成为全球首家掌握 Bin-Picking 机器人 3D 视觉系统,配合智能控制系统及相应的机械手臂自动从物料框中识别并拾取随机堆叠的零件并将其置于指定位置技术的制造商,但随着该公司同欧洲其他机器人生产商的竞争逐渐加剧,其业务水平开始下滑,短期内面临巨额压力。万讯自控作为中国最早进军电力自动化及通信的民营企业,利用其早期在中国电能表制造方面的巨大市场优势,开始尝试以并购的方式进行企业的业务多元化发展,公司于 2015 年开始,投入总计 650 万丹麦克朗收购丹麦 Scape 27.14％的股权,并协商双方共同出资在中国成立生产基地,但受制于核心技术仍由丹麦 Scape 控制,此项技术在中国国内并没有顺利完成应用。万讯投资丹麦 Scape 是看到了技术在中国的前景,并希望通过逐渐学习技术,将其引入中国从而迅速占领市场,但遗憾的是,Scape 在该项技术上已经投入了巨大的人力和物力,尽管 Scape 在欧洲市场遭遇挫败,但未来该技术的前景依然广阔,所以 Scape 难以放弃当前已经投入市场的技术,万讯逐步渗入获取技术的美好愿望也随之落空。从跨国并购失败的案例也能看出,企业强烈获取技术的意愿,是企业展开并购行为的条件,也是其重要的特征之一。

第三节　中国企业跨国并购的现状与趋势分析

20 世纪 90 年代,随着国内市场经济的深化,企业之间的并购活动日益频繁,但其最显著的特点是外资企业利用中国的优惠政策对中国企业的兼并和收购。一部分优秀民族企业、民族品牌在吸引外资的浪潮中消失。20 世纪 90 年代末,国内出现了新一轮的并购浪潮,不过这次并购的主角是中国企业,并购使得资本积聚和集中程度加剧,出现了通过股份化、并购其他企业而规模变得越来越大的公司。进入 21 世纪后,中国加入了世界贸易组织,一方面国内市场更加开放,另一方面市场竞争也变得更加激烈。政府鼓励国内企业"走出去"的政策以及国外贸易保护主义的抬头,都促使越来越多实力强劲的中国企业开始跨国经营,通过跨国并购等方式,进入他国市场。

一、中国企业海外并购的总结分析

2008年美国金融危机引发全球金融危机,中国经济逆势而上,海外并购的中国企业迅速成为跨国并购的主力军,交易数量和金额一度在2016年达到峰值。2016年合计完成并购案例3 065起,同比增长15.3%,其中披露金额的案例数为2 469起,共涉及交易金额18 435.53亿元,同比增长76.6%,平均并购金额7.47亿元。其中国内并购市场在交易量和交易金额上突破历史新高,完成并购案例2 828起,同比增长17.4%,共涉及交易金额12 943.86亿元,同比增长58.9%。海外并购也表现不俗,共完成并购案例237起,较2015年同比增加15起,增幅为6.8%;披露金额的海外并购案例共187起,涉及交易金额5 230.21亿元,并购金额较2015年同比剧增170%。

2017年全年中国企业跨国并购持续活跃,共实施完成并购项目341起,分布在全球49个国家和地区,涉及国民经济18个行业大类,实际交易总额962亿美元;其中直接投资212亿美元,占22%,境外融资750亿美元,占78%。受"一带一路"倡议、传统产业整合加速、国企改革等因素影响,2017年大额并购事件频现,但由于并购重组新规的实施和趋严的并购监管政策,中国整体并购市场发展较2016年有所回落。2017年,中国并购市场表现较为稳定,合计完成并购案例2 813起,同比下降9.4%,其中披露金额的案例数为2 429起,共涉及交易金额18 919.23亿元,同比增长2.6%,平均并购金额7.79亿元。并购案例数下降而金额上升的原因在于个别大额并购交易拉高了单笔并购交易的平均规模。其中国内并购2 608起,同比下降7.78%,披露金额的并购案例总交易规模为12 496.09亿元,同比下降3.46%;跨国并购205起,同比下降13.5%,涉及交易金额6 423.14亿元,同比上升22.81%。

2018年中国并购市场整体回落,共完成并购交易2 584起,同比下降8.1%;披露金额的并购案例总计2 142起,共涉及交易金额12 653.59亿元人民币,同比下降33.1%;平均交易金额5.91亿元,交易数量和交易金额较2017年均有所下滑。其原因一方面是受到中国经济下行、金融行业去杠杆以及中美贸易摩擦等宏观因素影响;另一方面是企业对并购实施的考量更加审慎和全面,注重将并购策略与企业长期发展战略相结合。跨国并购共完成交易227起,同比上升10.7%;披露金额的交易规模2 604.72亿元,同比下降59.4%;平均交易金额14.97亿元。跨国并购的持续降温与2017年以来我国持续规范引导企业跨国并购行为有关,同时境外市场对我国企业跨国并购的审核趋严,中国企业跨国并购的外部环境明显收紧。

2019年中国并购市场延续了降温趋势,国内并购和境外并购的数量与金额均出现不同幅度的下滑。一方面,国内宏观经济增速持续放缓,企业风险偏好下降,仍普遍面临现金流紧张的问题;另一方面,中美贸易摩擦反复,国际贸易形势不明,中企海外并购数量大幅减少。中资海外并购下降幅度最大,交易数量同比减少50%,交易规模同比减少40%。

二、中国企业跨国并购的主要特点

随着经济的发展,中国企业跨国并购行为也越来越频繁,呈现出以下特点。

1. 交易规模持续上升

步入21世纪后,中国企业的跨国并购也进入新的发展时期,并购金额屡创新高。2000年至2006年间,已公布的对外收购总额从18亿美元攀升至82.5亿美元,复合增长率接近30%。与此同时,中国企业单起跨国并购的规模也不断扩大。2000—2003年,还没有一宗中国企业海外并购项目的交易额超过10亿美元。而2004年以来,中国海外并购标的越来越大,成功并购涉及金额10亿美元以上的就有9宗。2004年12月,联想集团收购IBM个人电脑事业部,金额为17.5亿美元;2005年10月,中国石油天然气集团公司收购哈萨克斯坦PK石油公司所有上市股份时,收购金额为41.8亿美元;2006年8月,中国建设银行并购美国银行在香港的子公司——美国银行股份有限公司100%的股权,并购金额高达97.1亿港元;2007年3月,中国特钢以27.3亿港元的价格收购南洋矿业资源有限公司的全部股权;同年9月,华为公司以22亿美元的收购报价控制美国3Com公司20%以下的股权,并有权根据该企业的业绩再度选择增持5%的股份;2008年1月,中国矿业公司联合美国矿业公司耗资140.5亿美元在伦敦市场上收购力拓英国上市公司12%的股权,成为力拓的第一大股东,这是当时中国企业在海外的最大一次并购投资行动;2009年6月,中国石油化工集团公司下属全资子公司中国石化集团宣布和总部设在瑞士的ADDAX石油公司达成现金收购协议,以每股52.80加元的价格收购该公司的全部股份,收购总价为82.7亿加元等。

2. 并购主体呈多元化趋势,民营企业开始成为中国跨国并购的重要力量

20世纪八九十年代,走出国门实行跨国经营的主要是国有企业。进入21世纪,随着自身实力的增强和全球竞争的加剧,中国大中小型民营企业开始积极参与对外并购活动,并购范围和金额都出现了不断扩大的趋势。例如,浙江万向集团对福特旗下ACH公司门罗工厂的收购,并购美国UAI公司和舍勒公司,使其在境外的控股子公司增至19家;华立集团收购美国PFSY、PACT公司和飞利浦CDMA移动通信部门;京东方整体收购韩国现代TFT-LCD业务;民企美的集团对德国机器人公司库卡集团的收购;吉利汽车对沃尔沃的并购,堪称近年来民企海外收购的典型成功案例。我国跨国并购企业既有国有控股企业,也有集体企业和私营企业,并购主体呈现多元化。私营企业以其明晰的产权、灵活的经营激励机制和内生的国际化需求已成为我国企业跨国并购的主流。近年来民营企业在跨国并购案中的活跃,与政府对其跨国并购的鼓励是分不开的。政府控股企业在国外并购活动中多次遭遇东道国"中国威胁论""国家安全论"等政治因素的干扰,而民营企业跨国并购,相对遭遇这方面的干扰要小些。

3. 并购区域范围分布扩大,并购产业结构多样化

随着中国对海外自然资源需求的剧增,跨国并购开始向非洲、亚洲、拉丁美洲等发展中国家和地区倾斜,在该地区的并购金额逐步增多。2007年中国对外直接投资流量地区分布中有25.7%流向拉美、非洲、大洋洲等自然资源丰富的地区,其中不少以跨国并购形式进行投资。比如,2005年中石油以41.84亿美元收购哈萨克斯坦PK石油公司,2007年中铝公司以约8.6亿美元并购秘鲁铜业91%的股份等。同时,中国企业跨国并购的行业结构也趋于合理,即并购行业不仅包括自然资源,还包括制造业、服务业等多个领域,制造业、服务业成为并购第二、第三多的行业。如在制造业领域,2005年联想完成对IBM全球个人计算机业务的收购;2007年雅戈尔集团宣称出资1.2亿美元收购美国Kell Wood Company持有的新马服饰100%股权及其全资子公司Kell Wood Asia Limited持有的Smart公司100%股权;2008年,中联宣布出资1.6亿欧元和高盛等公司合作共同收购世界排名第三的混凝土机械制造商——意大利CIFA100%的股份。在服务业中,2006年8月,中国建设银行并购美国银行在香港的子公司——美国银行股份有限公司100%的股权,2007年2月,中国移动通信集团耗资2.84亿美元收购巴基斯坦米雷康姆所持有的巴科泰尔88.6%的股份,同年10月,工商银行以54.8亿美元价格收购南非标准银行20%的股权,同年平安公司参股富通集团等。

除向发展中国家和地区投资外,中国企业开始到欧美等发达国家和地区寻找并购目标。西方国家的并购史表明,以往的跨国并购都是以发达国家的企业并购发展中国家的企业为主,而在这一阶段,中国企业的海外并购除资源型并购案例外,其他技术密集型企业的海外并购都指向了美国、欧洲、日本、韩国和加拿大等主要发达国家和地区。

4. 以资源、能源性行业的并购为主,并不断拓展行业领域

自然资源和能源的并购一直是中国企业跨国并购的重点,这无论是在数量还是在金额方面,都远远超过其他领域或行业的并购。其中在2002年和2004年完成的对外并购总交易额中,自然资源行业所占的比例分别是91%和64%。2008年在能源及矿产领域内发生的海外并购案例,无论是在数量上还是在涉及的总金额上都占据该年度中国企业海外并购的半数左右。截至2009年4月底,经国家发展改革委核准的3亿美元以上的能源资源类海外并购项目26个,中方投资额458亿美元,约占1 000万美元以上非金融类海外并购项目总额的78%。

在资源领域,石油资源的跨国并购活动最为活跃,中国企业的并购金额由几亿美元到数十亿美元不等,并购的目标企业也是遍布世界四大产油地。2006年Dealogic公布的前25大中国跨境并购交易中,有9项属于中国大型石油石化公司的海外收购。目前中国石油在哈萨克斯坦通过并购已具有很强的优势;南美地区已成为中石油、中石化的工作重点,其中中国和委内瑞拉国家石油公司的合作如火如荼;在联合收购加拿大石油公司在厄瓜多尔的石油资产后,玻利维亚政府已明确表示希望中国能源公司去当地投资;在中东地区,中国石油和印度石油天然气公司联合收购了加拿大石油公司在叙利亚一处油气田的权益,下一步将在伊朗和伊拉克有所突破;同样,在非洲地区,中国三大石油公司都有项目。

在矿产资源方面,2005年有1/3的案例发生在澳大利亚铁矿石的并购上。长期以来国际铁矿资源及价格都是由力拓和必和必拓等几家矿业公司所控制,中国钢铁企业手里拥有的海外铁矿石权益资源每年不过七八千万吨,仅占中国铁矿石总进口量的20%左右,在国际铁矿石价格逐年上涨背景下,中国钢铁企业处于十分被动的地位。从2006年到2008年,中国进口铁矿石价格分别上涨约19%、9.5%、65%。为了稳定铁矿石价格,中国公司抓住全球金融危机爆发后欧美尤其是澳大利亚资源能源类公司股价大跌,货币同期不断贬值的机遇,收购国外铁矿公司。例如,2007年5月,中钢集团以10.5亿美元和现金支付的方式宣布竞购澳大利亚的Midwest Corp铁矿石开采企业全部股份,该行为直接造成该公司股价飙升15%;2008年,中国铝业公司宣布联合美国铝业公司以约140.5亿美元的收购价格,获得力拓的伦敦上市公司12%的股权等。

近年来,中国企业跨国并购涉及的行业由开始的石油化工、航空等少数垄断性领域延伸到电气、计算机、网络、饮用水、医药、乳液、娱乐、高科技、动物添加剂等领域。行业领域不断拓展,如2005年,中国化工集团旗下的中国蓝星(集团)公司以4亿欧元的价格实现对全球最大的专业动物营养添加剂企业——法国安迪苏集团的全资收购。

5. 支付方式和交易结构日趋复杂

中国企业在进行跨国并购支付时,支付方式日益多样化。大型国企财力雄厚,在跨国并购行动中具有较强的竞争优势,尤其是在自然资源及金融行业的跨国并购中,为增加竞争力,常以现金支付的方式竞标。2007年11月,中钢集团提出收购澳大利亚铁矿石开采企业Midwest Corp公司的全部股权时,采用现金收购方式;同月,中国五矿公司和江西铜业联合并购加拿大矿业北部秘鲁矿业公司时,同样也是采用现金收购方式。但在非自然资源领域的并购中,中国企业根据不同的情况采取现金并购、股票互换并购和并购重组等多种支付方式。2005年联想并购IBM个人计算机业务时,除了支付6.5亿美元现金之外,还支付价值6亿美元的联想集团普通股和接受IBM公司5亿美元的净负债作为出资方式。2007年10月,中信证券以资本和股权互换的方式,以自身2%的股份换取美国投资银行贝尔斯登6%的股份。中国小企业并购规模较小,很难通过股票互换的形式进行并购,为此它们并购时常常用现金支付方式。

在以12.8亿美元竞标美国家电巨头美泰的收购行动中,海尔联手私人股权投资公司贝恩资本和黑岩集团共同竞标,以提高管理技术、减少初始投资,使整体交易更具吸引力。在联想收购IBM的个人计算机业务后,私人股权投资公司得克萨斯太平洋集团、泛大西洋集团及美国新桥投资集团共同参股联想,并出资3.5亿美元。这两个案例充分表明,中国公司已具有全新的并购意识,愿意制定完善的交易结构,采纳必要的专家建议以分散交易风险。此外,尽管现金在跨国收购活动中仍是主要的支付方式,但近期的交易显示,股票和其他证券的使用亦见增长。联想收购IBM个人计算机业务的总代价是17.5亿美元,其中包括约6.5亿美元现金,约5亿美元来自IBM的净负债,另外6亿美元是以股份形式支付的,即交易完成后,IBM拥有联想18.9%的股权。

6. 并购过程中开始重视与外国企业的合作

以往中国企业在进行跨国并购时极少和外国企业合作,这在一定程度上加深了外国政府对中国企业并购动机的怀疑,加上"中国危险论"的渲染,在不少国家政府内形成了中国企业并购的目的就是控制本土经济及资源的印象,给中国企业的并购活动造成了十分消极的影响。随着中国企业国际化程度的加深及其对外国市场的进一步了解,中国企业开始携手外国企业进行联合并购,这种方式一定程度上化解了外国政府对中国企业的疑虑,取得了显著的成效。例如,2008年中国铝业公司联合美国铝业耗资140.5亿美元在伦敦市场上收购力拓英国上市公司12%股份,成为力拓单一最大股东,在这一并购中中美两家企业联手是收购得以成功的关键。当然,世界经济的低迷,使得各国政府及其职能部门对待外资进入相关政策的放宽,也是中国企业跨国并购成功的原因之一。

三、未来中国企业跨国并购展望

尽管2019年中国企业海外并购下滑幅度较大,但我们仍然相信中国海外并购在未来将保持强劲势头,并有可能再创新高。2020年11月15日,历时8年,经过多轮谈判,全球最大自贸区协议达成,中国正式签署《区域全面经济伙伴关系协定》(RCEP)。这为未来中国企业海外并购带来新的机遇。未来,预计中国企业海外并购的重点将在以下几方面。

(1) 消费及工业产品依然是中国企业海外并购的热点领域。在消费及工业产品领域,中国海外并购势头依然强劲。在2015年至2017年间,这一领域的交易总额均占当年海外并购交易总额50%以上。2016年,消费及工业产品领域的并购价值更是达到1 043亿美元的高值,主要来自中国化工出资430亿美元收购先正达一案。在排除此类特大型合同的影响之后,2017年此领域海外并购总额相比2016年上涨0.9%。展望未来,消费及工业产品依然是中国企业海外并购的重点领域。

(2) 中国投资者十分热衷于提升国内技术水平,这表现在对生命科学与医疗领域的投资热度不减,尤其是在发达国家市场。2017年这一领域并购交易总额有所上升。其中具代表性的项目包括在深圳上市的蓝帆医疗股份有限公司出资12亿美元收购新加坡医疗器械公司柏盛国际集团有限公司93.37%股权。在科技、传媒和电信行业,2017年海外并购交易总额仅为190亿美元,较2016年(447亿美元)下跌57%。2016年,中国企业在这一领域有多起大额并购交易:腾讯公司斥资86亿美元收购芬兰著名手游开发商Supercell公司84.3%的股份,上海巨人网络科技有限公司出资45亿美元收购以色列Playtika公司,以及中资财团Elegant Jubilee出资40亿美元收购英国云数据中心开发商、运营商Global Switch公司51%的股份。2017年,两个特大型并购案为:台湾ES Platform公司出资31亿美元收购夏普公司,以及以滴滴出行为首的中国财团向新加坡打车平台Grab投资25亿美元。

(3) 国家将继续支持中国企业海外并购,但支持重点有所调整。2017年下半年,国家出台政策为过热的海外投资降温,中国政府依然十分支持企业进行积极审慎的海外投资活动。不论采取什么政策,首要的原则依然是鼓励中国企业海外扩张,以合作促转型,并通过引进国外的先进科技和知识,提高国内的产能和产业质量。其具体包括以下几个方面。

① 通过对"一带一路"沿线地区和国家的基础设施项目投资发挥经济影响。

② 提升并输出中国的产能及设备技术标准。

③ 通过与海外企业合作,获得前沿、新兴技术,并以此促进企业转型,提高产能。

④ 探索国外的自然资源以推动国内经济增长。

⑤ 在农业和食物链领域与外国企业拓展合作,保证国内食品供给充足,并提升食品安全和食物质量。

在未来,我们预期中国企业将继续在发达国家的以下领域寻求海外并购机会:消费品,生命科学,医疗保健,技术,汽车,能源。

尽管如此,在限制领域和禁止领域(如赌场、娱乐业、房地产等)的投资仍将受到限制。

（4）"一带一路"倡议背景下的对外投资新趋势。"一带一路"引领的中国的对外投资和企业并购，并不是单向的中国企业"走出去"过程，很多"走出去"是为了"引进来"，是为了更好地在全球配置资源；"一带一路"倡议不是中国强加于其他国家的，而是各国共商共建共享，实现合作共赢的新平台，是构建人类命运共同体的有效路径。在未来高质量推进"一带一路"建设的大背景下，全球化和中国的对外投资将出现以下四大趋势。

一是双边及多边合作机制的完善推动"新型全球化"的实现。在"一带一路"所倡导的合作模式下，全球化不再仅仅是将生产地从高成本地区转到低成本地区，从而伴随着工作机会的转移，创造出所谓"赢家"和"输家"，而是对接投资区域的当地发展战略，创造与上下游企业的协同效应，可以将采购、生产、销售都转到当地，打造贯穿产业链的生态圈，切实为当地带来经济效益与就业机会。"一带一路"所引领的新型全球化，也不再是构筑排他性的贸易保护圈子，而是实现真正的互利共赢，实现全球的共同发展。

二是多元化股东及合作伙伴的引入。初期，国有企业领衔"一带一路"建设和投资，目前民营企业、外资企业的参与程度也在不断增大。此外，为了减小海外投资风险，并能在当地持续发展，将来各类企业寻找合适的当地合作伙伴，成立合资公司等形式会越来越多。

三是跨国并购取代"绿地投资"成为主要投资方式。与其他投资模式相比，跨国并购并不需要很长的建设期，因此成为许多想要加快市场规模扩大速度，在短时间内进入目标市场的跨国公司的首选方式。另外，并购可以帮助获得目标企业的关键能力与无形资产，比如研究与开发能力、商标、商誉、技术、管理、销售渠道等，并且可以通过一定的跨领域并购来实现企业业务组合的优化。

四是中国企业对外投资的监管将进一步加强，对外投资质量和效益提升。在监管部门的引导下，中国企业的非理性对外投资行为得到了遏制，投资和整体战略的相关性增加，风险防控意识和跨国经营能力不断加强。长远来看，中国的对外投资规模会进一步扩大，而且整体投资结构将更加优化，投资质量和效益进一步提升，在全球范围内配置资源的能力将不断增强。

四、中国企业海外投资面临的挑战及对策

为了了解企业层面对外投资的现状、挑战和前景，2017年底，德勤对来自多个行业的全国166家企业（其中，国企51%，外资企业26%，民营企业21%，事业单位2%）做了问卷调查。据问卷调查反映，中国企业对外投资主要面临如下投资挑战。

1. 组织架构：约八成企业已经为国际化设置了或集中或分散的组织架构，但仍有两成企业在组织架构方面还未准备好

78%的受访企业为国际化设置了或集中或分散的组织架构，其中38%国际化业务的管理职能分散在各业务板块中，28%设置了国际部统筹管理，还有12%由海外分支机构自行管理。各种国际化组织架构没有优劣之分，企业应根据自身的国际化战略对组织架构进行设置和调整，并完善组织的权利和责任边界，实现管理效率的提高。

2. 企业海外投资区域：国有企业是"一带一路"建设主力军，民营企业和外资企业则更多投资于欧美发达国家

东南亚、西亚和非洲、南亚等"一带一路"重点区域国家是受访国企目前及未来最主要

的投资区域,这一调查结果与2015年一致,说明在国家倡议的引领下,国有企业正在也将继续在"一带一路"建设上扮演"领头羊"和"主力军"的角色。与国有企业不同,民营企业和外资企业更多投资于美国、欧洲等发达国家或地区,这些地区市场较为成熟,法律法规更加健全,相较于部分发展中国家,投资风险较小。

3. 未来的海外投资规模:超过一半的企业将在未来3年继续扩大海外投资规模,但也有三成受访者不清楚公司海外投资的变化趋势

国有企业中的60%、民营企业中的41%将扩大海外投资规模,但也有近一半民企表示不清楚将来的趋势。这说明这部分企业海外发展战略尚不清晰,也未根据自身经营状况制订具体目标。在开展海外投资时,没有清晰的长期战略极易导致冲动型投资和短期行为的发生,给企业带来损失。

4. "风险、监管、人才"是海外投资面临的最主要三大挑战

大量实例证明,事先对风险准备不足、事中对风险不善应对、事后对风险不予总结改进是许多企业海外投资失败的主要原因。在"一带一路"倡议背景下,风险管理的思路更应得到全面更新。"一带一路"相关国家,大多情况复杂,单纯进行一时一地一方面的风险分析是远远不够的。企业应在全面分析风险的前提下,为自己和项目量身定制一套风险分析、预警及应对机制。

"监管"紧随"风险"(55%)被受访者选为目前海外投资的最大挑战之一。可见,随着国内外监管要求和执法力度的日益严格,企业越来越意识到事前了解监管环境、开展合规经营的重要性。

5. 以海外投资的全生命周期来看,"投资前"是最具挑战性的阶段

随着企业对国际化业务的深耕,与投资地区各方面差异导致的信息不对称,往往让企业制定海外发展战略时无所适从。企业开展尽职调查时,可以考虑借助国际专业服务机构的全球网络和渠道,最大限度地获取投资目的地的相关信息,正确衡量投资标的的回报情况。

"投资中"阶段和"投资后"阶段的挑战也不容小觑。在"投资中"阶段,虽然大部分企业已经开始积极推行"本土化"经营,但总部对于具体项目和分支机构的管控能力尚未储备到位。在"投资后"阶段,如何提高投后整合能力,完善持续性管理能力,加强投后评价监察能力,均是企业面临的问题。

6. 推动项目商业风险的合理配置,实现风险共担是融资的最关键考虑因素

实践中,企业越来越重视研究风险分担,强调项目的可融资性。尤其对于目前阶段重点开展的基础设施和能源项目投资开发方面,项目融资不仅强调完善的商务结构,而且必须想方设法实现最低担保、有限追索项目融资。

7. 国际化人才管理:最关键的环节是使用多种培养方式进行国际化后备人才的培养

人才的培养需要时间,应未雨绸缪,梯队式发展和培养。在争夺国际化人才的激烈竞争中,人才好不容易培养出来了,更要留得住、用得好,因此薪酬福利和职业发展政策也要跟上。

从我国的经济发展阶段看,未来我国企业"走出去"扩大对外投资是一个长期趋势,跨国并购仍将是企业对外直接投资的重要组成部分。然而,事实表明,跨国并购对于中国企业而言并非坦途,需要审慎决策、周全应对、小心实施,对策建议如下。

第一,要制定切实可行的并购战略,减少随意性和盲目性。在实施海外投资战略时,不要过于依赖跨国并购这种方式,而要考虑多种方式,如与当地企业合资经营,或以自身优势业务为核心进行独资等,通过多种途径进入国际市场,降低海外经营的风险。按照国际历史数据分析,并购后几年内的成功率只有30%,以小博大的并购成功率更是在10%以下。可见,并购风险是相当高的,必须在充分跟踪调研基础上,在做好各项战略规划的前提下,做好资金、人才、整合、应急等各方面的准备,寻求适当时机。企业并购不能操之过急,20世纪80年代日本企业购买美国企业时犯了很多错误,损失非常严重,急于国际化的中国企业应该避免犯同样的错误。

第二,要考虑选择合作伙伴的方式。注重发挥私人资本机构的作用,考虑与私人资本机构组成收购团队。注重发挥企业的合力,通过与国内企业或与国外企业联合收购,降低跨国并购的成本和风险。

第三,要坚持效益第一的原则。盈利是最终的目标取向。目前国内企业的海外并购中,常常把完成并购交易看作是胜利果实,对于海外投资效益鲜少涉及。很多并购似乎在"抢购",企业对于收购时机和盈利能力以及未来的财务承受能力缺乏科学的评估,忽略了并购的商业利益。专家研究发现,在中海油的6次海外收购中,只有收购Repsol印尼油气田取得了控股地位,并已产生收益。企业的跨国并购必须有利润追求,否则必败无疑。

第四,统筹协调好中资企业的海外收购活动,避免中资企业间的恶性竞争。目前,已出现多次国内企业之间对交易的竞争,特别是在银行业和石油业。3家中资银行中国建设银行、中国工商银行和中国银行,分别与新加坡的淡马锡进行了接洽,探讨收购淡马锡所持渣打银行股份的事宜。中石油和中石化为苏丹的一条输油管道展开了竞争。因此,应由行业协会或政府相关管理部门出面协调企业的海外并购行为,避免中资企业就石油资产等展开更多竞购战,以防两败俱伤,渔翁得利。

第五,要给予海外并购企业适当的金融支持。鉴于目前企业融资渠道单一,企业"融资难"问题难以短期内根本解决。在我国外汇储备极其充裕的情况下,政府外汇资金可以成为缓解企业"融资难"、降低企业境外并购风险的有效手段。对企业支持应不限于国有企业,对民营企业海外并购的支持应一视同仁。具体支持手段可以考虑通过政策性银行和中国投资公司进行。

本 章 小 结

跨国并购是经济全球化的一种表现,是对外直接投资的一种具体形式。跨国并购根据并购企业和目标企业的不同可以分为不同类型。本章从理论和实践两个方面全面分析了企业跨国并购的动机、效应和全球跨国并购历程。在此基础上,从多方面回顾总结了中国企业跨国并购历程、特点、现状和存在的主要问题,并提出了相关对策建议。

复习思考题

1. 跨国公司对外直接投资主要有哪两种方式?这两种方式各有什么优缺点?
2. 中国企业跨国并购特点有哪些?
3. 我国企业实施"走出去"战略进行海外并购主要有哪些方式?
4. 如何迅速提高中国企业的跨国并购能力?

光明收购 Synlait Milk

光明乳业股份有限公司(以下简称"光明")于 2010 年 10 月 26 日发布公告称,上海市商委已经同意其旗下全资子公司光明乳业国际投资有限公司增资 5 290 万美元收购新西兰 Synlait Milk 51% 股权。增资完成之后,光明乳业国际投资有限公司注册资本和投资总额增至 6 250 万美元,可通过其设在英属开曼群岛的全资子公司光明乳业控股有限公司收购新西兰 Synlait Milk 51% 的新增股份。

一、背景介绍

(一)乳制品行业背景

近十几年来,我国乳制品工业快速发展,取得了巨大成就。在经历了一系列乳品安全问题的洗礼后,中国乳业面临着重整产业结构、重拾行业信心的关键转折。在大规模行业洗牌之后,乳品行业逐步回暖。瑞银证券报告显示,由于政府采取更加严厉的措施来确保乳品业的食品安全且原奶供应短缺状况日益缓解,预计乳制品消费量将维持强劲增势。城镇化和消费升级是支撑乳制品消费市场前景的两大动力。

1. 供给总量及速率分析

2007—2011 年我国乳制品行业产量保持了稳定的增长,其中 2007 年全行业产量增速达到 22.46% 的高点,其后在 2008 年、2009 年经历了回落。2009 年全国乳制品产量已达到 1 935.12 万吨,增速恢复到 6.88%,迅速走出了 2008 年的行业增速低点。2010 年全国乳制品产量达到 2 159.40 万吨,增速进一步提高到 11.59%。这一方面是因为国内各大乳制品公司的新生产线竣工投产,产能迅速扩大;另一方面,广大城镇和农村居民生活水平不断提高,带动乳制品消费不断提升。

2. 供给结构变化分析

第一,乳制品消费仍以液态奶为主。《2011 年中国奶业统计资料》中的相关数据表明,2010 年乳制品消费中,液态奶约占 67.21%,酸奶约占 15.14%。而干酪等产品在国外都属大宗产品,在国内基本没有生产,尤其是深加工、高科技和高附加值的产品更少,不能满足市场需求。乳制品消费仍以液态奶为主。

第二,酸奶供给将大幅度增加。酸奶的发展是从改善风味和有益于健康开始的,以新鲜的牛奶为原料,各种符合卫生要求的功能性添加物(如水果、谷物、蔬菜、维生素、矿物质)的适当采用和不同组合,使酸奶品种丰富多样。"美味与健康同行"今后仍然是酸奶发展的基础,市场对营养强化型酸奶的需求也将会明显增加。发达国家和乳制品行业发展较早的国家,酸奶市场均经历从小到大的逐步发展过程,预计未来中国酸奶市场将得到快速发展。

第三,高端牛奶乳制品不断推出。随着人们生活水平的提高,乳制品已经成为人们生活中的重要食品,在低端普通液态奶趋向饱和的同时,高档牛奶乳制品的推出迎合了人们消费习惯的变化。从2006年起,国内各大乳业品牌相继推出高端牛奶乳制品。高档牛奶乳制品的推出,满足了不同层次的消费需求。随着乳制品行业竞争的加剧和人民生活水平的提高,乳制品将向着多元化、差异化的方向发展,以适应不同消费水平、口味爱好、营养需求的消费者。这样既可以摆脱愈演愈烈的乳制品同质化竞争,也可以提高市场竞争力。

(二) 企业背景

1. 并购前的光明

光明于2000年11月17日改制设立,并于2002年8月28日在上交所上市交易。光明的发起人有6家;对光明控股10%以上的公司有两家,分别是上海牛奶(集团)有限公司和光明食品有限公司。其中光明食品(集团)有限公司成立于2006年8月8日,是一家国有企业,是以食品产业链为核心的现代都市产业集团。上海牛奶(集团)有限公司是光明食品(集团)有限公司控股子公司,是一家以牧业为核心的国有控股公司,其他光明的前十大股东也都是国有企业。可以说,国有控股占绝对优势。正是这重国有企业的身份给光明的海外并购既带来了融资容易的便利,也带来了容易引起目标公司所在国疑虑的麻烦。

截至2009年,全国液态奶市场中常温奶占据86%的市场份额,其中光明占11%。光明意识到必须跟进做常温奶,然而,这时已经失去了先机。此外,生产基地处在华东地区的光明,相对于生产基地处在内蒙古大草原的蒙牛、伊利,其奶源的数量和质量也是一大劣势。

正是基于光明乳制品的市场份额远远不及蒙牛、伊利,国内市场还未完全打开,奶源品质得不到保障等发展状况,2010年,光明提出了新的发展战略——支持光明继续深化"聚焦乳业、领先新鲜、做强常温、突破奶粉"的战略,强化质量安全管理,巩固技术领先优势,加强基础奶源控制,完善通路渠道布局,巩固行业龙头地位。而要实现光明提出的发展战略,获得优质的奶源和生产常温奶、奶粉的先进工艺,"走出去"进行海外并购成为光明的最佳选择。光明在此之前也在并购市场中表现得非常活跃。

2. 并购前的Synlait Milk

Synlait Milk 是新西兰5家独立牛奶加工厂商之一,主要从事奶粉生产加工,目前的主要产品是大包装高端优质奶粉。Synlait Milk 拥有10余家自营牧场,存栏牛头数约12 000头,拥有充足优质的原料奶资源,并且拥有高端婴幼儿优质奶粉的生产技术及高科技配方,这也是光明最为看中的地方。

Synlait Milk 刚刚独立发展,就遇到2008年经济危机,因为经济危机,世界范围内原料奶价格下跌和高端奶粉价格下跌,导致其连续两年亏损。2010年前9个月 Synlait Milk 共实现销售收入1.65亿新西兰元,但并未盈利,净亏损为-511万新西兰元。并且该公司1号工厂生产容量已经饱和,迫切需要建设2号工厂以扩大生产容量和生产规模,满足日益增长的市场需求。经初步估算,2号工厂的整体建造成本大约为9500万新西兰元,这对已亏损两年的Synlait Milk来说,自有资金无法满足,又由于其糟糕的财务状况,向当地市场寻求融资也非常困难,因此需要寻求海外融资。

二、并购动因分析

1. 获取供应稳定、质量优良、价格低廉的原料奶资源

由于环境适合牧草生长,且污染不严重,新西兰的奶源非常好,原料奶和奶粉质量是世界最高的,除此之外,新西兰的原料奶成本还是世界上最低的。比如,目前新西兰原料奶的收购价格是2.15元/千克,而我国原料奶的收购价平均超过3元/千克,远远高于同期的新西兰原奶均价。光明通过并购Synlait Milk,可以拥有供应稳定、质量优良、价格低廉的海外原料奶供应基地。同时,由于新西兰乳制品在全球范围内其成本都是最低的,拥有成本优势,降低原料成本,进而降低销售成本,增加利润。另外,据2008年签订的中国新加坡贸易协定,到2019年,中国进口新加坡奶粉可以免关税,用Synlait Milk的产品替代光明现在使用的进口工业奶粉,也可以降低成本。

2. 获取技术优势,开拓新市场

光明一直以鲜奶生产作为企业的支柱产业,光明在鲜奶市场的占有率为29%,一直居行业第一。但截至2009年,全国液态奶市场中常温奶占据86%的市场份额,鲜奶仅占14%,而光明在常温奶市场仅有11%的占有率。此外,近年来中国奶粉市场尤其是婴幼儿配方奶粉的需求增长迅速,其中高档婴幼儿奶粉的销量更是每年以两位数的速度增长。因此光明提出"聚焦乳业、领先新鲜、做强常温、突破奶粉"的发展战略。光明此次并购Synlait Milk,可以获取其高端婴幼儿奶粉的生产技术及高科技配方,进而可以借其获得的优势资源进入利润丰厚、需求旺盛的婴幼儿奶粉市场,获取更多利润,提升公司业绩。

3. 提升企业品牌形象,重获消费者信任

三聚氰胺事件影响恶劣,消费者丧失了对中国乳品企业的信任,追捧国外的洋品牌。要扭转消费者对国产品牌奶粉的不信任,必须获取优质、健康的奶源,光明收购新西兰的优质乳品供应商,有利于消除消费者的不信任。新西兰乳制品良好的声誉和消费者认可度也可以帮助光明提升品牌形象。另外,良好、稳定的海外产业投资和运作,可以坚定现有投资者的信心并吸引潜在投资者,帮助光明在资本市场上顺利运行,以扩大公司在行业内的竞争优势。

三、并购过程

2010年5月,光明开始同Synlait Milk接洽,派考察小组赴新西兰对Synlait Milk的地理位置、厂房设施、生产基地进行考察,并同当地政府、相关组织、Synlait Milk股东、管理层进行沟通。

1. 恰当的并购目标

在介绍光明时,指出光明是乳制品生产加工企业,其主要业务是乳制品的生产加工,在寻求并购时,锁定乳制品制造企业,一方面会给自己带来资源、技术等的直接利益;另一方面,因为自身本来就有生产加工乳制品的经验、专利技术、销售渠道等,会让目标企业认为并购企业是可信的,进行此次并购对自己也是有利的,会增大并购的成功率。

光明此次并购,基于自身发展的动机需求,选取新西兰 Synlait Milk 作为并购目标,是因为 Synlait Milk 优质、充足、成本低的奶源,高端奶粉的生产加工技术及良好的国际市场信誉,消费者的高认可度都是光明所需要的。而对于 Synlait Milk,当时的财务状况不好,急需建厂提高生产能力,却融资不顺利,而接受光明的要约,这些问题都可以得到解决,不仅可以获得光明的资金支持,还可以通过中国国内银行等金融机构的融资渠道,在中国发行债券,最重要的是可以获得中国广大的婴幼儿乳品消费市场。

此外,光明一直专注于鲜奶市场,走中低端品牌路线,而 Synlait Milk 专注于奶粉市场,走高端品牌路线,并且双方的销售网络几乎不重合。总之,光明和 Synlait Milk 的并购需求是高度契合的。在采购成本上,相互大规模、集中采购可以大大降低成本;在品牌上,高中低端品牌满足不同消费者群体需要;在销售网络上,光明以国内为主,Synlait Milk 以国外为主;在产品技术上,光明拥有生鲜牛奶的处理技术,Synlait Milk 拥有婴幼儿奶粉的生产技术;在产品制造上,规模较大的光明所拥有的巨大产能将促进 Synlait Milk 的规模和利润的强势增长。因此,当并购双方能够很好地满足对方需求,契合度很高时,并购的成功率也就会提高。

2. 专业的团队

此次光明并购 Synlait Milk,其管理层考虑到国际收购项目的复杂性,组建了国际化、专业化的顾问团队,其主要成员包括:财务顾问——荷兰合作银行(RABO BANK NEDERLANDS);法律顾问——英国欧华律师事务所(DLAPiper);会计师——普华永道会计师事务所(PwC)。它们都与光明有着长期的伙伴关系,非常了解光明的财务状况、发展需求、治理结构等,可以为光明提出具有针对性的专业意见。

其中,荷兰合作银行在环球金融机构中名列第二,一直以服务标准的可信度和高质量而著称。值得注意的是,荷兰合作银行仅从事农业、农业机械和食品工业等行业的金融交易,其客户也基本都属于食品行业和农业行业及其相关领域。这样,光明可以通过荷兰合作银行获取更多关于 Synlait Milk 的深层次的经济信息,同时具有强大的融资能力。欧华律师事务所是全球第二大律师事务所,也是最早在中国内地发展的律师事务所之一,拥有丰富的涉外诉讼经验,可以为光明提供海外并购的法律框架、谈判战略等的咨询。普华永道会计师事务所是世界上最大的专业服务公司,机构遍布全球,可以为光明提供新西兰会计政策、目标股价等支持。正是因为有这样专业的团队,光明才很顺利又很快地完成此次并购。

3. 合理的价值评估

2010 年 7 月,光明与新西兰 Synlait Milk 乳业有限公司及新西兰 Synlait Milk 集团有限公司签订协议,公司以现金出资 8 200 万新西兰元(折合人民币 421 134 182 元)认购新西兰 Synlait Milk 乳业有限公司新增的 51% 股份。

并购前,Synlait Milk 的财务状况非常糟糕,债务庞大。但是根据荷兰合作银行的估测(根据现金流量法):Synlait Milk 的 1 号工厂的估测价值为 1.67 亿新西兰元,2 号工厂的估测价值为 1.17 亿新西兰元,减去债务,股东权益为 1.87 亿新西兰元,其中光明拥有 51% 的股东权益(扣除少数股东权益),约 8 200 万新西兰元,合人民币约 3.8 亿元,再加上中介机构的咨询费用及汇率变动,最后支付 4.2 亿元人民币。这个估价还是合理的,因为光明投资 Synlait Milk 是基于战略意义的考虑并将长期持有 Synlait Milk 的股份。

此外,Synlait Milk 所拥有的适合乳业发展的优良环境、低成本的原料奶加工基地、一体化且先进的生产设备、良好的国际声誉及消费者认可度、增加高端产品的市场亮点、优秀的管理团队等,都给光明带来潜在的利益。再者,按照光明的规划,Synlait Milk 的上市计划成功实施,成为光明的海外融资平台,又给光明乳业的投资带来丰厚的回报。由此,Synlait Milk 是极具战略投资价值的,光明用比较合理的价格获取了 Synlait Milk 51%的股份,这个价格在光明的可承受范围内,不必背上沉重的债务包袱,使得并购谈判得以顺利进行,也给以后进行整合减小了资金压力,使并购顺利完成。

2010 年 7 月,双方确定并购意向,光明向社会发布公告,光明将以 8 200 万新西兰元(约 3.82 亿元人民币)认购新西兰 Synlait Milk 的新增股份,为 2 602 658 股新增普通股,每股合 3.15 新西兰元。并将此次投资定位长期投资,预期收益率为 18%,初步资金使用自有资金,后期准备向银行借款,并等待国家相关部门批准。

4. 有效规避政治文化壁垒

此次光明收购 Synlait Milk 的股权认购公告中不包含牧场资产,意味着光明对 Synlait Milk 的奶源没有绝对的掌握权。这是光明为了规避政治文化壁垒而作出的让步。

众所周知,新西兰的支柱产业是畜牧业,因此一旦有海外投资涉及畜牧业,就会引起社会公众和政府的高度关注。鉴于光明是中国国企,如果再涉及牧场,那么民众更是敏感,抵制情绪高涨。并且根据新西兰海外投资办公室的规定,当一项境外投资涉及的农用土地超过 5 公顷时,这块被并购所涉及的土地就被认为是"敏感土地",那么这项投资计划就需要经过新西兰海外投资办公室审批,有时甚至需要将审批报告意见提交给财政部部长和土地信息部部长,由他们亲自批准签字。如果光明此次并购涉及土地,等待新西兰海外投资办公室的批准,会花费大量的时间,成本过高。光明为了顺利获得新西兰海外投资办公室的批准,快速高效地完成这起对 Synlait Milk 的并购,决定此次收购不涉及土地,减少敏感度和关注度。

5. 恰当的整合措施

(1) 战略目标整合。光明在收购 Synlait Milk 时为 Synlait Milk 确立了新的发展战略目标,并制订了一套详细的战略规划,通过沟通协商,得到了 Synlait Milk 的认同。首先,把 Synlait Milk 发展成为光明的基础原料海外供应基地,为光明提供优质、稳定低价的奶源。其次,将认购股份的资金 3 亿多元人民币用于建设 2 号工厂,一旦 2 号工厂竣工并投入使用,将会增大光明高端婴幼儿奶粉的产量,并作为高端品牌销往我国,原有的 1 号工厂会继续生产原料奶,并作为光明生产所需的工业奶粉原料。最后,推动 Synlait Milk 上市,使之成为在新西兰乃至全球范围内的高端原料和高端成品的供应基地,以协助光明完成定位的转变,特别是帮助光明进入利润相对丰厚的中高端婴幼儿奶粉市场,将奶粉纳入光明发展的三大支柱产业之列。

(2) 财务整合。光明并购 Synlait Milk 后,对 Synlait Milk 进行了一系列的财务整合,以使 Synlait Milk 的财务管理达到与光明同步,方便以后管理。

财务管理目标方面,为了使光明和 Synlait Milk 最大限度地获得可持续发展的能力,光明把财务管理目标确定为企业价值最大化。光明分析了 Synlait Milk 的财务状况,为了长远的利益,光明给 Synlait Milk 预留了两年的亏损期,并拿出资金筹建 2 号工厂。财务管理制度体系方面,光明与 Synlait Milk 配合采取各种措施,如合理配置和使用人力资本、物质资本,利用自身持有资金和银行贷款相结合方式支付给 Synlait Milk,帮助 Synlait Milk 偿还银行罚息等,规避投资、融资和财务风险。会计核算体系方面,由于光明遵循的是中国企业会计准则,因此 Synlait Milk 的会计核算也应调整至中国企业会计准则,以为光明编制合并报表提供准确及时的依据。这些都是在双方的沟通交流下完成的。比如,光明是上市公司,需要按规定及时披露财务情况,但 Synlait Milk 的财务周期是 6 月至次年 6 月,与光明不匹配。这些问题最终都通过坦诚的沟通一一化解,也给光明带来了良好的发展前景。

四、并购效果评价

并购交易顺利完成,从并购前后两家公司的财务状况及发展情况来看,基本上实现了"1+1>2"的协同效应,满足了光明的动机需求,也达到了光明的规划设想,可以说此次并购是成功的。

1. Synlait Milk 的发展情况

双方根据制定的发展战略迅速融合发展,并购的第二年(2012 年),Synlait Milk 就扭亏为盈。到 2011 年 11 月,按计划投资兴建的 2 号工厂竣工,并投入使用,Synlait Milk 的产量迅猛增长,几年后 2 号工厂可以达到其最大产值大约 10 万吨工业奶粉(约 90 万吨原料奶),这相当于目前光明一年的原奶收购量,这是一个很大的产量,对光明来说,优势是不言而喻的。

2013 年 7 月,Synlait Milk 在新西兰证券交易所主板挂牌上市,股票代码为 SML。初次发行股数 3 409.091 万股,每股价格 2.2 新西兰元,募集资金 7 500 万新西兰元。光明通过增持股份至 39.12%,仍维持第一大股东地位。光明成为国内乳制品行业首家境外收购优质奶源企业并成功促成其上市的企业,搭建起海外融资平台,完成资本运作,这对光明、Synlait Milk 以后的发展都有着重大影响。

2. 光明乳业的发展情况

光明在并购 Synlait Milk 后,利润稳中有升,特别是光明投资建设的 2 号工厂竣工并投入使用后,利润猛增,说明光明对 Synlait Milk 进行海外并购是正确的选择,帮助其进行 2 号工厂的建设对于光明的原料奶来源、高端奶粉的销售,以及成本的降低和收入的增加都是大有裨益的,并且光明在并购 Synlait Milk 时选取了较好的时机和合适的价格,对于光明以后的发展潜力的影响是非常大的。

光明的资产报酬率在 2011 年到 2012 年不断升高,说明其盈利能力在提高,其综合利用资产的效果也很好,光明对 Synlait Milk 的并购达到了预期目标,取得了很好的效果。

第六章 跨国并购

光明的净资产回报率也在 2009 年到 2012 年间不断提高,说明光明的净资产使用效率越来越高,光明投资者的利益保障程度越来越高。其净资产报酬率在近两年始终稳定在一个较高的水平,且近两年有逐年增长的趋势,说明光明对 Synlait Milk 的并购效果非常好。

光明的营业收入增长率自 2009 年以来,平稳有升,说明光明的营业收入增长幅度比较稳定,也可以说明光明在并购 Synlait Milk 后在市场销售方面表现良好,市场份额处于较稳定的占据状态。

五、结束语

虽然我国乳品企业依然存在整体竞争力差、国际运营经验不足等问题,但是以蒙牛、伊利、光明为代表的乳业翘楚已经具备了进行海外并购的技术和资金能力。其中蒙牛和伊利已进入 2010 年发布的"全球乳业 20 强"榜单,现在是"走出去"的好时机。蒙牛、伊利、光明等乳品企业可以通过跨国并购,充分利用国内国外的资源及市场,从而成长为世界级企业,并且国家鼓励乳品企业内整合。在此背景下,国产乳业加速洗牌后将呈现新格局。企业通过兼并收购,以拓展销售渠道,巩固已有市场,开拓新产品,完善产业链,使生产结构更加多元化。

中国乳业已经发展成为比较成熟的产业,不再是当年存在大片空白的新兴产业,因而暴利不再。屡经安全问题冲击,乳业行业亟须从加快产业重组、提升竞争层次中找出路。多年来的激烈竞争,已经在中国乳业中锤打出一批大企业,可以作为全行业资产重组的核心。因此,光明收购 Synlait Milk 也是在一定程度上顺应了行业发展的大趋势,并购可以实现企业的快速扩张,但生产、质量控制、销售的基本功才是企业立身之本。

资料来源:涉及并购案例的相关公司的公开信息披露。

【案例评析】

1. 该案例中光明乳业股份有限公司并购手法是什么?有什么启发和借鉴意义?

并购手法:平等合并。

启发和借鉴意义:海外并购是企业发展壮大的一条捷径。通过跨国兼并,企业能够在很短的时间内获取全球范围内的优质资源,掌握先进的技术,抑或开拓新的市场。虽然这是一条近路,但是这一路上可谓荆棘丛生,从宏观的政治、文化、法律和财税体系到微观的并购对象的企业人力资源架构及市场运营,每一个环节都有失败的风险。中国企业海外并购成功的比例并不高,有 49% 的跨国并购交易未能达成。并购对象若是包含所在国的核心资产,会因牵涉多个利益相关方而使交易风险大增。找到买卖双方的利益契合点,并且在此基础上寻求一种能够照顾多方利益的合作方式,是跨国并购成功达成、双方实现协同效应的核心。获取自身所需的资源不一定必须占有核心资源,若能够通过合作的方法既获得所需又绕开核心资源的占有,将有助于降低并购风险。如果需要占有核心资源,那么寻求本国企业的合作,以此来实现并购的双赢,也会有效降低并购风险。全球经济在步履蹒跚中复苏,这给了渴望参与国际竞争的中国企业一个千载难逢的机会。中国市场旺盛的需求,成为中国企业海外并购的重要筹码。要成功达成跨国并购,企业实力还是硬道理。专注于实力的提升仍然是中国企业迈向国际化的重要基础。

2. 光明进行了多次并购,为何这次并购能够成功?分析此次并购的特点,探讨其指导性意义。

此次并购能够成功的主要原因是:并购双方各取所需,有效减少并购阻力。

光明收购 Synlait Milk 的动因主要是获取供应稳定、质量优良、价格低廉的原料奶资源,获取技术优势,开拓新市场。另一个主要原因是提升企业品牌形象,重获消费者的信任。

乳制品安全问题频发,原因是多方面的,除了生产者和销售者利欲熏心,为获取利益不择手段外,还有其自身行业的特殊性。奶业产业链长,从饲料的生产、奶牛的育种和喂养,到挤奶、收奶,仅仅是原奶生产中就有颇多影响质量的因素,后续还有加工、仓储、运输、销售会对产品质量产生影响。加上中国目前以散户养殖为主的奶牛饲养方式,令原奶生产过程难以标准化,除了导致原奶品质差异大以外,生产过程也必须由多个经营者完成,更增加了质量控制的难度。同时,中国乳制品行业竞争激烈,企业为生存争抢奶源从而放松原奶质量的监管,政府对食品安全违法行为监管和打击力度不够,也是原奶质量普遍下降的重要原因。

相较中国原奶价格不断上涨且质量参差不齐,一些欧美乳业发达国家的原奶价格低廉且品质好,这种状况吸引中国乳制品企业借道海外获取乳业资源,依靠国外优质的奶源和生产中严格的质量监控,化解国内乳制品的信誉危机。作为畜牧业大国的新西兰,成为中国乳制品企业最先瞄准的目标。同时,中国政府大幅下调婴幼儿奶粉的进口关税,从原有的20%降至5%,对中国乳企在海外生产产品再转内销也相当有吸引力。因此,光明成为最早迈出海外生产脚步的中国乳企。

反观并购对手方,Synlait Milk 在达成收购之前,已有的1号工厂由于大量订单而满负荷生产,急需投建2号工厂以满足旺盛的市场需求,但是经历了金融危机的新西兰,在融资方面十分困难。因此,2010年5月末,光明参与 Synlait Milk 的竞购。光明用了不到6个月的时间就完成了对 Synlait Milk 收购的所有事项,收购速度之快可谓少有。除 Synlait Milk 本身运营良好及其与光明乳业间良好的协同作用以外,牧场这一乳业核心资源独立于收购之外也是一个重要的原因。光明对 Synlait Milk 的控股,其实仅仅意味着控制了对方的生产线。为 Synlait Milk 提供奶源的牧场仍然由原股东100%控股。光明虽然可以得到优质原奶发展高端婴幼儿奶粉,但是无法插手供应链的最上游。

光明收购 Synlait Milk 成功的关键在于找到买卖双方的利益契合点,并且在此基础上寻求一种能够照顾多方利益的合作方式,是跨国并购成功达成的核心。更重要的是,专注于实力的提升仍然是中国企业迈向国际化的基础。

【案例讨论题】

1. 光明乳业并购新西兰 Synlait Milk 的动机和目的是什么?
2. 该并购案例有什么成功经验可以学习借鉴?

吉利并购沃尔沃

即 测 即 练

第七章 企业并购中的资产评估、定价与融资

企业并购进入实质性操作阶段后,首先要解决的是财务问题,包括并购资产的价值评估、并购价格的确定、并购资金的筹集和支付等问题。并购定价与并购融资存在着密切的联系,并购定价结果直接关系到并购融资的规模与融资成本大小;并购融资方式的选择通常也会影响到并购企业定价的策略。同时,并购定价与融资安排是企业并购实施阶段两个承上启下的关键环节,关系到并购的成功与否以及并购后企业的整合效果。如果并购价格过低,被并购方可能会因得到的补偿太少而放弃交易。相反,如果并购价格过高,将给并购方带来更大的成本和融资压力,给并购后企业的整合与发展留下隐患。

第一节 企业并购中的资产评估

对目标企业资产价值进行评估是确定并购价格的基础,因而构成企业并购活动的核心内容。同时,企业资产价值评估是决定并购活动能否成功的基础,也是并购双方谈判的焦点。只有对目标企业资产的价值有透彻的了解,才能确定交易价格的合理区间,并为最终确定交易价格提供依据。

一、资产评估的内容与影响因素

(一)资产评估的定义与内容

资产评估是指评估机构及其评估专业人员根据委托对不动产、动产、无形资产、企业价值、资产损失或者其他经济权益进行评定、估算,并出具评估报告的专业服务行为。资产评估是一项业务性、政策性很强的工作。在我国,对国有资产的评估应严格按照《中华人民共和国资产评估法》《中华人民共和国企业国有资产法》《国有资产评估管理办法》《国有资产评估管理办法施行细则》《企业国有资产评估管理暂行办法》等相关法律规定的内容、方法和程序(申请立项、资产清查、评定后估算、验证确认)进行。对非国有资产的评估虽然没有明确的法律规定,但也必须有提出评估资产的委托单位,由依法取得资产评估资格、从事资产评估业务的机构进行。

资产评估对象包括整体资产、单项资产、项目资产、不动产、无形资产、企业价值、公允价值等资产种类。其中,整体资产是企业的全部资产,包括各单项资产和无形资产。单项资产包括机器设备、专业生产线、林木、果木、花卉、景观等流动资产和长期投资等。项目资产包括土地、剩余物业价值、未完工程价值、项目设施等。不动产包括土地、建筑物(住

宅、厂房、商场、办公楼、酒店、会所、冷冻仓库、教堂、学校、医院、车库、高尔夫球场、度假村、变电站、加油站)及机场、港口、码头、桥梁、铁路、公路等基础设施。无形资产分为可辨认无形资产和不可辨认无形资产。可辨认无形资产包括专利权、专有技术、商标权、著作权、土地使用权、特许权等；不可辨认无形资产包括商誉、品牌、企业家价值等。企业价值是由多种可变要素构成的，是对企业长期产生经济价值和盈利的能力进行的量化或预测。公允价值是指在公平交易中，熟悉情况的交易双方自愿进行资产交换或者债务清偿的金额。企业公允价值应采用适当且可获得足够数据，并依据不同的情况来确定。在计量日能获得相同和类似资产或负债在活跃市场上报价的，以该报价为依据确定；相同或类似资产或负债在非活跃市场上报价的，以该报价为依据做必要调整确定；无法获得相同或类似资产可比市场交易价格的，以其他反映市场参与者对资产或负债定价时所使用的参数为依据确定。

(二) 影响资产评估的主要因素

企业并购资产的评估是对企业整体价值进行评估，需要对企业资产综合体的整体性、动态性价值进行评估，而不仅仅是对企业各项资产的局部的和静态的评估。与一般局部的、静态的资产评估不同，企业并购中资产的价值评估不能简单地通过各单项经公允评估后的资产价值之和减去负债来计算。因为企业并购中获得的资产价值在于它能够给并购方带来未来的报酬，是企业所处经营环境中各种主客观因素共同作用的结果。

在市场经济中，企业的价值则是由市场来评价的，市值(公司每股价格乘以股票总数)的大小反映了企业市场价值的大小。又由于决定企业市场价值的最主要因素是该公司的盈利水平，根据经济学理论，某资产的价值应是该资产的预期收益的净现值，或预期收益的资本化。所谓资产的资本化，就是从未来预期收益或利润水平倒推资产的现在价值。例如，假定某资产或某企业每年能给其所有者带来1 000万元的收益，如果用银行一年期的存款利率作为参照系来衡量这一资产或企业值多少，在利率为5%的情况下，由于每年获得1 000万元的无风险收益需要存入银行2亿元，决定了这一资产或企业的价值应是2亿元。如果高于2亿元，人们就不愿购买这一资产或企业，因为其收益低于银行利息。或者用一年期的国库券利率作为参照系来衡量这一资产或企业值多少，在利率为10%的情况下，每年获得1 000万元的无风险收益需要购买1亿元国库券，决定了这一资产或企业的价值应是1亿元。如果高于1亿元，人们就不愿购买这一资产而去买国库券。这当然只是一个理论价格。在现实经济中，资产或企业的价格并不是严格地按照这一公式决定的，因为除银行存款和国库券之外，各种资产都有较高的风险，投资者要把风险计算进来。同时，既然购买资产或企业是为了获得预期收益，预期收益与现实收益就会有差距。在实际操作中，人们常常简单地用市盈率(每股股票价格与其收益的比率)来对企业资产价值进行估计，因此，预期收益的资本化可以转换为用市盈率评估。当市盈率较高时，说明投资者对该公司有着乐观的预期；当市盈率较低时，表明预期较悲观。

在企业并购活动中，目标企业资产的评估价值应等于并购前该企业的独立价值与并购后预计带来的收益之和。目标企业价值的增加来源于目标企业经营的改善、对并购企业的整合效果和对目标企业资产的处置收益。这样，目标企业资产的价值取决于三个因素：一是目标企业资产的现时重置成本；二是资产的效用，即满足收购者某种需要的使用价值；三是资产的预期获利能力和在市场上的稀缺程度。资产的成本越高，需求效用越大，获利能力越强，企业价值越高；反之，企业价值越低。

（三）资产评估中无形资产的处置

对于无形资产的界定，不同国家因立法不同而存在差异。国际会计准则（IAS）列举了各种可辨认的无形资产，其中包括专利、著作权、证照、品牌、客户名单、进口配额、商标、计算机软件、租赁改良权、销售权、特殊的关键技术及其他不用移交实体资产的特定权利。美国评值公司所涉及的无形资产有23项。它们是：专利、特许权、配方、版权、商标、专营权、交易合同、电脑软件、雇佣合同、租赁权益、优惠融资、商誉、商业秘密、技术秘诀、职工队伍、分销、包销、核心储户基础、失业评价、生产和销售系统、缩微胶片、权利、广告材料。中国财政部《资产评估准则——无形资产》（财会〔2001〕1051号）指出，无形资产是指特定主体所控制的，不具有实物形态，对生产经营长期发挥作用且能带来经济利益的资源。该准则把无形资产分为可辨认无形资产和不可辨认无形资产。可辨认无形资产包括专利权、专有技术、商标权、著作权、土地使用权、特许权等；不可辨认无形资产是指商誉。

相对于有形资产，无形资产具有无实体性、独占性、时间性、不确定性等特点，加上有些企业的无形资产占总资产的比重大，使得无形资产的评估和处置尤为重要与困难。

在无形资产评估实践中，应根据其法律属性和具体种类来科学确定评估方法。一般来说，对公司无形资产中仅取得使用权和已做抵押的部分等要剥离出来，做相应调整，防止价值不实导致交易的不平等。对特殊的无形资产，如职工队伍、各类特许经营权、资质等级、许可证等，要充分考虑合同或政府授权的期限，考虑职工队伍稳定的状况及并购中职工的流动情况，进行合理折算，避免"一刀切"。总之，无形资产价值评估工作是处置无形资产的关键，专门评估机构并非纯粹做价值的评定，还要依据无形资产的投资情况界定产权，避免评估工作出现反复，增加双方的费用。评估工作完成后，应当根据《公司法》规定和国家有关资产评估的法规、规章，对无形资产的总体价格适当调整，对漏评的无形资产进行补充评估。

我国目前关于无形资产的评估方法主要有现值收益法、重置成本法、现行市价法、清算价格法等。但由于无形资产不同于有形资产，在评估时不能机械套用实体资产的评估方法，或者不分类别地选择单一的方法，如现值收益法，而应根据无形资产的法律属性和具体种类，科学确定评估方法。如有的学者提出可以采取"割差法"或者"超额收入计算法"进行评估。"割差法"就是用"收益现值法"先评估出企业整体资产的价值，然后用"重置成本法"评估出企业有形资产的价值，最后两者相减，其差额就是无形资产的价值。"超额收入计算法"是指同一企业在产销同一种产品时，使用某一无形资产如商标与不使用该商标而使用其他标识时在收入上的差额，就是该无形资产的价值。

尽管企业并购能神奇地改变一个公司的价值，但并购活动却充满了风险，其中对无形资产的处置也存在着很多风险。一是法律风险，如发明专利的保护时间；二是产品风险，如使用该无形资产的产品存在的经营风险；三是产业风险，如使用该无形资产的公司所处的产业环境;四是财务风险,如有法律保护期限且不能续展的无形资产会随着时间的推移而减值,核算的方式、计算的价值是否准确等;五是信息风险,如非专利技术已经换代等。

总之,企业并购中的无形资产评估涉及法学、会计学、财务管理学、工程技术学、市场学、经济学、人力资源管理学等多方面的知识,要求明确无形资产与无形财产的关系,对无形资产的权属进行科学界定,并采取科学的评估方法,以切实保护公司和股东的利益。

二、并购资产评估的基本方法

评估资产价值一般有两种依据:一种是根据企业资产的价值来评估,另一种是根据企业的盈利进行评价。根据企业资产的价值来评估的具体方法有账面价值法、清算价值法、市场价值法和重置成本法等;而根据企业的盈利水平进行评价的方法有现金流量贴现法和以收益为基础的市盈率法。以企业资产的价值来评估往往忽视了企业管理水平、职工素质、经营效率、资本市场运作等重要的无形因素对企业价值的影响;根据企业的盈利进行评价以投资为出发点,着眼于未来收益,并在测算方面形成了一套较为完整有效的科学方法,满足了资产重组中"资产整体效应最优化"的要求,所以成为国际上普遍采用的方法。

企业资产价值评估最常用的方法有三种,即重置成本法、市场比较法和收益现值法。不同的方法在操作上有重叠与相似的地方。

1. 重置成本法

重置成本法是指在现时条件下,被评估资产全新状态的重置成本减去该项资产的实体性贬值、功能性贬值和经济性贬值,估算资产价值的方法。这是一种对目标企业资产的现时重置成本扣减各项损耗价值来确定企业价值的方法。在实际应用中,数据主要来自企业提供的资产负债表。通过对企业的账面价值进行调整得到企业价值,基本的思想是重建或重置评估的对象。

在使用重置成本法进行估值时,需要对企业资产负债表记录的资产进行调整。因为账面价值是根据历史成本记录的,虽然账面价值会因折旧进行调整,但它没有考虑其他重要因素的影响,如通货膨胀等。

重置成本法的基本计算公式可以表示如下:

目标企业价值=重置成本-实体性贬值-功能性贬值-经济性贬值

或 目标企业价值=重置成本×成新率

成本法的优点是充分考虑了资产的损耗,有利于企业资产的保值,在不易计算资产未来收益或难以取得市场参照物条件下可以广泛使用。缺点是工作量较大;而且当资产的获取成本与其价值的关系难以确定时,成本法的偏差就会比较大;成本法也难以反映企业组织资本的价值,因为企业的价值要超过单项资产价值之和。在持续经营的情况下,成本法无法体现组织资本的价值。

重置成本法是从成本的角度来衡量资产的价值。根据替代性原则,在进行资产交易时,购买者所愿意支付的价格不会超过按市场标准重新购置或购建该项资产所付出的成本。

房地产评估还可采用成本积算法,即对取得土地或已实现的土地开发的各项成本费用进行核算,剔除不正常因素影响的价值,对于正常成本费用累积后取一定的资本利息和合理的投资利润,得出土地使用权价值的方法。其公式为

$$房地产价值 = 土地使用权价值 + 房产价值$$

土地使用权的价值和土地所处位置有很大的关系。因此,地段和区域是影响房地产价值的重要因素。

2. 市场比较法

市场比较法也称市场价格比较法或者现行市价法,是指在市场上找出一个或几个与被评估的目标企业相似的参照企业,分析比较被评估企业及合适的价值乘数,在此基础上,通过修正调整企业的市场价值,最后确定目标企业价值的方法。

市场比较法的基本原理就是市场替代原则,即投资者对相同用途的替代企业应该支付相同的价格,所以类似的企业应该具有类似的价格。市场比较法的使用条件是需要一个活跃的公开市场,需要在这个市场上有可比企业进行交易,而且可比的企业的交易数据和比较指标等可以被收集到。

在选择可比企业时,需要坚持两个基本的标准。一个是行业标准,即处于同一个行业的企业存在某种可比性;另一个是财务标准,即相同赢利能力的企业具有相似的财务结构。在运用市场比较法时,可比性的重要依据是可比企业的历史绩效和当前结构,而对未来运营的环境考虑得比较少。

市场比较法的思路可以用如下公式表示:

$$V_1/X_1 = V_2/X_2$$

即

$$V_1 = X_1 \times (V_2/X_2)$$

式中:V_1 为被评估企业价值;V_2 为可比企业价值;X_1 为被评估企业与企业价值相关的可比指标;X_2 为可比企业与企业价值相关的可比指标。

V/X 通常又被称为价值乘数。其比较常见的选取值为价格/收益倍数比率(市盈率)、价格/账面值比率(市净率)和价格/销售收入比率。

由于价值乘数中涉及一些财务数据,所以在使用可比企业的财务数据时,可以采用统计方法调整和直接调整,用调整后的财务数据进行计算可以减少价值乘数的波动。

市场比较法的优点是其评估的参数与指标来自市场,容易被各方接受;它克服了现金流折现法存在的对输入参数的过度依赖;从投资的角度来看,它提供了整个市场目前对公司价值的评估信息,包括整体市场、行业和行业内单个公司的估值信息;此外,该方法和理论都相对简单,特别适合于对新兴不成熟市场的企业进行价值评估。

市场比较法的缺点是,它虽然提供了目前市场对价值的评估信息,但并没有提供目前价值评估的合理程度,即目前市场的估值是否合理。如果市场本身高估,得出的价值是否合理就无法判断。由于价值判断标准本身存在差异,再加上其他一些特殊的原因,这种合理的估值就更难判断。由于公司与公司之间肯定存在差异,要找到在行业、规模、风险等方面具有类似特点的公司是一个棘手的问题。此外,市场比较法要求以公开活跃的市场为基础,如果市场不够公开活跃,可比公司的数据会较难获得。

3. 收益现值法

收益现值法是指通过计算企业未来预期的收益并折算成现值来评估被并购企业资产价值的方法。收益现值法的理论基础在于：企业的价值是其资产所能获得的未来收益的现值，其折现率体现了投资企业获得收益的风险回报率。可见，运用该方法需要明确三个重要的问题：一是企业收益的界定；二是对企业收益进行合理预测；三是选择合适的折现率。

企业的收益可以用利润或现金流量来表示，理论上两者的最终价值应该是一致的。但由于会计上处理的特点，短期内两者可能不一致。当现金流量与利润不一致时，企业价值与现金流量更一致，而与利润变化关联性不大。此外，由于现金流量是企业实际收支的差额，不容易被修改，而会计信息容易被管理者更改，所以人们更多地采用现金流量折现的方法来估算企业的价值。这就是常说的折现现金流量法，有时也被称为折现现金流量模型(discounted cash flow model，DCFM)。实际上，收益现值法就是前面提到的资产的资本化，即预期收益净现值法，所以这里不再阐述。

收益现值法通常被认为更适合于企业并购中的资产评估。因为并购方之所以对目标企业进行并购，正是预期能获得收益，而且这种收益带有不确定性，蕴含风险。收益法为量化企业的未来收益提供了很好的途径。但是，采用收益法进行预测的主观性太强，不同的人进行预测，可能得出差距很大的结果。估计公司未来相当长时间内的经营成本额是一件很困难的事情；另外，现金流量模型对目标公司的期末残值很敏感，对期末公司的残值进行准确预测是不大可能的；而且，采用收益现值法进行定价必须保证企业具有持续的盈利能力，对于一些亏损企业，收益现值法就不再适用了。

与市场比较法必须选择具有可比性的公司相比，由于现金流量折现模型的预测效果取决于现金流量的预测结果和折现率选择的准确度，因此，收益现值法最大的优点是适用面广，既可以用来评估上市公司，也可以用来评估非上市公司，而不必选择可比公司。

现金流量折现法的最大缺点是，它对现金流的增长率（包括增长率和增长期两方面内容）和现金流的预期折现率两大因素的依赖过大，两大指标的微小变化都会导致评估值的巨大变化。特别是折现率的估值具有很大的不确定性。由于必须对许多有关市场、产品、定价、竞争、管理、经济状况、利率的情况做假定，而且所得出的数值有一个可信度的问题，因此，对模型中主要变量的确定应采取定量分析与定性分析相结合的方法，减少模型变量的主观性和不确定性，由此可提高现金流量模型应用的可操作性。

4. 清算价格法

清算价格法适用于依照《中华人民共和国企业破产法》的规定，经人民法院宣告破产的公司。采用清算价格法评估资产，应当根据公司清算时其资产可变现的价值，评定重估价值。公司在并购中一般不使用这一办法。

由于存在不同的资产评估方法，在并购谈判时，就会出现不同方法的冲突，以及对不同方法的选择。例如，香港恒胜国际集团在与内地某公司的谈判中，内地某公司坚持用重置成本法评估资产，而恒胜集团坚持用收益现值法。正是由于对采用什么方法存在分歧，最终导致谈判受阻。又如，珠海恒通公司收购上海棱光公司的国有股时，用的是净资产评估法，而上海棱光回购恒通公司时，用的是市盈率法。由于分别采用了不同的资产评估方法,恒通公司大为受益。

一般而言,当收购方针对的是一个继续运营的企业的产权时,应采用预期收益净现值法;当收购方针对的是一个破产的企业或企业的部分资产时,应采用以重置成本计算的账面净现值法。用预期收益净现值法评估实际上是一把"双刃剑"。它可以"放大"一个盈利企业的价值,也可以使一个不盈利甚至亏损的企业的市场价值为零甚至是负数。在这个时候,企业的整体价值还不如它的各种资产分别出售的总和多,所以在这时的一个选择是破产,将资产分别出售,同时终止法人身份和清理与债权人和股东之间的财务关系。

第二节 企业并购中的资产定价

企业并购中的资产定价既是一门科学,又是一门艺术。其科学性在于,并购价格需要根据有关财务理论、资产评估方法和模型来确定;其艺术性则在于,定价过程还涉及参与者的经验、判断和个人风格等不确定性因素,在不同的交易条件下可以达成不同的并购交易价格。

一、影响资产定价的主要因素

在企业并购活动中,对企业资产价值的评估是确定企业并购价格的基础,但上述资产评估方法并不是决定价格的因素,而只是为价格谈判提供了参考。而且,无论是并购方还是被并购方,都不可能单方面确定交易价格。任何价格的形成都是买卖双方讨价还价的结果。在这一过程中,双方各自对于目标企业价值的判断对整个定价过程乃至整个并购过程都至关重要。

无论是成本法还是收益法,都是根据历史数据对企业的现状进行评判,而对企业产权的交易是依赖于买卖双方对企业未来的不同预期。对于企业的现状,买卖双方的评价不会有太大的差距,真正的差距来自不同的预期。并购方对被并购企业有更好的预期才会有收购的动机,被并购方一般不看好自己才愿意出售。这就形成了对企业价值判断的差距。正是由于这个差距的存在,才会有企业的产权交易。价格应该定在最好预期和最差预期中间的某一点,到底是哪一点,取决于双方讨价还价的能力。只要存在一个产权交易的竞争性市场,只要产权交易得到双方产权所有者的同意,通过谈判达成的价格就是一个最好的价格。

并购活动中的并购决策包括被并购方的决策和并购方的决策两个方面。对被并购方来说,在决定是否出售企业、以何种价格出售之前,需要判断企业几种不同的价值。一是重置价值,即被并购方将资产按照现有的市场价值重新进行评估所得到的各项资产的现有市场价格之和。这个价格应该是被并购方可以接受的底线。如果低于这个底线,被并购方还不如对公司资产进行破产清算,得到重置价值。二是继续经营价值,即被并购方继续经营所带来的未来现金流收入的折现值。一般来说,继续经营价值肯定要比重置价值高,否则,被并购企业不如破产清算。三是投资价值,即被并购方得到并购收益后投资到其他领域所能获得的预期收益的现值,这相当于机会成本的概念。

第七章 企业并购中的资产评估、定价与融资对于并购方来说,在决定是否购买企业、以何种价格购买之前,也需要明确以下几种不同的价值。一是新建价值,即如果并购方不是购买,而是通过投资新建一个与目标企业相似的公司,那么所支出的新建成本就称为新建价值。新建价值是并购资金的一种机会成本的体现方式,不仅包括新建一个能够生产产品或提供服务的企业,还包括相关的营销渠道建设、无形资产(如商标、知识产权、知名度等)的形成,以及其他所需要的各种投入。新建价值应该是并购方购买目标企业的出价上限。二是并购后的经营价值,即并购成功后,持续经营目标企业为并购方多带来的未来现金流收入的折现值。三是整合价值,即目标企业被并购后,需要进行整合,以融入并购方企业。目标企业与并购方企业整合后的实际价值得以增加,最终的收益比原来两方各收益之和要多,多出来的部分就是整合价值。四是机会投资价值,即将用于并购支付的资金投资于其他项目领域所得到的收益现值。这也是机会成本的一种体现。

并购价格的形成还受以下其他因素的影响。正是由于这些因素的存在,并购价格也有可能高于或低于目标企业价格。

(1)并购双方在并购中所处的地位。如果并购方处于经营优势,被并购方处于经营劣势,甚至只有被并购才能走出困境,这对并购方压低并购价格有利。相反,如果被并购企业具有先进技术和管理水平,或拥有稀缺资源,就会抬高并购价格。

(2)并购双方对同一投资的机会成本的比较。并购方购买被并购方的资产,等于放弃了这笔投资用于其他领域的机会;被并购方因放弃现有资产而获得产权转让费用,则得到了从事其他领域投资的机会。如果并购方有更好的投资机会,除非并购价格非常低,否则它会转向别的投资。而被并购方如果有好的投资机会,它就希望得到这笔转让费,从而接受较低的并购价格。反之,并购价格就会被抬高。

(3)产权市场的供求状况。产权市场的供求状况指产权转让的供给方和需求方在产权市场上的表现与竞争。如果被并购方资产有众多的购买者,并购价格就会被抬高;反之,并购价格必然会下降。

(4)资产的专用性。资产的专用性决定了企业资产从理论上只有一种最佳用途。这意味着从一种用途向另一种用途转化时,要考虑"专用性"必须付出的"转化成本"。经济主体的不同特征,加上资产的专用性,使资产针对特定经济主体有不同的价值。也就是说,同一资产对买方和卖方的价值是不一样的。买方的出价取决于其预期收益率的大小。如果买方要改变资产的用途,必须付出高昂的"转化成本",因而预期收益扣除成本之后的净值减少,对资产的估价也就降低,并购价格必然被压低。

(5)信息的对称性。并购双方作出决策前,必须深入了解对方的相关信息。这些信息大部分来自中介机构。但中介机构可能在卖方的授意和操纵下,粉饰卖方企业经营和资产状况的真相,甚至高估资产价值,以期得到高估价。因此,买方不但要了解企业的实情,同时又要对中介机构提供的"二次信息"进行鉴别、评价和利用。如果获得信息成本高,买方还会压低并购价格。

(6)其他附加条件。并购过程中,通常会涉及被并购企业的职工去留问题及职工的福利问题等。这些附加条件也会对并购价格产生影响。

二、并购资产定价的具体方法

(一) 资产相对估值定价法

在金融理论中,资产估值法可分为相对估值法和绝对估值法。绝对估值法主要根据投资对象现金流情况,考虑货币的时间价值以及风险因素,以测算资产的价值。这种方法又称为现金流贴现估值法,其原则是以一个合适的贴现率计算出投资对象各期现金流的现值并相加,以得到该资产的合理价格。

现金流贴现估值法在理论上被认为是在金融资产估值中最客观和最科学的方法。不过在实践中,这种估值方法的运用较为复杂和困难。首先,分析者需要对评估资产未来的自由现金流进行预测和估算。这种预测存在很多分析者个人主观的判断,往往在不同分析者之间难以得到统一。其次,分析者需要估算出合适的贴现率。在对上市公司的贴现率估算时,使用资本资产估值模型(CAPM)可较精确地确定企业价值,但对于非上市公司来说,却是一件很困难的事情。因为没办法通过市场数据来确定,往往只能借助相似上市公司的指标来估算。加上非上市公司的股权流动性较低,导致其与上市公司的股权相比在估值上可比性降低。尽管在很多大型的企业并购案中,绝对估值法也经常被用于估值分析,但通常只是作为一种辅助和参考。

资产的相对估值法指通过参考"可比"公司价值或其他某一变量,如收益、现金流和账面价值等比率来对目标资产的价值做估算。相对估值法包括市盈率、价格/账面值比率、价格/销售额比率、PEG 估值法、EV/EBITDA 估值法等。其中以市盈率和市净率的使用最为广泛与普遍,以下重点对这种方法做详细介绍。[①]

1. 市盈率估值法

(1) 市盈率指标的经济意义。市盈率是公司股票的市价与每股盈利的比率。其计算公式中包括三个变量,只要知道其中两个指标,就可以计算出第三个指标。若其中任何一个指标出现变化,我们都可以预测到其影响。

在运用市盈率进行分析的时候,我们经常用到静态市盈率和动态市盈率的概念。静态市盈率是以现价与某一时点的每股盈利所计算出来的市盈率。动态市盈率则以股票现价除以预期股票每股盈利所计算的市盈率。人们在对资产定价的时候,关注的重点是动态市盈率。显然,动态市盈率水平涉及股息增长比率。而动态市盈率的高低与以下几个重要因素有很大的关系。

其一,市盈率在运用中需要考虑成长性。盈利增长率为正数的情况下,动态市盈率就较静态市盈率低。显然,具有较高成长性的企业,其资产或股票对于投资者具有更高的吸引力,其价格也倾向于上升。

其二,市盈率与利率存在密切的比较关系。市盈率的倒数可以理解为投资收益率:每股盈利/每股价格。例如,某公司股票的市盈率为 10 倍,代表该公司的投资收益率为 10%。从投资者的角度来说,投资收益率当然与市场利率水平很有关系。在市场利率较

[①] 蓝裕平.如何避免资产并购中的定价错误[J].国际融资,2011(4):53-55.

高的情况下,投资者要求的投资收益率也较高,因此,投资者接受较低的市盈率水平;反之亦然。很多人都很奇怪,为什么日本的股市平均市盈率长期都维持在数十倍的水平,即使在1989年日本经济泡沫破灭以后,日经指数大幅下跌的情况下,日本上市公司的盈利也大幅下跌,日本的市盈率水平仍然长期维持在约50倍的水平。有学者经过数据研究发现,日本国内的市场利率水平长期偏低,与日本股市市盈率长期居高不下的现象之间存在较高的相关性。日元在近20年来长期处于接近零利率的低息时代。设想一个上市公司的股票市盈率为50倍,即每股盈率为股票现价的2%,如果该公司每年都把一半的盈利用于分红,投资者可获得股利收益率1%。显然,相对于把钱存银行,购买50倍市盈率的股票还是有其吸引力的。

其三,市盈率与派息率之间存在重要的关系。金融学的一个重要财务概念是可持续增长率。简化的可持续增长率等于股本收益率乘以留存利润率。显然,可持续增长率与留存利润率之间成正比关系,留存利润率越高,可持续增长率就越高;反之亦然。成长性较高的公司通常对于资金的需求也较大,倾向于不派股息或者派较少的股息;成长性较低的公司通常缺少进一步发展的好项目,手上的现金没有更好的投资用途,倾向于分配给投资者,以降低公司的资本规模。因此,我们经常发现一个对于外行人来说似乎奇怪的现象:股息收益率较低的公司股票,市盈率反而比那些股息收益率高的股票更高。

其四,资产流动性与市盈率存在密切关系。流动性在金融学里是一个含有多重意义的概念。当我们讨论宏观经济形势或者整个金融市场状况的时候,流动性常被用于说明货币供应量。当我们讨论资产估值问题的时候,流动性指的是资产变现的容易程度和所需的时间。一种资产变现越容易、所需时间越短,其流动性就越高。在金融市场里,一种资产的价值不仅取决于其带来的现金流,还取决于其流动性。流动性越高,资产的价值越高,其市盈率也越高。

(2) 市盈率在企业并购中的估值运用。当我们对市盈率计算公式中的分子和分母同时乘以公司股份总数时,分子变为公司总市值,分母则变为总利润,但市盈率大小保持不变。这样,在估算企业价值的时候,以该企业的盈利水平作为议价的基础,在双方商定了市盈率后就可以确定公司的估值。如目标公司的年净利润为1亿元,双方谈判确定市盈率水平为10倍,那么该公司的市值就是10亿元。因此,在企业并购活动中,交易双方可以根据交易标的盈利情况来估算和讨论定价水平。由于企业并购活动在金融市场中越来越多,资产交易也形成了一个比较活跃的市场,资产拍卖以及股权交易所的行情为资产交易的市场定价提供了参考依据。资产价格水平通常都以市盈率的多少倍来表达,而且其水平也是随行就市,市场的参与者需要关注市场的行情变化。而且考虑到市盈率指标与很多因素有相关关系,在使用市盈率指标时也必须考虑那些因素的状况。在实践中,运用市盈率对企业资产估值,应注意以下几个原则。

第一,重视动态市盈率。尽管定价的参考指标是过去的业绩记录,但是作为收购方,要更加重视未来的盈利能力。如果认为未来的盈利能力有别于过往的业绩记录,则需要按照对未来的预期盈利水平来定价。在实际或研究过的案例中,鲜少是完全按照过去的盈利记录来作价的。较多的是按照当年末完成年度的预期利润来定价的,也有把未来一段时间的预期利润作为参考指标的。

例如，无锡尚德2005年年中在为上市做准备的公司重组中，引进以高盛为首的海外风险投资商8 000万美元的股本投资。该笔资金进入以后，将占公司股本多大比例？交易双方经过谈判，最后借助市盈率定价方法解决了这一难题。

无锡尚德在2003年的盈利只有92.5万美元，2004年的盈利只有1 975万美元，而据管理层的估计，2005年可以完成4 500万美元的净利润。最终，以高盛为首的风险投资机构与该公司达成了协议，按照6.393倍的市盈率来计算，公司的总市值为2.876 9亿美元。而风险投资机构投入的8 000万美元占公司的27.81%。如果用同样的市盈率水平，并以2004年度的盈利来计算，无锡尚德公司的总市值只有1.262 6亿美元。相应地，风险投资机构的股权比例将达到63.36%！由此可见，静态市盈率与动态市盈率的使用存在巨大的差别。

第二，重视资产经营和盈利的稳定性。使用市盈率定价，是假定未来该资产为投资者带来的现金流保持一个不变的水平。但事实上，资产经营环境未来的变化可能很大，盈利也不可能保持不变。因此交易双方对于未来盈利的稳定性要有估计。如果企业的行业竞争性强，经营风险较高，盈利的稳定性就比较差，通常市盈率相对低一些；反之亦然。事实上，考虑了风险因素以后，资产收购一方通常会要求出售资产一方作出承诺，如保证当年或者更长时间内的公司盈利水平至少达到一个什么水平。如果达不到的话，资产价值需要按照实际盈利水平进行重估，而出让方必须对受让方作出补偿，即交易双方在资产转让协议中需要有所谓"对赌"条款。上述无锡尚德引进风险投资的交易中规定，如果2005年结束以后，经认可的会计师事务所审计确定的公司净利润达不到公司管理层承诺的4 500万美元，则公司价值将按照6倍市盈率（稍低于原定的水平）进行重估，而风险投资机构的持股比例将相应提高。一般来说，对于当年盈利承诺设定"对赌"条款是比较普遍的做法，但是对于超出本年以后的盈利水平作出承诺的要求，则通常会被出让方拒绝，理由是资产在出让以后原所有人对于经营过程没有控制力。

第三，重视资产质量和财务状况。通常一个公司未来持续稳定经营需要有一个良好的资产质量和财务状况。因此，交易双方除了要看公司的盈利能力，还要关注公司的资产和财务状况。对于卖家来说，资产质量较好和财务状况稳健是其价格谈判的强有力优势。而如果公司内部的现金金额超出正常经营所需，则应该考虑把它以分红方式剥离出拟出售的公司，或者在价格上予以补偿。有些交易的收购方为了不牵涉公司原来的商业债权和债务关系，要求交易内容不包括公司的应收账款和应付账款，而由原所有人负责清理。这些具体的内容通常都需要交易双方来协商。

2. 市净率估价法

市净率为股价与每股净资产之比。公司净资产是总资产减去负债后留给股东们的价值。而市净率就是衡量投资者愿意以净资产值的多少倍价格来购买其净资产。由于净资产值是以账面值来计算的，该指标通常不能真实地反映出公司的实际市场价值。不过，在投资者无法获得公司实际市值的情况下，账面值仍然是人们判断公司价值的重要参考指标。运用公司股票市场价格计算的市净率越高，说明其账面值的溢价倍数越高，表明投资者愿意出更高的溢价来购买这笔净资产；而市净率倍数越低，说明其账面值的溢价倍数越低，表明公司净资产对于投资者的吸引力较差。

市净率估价法一般以行业平均市盈率或者同行业企业平均市盈率作为比较的参照，

来判断评估对象的相对价值。市净率估价法比较适用于那些周期性较强的行业、资产值较大且账面价值相对稳定的行业和企业、银行、保险及其他流动资产比例高的公司等。对于那些账面价值的重置成本变动较快的公司、固定资产较少的公司以及商誉较多的服务行业适用性则不是很强。

3. 企业价值倍数估价法

企业价值倍数也是一种被广泛使用的公司估值指标。其计算方法如下：

$$企业价值倍数 = EV/EBITDA$$

式中：EV 为企业价值；EBITDA 为未扣除利息、所得税、折旧与摊销前的盈余。

企业价值指的是企业总资产的市场价值，不仅包括公司股本的市场价值，还包括公司债务的市场价值。未扣除利息、所得税、折旧与摊销前的盈余等于售货收入扣除售货成本和管理费用后的盈余部分。

这个指标的意义与市盈率类似，就是通过衡量投资成本与年投资收益的倍数来估算投资对象的价值。与市盈率不同的是，该指标的分子部分不仅考虑股本投资人权益的市场价值，还加上了公司债权人权益的市场价值，而分母部分除了净利润外还加上已支付的利息、所得税、折旧与摊销费。市盈率表示的是股票市值和净利润之间的倍数，而企业价值倍数表示的是企业资本的市场价值与一年的企业收益间的比例关系。需要指出的是，由于其对应于企业价值包括债务资本的价值，因此在考虑收益因素的时候不仅要包括利息，还要包括折旧费和摊销费用。因为折旧费和摊销费用是非现金项目，提取后仍然留在企业，可以用于还本付息。

需要指出的是，在资产并购交易中，交易双方除使用某种指标（如市盈率）作为定价的标准外，往往各自以其他指标作为抬价或者压价的理由。因此，操作者需要熟悉各种分析方法，以方便与对方进行沟通，并寻求达成有利于己方方案的目的。

（二）其他资产定价方法

不同的定价达成方法将决定不同的最终并购成交价格，所以对不同的定价方法进行选择，也是并购双方需要考虑的重要问题。需要强调的是，定价方法的选择是针对并购双方而言的，并购的参与者通过特定的定价方法进行双边或者多边的博弈，最终确定并购的交易价格。

并购活动是针对企业这一特殊商品进行的交易，所以一般商品的定价方法也适用于并购价格的达成。具体来说，并购价格的达成方法主要有三种，即要约收购（tender offer）定价、讨价还价定价（bargaining）和拍卖定价（auction）。

1. 要约收购定价

要约收购，或称发盘收购、标购，指收购者直接向目标公司董事会发出收购要约，向目标公司股东进行招标的收购行为。收购要约是收购人向目标公司的股东发出购买其所持该公司股份的书面意见表示。收购方一旦发出收购要约，就应当按照事先规定的收购条件、价格、期限以及其他规定事项，对目标公司进行收购。《证券法》规定，投资者持有一家上市公司已发行的股份30%时，继续进行收购的，应当依法向该上市公司所有股东发出收购要约。

要约收购包含部分自愿要约收购和强制要约收购两种类型。部分自愿要约收购是指收购者依据目标公司总股本确定预计收购的股份比例,在该比例范围内向目标公司所有股东发出收购要约,预受要约的数量超过收购人要约收购的数量时,收购人应当按照同等比例收购预受要约的股份。强制要约收购是指当一持股者持股比例达到法定数额时,强制其向目标公司同类股票的全体股东发出公开收购要约的制度。根据新修订的《证券法》对上市公司收购制度所做的重大调整,将强制性全面要约收购制度调整为强制性要约方式,收购人可以根据自己的经营决策自行选择向公司所有股东发出收购其全部股份的全面要约,也可以通过主动的部分要约方式取得公司控制权,从而大大降低收购成本,减少收购人规避动机,避免复杂的审批程序,有利于活跃上市公司收购活动。

要约收购适应于对上市公司的收购行为,其报价一般高于目标公司的股票市价。其最大特点是,在所有股东平等获取信息的基础上,由股东自主作出选择,因此被视为完全市场化的规范的收购模式,有利于防止各种内幕交易,保障全体股东尤其是中小股东的利益。

2. 讨价还价定价

讨价还价定价,又称为协议定价或议价,指的是在并购过程中,并购双方轮流出价,就价格进行协商谈判,最后达成双方都能接受的均衡价格。讨价还价是现实生活中十分常见的经济行为,小到集贸市场上的农产品买卖,大到成员方加入WTO的谈判,都是一种讨价还价的过程。讨价还价的本质是交易双方对利益分配进行的谈判。将这一方法引入并购定价中,就是并购双方对各自利益进行谈判的过程。

讨价还价的实质是对标价理由进行谈判。在这个过程中,双方所有的行为都是让对方理解和接受自己的标价理由,从而接受自己的标价。

根据并购双方掌握的信息,讨价还价定价机制可以分为完全信息下的讨价还价和不完全信息下的讨价还价两种。前者指的是并购双方对于对方的报价以及议价能力等信息都有所了解,并据此作出自己的最优策略;后者指的是并购双方中至少有一方不了解对方的报价或议价能力,只知道对方部分公布的信息。

讨价还价机制是中国并购实践中应用最为广泛的一种定价机制。迄今为止,中国国内大部分并购都是采用这种方法确定最终交易价格的。

3. 拍卖定价

当市场出现多个并购者,就会出现并购者相互之间的竞争。对于被并购方来说,它只要选择出价最高的并购方的报价即可。此时,并购方的竞争性出价就转换成一个拍卖的过程。拍卖是一种市场机制,这种市场机制在市场参与者标价的基础上,具有决定资源配置和资源价格的明确规则。

拍卖定价可以分为英国式拍卖、荷兰式拍卖、第一密封价格拍卖和第二密封价格拍卖四种。其中前两种属于公开拍卖的范畴。英国式拍卖是增价拍卖,价格逐渐上升,直到没有更高的出价为止,出价最高者获得标的物;荷兰式拍卖是减价拍卖,价格逐渐下降,直到有人愿意接受为止,仍是出价最高者获得标的物。后两种是密封拍卖,竞标者同时递交自己的出价,第一密封价格拍卖由出价最高者获得标的物,并按其报价支付;第二密封价格拍卖也是由出价最高者获得标的物,但按第二高报价成交。

拍卖最大的特点是价格由竞争的方式来决定,既不是由卖方说了算,也不是由双方讨价还价来确定。竞争决定价格的优越性源于信息的非对称性,其过程就是帮助卖方寻找最适合的买方,不仅可以有效地配置资源,还为卖方带来了很好的收益。

三、避免并购定价错误的基本原则

衡量收购标的的内在价值对企业并购来说格外重要,避免并购定价错误必须高度重视盈利质量、债务、营运资金和关联方交易的影响,以防止并购标的被抬高价格以及各种财务"陷阱"。为此要遵循以下基本原则。[①]

1. 盈余质量调整要着眼于未来

以上市公司为例,并购常用的估值定价公式如图 7-1 所示。

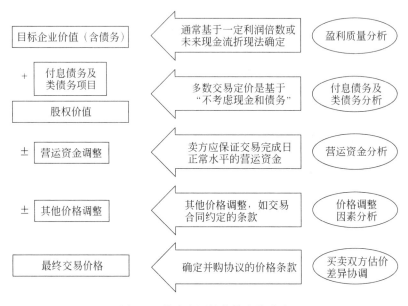

图 7-1 并购常用的估值定价公式
资料来源:普华永道

从估值公式看,股权价值加上付息债务及类债务项目,等于目标企业价值(含净债务);再经过运营资金调整和其他价格调整,从而得到最终交易价格。这些对应的关键环节分别是盈利质量分析、付息债务及类债务分析、营运资金分析和价格调整因素分析。

盈利质量分析是对目标企业估值的基础。当下常用的两种并购估值方法——利润倍数法和未来现金流折现法本质上是一致的。从图 7-2 可以看出,利润和现金流从不同的角度反映同一经济实质,它们是相关联的。无论使用哪种评估方法,"可持续利润"都是核心,典型衡量指标为息税折旧摊销前利润(EBITDA)。因此,任何对可持续利润的调整都会影响到企业价值的评

图 7-2 利润和现金流的关系
资料来源:普华永道

---

① 李超. 中企跨境并购财务尽调的"四项基本原则"[EB/OL]. http://www.morningwhistle.com.

估结果。

但是,目标公司提供的财务报表往往并不反映其真正的盈利质量,需通过尽职调查分析调整,从而得出对交易而言更有意义的数据。盈利质量分析和调整包括以下几类:非经常项目、正常化调整、模拟调整和独立运营前提下的调整。

非经常项目包括对收益的一次性影响(盈利或亏损),是日常经营活动中的非经常性行为,因此应当将其扣除。如目标公司的非核心业务签订的具有较高利润的一次性合同、裁员成本、固定资产清理产生的较大损益、非经常性的专业服务费、搬迁成本和补贴收入。但值得注意的是,必须准确区分这些影响是否真的是一次性的,比如对经常进行重组的公司要谨慎,裁员成本也许不能全部作为一次性的影响,而应该用某些方法预估"经常性"裁员成本,考虑为经常性项目。

正常化调整则主要是考虑现有的成本费用结构,在并购交易后是否会改变,对历史数据进行调整,使其与未来可比。比如,管理层薪资结构预计在并购交易后如何改变,关联交易支出或收入预计在并购交易后以市场化定价,交易后业务模式改变的影响,等等。

模拟调整通常与并购交易的范围有关,并且是从未来的角度进行分析。对于新购入业务与资产,假设并购交易是收购 A 集团整体,某子公司 B 如果在年中被并入 A 集团,虽然会计上应当将 B 公司被收购后的利润纳入 A 集团的合并范围,但是从交易评估的角度,既然未来 B 公司是属于交易范围的,应视同 B 公司自始就是 A 集团的一部分,将其全年利润纳入合并范围;而对于已停止的业务与资产,假设从事某项业务的 X 事业部在年中停业,且 A 集团未来不再从事该项业务,虽然会计上将 X 事业部前半年的损益纳入 A 集团合并范围,但从交易评估的角度,既然未来 X 事业部的业务不复存在,应将 X 事业部的利润自始就从 A 集团中扣除;对于未来由于重组导致的运营成本/收益的变化,假设一个亏损部门将被关闭,应对这个部门对整体损益影响进行调整。

最后还要考虑独立运营前提下的调整。被收购公司如果由于并购交易,将要独立于其原隶属的大集团,可能会因独立运营而产生额外的成本费用,这些成本费用在过去可能是集团承担的。比如,由于集中采购及其他共享服务的终止导致的损失,由于关联方交易终止产生的损失或收益和由于停止支付管理费而产生的收益。在此情况下建议进行专项独立运营尽职调查。

2. 债务分析中应重视类债务的核算

在完成盈利质量分析后,就要考虑对付息债务及类债务进行分析。因为在并购交易中,要进一步得到股权价值,需要从企业价值中扣除债务价值。

这里的债务价值是指"净债务",主要包括两个方面:一是交易完成日留在企业的现金,买方应向卖方支付对价,因为在评估企业价值时这些现金并未计入,所以相应的现金金额应当在交易价格中加计;二是交易完成日留在企业的债务,应从交易对价中扣减,因为并购交易完成后买方将继承和偿还这些债务,而偿还债务的支出在评估企业价值时并未计入,所以相应的债务金额应当在交易价格中扣除。

如果要对净债务进行详细定义,即净债务=债务(付息债务&类债务)−现金。这里的债务不仅仅限于传统意义上的银行借款,还包括"类债务",也就是在并购交易前的事项形成的债务,需要在交易后偿还,但该债务的偿还并不能在交易后给企业带来经济利益。

这里的现金,包括可以自由支配的现金和便于转换为现金的现金等价物,但需扣除"受限现金"。

这里尤其要注意类债务,因为常常容易被忽视,其一般包括股东往来款、拖欠或少缴的员工社保、欠缴税款、长期拖欠供应商的货款、累积未使用的带薪休假、应付融资租赁款、尚未付清的收购价款(指目标公司以前对其他企业的收购)和未决诉讼等。这些项目可能在账内,也可能在账外。虽然并不冠以"借款"的名义,但本质上是企业某种形式的债务。从商业实质上考虑,如果某项债务的偿还不能在并购交易后给企业带来新的经济利益,那么就是一个额外的现金流出,即对买方不利,这个额外的现金流出就应当在交易定价时考虑扣除。

比如,如果收购方在尽调中未关注到"累积未使用的带薪休假"一项,在收购后,标的公司的员工或管理层长时间休假,可能对企业运营造成损失,而这在收购估值时又没有被考虑进模型中,会对收购方造成损失。

可见站在买方的角度,识别出"债务"尤其是类债务,对于最终评估交易价格有重要影响。具体来说,债务分析值得注意的问题包括:①分辨到底是不是"债务",没有绝对的是与否,而是买卖双方谈判的立场。②买方希望识别出的"债务"越多越好,从而增加谈判的筹码;卖方则反之。③要考虑账外的因素,不是所有的问题都会显示在账面上。④定义净债务时要和营运资金的定义协同考虑,避免遗漏或重复包含。⑤评估和定价模型中要考虑各因素之间的相互关系。

3. 借助营运资金分析了解企业的现金流

为了计算企业最终交易的价格,还要在目标企业价值的基础上,进行运营资金的调整和其他价格的调整。并购交易中分析营运资金时,将营运资金定义为流动资产减流动负债,其中不含溢余现金、借款等"净债务"项目。如果某项流动负债的性质是融资性质而非经营性质,则将其归为净债务的一部分,从营运资金范畴中剔除,比如记在其他应付款下的股东借款,营运资金水平代表着企业正常运转下的流动性。

为什么营运资金分析对并购交易的价值评估很重要呢?因为通过营运资金分析,能更好地理解企业现金流量状况,这可能直接影响到现金流量预测模型的合理性;同时还能发现资金流转中存在的问题和交易风险,考虑是否有改善的潜力。

营运资金分析中的关键分析包括:营运资金是正数好还是负数好?根据目标企业的行业和经营特性,其营运资金的正常水平是什么?营运资金主要受哪些因素推动,变化趋势如何?营运资金的上下变动幅度以及季节性变化如何?营运资金占销售收入的比例是多少?对现金流量模型的影响是怎样的?有没有潜力改善营运资金流转?

在对营运资金做关键分析时,也要对营运资金进行调整,在各期末看到的营运资金水平可能不反映营运资金的平均水平,原因可能是:企业通常在年末催收应收账款,营运资金随收入具有季节性等;另外在交易完成日也需要进行营运资金的调整,买卖双方预先约定一个交易完成日正常营运资金的目标水平,到了交易完成日,再根据营运资金的实际水平与目标水平之间的差异对交易价格做调整。

中国买家在做营运资金调整时应该注意以下六个问题:①没有绝对的是与否,而是买卖双方谈判的立场;②对买家而言,目标水平定得越高越好还是越低越好,需要买家有自己的判断;③如果某项目从营运资金中扣除,就应当归入别的类别,如债务;④用过去12个月的平均值来确定目标水平是否合适;⑤营运资金的分析很关键,要理解各资产负债表项目的性质、内容、驱动因素以及季节性波动情况;⑥要对会计口径上的营运资金进行调整,以反映并购交易的需要,如剥离与交易无关的项目,扣除债务性质的项目,扣除非经常性的/异常的项目。

4. 考虑并购后关联交易的变化并量化其影响

买家并购定价中,还有一个容易被忽略的项目,就是关联交易。并购交易可能使原来的关联方关系不复存在,或关联方之间的利益发生变化,因此必须考虑到并购后关联方关系可能发生的变化并量化其影响。关联方关系往往为企业提供了特有的资源,在一些企业的发展成长中,关键关联方甚至起决定性的作用。具体而言,关联交易包括销售(包括销售货物以及提供销售渠道)、采购(包括采购货物以及提供采购渠道)、资金支持或融资安排、互相提供担保或抵押、共享设施或服务(如应用系统)、租借场地、上缴管理费、关键管理人员的薪酬和商标使用等。在并购定价中分析关联交易的影响,主要考虑并购后,关联交易的变化对业务运营的影响和对交易估值的影响。对业务运营的影响主要集中在运营的哪个方面?是否存在对关联方的依赖?并购后如果依赖消除,是否有可行的方案使业务不受负面影响?并购后是否要增减职能部门或人员?是否需要商议过渡性协议?

对交易估值的影响则体现在关联方交易的价格在并购后如何发生变化,并相应做盈利质量调整。第一,关联方之间融资性的往来(如免息的股东借款)在并购后如何安排,需要相应调整模型中资本结构和资本成本的假设。第二,关联方之间经营性的往来(如采购材料应付款)其账期在并购后如何变化,需要相应调整营运资金周转速度的假设。这些将影响相关的交易合同条款。比如交易完成先决条件、担保及补偿条款、并购交割机制(如交割日审阅或者审计)和收购对价调整机制等。此外,在实务中发现,中国企业"走出去"在交易执行阶段在以下方面存在较大的问题:没有充分估计工作的复杂性和不确定性;各团队工作缺乏独立性和统一性;没有遵循国际公认的游戏规则;对对手的文化和期望缺乏了解;对信息的公开性和隐蔽性缺乏关注;没有注意到决策的及时性;对不利因素缺少充分的了解;在签约前缺乏对交易后问题的思考;等等。从国际经验看,常年收购者能比低价收购者、机会主义收购者和成长期收购者创造更大的价值。

四、轻资产类公司并购定价和估值方法

对于轻资产模式的企业估值,现金流折现估值是一个非常有效的方法。另外收益法估值也是一个较好的方法,被普遍使用于轻资产公司的定价和估值。

1. 现金流折现

需要说明的一点就是,使用现金流折现估值,要看轻资产模式公司的定价能力以及过去10年甚至是几十年的定价能力。如果定价能力很强,我们可以把分母表示成

$$(R-增长率)=(R-定价权)=(R-通货膨胀)$$

也就是说,一家定价能力非常强大的轻资产模式公司,成长性好,它的定价能力,也就是通货膨胀率。如果一家轻资产模式公司只有低/负营运资本和低固定资产需求,而不掌握定价权,那么我们可以直接将定价权设定为0。

2. 收益法估值

收益法估值指标主要是经济利润或 EVA 预测。经济利润的计算公式是：经济利润＝息前税后利润－资本费用。这种计算是站在企业角度，考虑全部投资资本所计算的经济利润。如果站在企业所有者的角度去进行考虑，经济利润或超额利润是归属企业所有者的，经济利润可用的公式为：经济利润＝税后利润－产权资本费用。

EVA 通常是指附加经济价值，它实质上是反映企业价值的增加或资本增值。有的 EVA 的计算公式写成：EVA＝扣除调整税的净营业利润或税后利润－资本费用。但是考虑我国的实际情况，在使用的过程中要注意以下问题：上式中扣除调整税的净营业利润是指营业利润减去所得税税额后的余额，而我国现行制度中的税后利润则是指利润总额减去应交所得税后的余额。

投资资本的确定：企业价值评估中的投资资本是指预测期初的投资资本。由于投资资本预测期初发生，因此投资资本本身价值或账面价值与其现值相同。通常可用投资资本的账面价值直接作为以经济利润为基础的价值评估法中企业价值的组成部分。

企业价值的确定：企业价值＝投资资本＋明确预测期经济利润现值＋明确预测期后经济利润现值。

近年来在中国资本市场轻资产类公司风起云涌的并购浪潮中，收益法估值被普遍应用。每一个并购交易披露之后，外部行业观察者、财经媒体、专业投资机构等都会围绕交易价格进行多角度分析，通过对比行业类似收购，以判断并购的出价是否合理。

比如同样使用收益法估值，掌趣科技在收购动网先锋时，后者的资产增值高达 15.38 倍；而此前博瑞传播收购漫游谷时，后者的资产增值不过 6.49 倍。是什么原因造成了相同行业中不同的公司收购价值增值的评估差异如此巨大？

2013 年 2 月，美盛文化出资 1 980 万元收购缔顺科技 51% 股权，而截至 2012 年底缔顺科技总资产为 4 392 万元，净资产为－2 493 万元，2012 年营业收入 751 万元，净利润－839 万元。收购"资不抵债"的公司价值评估的基础是什么？

2013 年 7 月 16 日，百度与网龙签订谅解备忘录，以合计 19 亿美元的代价购买 91 无线的全部已发行股本，超过 2005 年雅虎对阿里巴巴的 10 亿美元投资，成为中国互联网有史以来最大的并购交易。91 无线真值 19 亿美元吗？

收益法估值应用案例如表 7-1 所示。这背后围绕着一个核心问题：如何对轻资产类公司进行并购估值？

表 7-1 收益法估值应用案例

问　题	并购事件	细　节
为何资产增值率差异巨大？	掌趣科技收购动网先锋 博瑞传播收购漫游谷	一个增值 15.38 倍，而另一个增值 6.49 倍
亏损公司到底值多少？	美盛文化收购缔顺科技	2012 年缔顺科技净资产为－2 493 万元，净利润－839 万元，而并购 51% 股权价值 1 980 万元
并购的巨大溢价究竟为何？	百度收购 91 无线	91 无线拟上市估值仅 10 亿美元，百度出资 19 亿美元才获取 91 无线全部股权

(一) 收益法估值应用最为广泛

就轻资产类公司而言,典型如公关类、广告类、互联网类、游戏类等公司由于其有形资产在总资产中所占比例较低,公司价值更多体现为品牌影响力、核心技术、持续研发能力、业务拓展力、渠道覆盖度等无形资产。

公司价值评估有收益法、市场法、资产法三大类评估方法。轻资产类公司有形资产占比低、无形资产实际价值难以评估,因此在并购估值时通常都不使用资产法,比较常用的是以收益法作为评估基础,同时辅以市场法进行交叉验证。如表7-2所示。

表7-2 公司价值评估方法

评估方法		评估原理	适用对象
收益法		对标的公司未来收益进行折现,通常分增长期和稳定期两段进行评估	适用于各类公司评估,难点在对公司未来增长率的评估和折现率的选择
市场法	市盈率	标的公司净利润×可比市盈率	适用于拥有同行业类似的可比公司,连续经营,β值接近1的公司
	市净率	标的公司净资产×可比市净率	适用于拥有同行业类似的可比公司,拥有大量资产、净资产为正的公司
	市销率	标的公司销售收入×可比销售乘数	适用于拥有同行业类似的可比公司,销售成本较低的服务类公司,或者销售成本率趋同的传统行业公司
资产法		各项资产评估价值加总	适用于有形资产占比较大、无形资产的商誉占比较少的公司

轻资产类公司股权账面价值通常都比较低,公司价值主要体现在著作权、管理团队、推广渠道等盈利能力上,在进行并购价值评估时通常都会使用收益法,实际交易价格也多以此为基础进行微调。

近年来轻资产类游戏公司被收购的案例如掌趣科技收购动网先锋、博瑞传播收购漫游谷、华谊兄弟收购银汉科技、大唐电信收购要玩娱乐、浙报传媒收购杭州边锋中,最终交易价格都是以收益法评估价值为基础(图7-3)。

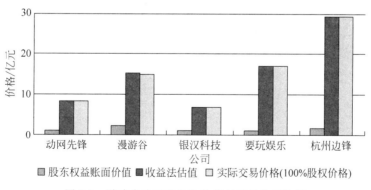

图7-3 游戏类公司收益法估值与交易价格比较

实际上,掌趣科技在收购动网先锋100%股权时分别采取了收益法和资产法进行评估,最终采用了收益法的评估结果作为交易价格的基础。博瑞传播收购漫游谷70%股权也同时采用了上述两种方法,最终也选择以前者作为交易基础。资产法对价值的评估更多基于其历史价值,而收益法则是基于资产未来盈利能力的评估,后者更符合收购者持续运营该资产的初衷(图7-4)。

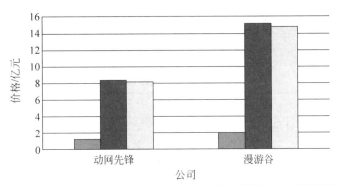

图7-4 收益法、资产法估值与实际交易价格比较图

而蓝色光标在收购博杰广告和分时传媒时,都分别采取了收益法和市场法(市盈率法)进行评估,也选择了以收益法评估结果作为最终交易价格。同样是市场法评估,对博杰广告的市场法评估值和收益法评估值差异不大,而分时传媒的市场法评估值高于收益法评估值66.68%,主要原因是可比公司业务领域与评估对象并不完全相同,即便对财务杠杆进行调整,也难以消除业务差异的影响(图7-5)。特别是一些轻资产类公司缺乏可比的上市公司,造成了市场法评估结果应用受到限制。

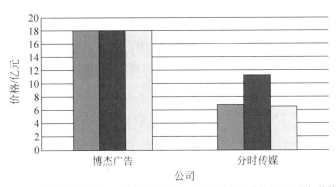

图7-5 收益法、资产法估值在蓝色光标收购中的应用分析图

收益法评估的核心是用于评估的收益类型、收益增长率和折现率,收益类型和折现率相对容易达成共识,而增长率是并购双方评估的焦点,也是决定最终收购价格的关键。由于收益法能够对标的公司的收益特性、未来成长性和风险特征进行综合考虑,因此,评估被收购标的长期的盈利能力,成为并购操作中价值评估的常用方法。

（二）市场法适合与对赌相结合

很多轻资产类公司属于近年来快速兴起的新兴产业,历史波动性较大,未来增长率难以预期;而不同公司财务结构和风险特征也各不相同,如何确定合适的折现率也是问题。上述原因导致收益法评估有时双方难以达成共识,在此情况下,采取相对简单的市场法进行估值,辅以业绩承诺条款,可以将收购的风险和收益相匹配。

在2011年7月,蓝色光标收购精准阳光、美广互动时,采用了市场法中的市盈率法,按照精准阳光2011年承诺的税后利润的10.5倍和10倍市盈率确定了最终的交易价格。一旦承诺实现,即按照约定支付对价;若无法实现,支付对价将进行调整(表7-3)。

表7-3 市场法估值在蓝色光标收购中的应用分析

并购事件	被收购公司2011年实现利润	蓝色光标支付对价 PE 值
蓝色光标收购精准阳光	≥3 250万元	17 400万元
	3 150万元≤2011年利润＜3 250万元	10.5倍 PE
	2 500万元≤2011年利润＜3 150万元	9倍 PE
	2 000万元≤2011年利润＜2 500万元	8倍 PE
	2011年利润＜2 000万元	有权解除合同
蓝色光标收购美广互动	2011年利润≥500万元	10倍 PE
	450万元≤2011年利润＜500万元	9倍 PE
	400万元≤2011年利润＜450万元	8倍 PE
	2011年利润＜400万元	有权解除合同

（三）战略收购需考虑协同价值

估值的实质是对收购标的未来收益进行评估,但是收益法、市场法、资产法集中在对标的公司本身价值的评估,难以评价并购整合后的交叉销售、渠道共享、专利互用、技术分享等产生的协同效应。

2013年7月百度收购91无线,给后者全部股权估值19亿美元;而此前91无线拟在香港创业板上市时,其估值仅有10亿美元。百度收购的溢价如此之高,主要原因是获取移动生态和应用分发方面的资产对百度构建完整的移动互联网生态系统意义重大。

早在2005年,雅虎以其在中国的全部资产加上10亿美元现金获得阿里巴巴集团40%的经济利益和35%的投票权,而阿里巴巴2005年的营业收入不过7.38亿元人民币,税后利润只有0.7亿元人民币。现在来看雅虎的该项战略投资是其有史以来最成功的收购。

事实上,轻资产类公司战略性的收购很可能在未来产生极大的协同价值,导致此类并购常常出现大幅溢价。对此类并购标的的估值不仅仅要考虑被收购公司本身在未来产生的收益,还需要综合考虑该资产经过整合后与公司既有资产之间的联动效应,以综合评估收购价值。

第三节　企业并购中的融资

在确定合理的交易价格以后,并购企业需要考虑的另一个财务问题是并购融资的安排。一般来说,企业并购所需要的资金都比较大。并购方除自有资金外,往往还需要进行融资。因此,筹集到并购所需要的资金并采取合适的支付方式对顺利完成企业并购具有举足轻重的作用。

一、企业并购所需资金的构成

企业并购融资是指并购方筹集并购目标企业所需资金的经济行为。确定融资需求是企业并购融资决策的重要前提。企业并购所需资金大致包括三个部分:一是并购交易价款,二是并购整合资金,三是并购维持资金。

1. 并购交易价款

企业并购交易价款主要由三个部分构成,即并购成交价格、中介专业服务费用和并购溢价。并购成交价格需要通过专业机构对目标企业评估,并经过双方讨价还价来确定。中介专业服务费用主要包括支付给会计师、评估师、律师、财务顾问或投资银行等方面的费用。并购溢价实际上是对目标企业股东放弃未来获利可能性的一种补偿。并购溢价由于弹性较大,因而成为减少企业并购交易价款的主要项目。

在企业并购过程中,实现并购交易价款支付最小化的方法有以下几个方面:一是提供支付方便。即以任选支付方式、缩短支付时间、尽快结束交易等非现金刺激作为交换,来降低目标企业并购溢价的要求。二是诱导目标企业管理层。可以考虑对目标企业管理层采取低价出售被并购企业股份、签订优惠工作合同,以及提高生活福利待遇等措施,来减少目标企业管理层的并购阻力,以降低并购交易费用。三是进行有针对性的收购。一般来说,进行整体性企业并购所需的资金较多。如果仅仅购买为我所需、物有所值的资产,则既能实现并购目的,又能减少并购价款。

2. 并购整合资金

并购整合资金是指并购完成后对目标企业进行业务、组织机构、人员和文化整合所需要的资金,主要包括将目标企业经营业务纳入并购方营销系统的业务改造资金,以及提高目标企业经营效率所需要的资本项目投资与技术改造资金等。

企业并购后的组织机构整合一般不需要投入大量资金,因为这种整合只会导致原有管理与营销机构的减少,不会增加管理或营销机构总量。但如果涉及调整或改造目标企业原有的营销系统,则需要投入一定的资金。

业务与组织机构的整合必然会导致人员调整,既包括解聘目标企业原有管理者与员工,也包括聘用业务素质更高的企业员工。其中辞退老员工通常需要支付一定的补偿金,而聘用新人员同样需要增加一定的资金投入。

企业并购文化整合所需资金主要包括对目标企业员工进行教育与培训投资、减少并购双方企业文化差异或冲突所需资金等。

企业并购整合资金投入数量在很大程度上取决于企业并购的动机。如果企业并购是为了实现经营规模的扩张或长期经营目标企业,那么并购方就会加大整合力度和资金投入;倘若企业并购的目的是转手倒卖、谋取差价收益,那么并购方的并购整合投入就不会很多。

3. 并购维持资金

并购维持资金是指并购后维持目标企业正常运营、偿还债务所需的资金,主要由企业合理的现金持有量、存货占用资金,以及企业流动负债组成。测算并购维持资金,既可以采取加总法,也可以采取历史平均法、间接可比法以及回归分析等方法。

需要指出的是,测算维持资金需要量,必须考虑并购后目标企业的增长或效率改进问题。如果并购后目标企业的经营效率与增长能够达到主并企业水平,那么则可以采取销售百分比法和希克斯模型法相结合的方法,测算并购维持资金需要量。具体来说,可以先用希克斯模型测算主并企业的可持续增长率,然后用销售百分比法测算单位销售额所需的运营资本,最后,用目标企业的年均销售额乘以销售百分比和主并企业可持续增长率,就可以大致测算出企业购并所需的维持资金量。

二、企业并购融资的方式及其工具

现行的企业并购融资方式主要有内源性融资和外源性融资。不同的融资方式具有不同的特点和融资工具。随着企业并购活动越来越多,并购竞争越来越大,并购融资方式的创新也显得越来越重要。

(一)内源性融资

内源性融资就是公司自有资金,包括生产经营过程暂时闲置的流动资金、通过计提折旧而形成的资金、利润留存形成的资金等。内源性融资所占比重越大,表明企业单位资本获利能力越强,经营状况越好。内源性融资不需要对外支付利息或股息,不会减少公司的现金流量,但要考虑机会成本。

(二)外源性融资

外源性融资是指企业自身以外的所有融资方式,主要包括债务融资、权益融资和混合融资。它们具体又可以分为银行信贷融资、股票融资、债券融资、租赁融资、并购基金融资等。以下分别介绍债务融资及工具、权益融资及工具、混合融资及工具和并购基金融资。

1. 债务融资及工具

债务融资是指借用其他经济主体资金的行为,即通过对外举债方式获得资金。债务融资包括向商业银行贷款、商业票据、发行公司债券和以资产为基础的融资等。债务融资主要有以下特点:第一,面向社会公众募集资金,对象广泛,债权人分散,易于获得较大规模的资金。通过债务融资募集的资金,一般可自由使用,不受债权人的具体限制。第二,相对于权益性融资来说,债务融资不会稀释股权,不会威胁控股股东的控制权,还具有财务杠杆效应。第三,债务融资资金稳定性较强,使用期限可短可长。但债务融资具有还本付息的刚性约束,具有很高的财务风险。第四,债务融资方式有时限制条款较多,具有一定风险。

在债务融资方式中,商业银行贷款是中国企业并购时获取资金的主要方式。它作为并购融资的工具是最容易被想到的,也是比较常见的融资工具。另外,并购活动往往是政府"引导"下的市场行为,比较容易获取国有商业银行的贷款。国务院2014年3月发布的《国务院关于进一步优化企业兼并重组市场环境的意见》中,就提出了将推动商业银行对兼并重组企业实行综合授信,引导商业银行在风险可控的前提下积极稳妥开展并购贷款业务。

商业票据是指由一些信誉优良的大公司发行的一系列短期票据,其主要目的是融通短期资金。商业票据对安全性要求很高,一般只有信誉极好的大公司才能发行。商业票据可以在二级市场上背书转让。

债券是发行者发行的、承诺按照一定利率和本息支付方式到期偿还的书面债务证明。同出售票据可以获得资金一样,发行者可通过发行债券融资。发行债券融资有如下优点:可以较长时间地使用资金;债券利息可以税前支付;发行债券不会稀释股权;发行债券融资的资金成本一般也较低,特别是信誉好的大公司。发行债券也会遇到一些问题,如发行债券要受到公司自身财务杠杆的限制,当公司负债率较高时,发行债券融资会加大企业财务风险,甚至引发企业破产。另外,发行债券要受到有关监管当局发行条件的限制,特别是在中国,企业债券的发行受到严格的限制,中小企业通过这种渠道进行融资比较困难。

以资产为基础的融资工具主要包括资产出售拍卖、售后回租和资产证券化等。

资产出售拍卖分为两种情况,一种是并购方在并购前通过出售拍卖自己的资产来筹集资金,用于支付并购价款;另一种是在并购完成后,通过出售拍卖目标公司的有关资产,实现对目标公司的战略重组、为目标公司正常运作和发展筹集资金或者偿还并购所借资金等目的。

售后回租又称回租租赁,指由资产的所有者将自己原来拥有的部分财产卖给出租人以获得融资便利,然后再以支付租金为代价,以租赁的方式,从该公司租回已售出财产的一种租赁交易。资产出售方是承租方,资产收购方是出租方,承租方出售资产的目的是融资(非营利目的)。售后回租是当企业现金周转困难时对企业改善财务状况非常有利的一种做法。这种方式也非常适合于杠杆收购,收购方只需拿出一小部分现金,其余部分可以通过本企业资产的售后回租进行融资。

资产证券化是指将具有共同特征的、流动性较差的盈利资产集中起来,以资产所产生的预期现金流为支撑,在资本市场发行证券进行融资的行为。资产证券化将资产的风险和收益进行分割与重组,使参与证券化的各方均可获益。

2. 权益融资及工具

企业并购中的权益融资是指企业通过发行股票筹集企业并购资金的行为。权益融资工具主要有公募或私募发行普通股票。其具体分为两种形式,一种是首次公开发行(IPO),另一种是向原股东配售股票或者增发新股。其他还有换股并购和以权益为基础的融资,如反向回购、股权划出、员工持股计划(ESOP)等。

其所筹资金具有永久性,无还本压力,用款限制相对较松,还可为企业带来较大的宣传效应。但权益融资容易稀释股权,威胁控股股东控制权,而且要用税后收益支付股利,融资成本较高,还要支付较高的信息披露成本。

企业权益融资通常具有以下优点:一是权益性融资资金可供长期使用,没有还本付息负担,并且资金使用、报酬支付具有较大的自由度。即使企业经营效益好、盈余多也可以不支付股息。二是财务风险较小。由于使用权益融资既不需要还本,也不必固定付息,所以不会出现到期不能还本付息的财务风险。三是可以提高企业负债融资能力。由于权益融资可以增加企业股本,能够为债权人提供更多的损失保障,所以能够提高公司信誉和负债融资能力。

权益融资的主要缺点在于:一是容易造成股权与企业控制权稀释。大量发行新股,不仅会使企业的每股股利摊薄,而且会分散企业控制权。二是融资的交易成本高于债券融资。这不仅是因为新股发行费用高于债券,同时还由于股利必须从税后利润中支付,从而无法享受税收优惠,而且还要支付较高的信息披露成本。

3. 混合融资及工具

混合融资是指通过发行混合证券筹集所需资金的行为。所谓混合证券,是指既有权益又有负债特征的证券,如可转换债券、优先股以及认股权证等。

可转换债券是指可以根据持有者意愿按照约定价格、数量和期限转换为股权的债券。可转换债券具有转换为约定股份的选择权。如果市场股价高于行权价格,持有者可以通过将债券转换为股份获取股票市价与行权价的差价收益。倘若行权期满后股票市价低于行权价,持有者可以选择放弃行权。可转换债券持有者放弃行权,虽然无法获得差价收益,但也不会造成经济损失。由于附着在债券上的选择权只会给持有者带来收益,不会造成经济损失,所以可转换债券具有期权性质与内在价值。从理论上说,可转换债券价值由两部分组成,一是债券本身的价值,二是转换期权的价值。可转换债券融资具有融资成本低、加快融资速度、风险免疫等优势。其缺陷在于转股失败容易产生财务风险或再融资困难。

优先股指具有盈利分配和剩余资产求偿优先权的企业股份。与普通股相比,优先股具有以下主要特征:①股利分配优先,即优先股的股利必须在普通股股利支付以前支付;②股息率固定,不受企业经营状况波动的影响;③当企业破产清算时,优先股的资产求偿权优于普通股;④优先股没有参与管理权,只有在讨论与优先股有关问题时才具有表决权。优先股融资的优点主要有以下几点:首先,优先股融资没有偿还本金的负担,使用没有时间限制;其次,没有固定支付股利的法定义务,虽然优先股股息率是固定的,但是当企业经营状况不佳时,可以推迟支付,不会形成企业的破产压力;再次,不会造成企业控制权分散;最后,可以增强企业的再融资能力。当然,优先股融资也有以下缺陷:一是融资成本高于债务融资,股利不得在税前支付,无法享受税收优惠;二是会对企业生产经营活动形成一定的限制。为了确保优先股的优先权,优先股的发行通常附带一定的限制条件,如限制普通股股利支付与债务融资等。

认股权证是企业发行的、可在特定时间内按约定价格与数量购买普通股票的选择权。可转换债券通常附随债券或优先股一起发行,但是认股权证具有独立价值,可以单独销售。认股权证融资与可转换债券的区别在于:当可转换债券转换为普通股时,企业的现金流量不会增加。因为这种转换只是将一种证券转换为另一种证券,并未发生新的融资行为。而认股权证的行权则会增加企业现金流量,因为认股权证的行权要求投资者必须用现金按约定价格和数量去购买企业股票。

认股权证融资的主要优点在于:一是有利于企业债券或优先股的发售。因为认股权证通常与债券或优先股一起发售,投资者购买债券或优先股时可获认股权证。同时由于认股权证具有独立价值、可以单独交易,所以附有认股权证的债券或优先股更易发行和销售。二是有助于降低债券或优先股的融资成本。由于认股权证本身具有价值,所以附有认股权证的债券与优先股的利率较低。认股权证融资的主要缺陷在于,认股权证的行权可能会摊薄股利并降低股票市价。

国务院2014年3月发布的《国务院关于进一步优化企业兼并重组市场环境的意见》指出,要发挥资本市场作用,符合条件的企业可以通过发行股票、企业债券、非金融企业债务融资工具、可转换债券等方式融资;允许符合条件的企业发行优先股、定向发行可转换债券作为兼并重组支付方式;并研究推进定向权证等作为支付方式。

4. 并购基金融资

并购基金属于私募股权(PE)基金的一种,一般由公司(主要是上市公司)参与发起设立,采用向特定机构或个人非公开募集的方式筹集资金,投资于与公司业务或未来发展相关的行业。这种基金通过发挥杠杆作用撬动社会资金,收购特定产业链上或是新的业务领域中具有核心能力和发展潜力的企业,经过一段时间的培育后,由公司按照事先约定的条件收购或采取其他方式退出。

并购基金的主要优点有:第一,具有产业+资本双重能力。专业基金管理公司作为合作的一方,不但拥有募资优势、丰富的基金管理经验、专业的投资知识和风险控制能力,还拥有对并购基金所投资行业深入的了解和充足的项目储备。公司作为合作的另一方,通常具有进入新的投资领域的某些优势,同时公司拥有一定的品牌和社会公信力,比较成熟的管理和运营团队,以及较强的融资能力。所以,二者结合能形成优势互补。第二,充分发挥杠杆作用。基金通过相应的结构设计可以使公司在产业整合的过程中实现"以小博大"。在并购基金中,公司的出资金额一般仅占基金总募集金额的10%~30%。当基金规模较大时,其比例还要低。采取并购基金的方式可以使公司用少量资金收购、控制更多公司。第三,对于上市公司来说,可以推动市值增长。上市公司通过不断收购经基金培育并产生稳定收益的项目,不但可以大幅提升企业利润,还同时增加了资本市场的预期,进而推动市值持续增长。此外,如果基金业绩良好,在上市公司参与基金管理公司的情况下,上市公司还可以通过其在基金中的投资和基金的杠杆效应获得较高的投资收益。

专业基金管理公司与公司共同发起设立并购基金的方式主要有两种。一是公司与专业基金管理公司联合成立专门的基金管理公司,共同对该并购基金进行管理,同时,公司作为有限合伙(LP)投资该并购基金。二是公司不参与基金管理公司的设立,由专业基金管理公司设立一个专门的基金管理公司对该并购基金进行管理。上市公司仅作为LP投资该并购基金。只是由于该并购基金的成立是为公司的战略服务的,在公司承诺收购所投项目的情况下,公司通常具有投资决策权,甚至一票否决权。

并购基金由于能够与上市公司形成有效的配合和互补,已经成为目前资本市场的热点。如图7-6所示。中国并购基金行业基金规模由2015年的1 332亿元人民币增长至

2019年的1 808亿元人民币,年复合增长率为7.9%。

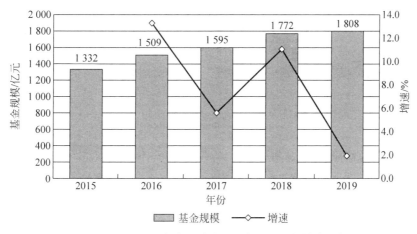

图7-6　2015—2019年中国并购基金行业基金规模变化情况

(三) 企业并购再融资

企业并购融资不是一劳永逸的事。现代企业并购涉及金额大,对公司财务状况的影响复杂,因此通过再融资来解决资金问题是一个通行的做法。这里讲的再融资内容相当丰富,不仅包括狭义上所指的公司通过再次发行股票或其他金融工具获得新的资金,还包括由于并购的需要或影响对原有融资安排的重新调整。换句话说,广义上的并购再融资可以被定义为,公司为了满足并购及相关的重整活动的资金需求和资金结构调整所采取的各种外部融资行为,也可称为系列融资。

并购再融资的重要性体现在以下两个方面:首先,公司因并购而引起的财务状况的变化,有可能导致对债务进行调整。银行贷款和债券协议通常包含一些条款,允许协议一方或双方在特定条件下更改或终止协议中的某些约定。当这种变化和更改发生时,就会发生再融资,如调整或取消某些限制性条款,延长还款期限,调整还款利率,减少偿还金额,通过原始债权人或其他债权人追加贷款资金数额、免除部分恶化贷款,等等。债务人往往对单项贷款协议过于乐观,但各种不可预见因素和意外事件的影响有可能给企业带来麻烦。企业有必要对此做好准备和预先安排。其次,公司并购后通常会有变化和成长,需要有后续资金的支持,从而面临再融资这个重要问题。

三、企业并购融资的原则

企业并购融资的原则主要包括融资成本最小化、融资风险最小化、灵活性损失和股权稀释最小化。

1. 融资成本最小化

融资成本最小化是指尽可能减少融资的代价与费用。企业并购融资之所以要坚持成本最小化准则,是因为企业并购从本质上来说是一种投资,作为投资总是要追求利润最大化或者成本最小化。例如,在权益、债务与混合等融资方式中,混合融资的成本最低,其次是债务融资,再次是权益融资。从融资成本最小化考虑,如果条件具备,企业并购融资就应该选择混合融资或债务融资。

遵循融资成本最小化原则并不意味着融资方式单一化。一般认为,权益融资的成本高于债务融资,但企业不可能完全采取负债方式筹措资金。企业的负债能力通常取决于企业的信用状况、可抵押与可变现资产的多少,以及预期收益的高低等因素,其债务融资能力不可能是无限的,而且债务融资还会产生财务风险。如果企业过度负债,就可能无法偿还到期本息,甚至可能破产。所以,从风险控制的角度来看,企业债务融资也应该限制在合理的范围内。同时,企业资产负债率会直接影响企业的价值,最优负债率应该是能使企业价值最大化的负债规模,超额负债必然会造成企业价值损失。

遵循融资成本最小化准则,一方面要求确定成本最小化的融资结构,如确定企业合理负债的临界点。只有当合理负债规模不能满足企业并购融资需要时,才应考虑混合融资和权益融资。另一方面要求选择成本最小的债务融资方式和权益融资方式。从债务融资来说,应该在发行债券、长期借款、买方信用(应付票据或账款)等债务融资中选择一种成本最小化方式及其组合。就权益融资而言,应该在利用企业留存收益、直接吸收股权投资以及公开发行股票等权益融资方式中进行成本最小化选择。

2. 融资风险最小化

企业并购融资风险主要包括两个方面,即融资能力风险和融资财务风险。所谓融资能力风险,是指由于企业无法筹集到足够资金导致企业并购价款支付困难的可能性。所谓融资财务风险,是指由于企业过度负债导致无法偿还到期债务本息的可能性。其中,前者可能造成企业收购无法完成,后者有可能直接导致企业破产清算。

造成企业融资能力风险的原因主要包括两个方面:一是由于企业信誉不高、偿债能力不强以及预期收益等因素的影响,企业债务融资、吸收直接投资和股票发行能力薄弱;二是并购规模过大,超过企业的融资能力。企业融资财务风险的形成主要是因为过度债务融资。确切地说,是由于债务融资规模超过了企业偿债能力。

根据融资风险最小化准则进行企业并购融资决策时,首先应充分估计企业可能采取的融资方式、每种方式可能筹集的资金数量,以及企业在并购价款支付期限内可能筹集到的资金总量。其次要测算企业债务融资的风险临界值,将企业债务融资规模控制在企业偿债能力限度之内。

3. 灵活性损失和股权稀释最小化

企业并购融资的灵活性损失是指企业并购债务融资给企业投资、收入分配以及再融资活动所带来的限制。这种限制不仅会使企业丧失许多盈利机会,而且有可能会影响企业的正常运转。股权稀释主要包括两层含义:一是每股股利摊薄,二是企业控制权分散。其中,每股股利摊薄有可能导致股票内在价值或企业整体价值的缩水(因为股权或企业价值是其预期收益的折现值);而企业控制权分散则会改变企业的治理格局,导致企业管理层变动,造成企业经营活动的波动。

企业融资所造成的灵活性损失主要是由债务融资造成的,而股权稀释主要是由权益融资造成的。根据灵活性损失与股权稀释最小化原则进行融资决策,首先要求企业根据偿债能力合理选择债务融资结构与债务融资规模。不仅需要把负债规模严格控制在企业偿债能力范围内,而且应当在债务融资规模既定情况下,尽可能选择那些债权人对企业灵活性限制较少的融资方式。其次要合理确定权益融资规模。如果并购后企业预期收益较高,则可以适当扩大权益融资;反之,则应尽可能缩小权益融资规模。

实际上,上述企业并购融资三大原则之间存在一定的矛盾,实现融资成本最小化与融资风险和灵活性损失最小化似乎是鱼与熊掌不可兼得。例如,根据成本最小化原则,企业并购融资应当尽可能负债。但根据融资风险与灵活性损失最小化原则要求,企业并购融资应尽可能使用权益融资。解决上述矛盾的根本方法是将融资成本最小化、融资风险最小化、灵活性损失与股权稀释最小化原则综合起来考虑,进行择优融资决策。从企业并购融资准则择优来看,应当把风险控制原则放在首要位置,然后再考虑融资成本最小化,最后才是尽可能避免灵活性损失和股权稀释。

第四节 企业并购中如何防范定价风险和融资风险

企业并购作为一种复杂而又重大的投融资活动,由于信息不对称性及外部环境的不确定性,其中蕴藏着许多风险。在这些风险中,财务风险最为重要,贯穿企业并购的始终。这是因为并购中的其他风险最终都将影响到并购成本而表现为财务风险,并给并购计划的顺利实施带来不利的影响。前文曾提到,财务风险包括定价风险、融资风险和支付风险。下面对如何防范企业并购中的定价风险和融资风险进行分析。

一、定价风险和融资风险产生的共同原因

1. 信息不对称性

信息不对称性是并购中产生定价风险和融资风险的根本原因。在企业并购过程中,信息不对称性普遍存在。例如,当并购非上市公司时,由于目标企业缺乏信息披露机制,并购方往往对其负债多少、财务报表是否真实、资产抵押担保、有无诉讼纷争等情况估计不足,以致无法准确地判断目标企业的资产价值和盈利能力,从而带来资产评估和定价的风险。即使并购目标企业是上市公司,有时也会对其资产可利用价值、富余人员、产品市场占有率和开拓能力等情况了解不够,导致并购后的整合难度过大而使整合失败。而当收购方采取要约收购时,目标企业的高管人员为了达到私人目则可能会隐瞒事实,让收购方无法了解企业潜亏、巨额或有债务、技术专利等无形资产的真实价值等,或与中介机构共谋,制造虚假信息,使收购方的决策人基于错误的信息、错误的估价而作出错误的决策,致使并购成本增加,最终导致并购失败。

在企业并购过程中,信息不对称性对定价和融资的影响主要来自事前知识的不对称性,即收购方对目标公司的知识或真实情况信息的掌握永远少于被收购方对自身企业的知识或真实情况信息的掌握。收购方在不完全掌握信息的情况下采取贸然行动,往往只看到目标公司诱人的一面,过高估计合并后的协同效应或规模效益,而对目标公司隐含的亏损所知甚少,一旦收购实施后各种问题马上暴露出来,造成了价值损失。可见,信息不对称性对定价和融资的影响是一种决策影响,是并购双方处于信息不对称地位而导致错误的决策。

在企业并购中,信息不对称性具有普遍性。从并购流程到不同的交易方式的选择,再到财务决策的制定都存在信息不对称性。其中,在并购流程中,信息不对称性会造成不同阶段的财务风险,包括计划决策阶段的风险、交易执行阶段的风险和运营整合阶段的风险;在交易方式选择中,信息不对称性会影响到企业的融资结构、支付结构和税收结构。信息不对称性对财务决策的影响会造成定价风险、融资风险和支付风险。

2. 并购过程中某些因素的不确定性

不确定性是导致企业并购中定价风险和融资风险的一般因素。企业并购过程中的不确定性因素很多。从宏观上看,有国家宏观经济政策的变化、经济周期的波动、通货膨胀、利率汇率变动等。从微观上看,有并购方的经营环境、筹资和资金状况的变化,也有被收购方反收购和收购价格的变化,还有收购后技术时效性、管理协调和文化整合的变化等。所有这些变化都可能会使企业并购的各种预期与结果发生偏离。

二、并购中定价风险的防范

(一)并购中定价风险的类型

企业并购定价包括估价和议价两个过程,其风险也来自这两个方面。

1. 并购估价风险

并购估价风险主要是对目标企业资产价值评估不准确带来的不确定性或损失,包括高估并购协同效应而支付高溢价和低估目标企业资产价值而出价过低导致并购失败,损失前期投入两种情况。

企业并购交易的估价是并购定价的关键一环,估价是一项专业性很强的工作,它需要评估者具有丰富的知识和业务经验,有总览全局的眼光。在一般情况下,很多企业内部通常并不具备这类人才,往往需要聘请专业的评估机构来协助并购交易的估价工作。

2. 并购议价风险

并购议价风险是企业并购中双方的讨价还价带来的不确定性或损失。企业并购中价值评估强调价值的判断,而议价强调并购双方的讨价还价。国外并购形式以标购为主,而我国则以协议收购为主,协议谈判成了并购定价的关键要素。在交易价格的谈判中,并购方和被并购方都会以自身收益最大化为目标,通过讨价还价确定并购价格。并购双方讨价还价的能力取决于信息的掌握程度、并购者之间的竞争情况、交易规则和资产的专用性等,讨价还价能力强的一方将在并购定价中处于优势地位,获得更多的期望收益。并购价格并非一成不变,它很大程度上受交易条款,如现金股票的支付比例、限制性条款、卖方人员雇佣合同、抵押品以及并购融资等条款的影响。并购方和被并购方经过充分了解企业价值,深入分析探讨交易结构与条款,最后达成双方认可的协议价格。

(二)并购估价风险的成因

1. 财务报表的局限性和真实性

除了前面提到的信息不对称外,并购估价风险主要来源于财务报表的局限性和真实性。财务报表一般只能在规定意义上使用,而不能准确揭示企业的全部实际情况。财务报表风险主要表现在会计政策可人为选择、不能反映或有事项和期后事项、不能反映企业所有理财行为、不能反映重要资源价值及制度安排。此外,目标企业为偷漏税而伪造财务报表,为达到配股或不被终止上市等目的而进行盈余管理,会计人员技术操作失误,财务报表本身存在各种错误和漏洞等,都有可能给并购估价带来风险。

2. 价值评估方法不完善

无论哪种评估方法都有其假设和前提,现实情况未必满足所有应用条件,所以每种方法都有自身的局限性。例如,现金流折现法的预期依赖于对目标企业过去数年经营业绩的分析评价,其关键问题在于对未来现金流量的估计和对贴现率的选择,这种强烈的主观性往往容易造成错误的结果。再加上实际运用中各种估价方法并不总是被正确选择,致使并购企业遭遇到不同程度的估价风险。

3. 资产评估机构发展滞后

国内资产评估机构发展滞后,缺乏市场的严格筛选和淘汰机制约束。这种不充分竞争使我国资产评估机构发展极不完善,缺乏独立、客观、公正的职业道德,服务品种匮乏且质量低下,评估技术和手段极不成熟。在多方干预或自身利益的驱动下,资产评估机构与委托人共同造假的现象屡见不鲜,不顾职业道德出具虚假不实的评估报告,投资者对其诚信度和权威性认可度很低。

4. 其他因素

估价目的、目标企业资产性质、并购交易的控制权、资产可交易性、目标企业所在行业的市场竞争状况、并购企业战略规划、特殊股权结构、产业生命周期状况、存货可变现程度、无形资产权属是否存在争议、交割前资产处置以及并购资产质量的不确定性,都会在一定程度上产生估价风险。

(三)防范企业并购定价风险的措施

1. 确定切实可行的企业发展战略

在企业经营过程中,企业所有者有时会高估自身经济实力,对未来发展前景过度看好,进而盲目扩张。这往往导致在并购的定价过程中,因对企业自身融资能力及偿债能力的过度自信而使收购价格虚高,最终使企业资金不足导致并购失败甚至破产。确定切实可行的发展战略,一方面可以提供准确的企业定位,防止盲目扩张;另一方面也会为企业发展提供明确方向,使其对并购目标的选择较为客观。

2. 进行详尽的企业调查

并购活动开始前,双方企业往往存在信息不对称现象。当被并购企业为上市公司时,可通过其披露的财务报表了解其财务状况;如果被并购企业为非上市公司,并购企业获取其财务信息就较为困难。并购之前可充分利用以下途径获取目标企业的信息。一是中介机构提供的信息数据。相比一般企业,中介机构拥有更为全面的资源来获得被并购企业的信息资料,对被并购企业的评估更为客观。二是与其相似企业的并购案例。对目标企业的评估过程中,可以选取近期同行业规模相似的企业并购成交价格作为定价横向对比的参考依据。三是财务报表。财务报表可以在一定程度上反映一个企业的财务状况,然而并非所有财务指标都会在报表中充分体现,在审阅被并购企业报表的同时要结合其未反映的财务指标衡量企业价值。

3. 选取合适的资产评估工具和方法

不同的评估工具和方法对企业估值结果的影响不同。在对目标企业资产估值过程中,要结合其实际经营情况和市场信息及企业的未来收益合理预期,选取适当的企业资产估值工具对目标企业进行评估。通常单一的资产估值工具不能全面综合地反映被并购企业的价值,多种评估方式的综合运用更有利于合理评估。

4. 提高议价技巧,避免急于求成

并购定价是一项复杂而富有技巧的行为。在并购议价中应提高谈判的技巧。首先,在进入议价程序前,并购方必须根据并购的战略投资价值设定出价的上限,以目标企业的估值为议价起点,严格锁定议价区间。其次,在议价初期应避免急于赢得交易的心理,不要急于讨论并购的价格问题,从探讨目标企业相关的基本问题入手,比如对方面临的竞争与挑战、资金的需求情况、交易的目的、未来发展的战略等。这也是一个彼此建立互信的过程,可以加深并购方对目标企业的了解,为议价掌握主动权。最后,在并购议价过程中出现价格分歧时,要灵活运用交易条款与交易结构,引导目标企业不应仅关注实际的买卖价格,还应关注真实回报。这有助于双方重新考虑合意的谈判价格区间。

三、并购中融资风险的防范

(一) 企业并购融资风险的类型[①]

1. 并购融资额度风险

企业在实施并购的过程中,要考虑资金需要量,通过并购资金需要量对融资额度进行确定。并购成本对资金需要量具有决定性影响。并购成本通常由三部分构成。一是并购完成成本,指并购实际过程中,即期发生的相应成本。二是整合与运营成本,指完成并购后,需延续的相应成本。三是机会成本。它属于隐性成本,指并购完成成本、整合与运营成本二者占据资本,导致其他投资相应收益的丧失。受目标企业的具体选择影响,交易成本以及各项中间费用具有较强的不确定性。目标企业实施反收购策略,会更加难以确定并购完成成本。同时,在对企业进行收购和整合前,难以准确确定需实际投入整合与营运成本的资金,导致在一定程度上对并购融资额度进行确定存在风险。

2. 并购融资比例风险

并购企业在对融资进行决策时,要考虑自有资金以及债务资金二者的融资比例。当债务融资占据过高比例时,将加剧债务风险,并影响对债务的有效清偿,进而导致融资风险增加。当负债融资占据过低比例时,将增加融资成本,并丧失财务杠杆的作用。企业无法保障资金到位时,将直接影响并购的实施。对并购融资比例进行安排,即是对最优资本结构进行确定。企业在实施并购融资时,要对资本结构现状和融资完成后资本结构发生的变化进行充分考虑。企业在自身资本结构最优化的条件下,对融资进行安排,才能充分发挥财务杠杆的效应。若缺乏对融资比例的合理安排,且不考虑融资完成后,企业

---

① 黄云.企业并购融资及风险控制[J].全国流通经济,2019(24):87-88.

现有资本结构发生的变动,将加剧经营风险,使企业发展陷入被动,甚至因为并购将企业拖垮。

3. 并购支付风险

企业并购通常采用现金、股票以及债务等支付方式。并购双方对支付方式进行选择,要充分考虑并购支付风险。收购方融资以并购支付为直接目的,企业通过选择各类支付方式,能有效分散和转移并购融资风险。选择不同的支付方式,所获取的风险收益效应也不相同。我国企业在实施并购时,通常选择现金支付。企业并购产生的资金需要较大,仅选择现金支付,会导致现金压力增加,加上负债融资,会导致还本付息的实际压力增加,进而会加剧财务风险。

4. 并购融资方式风险

企业一般通过内部留存、杠杆收购、增资扩股、卖方融资、股权置换、发行债券以及金融信贷等方式实施并购融资。企业选择的融资方式不同,所形成的资本结构以及实际融资成本也不相同。企业要基于对自身资本结构的优化,选择最大化降低融资成本的融资方式。各个国家现有金融市场的实际完善程度和相关机制以及企业实际情况,对企业融资具备的可能性具有决定性影响。在同一国家,各类融资企业对融资方式的选择呈现出较大的差异性。企业确定融资方式,面临的不确定因素较多。

(二)企业并购融资风险的成因

1. 缺乏融资渠道

企业在缺乏融资渠道的情况下实施并购,可能会引发并购融资风险。并购企业如果缺乏良好的资信状况和偿债能力,且资产质量较低,将影响自身的负债融资能力。同时,企业实施并购所需的资金量较大,融资渠道不多就难以筹集到大量资金。现实中,多数企业不注重拓宽融资渠道,主要依赖银行信贷以及信托基金进行融资,极易导致并购过程中资金链中断,难以确保企业并购工作的顺利进行。

2. 企业融资能力较弱

企业融资能力对于企业并购具有关键性影响。企业融资能力较弱主要有如下原因。①企业总资产规模不大。企业融资通常包括实物资产抵押融资和企业信用融资。为降低风险,资金供给方通常倾向于接受基于实物资产抵押的融资,尤其是具有较长周期的融资活动,普遍以担保后抵押作为基础进行融资。企业如果资产规模小,且固定资产占据较低的投资比重,就会影响长期融资的能力。②企业的流动比率指标低。流动比率是用来衡量企业流动资产变现和流动负债偿付能力的指标,反映企业短期融资能力。企业流动比率与其变现能力成正比。企业并购通常涉及较多的短期融资。企业资产流动比率指标低,极易影响资金的正常运转。③企业资产结构不合理。不同的流动资产具有不同的变现能力,会对企业的偿债能力造成直接影响。企业流动资产结构不合理,将导致企业缺乏良好的短期融资能力。

3. 企业融资结构不合理

融资结构指企业在实施融资过程中,各项资本的具体构成以及实际比例关系,主要指负债权益与股东权益各自占据的实际比重以及具体比例关系。如果企业融资主要采用债务融资途径,就会导致融资资本结构呈现出较强的单一性。如果企业忽视权益融资,就会导致融资结构缺乏平衡性和合理性。并购具有不同的动机,加上目标企业在完成并购前拥有不同的资本结构,导致并购对债务资金、自有资金以及短期资金的需要各不相同。当目标企业资本结构不合理时,需要对不同投资回收期与借款期结构进行良好匹配。

(三) 防范企业并购融资风险的措施

1. 合理控制并购完成成本

企业针对并购融资额度风险,要对并购完成成本进行合理控制,并对整合与营运成本进行科学预测。企业要将并购实施相应的购买价格作为并购财务决策的基础。通常,并购完成成本与财务风险成正比。并购完成成本越高,相应的财务风险越高;反之,财务风险越低。对此,要对企业并购定价进行合理控制,据此实现对财务风险以及并购融资额度风险的有效控制。目标企业具备的价值判断决定了并购完成成本。价值评估的各类方法均具备相应的前提条件。当目标企业相应的财务报表缺乏真实性,评估方法及相关过程缺乏科学性,国有股定价缺乏确定性时,评估价值势必与真实价值发生偏离。通常,目标企业作为被收购方会对自身价值进行高估,因此,需要借助谈判最终确定并购交易价格。并购企业要将目标企业发出的报价信号作为依据,对还价策略进行及时调整,并对并购交易价格进行控制,避免其与真实价值发生偏离。企业并购完成后,要将预期目标和整合内容作为依据,借助回归分析预测、资金需要量销售百分比预测等分析方法科学预计企业整合实际所需资金,并对相关成本支出进行合理估计。

2. 合理安排并购融资比例

针对并购融资比例风险,企业要致力于优化资本结构,并对企业并购融资比例进行合理安排。企业实施并购融资决策,要对并购融资比例进行充分考虑,避免过度依赖债务融资,降低融资风险。企业完成并购后,承受的财务压力可能增大,若仅凭权益融资,可能增加融资难度以及融资成本,甚至难以实现融资目标,导致并购失败。

企业在实施并购过程中,收购方企业与被收购方企业各自的资本结构共同决定债务资本比例关系。对此,企业在实施并购融资的过程中,要对并购企业和目标企业各自的资本结构现状,以及完成并购后资本结构发生的变化进行深入分析,基于对资本结构的优化,合理安排权益资本与债务资本的实际比例。

合理的融资结构要求在融资过程中,合理确定债务资本成本和权益资本成本、长期负债与短期负债之间的比例。债务资本成本过高会使企业面临较高的偿债风险,权益资本成本较高则会导致企业股权稀释。在融资中要结合市场以及企业自身实际经营情况,充分利用财务杠杆,保证融资结构的合理性,将融资成本降到最低。长期负债与短期负债分别代表了企业在不同经营时期所面临的债务成本大小,合理规划长期负债与短期负债的关系有利于规避企业偿债风险以及后续经营风险。

3. 选择合理的融资方式

对于企业的资金筹集来说,内部融资具有成本低、保密性好等特点,应为其首选融资方式。然而,由于并购资金涉及数额巨大,内部资金往往不足,并且使用过多的内部资金会在一定程度上影响企业后续经营的机会成本以及融资能力。因此在并购融资过程中,向金融机构贷款以及发售股票等外部融资形式是并购资金的重要来源。利用贷款筹集资金相对来说成本低、保密性好,但需要企业具备相应的信用资质。发售新股要求较高并且会稀释股权,但拥有融资数量和质量的优势。可见,企业在并购中根据实际资金需求量合理选择融资方式非常重要。

4. 选择灵活的支付方式

针对并购支付风险,企业可以通过灵活选择并购支付方式来加以防范。不同的并购支付方式存在各自的优势和弊端。选择不同的并购支付方式,产生的风险分配实际效果各不相同。例如,采用现金支付方式能快速获得目标企业相应的控制权,但会增加并购方债务负担和资金压力,还会影响资金的流动性,增加破产风险。采用股票支付方式能有效减轻企业债务负担以及现金支付压力,但会稀释股权,削弱并购企业控制目标企业的权力。采用债务支付能以较少投资获取目标企业较大的控制权,但负债比例过高将导致并购完成后,目标企业的杠杆风险加剧,并影响资金周转。对此,企业在实施并购过程中,要避免对现金支付的过度依赖,并将自身具备的资本、交易结构以及融资能力作为依据,结合外部支付环境,对并购支付方式进行灵活选择,有效降低并购支付风险。

5. 加强政企联动,拓宽融资渠道

企业并购对资金需求较大,并购融资有赖于外部金融提供有力支持。这要求政府制定相关优惠政策,对并购企业融资提供政策和资金扶持。例如,进一步拓展海外融资相关渠道,放宽对外汇的支配使用权,鼓励金融机制创新,推出契合我国企业实际,且具有较强实用性的金融工具。并购企业要依据自身实际情况,并结合常用的融资渠道,对融资方式进行灵活选择,充分利用各类金融工具、金融产品以及金融服务,增强融资能力和效果。

本 章 小 结

本章主要分析了企业并购中资产的价值评估、并购价格的确定、并购资金的筹集和支付以及企业并购中的定价风险和融资风险与防范等问题,还特别介绍了轻资产类公司的估值和定价方法与案例,使我们能够全面了解影响企业并购中资产评估和定价的因素,针对不同类型公司和不同并购条件,确定使用合理的资产评估、定价和融资的方法与工具。这些问题的解决既需要一定的理论基础,更需要在实践中进行不断创新。

复习思考题

1. 举例分析企业并购价格的形成过程。
2. 请用一种方法对某企业资产的价值进行评估。

3. 如何对轻资产公司估值和定价？
4. 并购融资有哪些方式，如何进行低成本并购融资？
5. 并购的定价风险和融资风险有哪些，如何防范和控制？

案例一 鸿海并购夏普：历时 4 年的股权争夺战与价格谈判周折

3C 是电脑、通信和消费性电子的统称。以 3C 代工业务为主的我国台湾鸿海集团对处于 3C 行业产业链上游的日本夏普公司"情有独钟"，非常执着地追求。从 2012 年 3 月鸿海与夏普达成总额约 669 亿日元的出资协议，到 2016 年 3 月末鸿海以总额约 3 890 亿日元收购夏普 66% 的股权，历时 4 年，鸿海最终在夏普股权争夺战中取得胜利。面对三星、日本产业革新机构的竞价博弈和夏普或有负债风波，鸿海是如何展开股权争夺战与价格谈判的？鸿海为何执着于夏普，夏普又能否满足鸿海的并购"初心"？作为跨国并购经典案例，鸿海并购夏普案对当下的企业跨国并购又有哪些启示？

一、并购背景

随着消费电子行业的发展，3C 行业分工分化加剧，产业链上游的品牌商和下游的代工生产商分工将更加明显，双方在产业分工上相辅相成，各具优势。一方面，知名品牌厂商掌握了主导产业发展方向的核心技术和标准，逐渐将发展重心放在关键技术的研发、品牌推广以及渠道建设上，委外代工的比例不断加大，以降低成本和提高产能；另一方面，代工厂商通过生产经验和技术的积累，能够不断提高产品质量，并充分发挥规模化效应，从而在成本控制方面取得优势，在消费电子代工领域取得进一步发展。

国际领先的消费电子企业凭借在技术研发、生产管理、品牌等方面的优势，已经在市场占有率上逐步与行业跟随者拉开差距。未来随着行业领先企业在技术研发、生产能力、品牌宣传方面继续发力，市场占有率将继续攀升。而一些规模较小、技术落后、管理不善的消费电子企业会陆续被淘汰，从而引发新一轮的行业洗牌。3C 企业之间的兼并重组将会日趋激烈，行业资源将会继续整合，行业集中度进一步提高。这将会有利于优化全球消费电子行业的生产经营环境，从而进一步促进整个消费电子行业的进步。

鸿海与夏普皆为制造液晶面板的大公司，目前全球的液晶面板市场竞争激烈，竞争主要在韩国、中国大陆、中国台湾、日本企业之间进行，产量方面日本落后，但技术上日本与韩国处于领先地位，中国大陆和中国台湾在规模上和产能上领先。

二、并购双方简介

1. 并购方——鸿海集团

鸿海集团是鸿海精密集团的简称，目前是全球 3C 代工领域规模最大、成长最快的跨国公司（图 7-7），公司股票在台湾、香港、伦敦等证券交易所挂牌上市交易。公司曾被美国《财富》杂志列入全球最佳声望标杆电子企业 15 强。公司主营业务突出，营业收入全部来自 3C 电子产品，2013 年、2014 年、2015 年营业收入分别为 3.95 兆元、4.21 兆元、4.48 兆元新台币,归属于母公司净利润分别为 1 067 亿元、1 305 亿元、1 468 亿元新台币。

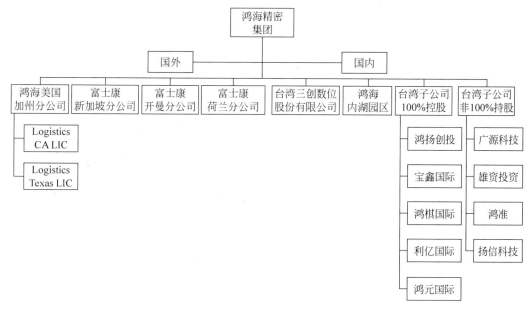

图 7-7 鸿海组织架构图

资料来源:鸿海官方网站。

鸿海集团股权第一大股东为郭台铭,占股 12.62%,远高于其后 4 名股东股权之和 7.5%,为公司实际控制人。鸿海集团主要股东及股权结构如表 7-4 所示。

表 7-4 鸿海集团主要股东及股权结构

主要股东名称	持股数/股	持股比例/%
郭台铭	1 973 952 862	12.62
花旗托管新加坡政府投资专户	351 004 222	2.25
摩根大通托管沙乌地阿拉伯中央银行投资专户	329 428 120	2.11
花旗托管鸿海精密工业(股)公司存托凭证专户	276 727 413	1.77
渣打托管梵加德新兴市场股票指数基金专户	213 463 108	1.37

资料来源:鸿海 2016 股东报表。

2. 被并购方——夏普

夏普公司(Sharp Corporation,シャープ株式会社)是日本大型综合性电子信息公司,成立于 1912 年,目前在全球 6 个国家 64 个地区开展业务。公司广泛经营家电、民用以及产业用电子机器,主要产品从收音机、太阳能电池再到液晶显示器,创造了多个"日本首次""世界首次"产品。夏普公司的核心技术主要是应用于显示屏的四色技术和应用于空气净化器的净离子群技术。

夏普公司股权较为分散,2015 年之前公司前五名股东持股比例相近,无实际控制人。其主要股东及股权结构如表 7-5 所示。

表 7-5　夏普公司并购前主要股东及股权结构

主要股东名称	持股数/股	持股比/%
Nippon 生命保险公司	47 317 384	2.78
Meiji Yasuada 生命保险公司	45 781 384	2.69
瑞穗银行	41 910 469	2.46
三菱东京银行	41 678 116	2.45
牧田公司	35 842 000	2.11

3. 并购双方的对比分析

企业历史：夏普创办至今已经有 100 多年，远超过鸿海 40 多年的企业年龄。

产业地位：夏普为"世界液晶之父"，是日本最大家电、面板、太阳能板制造企业，居于 3C 产业链上游，鸿海是全球最大电子代工厂，处于 3C 产业链的下游。

公司营业收入：夏普 2015 年营收总额为 8 340 亿日元，而鸿海为 4.48 兆元新台币，鸿海营业收入是夏普的 19.21 倍。

公司净利润：夏普 2015 年亏损 2 259 亿日元，而鸿海净利润为 1 468 亿元新台币。

三、并购双方的动因分析

1. 鸿海并购夏普动因分析

1) 获得核心技术，提高利润

3C 制造业竞争激烈，利润率普遍较低。鸿海集团虽然是全球最大规模代工厂，但因为很少参与产业链上游研发业务，难以分享品牌价值，利润率同样偏低。鸿海的主要订单是美国苹果公司组装业务，却仅可分得 2%～5% 的利润。随着制造业成本的不断上升，鸿海迫切需要通过掌握 3C 终端产品的核心技术，从而提高自身竞争力与议价能力。显示屏是 3C 产品零部件中价格最高的部分，因此，液晶平板技术对鸿海集团的跨越发展具有关键意义，而夏普则拥有最先进的 OLED（有机发光半导体）技术。通过收购夏普，鸿海可直接获得夏普两大核心技术和六大产品技术，从而在全球 3C 产业链结构中更具性价比，在抢占苹果公司订单时也将具有绝对优势。通过产业链上下游的协同优势，鸿海的议价能力也将进一步提高，从而提高利润率。鸿海与夏普在 3C 产业链中的地位如图 7-8 所示。

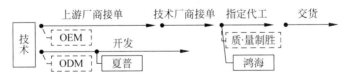

图 7-8　鸿海与夏普在 3C 产业链中的地位

2) 完善产品结构，稳定企业经营

鸿海集团销售额的 50% 来自苹果公司，业务高度依赖于单一客户、单一业务对其稳定经营形成较大风险。鸿海旗下的企业富士康财报数据显示，富士康 2016 年 1 月综合收入为新台币 3 376.05 亿元，环比减少 17.59%，收入下滑的主要原因是苹果 iPhone 6s 系列销量放缓，订单减少。鸿海曾向美国电动车龙头 Tesla 提出合作要求，然而 Telsa 认为鸿海为 OEM(原始设备制造商)大厂而没有主要核心技术,拒绝与其合作。

鸿海并购夏普后,将拥有 3C 产品核心技术能力,从而在开拓新客户方面更具竞争力,可以降低单一客户集中度风险;通过借力夏普品牌进入移动设备、液晶电视、消费电子产品及家电市场,从而完善产品结构,稳定企业经营。

3) 借助品牌优势,提高自身形象

鸿海是全球 3C 代工领域规模最大、成长最快、评价最高的国际集团,最缺的就是高端市场品牌形象,而夏普在全球最重要的智慧财产是冰箱、电视、手机等家电的品牌影响力。通过收购,鸿海能够借助夏普的品牌影响力提高消费者认知度,从而实现品牌快速升级。

2. 夏普寻求收购动因分析

1) 公司经营不利,依靠自身力量难以重建

随着电子产业的快速发展,全球竞争日趋激烈。在制造能力上中国已经能够生产越来越精密复杂的产品,且产品质量已经能够媲美日本产品。在创新能力上三星、LG 的崛起也在争夺大量订单。面对全球竞争,夏普逐渐失去了以往的研发和制造相对优势。

面对全球电子产业的重大转型,夏普在产品定位、经营策略等方面应对不力。为提高利润、扩大市场份额,夏普选择高端化的产品定位,不断为产品添加不实用的高科技功能,试图以其他公司无法模仿的高附加值产品占据市场,脱离了市场需求。在经营策略上夏普不仅未能及时控制过剩产能,反而加倍投资于亏损业务,导致产能过剩、负债过多,加大了公司财务压力。另外,夏普销售能力不足、产业链整合能力欠缺。夏普同时拥有彩电业务和面板技术,然而其面板技术并未和整机形成合力,反而双双衰退。从夏普并购前的情况来看,依靠自身力量难以完成根本性的改变。

2) 公司债务高筑,急需资金维持运营

受市场竞争加剧、产品价格下滑等因素影响,2008 年金融危机之后,夏普液晶显示屏业务不佳,拖累整体业绩,财务状况堪忧。夏普 2014 财年合并亏损超过 2 200 亿日元,2015 财年亏损 2 259 亿日元。2015 年夏普已经进行了裁员和资产出售,并且从两家银行拿到了 2 000 亿日元贷款,但业绩不佳令夏普面临的财务问题不断恶化,徘徊在破产边缘。在 2016 年 3 月底,夏普有 5 100 亿日元的债务到期。无论是解决企业的偿债问题,还是让企业经营走上正轨,解决资金问题都成为当务之急(表 7-6)。

表 7-6 夏普公司 2013—2015 年经营情况

项 目	2013 年 3 月	2014 年 3 月	2015 年 3 月
销售额/百万日元	2 478 586	2 927 186	2 788 256
营业收入/百万日元	−146 266	108 580	−48 065
净利润/%	−22.0	0.4	−8.0
净资产收益率(ROE)/%	−145.3	7.2	−197.4

四、历时 4 年的股权争夺战

1. 鸿海增资夏普价格谈判受挫,三星趁机竞争入股

2012 年 3 月,鸿海与夏普签订合作契约,双方约定鸿海按 550 日元/股出资约 669 亿

日元收购夏普9.9%股权,成为夏普最大股东。然而当年4月,夏普突然宣布出现巨亏,股价急速下滑。面对夏普业绩骤降和股价暴跌,鸿海要求下调股权价格,并参与夏普公司的经营管理。双方经过长达1年的谈判后仍未能解决分歧,夏普坚持增发价格维持不变,最终合作破产。虽然鸿海增资夏普主体的计划落空,但郭台铭经过谈判以个人名义入股了夏普下属公司日本大坂堺市10代厂——SDP,为鸿海并购夏普做铺垫。

夏普与鸿海价格谈判失败后,三星在2013年以190日元/股总额约103亿日元出资夏普。竞争对手三星的加入使鸿海入主夏普不确定性突然增大。

面对三星所带来的股权竞争威胁,鸿海必须以实际行动进行有效反击。鸿海董事长郭台铭以个人名义入股的SDP工厂过去连年亏损,2014年,在郭台铭参与经营后,短短1年即扭亏为盈,SDP业绩提升彰显了鸿海帮助夏普摆脱经营与财务困境的强大能力,提升了鸿海并购夏普的竞争力。在与三星等竞争对手的股权争夺战中,SDP工厂的经营业绩为其争取了更大认同。

2. 鸿海高价要约,与日本产业革新机构展开股权争夺战

2015年下半年,连年亏损的夏普爆发严重财务危机,夏普不得不寻求新股东的增资支持。在鸿海表达收购意愿后即遭日本保护主义的强烈反对,保护主义担忧日本的核心技术外流,从而失去在国际市场上的竞争优势。为此,日本产业革新机构出面,希望能由其主导夏普的重振,并提出重组方案,即将夏普的液晶屏业务合并到"日本液晶"(JDI)公司中去,从而将夏普的先进技术保留在日本国内;夏普的家电业务,则可以分离出来,合并到东芝等企业中去。2016年1月,日本产业革新机构提出的援助方案计划向夏普出资3 000亿日元,并提供2 000亿日元的融资额度,同时要求相关银行提供最多3 500亿日元用于抵消其持有的夏普优先股票,并将相关债务转换为股票,但遭到夏普主要债权人——银行方面的抵制。

面对日本保护主义的阻挠,鸿海必须提出远优于日本产业革新机构的方案才可能获得夏普股东和债权人的一致认可。一场跨国股权争夺战在鸿海集团与日本产业革新机构之间展开。

2016年2月初,鸿海集团董事长郭台铭提出鸿海集团并购夏普股权一揽子方案:鸿海承诺保留夏普品牌、不分拆公司、不裁撤40岁以下员工。鸿海计划提供7 000亿日元规模的援助,用于购买主要往来银行持有的夏普优先股票、偿还债务、增加投资并提供融资。由于鸿海的并购预案所提供的金融援助远优于竞争对手日本产业革新机构方案,因此获得相关债权人银行、夏普公司股东和董事会的支持。

2016年2月25日,夏普正式提交有价证券申报书,宣布接受台湾鸿海精密集团的出资。鸿海以4 889亿日元通过第三方定向增发的形式取得夏普66%股权,并首先向夏普支付1 000亿日元作为保证金。收购股票的4 889亿日元和保证金1 000亿日元均包含在总额7 000亿日元的援助额中。消息公布当日,夏普股价盘中一度大涨30%,投资者显示出对鸿海入主夏普的高度认可。

在此次鸿海并购夏普的股权争夺战中,面对日本产业革新机构的阻挠和竞争,鸿海充

分考虑夏普实际情况,根据夏普的资产负债情况和融资需求进行报价,所提供的报价远超竞争对手日本产业革新机构3 000亿日元报价,并且对收购后夏普职工安置及公司经营方式作出明确表态,最终取得夏普公司和利益关联方的一致认可,击败日本产业革新机构,取得股权争夺战的主动权。

3. 或有负债信息披露突发,并购价格谈判再起波折

当外界以为鸿海并购夏普的4年长跑终于尘埃落定之时,2016年2月25日鸿海却出人意料地宣布暂缓签约。原来在宣布接受鸿海注资的前一日,夏普向鸿海提交了涉及3 500亿日元或有负债的风险清单。面对突如其来的或有负债风险,鸿海审慎理性应对,紧急宣布暂缓签约。经过评估后,鸿海认为夏普高达3 500亿日元的或有负债中大多属于发生可能性很低的案件,预估实际上会发生成为债务的金额仅约300亿日元;但同时预计夏普整个财年的业绩有可能会恶化,因此要求减少2 000亿日元出资额,并购谈判再起波折。

由于双方合作的诚意和基础扎实,经过双方多次谈判,在充分考虑到夏普面临的复杂困境后,并购双方最终各做让步,将交易价格由118日元/股下调至88日元/股,同时维持持股66%的计划不变,使收购价从4 890亿日元降至3 888亿日元。至此,并购谈判完成。

本次并购中,鸿海集团及其子公司共斥资3 888亿日元,通过增发方式取得夏普公司65.95%的普通股和1 136万无表决权C类特别股股权,增发价格为88日元/股。鸿海并购夏普之股数及价格如表7-7所示。

表7-7 鸿海并购夏普之股数及价格

股东名称	金额/日元	股　　数	增发认购价/(日元/股)	占增发后总股本/%
鸿海精密工业	114 400 000 000	普通股1 300 000 000	88	26.14
鸿海子公司Foxconn(Far East)Limited	80 568 461 336	普通股915 550 697		18.41
鸿海子公司Foxconn Technology Pte. LTD	56 883 200 000	普通股646 400 000		12.97
鸿海子公司——SIO International Holdings Limited	36 960 000 000	普通股420 000 000		8.43
鸿海精密工业	99 999 996 800	特别股11 363 636 该C类特别股股权可于2017年7月1日以1:100比例转换为普通股,依其转换后普通股股数计算其认购金额为88日元/股		8 800

增发完成后,鸿海以3 888亿日元取得夏普65.95%普通股股权和11 363 636股无表决权C类特别股

从2012年增资遭遇夏普亏损危机,2013年竞争对手三星入股夏普,到2016年日本产业革新机构等保护主义的阻挠竞争以及签约前夜夏普或有负债风波,鸿海在复杂形势中掌控股权定价的能力逐步增强,最终完成了对夏普的并购。鸿海并购夏普后重要事件见表7-8。

表7-8 鸿海并购夏普后重要事件

日　　期	重　要　事　件
2016年3月30日	1. 鸿海公告以3 888亿日元收购夏普66%的股份 2. 表示将认购夏普公司增资发行1 136.4万股的特别股
2016年8月12日	1. 中国反垄断监管部门批准了该公司收购夏普的交易 2. 夏普股价由前日收盘价90日元大涨至106.5日元
2016年8月13日	夏普宣布已接受鸿海精密工业公司的3 888亿日元注资,正式成为鸿海的子公司,"鸿夏恋"终修成正果
2016年8月17日	1. 夏普股价报收144日元,5日内涨幅达到60% 2. 日本评级投资讯息中心将夏普评级从CCC+调升到B

五、并购效果评价

1. 并购对夏普的积极影响

1) 股权结构优化,鸿海可有效发挥控股股东作用

夏普在被并购之前,股权结构极为分散,前五大股东持股比例相近,无实际控制人。并购完成后,鸿海集团持有夏普65.95%的普通股股权,成为夏普的实际控制人(表7-9)。

表7-9　2016年9月并购后夏普股东及股权结构

主要股东名称	持有股数/股	持股比例/%
鸿海精密工业	1 300 000 000	26.14
鸿海子公司 Foxconn(Far East)Limited	915 550 697	18.41
鸿海子公司 Foxconn Technology Pte. LTD	646 400 000	12.97
鸿海子公司——SIO International Holdings Limited	420 000 000	8.43
日本生命保险相互会社	47 317 384	0.95

2) 提高营销能力,广泛拓展市场

夏普陷入亏损的原因之一就在于夏普经营能力不足,销售能力亟待提高。鸿海入主夏普后,首要工作便是拓展夏普的销售方式,提高其销售能力,帮助其广泛开拓市场,从而改善夏普经营格局,扭转亏损局面。

3) 实现扭亏为盈,重塑夏普信心

鸿海入主夏普后,大幅调整了供应商,依托鸿海强大的零部件采购能力,实现原材料供应;并且在鸿海的协助下,提高产品价值,重振电视机业务。报告显示,2016年第三季度,夏普总共获得42亿日元的净利润,为19季度首次盈利。相比上年同期亏损275亿日元,夏普在被鸿海收购之后实现扭亏为盈。鸿海入主夏普后能在如此之短的时间内帮助其实现业绩增长,极大增强了夏普的信心。相信经过更长时间的资源整合与管理改进,夏普将能够再创辉煌。

4) 股价大幅上涨,投资者信心回升

2016年4月并购之初,夏普股价约为115日元/股,2017年4月股价约为495日元/股,夏普股价已较并购初上涨了3.3倍。可以看出,投资者信心回升,对于夏普的前景看好。鸿海并购夏普的进程及对夏普股价的影响如图7-9所示。

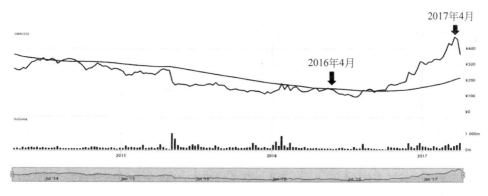

图 7-9 鸿海并购夏普的进程及对夏普股价的影响

2. 并购对鸿海的积极影响

1) 增强企业竞争力，拓宽业务范畴

鸿海的代工业务虽然能够保证稳定的收益，但盈利并不理想，况且能够做代工的企业还会不断出现，不具备独家竞争力。本次并购完成后，通过夏普强大的研发实力和显示屏技术，鸿海可以向 3C 产业链上游高附加值业务延伸。即使鸿海仍然专注于为苹果等企业代工，也可以提供液晶屏、电子元件方面更多的代工可能性。通过夏普的核心技术，鸿海将能够极大增强企业核心竞争力，从而在与三星、LG 等公司竞争时更具优势。

2) 提升品牌形象，享受高附加值

鸿海作为世界最大代工厂，一直处于 3C 产业链底端，品牌认知度较低，公司形象较为低端。通过并购夏普，借助夏普良好的品牌美誉度、知名度和认可度，鸿海能够顺利进入高附加值利润产业。通过整合鸿海卓越的制造能力和夏普优秀的研发能力，可以最低成本研发新产品，从而改进盈利模式，提高利润分成。

3. 并购对全球面板行业的影响

世界制造能力最强的鸿海集团联手"世界液晶之父"夏普，鸿海集团实力将显著提升。从营业收入上看，2015 年鸿海加上夏普达到 1 630 亿美元，位居全球高科技公司前三位，仅次于苹果和三星。从产品类型看，大尺寸面板方面，鸿海收购夏普之后，其液晶电视面板技术将获得有效补给，产品线更加完善，客户资源会进一步整合和优化；小尺寸面板方面，夏普原主要为 OPPO、小米、魅族、中兴等大品牌厂商供货，收购后将有助于鸿海手机代工客户进一步拓展。从产能规模看，据测算，鸿海入主夏普后，鸿海系的总产能在全球面板市场的占比将达到 20.4%，位居全球第三。

【案例评析】

鸿海从 2012 年增资日本夏普公司受挫到 2016 年正式入主夏普，历时 4 年终于完成对夏普的并购，实现了从 3C 代工向产业链上游 3C 研发的产业整合。作为跨国并购的经典案例，鸿海在并购过程中既遭遇竞争对手三星、日本产业革新机构的股权争夺，也有与夏普股东就并购价格的多次谈判；在价格谈判中既有多家竞争的竞价博弈，也涉及或有负债信息披露对并购定价的影响。虽然鸿海对收购夏普充满期待，但是在股权定价上依然保持着客观理性,面对或有负债风险清单,能够审时度势地参与到并购谈判中,通过专业性调查甄别或有负债性质,并相应减少交易价格,从而降低了收购风险。鸿海出于业务发展需要和对夏普核心技术的看重,坚定地选择夏普作为产业链整合的机会,面对复杂多变的形势,在股权争夺战中审慎客观、勇于出击,在价格谈判中思虑周全、着眼大局,最终在整个谈判中脱颖而出取得夏普控制权。研究鸿海对夏普的股权争夺战与价格谈判过程,可以使我们对企业跨国并购的复杂环境和过程,以及股权争夺和价格谈判有一个全面认识,对中国企业在实施跨国并购中如何更好地处理复杂竞争环境条件下的股权争夺,取得并购的成功有非常积极的借鉴意义。

[该案例获得2017年第三届全国金融硕士教学案例大赛优秀案例奖(未设等级),作者为石建勋、余若瑄、张立、阮青松,有改动]

【案例讨论题】

1. 我国台湾鸿海精密集团为什么执意要对日本夏普公司进行并购?
2. 分析鸿海在与三星、日本产业革新机构的股权争夺战中胜出的原因。
3. 案例中的股权争夺战与价格谈判过程给我们哪些启示与经验?

洛阳钼业巨资并购海外矿产项目的融资模式

即 测 即 练

第八章 企业并购后的整合

企业的并购之路并不是坦途,很多失败的经验教训告诉我们,企业并购仅仅是扩张的开始,整合好并购后的企业才是实现成功扩张的关键。相对于国内企业并购而言,跨国并购后的整合面临的难度和挑战更是空前巨大。全面了解企业并购后整合的复杂性及其风险,并采取合适的整合模式,对提高并购的成功率具有重要的意义。

第一节 企业并购后整合的基本问题

并购是企业进行资本扩张、提高竞争能力和竞争优势的重要手段,也是促进经济结构调整和经济增长的有效方式。但企业并购是一项复杂的任务,涉及企业的方方面面,而且存在各种风险。其中,并购后的整合是决定企业并购成功与否的关键因素,直接影响企业并购后的绩效及企业的经营策略,甚至影响企业未来的生存与发展。研究表明,企业并购成功的比例不到30%,其中超过50%的企业是因并购后整合不力而失败的。因此,正确认识并购后整合的内涵和风险,并采取合适的整合模式,对成功实施并购战略具有重要的意义。

一、企业并购后整合的内涵与意义

(一)企业并购后整合的内涵和过程

企业并购后整合是指并购企业获得目标企业的资产所有权、股权或经营控制权后进行的资产、管理体系、人力资源、组织结构、组织文化等资源要素的系统性安排,以不断提升企业核心能力,从而使并购后的企业按一定的并购目标、方针和战略组织运营。简单来说,整合是指参与并购的组织融为一个功能性整体的过程,但并不是参与并购组织的简单加总,而是组织之间一个渐进的、动态的融合过程。所以,整合也是并购组织在文化、结构和体制以及功能性活动安排上的一个变革过程,受到环境不确定性的影响。

企业并购后整合的基本含义应该包括三个方面:第一,企业并购后整合的最终目的是创造和增加企业价值,这一价值是通过企业能力的保护、积累、转移和扩散来实现的,因而企业并购后整合强调的是能力基础上的融合。第二,促使异质企业文化下的资源转化为同质企业文化下的资源,加强企业管理者对资源的控制和协调。第三,企业并购后整合不仅涉及被并购企业的有形资源,还涉及企业的无形资源,尤其是对知识的整合。

企业并购后整合是企业在并购中使用的一种内部管理型策略,是指在产权结构大调整之后,企业通过内部各种资源和外部各种关系的全面整合,包括战略的调整、产业的重新定位、控制成本、提高生产效率、开发新产品、拓展新市场、调整内部组织结构、提高管理能力等行为,从而使企业核心竞争力得以维护和保障,从而进一步增强企业的竞争优势。简单地说,整合就是对已有的企业资源进行重新配置,以保证资源得到最理想的利用效率。

企业并购后整合过程分为计划、组织和执行三个阶段。在计划阶段,实施并购的企业应适时调整战略,并制订有效的整合目标。合理的并购整合目标将为公司的战略最优化提供支撑。在组织阶段,主要是打造一支具备业务能力的组织和团队,并选择合理有效的整合程度。在执行阶段,企业主要是管理好人员的情绪,并使整合执行管理系统化。

(二)整合在并购与重组中的意义

1. 整合是保障企业并购与重组成功的关键

经济全球化、市场动态化、环境多变化、需求差异化和竞争白热化等趋势的加剧,给企业发展带来了机会和挑战。而并购则是企业整合行业、重新划分市场格局、创造价值、实现增长和发展目标的主要途径,同时也是实现快速扩张和提高竞争力的重要手段。然而,国内外大量并购实践研究表明,并购失败的可能性大于成功的可能性,能够实现并购预期目标的企业并没有期望的多。统计资料显示,在并购活动中大约有一半最终失败。从长远经济回报和持续发展的角度来看,企业并购成功的比例更低。

大量的研究和实践表明,并购后缺乏合理、有效的整合,是导致并购失败的主要原因。根据麦肯锡和科尔尼等全球著名管理咨询公司的分析,并购失败率之所以很高,问题主要出在并购后的整合过程中。从企业并购的全过程来看,并购后的整合是非常关键的环节。企业并购的价值创造最终依赖于并购后整合过程中的能力管理,因为它是并购双方战略性资源与能力的转移和适用的保证,是价值创造的来源和并购成功的重要保证。迈克尔·波特对《财富》500强公司做的研究也表明,由于并购后双方大多不能很好地进行整合,在收购5年之后,70%以上的公司又把那些业务不相关的企业重新剥离出去。所以并购后的整合直接影响到并购的成败。

从本质上看,企业并购并不是两个企业的简单合并或形式上的组合,而是一个复杂的、以资本为控制核心,通过方方面面管理观念和行为方式的整合,才能达到预期效果的系统运作过程。企业并购是否成功,当然与并购的具体操作有直接关系,但关键还是要看并购后的企业能否进行有效整合,并提高企业的竞争力。如果将并购比作一曲宏伟的交响乐,可以说,并购协议的签订只是一个不可或缺的前奏,而并购后的整合才是真正的主旋律,因为它是决定并购成败的关键。如果企业对并购后的整合工作重视不够,整合战略选择不当,整合成本太高,就会导致企业并购的失败。所以,面对当前国内外企业战略性重组频繁发生、企业并购愈演愈烈的形势,深入研究企业并购后的整合问题十分必要。

成功的并购一般都会给并购企业和目标企业带来财富的增加。而这种财富与价值的创造,从根本上来说,取决于并购企业与目标企业在并购完成后的整合。一般来说,这种并购溢价主要来自四个方面,即并购企业与目标企业的经营资源共享,业务活动一体化,管理技巧的融合以及规模经济效益的获得。其中每个方面都涉及并购后并购企业与目标企业的融合和管理。所以说,并购后的整合决定着并购的最终成败。

综上所述,并购后整合的成效直接关系到并购能否最终成功,尤其是企业文化整合。

因此,对企业并购与重组后的整合问题进行研究有很重要的现实意义。

2. 文化融合是整合的主要内容

并购后的有效整合是现代企业成功实行并购的关键,而整合的核心是跨文化的融合。有效的整合能消除冲突,最终实现文化的融合。因此,成功的企业并购有赖于企业文化的有效整合。

在不同的并购企业之间,文化冲突的调整方式导致了不同的商业结果。这一点已得到理论界和实务界的认可。因而,如何化解并购企业的文化冲突,成为实现并购后整合的重要内容。

组织及文化整合是指发现被并购企业文化的优点和价值,以及双方文化的融合点,建立并购与重组双方沟通协调机制,安置调整被并购企业的人员,尤其是企业高层管理人员和核心员工,建立新的激励机制。

在企业并购后的整合过程中,文化的整合与财务、组织、人事等项目的整合一样,是保证企业并购成功的手段之一。从某种意义上来说,文化整合比其他整合还要重要,尤其在现代知识经济时代,人力资本成为企业的重要资本。机构、财务等项目的整合可以通过专业机构的运作在较短的时间内完成,而文化整合却是一个较长时期的潜移默化的过程。

随着知识经济时代的到来,文化的整合特别是人力资源的跨文化管理已经受到越来越多的关注。跨文化人力资源管理的实质就是要尽量减少和消除跨文化引起的冲突,给问题寻找解决方案,并予以实施。当前,越来越多的中国企业正在准备或已经走上国际化之路,相当多的中国企业在海外建立了自己的分支机构,还有一些企业直接在海外进行了并购活动。由于中国的传统文化和世界上绝大多数国家的文化存在很大的差异,进行跨文化的人力资源管理以提高并购的成功率,对于增强中国企业在国外的竞争力将是一件非常有意义的事情。例如,IBM与普华永道咨询公司并购后整合的案例,对中国企业进行文化整合具有一定的借鉴意义。

二、企业并购后整合的模式

企业并购后整合模式的选择取决于并购双方之间的相互依赖程度。根据并购企业与目标企业在战略依赖性与组织独立性方面需求程度的不同,可以采取不同的整合模式。这里的战略依赖性是指目标企业在产业方向、市场或技术能力方面增进或补充并购方企业战略的程度;组织独立性是指目标企业与并购方企业在文化、人员和管理上的关联程度或匹配程度。综合考虑战略依赖性与组织独立性需求,并购后的整合模式有四种形式,如图8-1所示。

图8-1 并购后整合的模式

资料来源:毕雄梅.并购企业的整合管理[D].北京:对外经济贸易大学,2000.

1. 完全融合整合模式

从图 8-1 可以看出,在完全融合整合模式下,并购双方在战略上互相依赖,但目标企业的组织独立性需求低。完全融合模式可以说是两家企业长期形成的组织与文化的一次全部融合。在完全融合策略下,企业资源需要共享以消除重复经营活动,业务活动与管理技巧也需要进行重组与配置。

1995 年,中国宝安集团股份有限公司(以下简称"宝安公司")并购马应龙药业股份有限公司(以下简称"马应龙公司")后的整合采取的就是完全融合模式。宝安公司在取得马应龙公司的股权后,加强了对该公司的渗透,并移植本企业的经营与管理机制。通过建立健全各种规章制度,并加大执行规章制度的力度,宝安公司使马应龙公司发生了巨大变化。例如,宝安公司将激励机制移植进马应龙公司,制定了与激励机制相辅相成的约束机制,使企业员工从上到下有了明确的目标,有压力也更有动力了。马应龙公司的机制因此转活了,效益提高了,从此走上了快速发展的道路。

实施完全融合整合模式要注意以下两个问题:一是保持并突出被并购企业的专业性。为此并购企业的对应部门要吸收与专业生产无关的资产、部门以及人员,无法吸收利用的应及时剥离,努力提升被并购企业的专业生产技术、能力和规模。二是实现两个企业资源的充分共享。为此要在并购企业和被并购企业各自范围内突出专业性的同时,将原有两个企业的资源在整个企业内进行最优配置,保证生产经营体系的完整。

2. 共存型融合整合模式

在共存型融合整合模式下,并购双方的战略依赖性较强,同时双方组织独立性的需求也较高。也就是说,并购双方在并购完成后在战略上互相依赖,但在组织形式和日常的生产经营上依然保持各自独立。以共存为目的的并购更多是从战略的角度来考虑的。并购企业与目标企业没有分享经营资源,但并购方对被并购方实施战略上的控制,同时还存在许多管理技巧的转移。例如,为了生产多媒体产品,一家电信企业可以并购一家计算机企业。AT&T 公司在并购 NCR 公司后,继续让 NCR 公司从事所有与计算机有关的业务,但也共同开发了计算机通信产品。

1988 年,瑞士食品与糖果业的巨人雀巢公司敌意并购了基地设在约克的糖果商伦特瑞公司。这一并购引起了伦特瑞公司职工的强烈抵制,并且通过提交垄断与并购委员会备案引发了一场风波。雀巢公司用了 4 年的时间,通过经理层的双向流动、巨额投资,把伦特瑞公司放在雀巢公司全球战略中较高地位,以及赋予伦特瑞公司较大自主权等共存型的整合手段,减轻并逐步消除了伴随并购而出现的怀疑与敌视,从而非常谨慎、机敏地解决了并购后的整合问题,逐步实现了其并购战略目标。而在通常情况下,完全完成并购后的整合只需两三年。

为避免出现貌合神离和"两张皮"现象,实施共存型融合整合模式应当注意以下两个问题:一是双方企业应加强交流,相互渗透。由于两个企业是以合作、共享资源为目的的,没有哪一方明显优于另一方,这就要求并购双方加强交流,在交流中了解对方。保持相对独立也绝不是意味着双方互不干涉,不需要整合。因为双方合并在一起的结果是产生一个新的企业,这个企业的管理体系和文化应当是两个企业通过相互渗透、逐渐磨合形成的。二是不争主次。由于两个企业实力相近,并购后都不太愿意改变自己已经熟悉的行为模式,总是希望别人来适应自己,尤其是占较多股权的企业。这样很容易使兼并双方产生矛盾,其结果是两败俱伤。因此,在共存型融合整合模式中,企业双方应当本着"求大同,存小异"的原则来促进合作,实现共同发展。

3. 保护型融合整合模式

在保护型融合整合模式下,并购企业与目标企业之间的战略依赖性不强,且目标企业的组织独立性需求较高。这决定了并购企业必须以公正和有限干预的方式来培养目标企业的能力,允许目标企业全面开发和利用自己的潜在资源与优势。

1989年,德国西门子公司与美国通用电气公司联合并购了英国普莱塞公司的两家子公司——普莱塞电子系统公司与航空运输控制系统管理公司。根据普莱塞两家子公司的总经理的说法,在并购前,他们一直受到普莱塞总公司资金投入不足、设备不够、测试与设计仪器短缺的困扰。西门子公司并购该公司后,以极其慎重的方式进行了整合。最初,西门子公司使用一位德国顾问实施被并购公司的成本缩减计划,引起了经理层的不满。后来,西门子公司允许这些公司选择自己的顾问,还将英国的经理层派往德国进行文化交流与培训。西门子公司赋予两家子公司很大的自主权,将航空运输控制系统管理公司建成世界航空系统管理的中心之一。英国的总经理认为,如果没有西门子公司,他们的公司将难以生存。他们很感激西门子公司所给予的自主权以及长期的财务资助。由于西门子公司与普莱塞公司在发展战略上的依赖与补充并不是很强,普莱塞公司依然保持其组织独立性,所以西门子公司对普莱塞公司并购后的整合正是保护型融合整合模式的体现。

4. 控制型融合整合模式

在控制型融合整合模式下,并购双方的战略依赖性不强,同时,目标企业的组织独立性需求很低。由此可见,并购企业实施并购的目的并不是寻求一种战略上的依赖与协同,或者说并购的目的在于目标企业的资产或营业部门。在这种情况下,并购完成后,并购企业更应注重对目标企业和并购企业资产组合的管理,最大限度地利用这些资产,充分发挥其优势与能量。

这种并购整合模式是中国目前企业并购中采用最多的整合方式。在这种整合模式中,并购企业将自己的战略思想、生产、技术、企业文化,甚至是资源等直接移植到被并购企业中。控制型融合一般发生在拥有精明强干和声誉卓著的管理层的优势企业并购业绩较差的同行业企业。并购后,劣势企业的经营方法、管理方式,包括企业文化更多的是被"扬弃"。在中国,由于并购最初的动机是政府为了消除亏损、拯救破产企业,企业的并购行为更多地表现为"强弱"并购。优势企业通过兼并劣势企业,发挥其管理优势,"克隆"优势企业,有利于提高被兼并企业的管理水平。

三、企业并购后整合的风险及防范

1. 企业并购后整合的风险

并购后的整合风险源于整合的复杂性。并购后的整合涉及企业活动的所有方面,而且管理者在整合期间所遇到的挑战大多是平时所碰不到的,使得整合成为一项复杂的任务,需要采取不同的方法来应对,如表8-1所示。

表 8-1 管理上的挑战与复杂的环境因素

管理上的挑战	复杂的环境因素
应对过于勉强的最后期限	士气低落
实现艰巨的财务目标	信任度降低
以有限信息快速重组	生产效率下降
各种不同制度与机构的合并	广泛弥漫的不确定性
留住重要的员工	极度竞争
保持足够的交流	文化冲击
机构的搬迁与合并	政治策略与职位安排
	热衷的新闻媒体

除了企业自身的管理问题外，整合过程还需要各方专家的参与配合，如投资银行专家、并购律师、注册会计师等。对于这些人员的选择也增加了并购后整合的复杂性。整合的复杂性还表现在即使拥有周密的整合计划，也并不意味着能够实现成功的并购。当然没有制订整合计划，失败的可能性更大。在通常情况下，并购前的计划既无法解决信息不完全问题，也很难预见并购后管理本身对结果的影响，因此，一成不变地执行并购前所设定的计划是一种危险的整合思路。并购后的整合往往是一个随机的过程，整合的重点是过程和组织的问题，而不是战略计划。

具体来说，并购后整合中存在的问题和风险包括以下几个方面。

（1）高层管理者之间的权力斗争。并购双方高层之间的权力斗争会消耗大量的时间和精力，影响企业各项经营活动的开展。内耗的结果往往是部分高层管理人员离开并购后的企业，导致人才资源的流失。

（2）部分管理和技术骨干的流失。文化氛围、管理风格、管理制度等方面的不兼容，以及高层权力斗争中的权力重新调整，会影响部分管理和技术骨干的能力的发挥，导致部分骨干离开企业。这也是人力资源外流的具体体现。

（3）不同文化之间的冲突。文化冲突不但会破坏组织资源，包括组织的凝聚力、学习模式、内部组织之间的联结模式以及组织知识等，而且还会形成不同的利益团体。这些利益团体之间的矛盾冲突加大了整合的难度，其影响将是长期的，破坏性很大，如员工的消极怠工，对制度的恶性抵制，都会严重影响生产的正常进行。

（4）企业资源的流失。企业之间的并购本来是出于资源互补的需要，但由于资源的流失，包括人才资源、技术资源、知识资源、市场资源和信息资源等，会给企业带来巨大的损失。

从企业并购的实际运行看，并购交易并不难，难就难在并购后的整合，以上这些问题处理得好坏，最终决定企业并购的成败。

2. 企业并购后整合风险的防范

为防范企业并购后整合的风险，除需要在企业层面、业务层面加强控制，建立企业并购后整合与运营的风险的分散机制，建立健全企业并购整合与运营的风险预警系统外，以下几点也是实现成功整合的关键因素。

（1）并购双方相互尊重。尊重才能看到对方的优势，才能相互协调，才能在服从"大企业"的背景下对业务、人员等统一调配。对于主并方来说，企业之间的战略、业务协同正在成为关注焦点。正是出于对目标企业某些优质资源的需求而将其重组进企业,因此可以认为新成员是一个能够带来有效资源的部分,是能够促进集团公司发展的环节。为此要做到尊重每一个企业,认真听取原领导班子和员工的心声,把握思想状况,查看现场管理,充分尊重企业的历史和员工的需求。

(2)"一企一策"、因企制宜。在整合实施过程中,由于整合企业与被整合企业之间的发展历史、隶属关系、资源配置等存在较大差异,因而在整合中要根据整合企业的实际情况,有重点、有针对性地选择整合策略。在整合中,坚持采用"一企一策"的策略,做到对症下药、有的放矢,才能够更好地解决企业发展中的"瓶颈"问题,更好地推动整合工作的顺利实施。

(3)全过程整合思想。进行一次成功的整合管理,必须将全过程整合思想贯穿于整个并购过程。整合工作的重点是将目标企业纳入收购企业,最后平稳过渡到企业正常运作流程,实现一体化经营管理。所以并购重组后整合团队要更加重视资源的有效配置、费用合理支出、风险规避、整合速度与程度的把握、偶然事件的应对等问题。

(4)整合节奏得当,管理团队平稳过渡。整合节奏的好坏是决定并购成功与否的一项非常重要的因素。因为资金的时间价值是决定净现值和投资回报的重要因素,恰当的整合节奏能够快速调动机构活力,创造企业规划的效益。一个有专业化管理经验的整合团队能够恰当地控制整合节奏。整合团队的先导作用给了整合过程一个平稳的前提。在整合前筹建熟悉总部战略的管理团队,有助于目标企业平稳度过整合时期。

(5)重视文化整合,逐步渗透与融合。在企业整合的过程中,要注意对企业文化的研究与创新。在融合双方优秀文化的同时,要善于借鉴中国传统文化和优良传统,汲取国内外先进企业的管理思想和经验。对于跨地区的企业整合,还要善于吸取其他地区区域文化中的养分,丰富自身的企业文化,也易于被该地区的人群认同和接受。

(6)政府支持与市场化运作相辅相成。企业在整合中,不能仅仅考虑企业方面的"单赢",而应综合考虑企业、行业、政府之间的"三赢"。企业的行为影响企业的成长,行业的情况影响企业所生长的环境,政府部门在并购交易中的全力配合也非常关键。企业管理者如果能够善于处理与政府的关系,不仅能充分利用行政资源,还能扫清企业自身无法克服的诸多障碍。整合的主体应该是企业集团,也需要地方政府的大力支持。企业整合是高风险的资本运营活动,防范风险是首位,要考虑进入和退出成本。

第二节 企业并购后整合的内容

企业并购后的整合要有系统的观念,对组织的文化、结构、资源和体制等要素进行有效的整合,消除并购组织之间的内耗,以实现"1+1>2"的效应。

著名管理学大师彼得·德鲁克在其名著《管理的前沿》中,总结了成功并购的五条原则:第一,只有并购方完全考虑了它能够为所要购买的企业做出什么贡献,而不是被并购方能为并购方做什么贡献,并购才会成功。第二,要想通过并购开展多元化经营,需要有一个团体的共同核心,这不仅表现在生产经验、技能专长、财务的联结上,最重要的是必须具有"共同的文化"。第三,除非并购方的人员尊重被并购方的产品、市场以及消费者,否则,并购就不会成功,如药品公司并购化妆品企业,成功的可能性就不大。因为药物学家和生物化学家是关心健康与疾病的"正派"人物,他们对口红及口红的使用者不屑一顾。第四,在并购后一年左右的时间内,并购方必须能够向被并购方提供最高层管理人员。因为管理是无法"买来"的,原来的"老板"一般不会降格以求,挂冠而去更符合常理。第五,在并购后的第一年内,极为重要的是要让两个公司管理层中的部分人得到跨越界限的重大晋升,即从以前的公司晋升到另一公司。这样做的目的是使两个公司的管理者都相信,并购为他们提供了个人的发展机会。

在此基础上,德鲁克简明地指出了并购后整合的主要内容,即战略整合、业务经营整合、财务整合、管理制度和组织结构整合、人事整合及文化整合。

一、并购后的战略整合

1. 企业并购后战略整合的准备

企业并购后的整合是在并购交易完成之后,但对战略整合来说,不能仅发生在交易之后,而应在交易开始前就对一些问题做好充分准备。企业并购后战略整合应考虑的问题主要有以下四个方面:①企业并购行为是否与企业发展战略相一致?并购行为是否能成为原有企业发展战略的补充和修正?②并购企业到底需要什么?是为了资产,新的经济增长,还是其他?③企业并购是为荣誉还是为利益?④企业主业与多元化经营。

2. 企业并购战略的分析与整合决策

企业并购的根本目的是促进企业经营战略目标的实现。在并购完成之后,并购企业应根据双方的情况(尤其是并购企业的战略需要)和企业的外部环境,相应地对并购企业的整体经营战略进行整合,以实现协同效应。全美并购市场的第二大咨询顾问公司——杨格财务顾问公司经理 Janet M. Green 认为:"并购一家在经营战略上不能互相配合的公司,即使价格便宜,也会引起无穷的后患。如果事先深入研究所要并购的企业如何融入公司整体经营策略中,那么所并购的企业大都会带来好处。"由此可见,通过并购,在并购者与被并购企业之间形成一定的互补关系。这种关系可能是横向的,也可能是纵向的,取得协同效应,是发挥并购"1+1>2"综效的关键。在这种情况下,要求并购者必须有长期发展的战略眼光,将被并购方的发展轨迹纳入自己的经营战略,逐步调整被并购企业的经营策略,提高其获利能力,使之纳入整个公司的营运轨道。

在进行战略整合时,首先应对本企业和目标企业进行战略分析,然后才能相应作出整合决策。国外许多公司在进行并购时,经常利用产品生命周期法、经验曲线法、增长-市场占有率矩阵法和指导性政策矩阵法等方法进行分析,以确定并购企业和目标企业的经营战略及并购后战略整合的具体措施。

3. 企业并购战略的重新定位与实施

企业在并购中对总体战略的重新定位和调整,必须在依据企业目前运行状况,并分析企业内外环境的变化以及企业竞争力的情况下进行。实施战略整合需要分析收购后战略延伸的可行性,提出产业整合模式,等等。

对企业内外部环境因素变化,可以通过对企业自身的优势和劣势,以及外部环境的机会和威胁的动态分析,确定相应的发展战略。

企业通过 SWOT 分析、竞争力量分析，可以认清自身在本行业的竞争地位、发展机遇和资源优势，并以此为基础进行战略定位、制订战略目标和实施方案。

总之，并购企业首先要分析通过并购是否能改变自己的市场地位，占有更多的市场份额。它可能由追随者壮大为有挑战力量的挑战者，也可能通过市场份额的变化跻身于行业的领导者，然后在战略协同中根据市场地位的变化，相应地调整自身的发展战略。

二、并购后的业务经营整合

业务经营整合是指通过剥离不良资产，优化和调整资产结构、营运流程、组织结构等，以创新业务流程，拓展企业的业务、客户及市场渠道，提高企业的经营效率和效益。

提高资产效率是企业并购后整合的重要目的，也是企业并购中业务经营整合的重点。在通过战略整合，形成企业的核心能力的同时，应该有相应的对策处理低效率的资产或子公司，即对企业的存量资产进行整合，借以产生经营优势和规模效应。

对于经营业绩和财务状况欠佳的公司，并购后首先应进行存量资产的整合，处理不必要的资产，迅速停止获利能力低的生产线，从各种可能的方面采取措施降低成本。例如，精简机构和精减人员，将办公地点搬到房价较低的地方，腾出办公楼或变卖改作他用等，以缓解财务压力，提高获利能力。值得一提的是，在国外常常出现将并购后的企业转售获利的现象，因为公司的买卖极易形成巨额的利润。这需要具有高度的战略眼光和经营管理能力。企业转售获利的方式主要有以下两种：一种是并购后立即将被并购企业的资产拆开后出售；另一种是在并购后委派管理专家、财务专家和各种技术专家对其改造，再高价出售，套取利润。无论并购后保留还是出售被并购企业的资产，都是对存量资产进行整合的手段，最终目的都是提高企业的获利能力。

企业营运流程的整合是指联合、调整和协调采购、产品开发、生产、营销、财务等各项职能活动。并购后的企业可以将一些经营活动合并，包括相同的生产线、研发活动、分销渠道、促销活动等，同时放弃一些多余的经营活动，如多余的生产、服务活动，并协调各种业务活动的衔接。

买方企业并购目标公司是希望通过整合双方业务活动，以实现经营优势和规模效应。因此，在并购完成后，将企业业务活动有效地结合在一起，发挥预期的综合效应，成为并购活动成功的关键。

一般来说，业务活动的整合可能比产品线的整合来得困难。因为它通常会涉及某些重复设备的处置，而且生产制度要跨越组织进行运转，其困难更大。在业务活动整合过程中，厂房设备的迁移费用是不可避免的，但可以降低生产成本、存货成本，提高整体利润水平。业务活动的整合效果通常需要一段时间后才能体现出来。而在整合期间，大量的融合措施以及新旧制度的转换，还可能降低企业的经营效率。

通常情况下，在并购完成后，并购企业应尽可能地将目标企业与本企业的人员在组织上予以合并，特别是财务、法律、研发等专业方面的人员。同时要协调其他部门的业务人员。业务活动的整合与管理不可能一蹴而就，更不可能立竿见影。在并购之初，往往要保留目标企业原来的某些部门的独立。并购企业应视目标企业的具体情况而采取相应的措施，有些整合可以马上进行，有些则需分步进行，有的甚至需要两三年才能基本完成业务活动的融合过程。

三、并购后的财务整合

财务整合是在企业并购后,并购方对被并购方的财务制度体系、会计核算体系统一管理和监控,被并购的一方必须按照并购方的财务管理制度进行运营,实现企业管理的一体化。由于企业自身的发展情况不同,财务整合的方式也存在很大的差异。企业并购的目标是通过核心能力的提升和竞争优势的强化创造更多的新增价值。因此,在财务整合过程中,企业也必须紧紧围绕这一目标,以成本管理、风险控制和财务管理流程的优化为主要内容,通过财务整合力求使并购后的公司在经营活动上实现统一管理,在投资、融资活动上实现统一规划,最大限度地实现并购的整合和协同效应。

1. 财务整合的必要性

在企业整合的过程中,财务整合是企业整合的核心内容。因为企业并购的主要目的是实现利益的最大化。这与企业财务直接产生关系。因此,财务整合具有非常重要的地位。并购后只有实现财务管理方面的统一,建立良好的财务管理制度,才能在财务制度正常运行的情况下提高财务管理的有效性,从根本上控制被收购企业,实现并购活动的目的。

(1) 财务整合是有效实施企业战略的基础。完善的财务制度是企业战略有效实施的保证。在企业并购完成之后,新企业的经营发展战略是基于并购双方的经营情况来确定的。因此,新企业必须对并购双方的财务进行统一管理,使自己拥有统一的财务保证,对财务资源统一调配和使用。财务管理的统一性是对企业经营战略的统一性的支持。

(2) 财务整合是实现资源有效配置的保证。现代企业的内部资源配置都是根据一定的财务指标进行的。新企业作为一个整体,必然需要统一的财务基准来保证财务活动的效率,从而最大限度提高内部资源配置的效率。此外,由于企业内部的任何资源配置都必须在财务上有所反映,所以财务管理也是监督企业内部资源配置有效性的重要手段。为了发挥这种监督作用,新企业必须使财务管理具有统一性和一致性。这样才能使财务对资源配置监督的效率性和可靠性体现出来。

(3) 财务整合可以获得财务协同效应。财务协同效应是指并购完成之后,由于税法、会计处理惯例以及证券交易等内在规定的作用而产生的一种纯金钱上的效益。这种效益不是通过合理安排企业内部资源配置,提高生产效率的方式实现的。比如新企业利用税法中的亏损递延条款实现合理避税。这都是建立在统一的财务管理基础之上的。

(4) 财务整合是并购企业对被并购企业实施控制的重要途径。如何对被并购企业进行有效控制是并购企业面临的重要问题。虽然并购企业可以通过人事安排对被并购企业进行控制,但这种方法的作用有限。此外,过多的人事干预有时会损害并购整合的进行。而通过掌握被并购企业的生产经营的财务信息,并购企业可以很好地控制被并购企业,这是单纯的人事控制所不能做到的。要准确了解被并购企业的财务信息,就必须有统一的财务管理。

2. 财务整合的基本内容

财务整合必须以企业价值最大化为中心,通过对被并购企业的资金筹措、资金运营和资金分配等各种投融资活动与生产经营活动的管理,实现并购企业投融资活动的统一规划、生产经营活动的统一管理和统一规范,以最大限度地实现并购后企业的财务协同效应。因此,财务整合基本内容包括以下几个方面。

(1) 财务管理目标的整合。目前普遍接受股东财富最大化与企业价值最大化作为财务管理的目标。企业财务管理的目标是企业发展的蓝图,通过财务目标的整合,并购后的企业在统一的财务目标指引下进行生产经营。它所体现的重要性表现在以下几个方面:有助于财务运营的一体化;有助于科学地进行财务决策;有助于财务行为的高效和规范化;有助于财会人员建立科学的理财观念。

(2) 财务制度和会计核算体系整合。财务制度整合是保证并购企业有效、有序运行的关键。它主要包括融资制度、投资制度、固定资产管理、流动资产管理、工资管理、利润管理和财务风险管理等内容的整合。会计核算体系整合是统一财务体系的具体保证,也是并购企业及时、准确、全面地获取被并购企业财务信息的有效手段,更是统一企业绩效评价口径的基础。它主要包括账簿形式、凭证管理和会计科目等的统一规范。

(3) 绩效评价体系的整合。并购后企业会对财务运营指标体系进行重新优化和组合,财务运营指标一般包括:①收益能力指标,如销售利税率、资产报酬率、毛利率、净利润率等;②市价比率指标,如每股利润、股利发放率、股利报酬率、市盈率等;③经营安全性指标,如流动比率、速动比率、负债比率、权益乘数等;④成长能力指标,如销售收入增长率、固定资产增长率、人员增长率等;⑤发展能力指标,如市场占有率、研究开发投入等;⑥生产能力指标,如人均销售收入、人均净利润、人均资产总额等;⑦资产管理指标,如存货周转率、应收账款周转率、流动资产周转率等。

(4) 资产与债务的整合。资产整合是指在并购交易完成后,以并购企业为主体,对双方企业(主要是被并购企业)范围内的资产进行鉴别、吸纳、分拆、剥离、重新配置等优化组合活动。资产整合包括有形资产整合和无形资产整合。债务整合从企业内部看是一种债务责任的转移,从企业外部看则是一种权益的变动。债务整合工作的关键应充分考虑到债务人和债权人双方的利益,既保护好债权人的根本利益,又能使并购后企业(债务人)不受高额债务的拖累,能够稳定和健康地发展。

企业并购中的债务整合包括两方面的内容:一是对被并购企业的现有债权债务关系进行调整,将偿债责任进行转移。所谓调整,就是对现有的债务进行清理、评估、重新组合、转换资产形式,并在必要的情况下变更债权债务关系。二是对调整后的债权债务进行管理。整合后的资产管理关键在于被并购企业的改革和改组,取决于企业的改革和改组能否达到提高企业资产经营水平,优化企业组织结构,提高并购后企业的整体盈利水平。

债务整合应按《中华人民共和国民法典》对债权与债务的规定进行。具体的方式包括低价收购债权、依法消除债务、延长债务偿还期、债权转股权等。

四、并购后的管理制度和组织结构整合

一项成功的、最终能为企业带来经营效率和经济效益的并购,其关键是并购企业的先进管理模式与目标企业的内部管理制度有机融合,使并购企业的管理优势在目标企业生根、开花、结果。并购企业如果不向目标企业输入先进的机制,积极做好机制的磨合工作,

两个企业就不能融为一体,目标企业就不能真正走向市场,成为市场主体,反而会变成一个沉重的包袱,使并购前功尽弃。

并购企业与自创企业不同之处在于,前者有现有管理制度可以利用。假如目标企业原有的管理制度良好,则并购者不需要对其加以改变即可以坐享其成,充分利用原有企业的内部管理制度和经营管理人才,处理企业生产经营活动中的各种具体事宜。并购企业的总部一般只需对被并购企业的有关重大决策予以关注和指导。这样既能体现出企业决策的统一性,又不失企业经营管理的灵活性,还可以将目标公司好的管理制度移植到买方企业。例如,中国台湾统一集团并购美国万哈姆饼干公司的目的之一,就是希望引进该公司良好的配销制度。如果被并购企业的管理制度不是并购者所期望的,在并购后为了达到改善经营绩效的目的,或者为了便于内部沟通,达到降低管理成本的目标,并购方则需要将本身实施良好的制度转移到目标公司。

无论如何,在进行管理制度整合时,并购方都应事先了解目标公司原有的管理制度,根据公司之间经营管理的特性与管理哲学的差异,制定管理制度整合策略。如果并购方欲将目标公司纳入自己的经营管理体系,则应逐步将目标公司的发展规划和管理制度纳入自己的经营管理体系之中,以实现统一的管理。尤其当并购方并购的目的是利用目标公司的资源时,更应对目标公司的经营决策和管理制度进行较深层次的整合。如果并购的目的是实现多元化经营,目标公司需要保持一定的独立性,则没必要对其管理制度进行生搬硬套的整合。除非目标公司经营不善,需要引入新的管理思想和方法。

在实践中,对管理制度进行整合往往会遇到诸多问题。尤其是当并购方欲改变被并购公司的经营管理制度时,常常会遭到经理人员的反感和不认同。这就需要企业的管理者剖析原有制度的缺点,阐述现行制度的优势,并在对比的基础上采取适当的手段进行引导,根据生产经营的实际需要制定审慎的管理制度整合策略,最终让事实说话。

企业并购需要对各种生产要素重新组合,而一个科学有效的组织结构是提高管理水平、保证各生产要素有效运作的基本前提。企业并购后,需要形成共同的组织结构和组织运行制度,使原先的两个企业融为一体。这就会涉及并购前处于两个完全不同的组织、各自分工负责的人员。在实践中,并购后对企业整体组织结构的整合,与重新设置企业的组织结构原理上是一样的,所不同的是前者涉及面较小,后者涉及面较大。

在进行组织结构整合时,应从管理组织结构一体化角度出发,避免局部调整导致与原有体系的不协调,给管理工作带来矛盾和问题。根据具体情况,可以将目标企业作为一个相对独立的整体加以管理,也可以将目标企业进行分解,并入并购企业的相应子系统。但无论以哪种方式进行整合,都应遵循管理组织的基本原理,即有效性原理、统一指挥原理、管理幅度原理、管理层次原理、集权与分权相结合原理、分工与协作相结合原理、权责对等原理、才职相称原理。

具体进行组织结构的整合,应根据并购企业的经营战略,考虑并购双方的行业特点、产品种类、企业规模、技术复杂程度、专业化水平、市场需求的变化、双方企业的地理分布以及双方管理人员的素质等因素,设计一个科学合理的组织形式,如事业部制、超事业部制、矩阵管理制、多维组织结构等。例如,以多元化经营为目的的并购,往往会形成跨地区、跨行业的大型企业集团甚至是跨国公司,一般采用多维组织结构,也有些企业会结合使用几种组织形式。

五、并购后的人事整合

　　管理制度和组织结构整合都会涉及人事的重新配置。为此不仅要安排好组织结构每一个节点上的负责人,而且也应注意集体内人与人之间在工作上的协调与配合,包括工作时间、空间、质量上的协调与配合,以实现并购的初衷,即获得经营优势与规模效益,从而取得协同效应。

　　人是企业诸生产要素中最活跃、最富创造力的因素,生产资料的价值最终要依靠人的智慧和能力去实现。现代企业的竞争在很大程度上是人才的竞争,人才是公司最重要的资源,尤其是高层管理人员、技术人员和熟练工人。而企业家也被现代经济学家视为一种必不可少的生产要素。企业并购后,人员需要重新组合,人际关系将变得更加复杂,由此带来的人事管理和队伍建设问题,可能成为企业并购后遇到的最棘手的问题。可以说,并购企业在实施并购战略之后能否取得真正的成功,在很大程度上要看能否有效地利用被并购企业的人才。而对于社会而言,被并购企业原有人员的安置问题又显得格外重要,因为这涉及社会的稳定和可持续发展。因此,企业并购后加强新组织职工队伍的建设,是企业并购顺利进行并获得持续发展的保障。为此,应着重做好以下几项工作。

　　1. 做好并购双方企业员工沟通工作,统一思想,统一认识,加强感情上的融合

　　并购后双方员工各有顾虑,如并购企业员工可能产生背包袱的不满情绪,目标公司员工则担心受歧视,产生当"二等公民"的自卑感。此时,加强沟通便成为一种解决员工思想问题、提升士气、培养企业精神的必要方式。为了避免员工抗拒并购,高层管理人员应安排一系列员工沟通会议,让员工清楚整个并购的大致情形,如公司股权的变化、目前谁负责经营职责、未来经营方向如何等。最好也讲明一般员工关心的问题,如哪些员工将被解雇、哪些经营单位的工作地点将迁移、薪金福利是否将变化、原来的员工分红及其他过去对员工的承诺是否继续有效等。如北京丽源日用化学股份有限公司在兼并北京表壳一厂后,对其在册员工采取分批通知、分批开会动员、设立接待组、深入开展思想工作等方式进行多层次的沟通,动之以情,晓之以理,结合某些鼓励手段,顺利完成了员工安置任务。

　　众所周知,人是企业所有资产中最不容易确定其价值的资产。因此,要想发挥整合效果,在进行沟通前,管理者一定要对内部人员的特性有相当的了解,并取得他们的认同。既要了解企业关键员工的思想,制定相应的激励机制,又要深入了解普通员工的思想,做好思想动员工作。在与员工进行沟通时必须注意的是,员工对过于含糊的声明和过于吹嘘的未来美景不会感兴趣,他们所关心的是与自己切身利益相关的问题,即这项并购将影响所在部门及本身工作的程度。当然,为了避免不必要的麻烦,有些经营重整计划,譬如两年后将关闭某厂,在沟通中可以暂时不必透露。

　　加强沟通是企业并购后整合的一项首要工作。做好沟通工作还有利于并购方了解目标企业原来管理经营中的失误与症结;有利于稳定目标公司员工的情绪,了解原有的公司文化,为未来提高经营效益打下基础;有利于消除双方企业文化差异的障碍,尤其是在跨国并购中的国家间文化障碍;等等。

2. 做好主管人员的选派工作

通过分析国内外大量企业并购案例可以发现,并购企业对被并购企业最直接、最有效的控制方法是选派忠诚于母公司、有专业管理才能、精明能干的得力人员前往被并购企业担任主管。尤其是当并购企业的并购动机是着眼于双方整合效果的发挥所产生的利益时,直接性的人员控制最能确保整合效果的发挥。例如,中国第一汽车集团公司(以下简称"一汽")并购吉林轻型车厂等4家企业后,在进行组织管理改造中,选派高素质的经营管理者担任这4家企业的中高层管理人员,从而把一汽的管理思想和方法带进被并购企业。同时,为了使被并购企业的管理人员转变观念,接受新的管理方式,一汽还把他们调过来任职一两年,再派回原企业。这些管理人员回到原企业后,处处以"一汽人"的身份自觉地贯彻一汽的管理思想。此外,一汽还通过办班形式,对被并购企业的职工进行轮训,结果使这4家被并购的企业在管理方式和管理水平上与一汽实现了并轨,取得了很好的效果。

选派主管人员管理被并购企业固然重要,但如果是跨行业并购,目的是拓宽经营领域,实现多元化经营,在并购方对被并购企业不熟悉,又找不到精于此类业务的管理人才时,继续留用被并购企业的主管则是非常必要的。例如,唐山钢铁公司并购唐山自行车厂后,就继续留用了原唐山自行车厂的管理人员。即使是同行业并购,让被并购企业有能力的人继续担任管理工作也是必要的。因为充分发挥这些人才的作用,对实现并购企业的目标非常有益。

3. 实施稳定的人事政策和有效的激励机制,稳定人才

企业并购后,往往会出现被并购方人才流失的现象。这是因为一些管理、技术人才和熟练工人担心不适应新的环境,或因两种企业管理制度在融合时产生摩擦和对抗,他们会另谋出路。因此,并购企业必须解除被并购企业职工的后顾之忧,制定出稳定人才的政策。这种稳定人才的政策必须有实质性的激励措施相配合,以激励职工在新的环境下勤奋工作。

美国的斯塔西·亚当斯在1956年提出的"公平理论"尤其值得并购企业的管理者在制定人事政策和激励机制时作为参考。根据公平理论,被并购企业拥有管理和技术专长的人员,在并购后的报酬不能低于原来的水平,也不能低于并购企业做同种工作的人员的报酬水平。为此要尽量克服绩效评价和工资制度中不合理的现象。但必须注意到,公平与否是个人的主观感觉,而一般人总是对自己的投入估计过高,对别人的投入估计过低。因此,管理者除了客观、公平地对待并购企业和被并购企业的职工外,还应使他们正确地认识自己和他人投入的多少。

在公平的基础上,并购企业还应通过有效的激励机制,进一步激发职工的积极性和创造性,同时把有真正才能的、公司需要的人才吸引过来,以提高工作绩效,加速企业的整合步伐。美国心理学家赫兹伯格提出的"双因素理论"认为,当保健因素得到改善时,职工的不满情绪就会消除,但不会导致更积极的效果;只有激励因素才能产生使职工满意的积极效果。因此,不管是对并购企业的职工还是对目标企业的职工来说,要调动其积极性,不仅要给予必要的物质利益和合适的工作环境等,更要注意对职工进行精神鼓励,及时表扬和认可他们的工作成绩。同时要尽量使职工的工作具有一定的挑战性,为职工的成长和发展提供机会。而根据"期望理论"的期望模式——激励力＝效价×期望值,管理者可以从两个方面着手激励职工:一是给职工设置一个对其来说期望值较高的目标;二是可以通过工资、提升、赏识等奖酬形式提高效价,从而提高特定工作对职工的激励力。

我国一些并购企业十分重视人才的整合工作,为了留住人才并调动被并购企业员工的积极性,采取了许多有效的措施,收到了良好的效果。如深圳康佳集团并购牡丹江电视机厂后,通过建立以效能为主的分配机制,将分配同企业效益挂钩,调动了被并购企业员工的积极性。康牡公司组建后,以岗位标准、岗位内容和工作量为依据,在定员、定编基础上制定出22个薪级标准,全员实行岗位工资和浮动工资制。员工的收入主要以企业的经济效益为依据,根据岗位档次制定上、中、下三类浮动系数,由部门经理视岗位人员的工作成绩确定。在以效能为主的前提下,再考虑员工的贡献和专业文化知识,实行年功工资和学历补贴。正是这些有效的激励制度,调动了被并购企业职工的积极性。

在国外,吸引人员留任的重要激励措施是让员工认购股份,特别是对那些并购方想要留任的主管人员,通常给予一定数额的"股票选择权",规定在一定年限内,可以以事先确定的股价购买股票。这样做可以激励主管人员勤奋工作,努力改善企业的经营状况,使公司的股票价格上升。这样,主管人员就可以从中赚取差价。例如,日本三菱公司曾以高于市价40%的价格,并购美国钢铁公司所属的艾里斯化学公司,并将股份的15%留给艾里斯化学公司的管理层,以此为代价要求这些高级职员留任,从而赢得这些排头兵对新企业的高度认同,激发了他们的敬业意识和积极性。

4. 建立优胜劣汰的用人机制

企业并购后,应迅速建立优胜劣汰的用人机制。这对于调动员工积极性、提高人事管理水平、加强职工队伍建设是十分必要的。例如,深圳康佳集团并购牡丹江电视机厂后,首先大刀阔斧地精简机构、精减人员,原牡丹江电视机厂的管理人员并购后精减到95人。在用人制度上,坚持"能者上,庸者下"的原则,并实行聘用制和招聘制。总经理由董事会聘任,部门负责人由总经理聘用,一般管理人员由各部门经理聘任。聘用中打破论资排辈的陋习,在原一般管理人员中聘用3名中层干部,真正做到能上能下。在厂内公开招标营销人员,经考评,原营销部落聘4人,重新招聘了9人。同时,还在社会上公开招聘了8名管理、技术、公关等方面的人才。在用工制度上,实行了全员劳动合同制。企业员工签订了劳动合同,建立了员工与企业之间新的劳动关系。

六、并购后的文化整合

1. 文化整合的重要性

企业文化是在一定的社会历史条件下,企业及其员工在生产经营和企业管理中逐步形成的观念形态、文化形式与价值体系的总和。企业文化以核心价值观和企业宗旨为核心,通过文化的熏陶、教化作用使职工在潜移默化中接受共有的价值观念,并以此作为个人行为的方向和准则,自觉将个人目标纳入企业的共同目标之中,能大大提高企业行为的一致性和整体协调性,增强企业的凝聚力,激励员工为实现自我价值和企业目标而勇于献身,不断进取。

由于并购双方在所有制、地域、规模水平、行业特点和历史传统上有所不同,作为"企业之魂"的企业文化就具有很强的个性,相互之间表现出很大的差异性。企业并购后,两种迥异的企业文化遇在一起,必然会有经营思想、价值观念、工作方式、管理制度等各方面的冲突。这种冲突的影响是全方位、全过程的,特别是对跨国、跨地区、跨行业和跨所有制的企业并购,文化冲突会显得更加明显,具体体现在以下三方面。

(1) 精神文化冲突。企业精神文化,是企业价值观、企业精神、企业经营观念与经营哲学等意识形态的总和,它是企业文化的核心。由于企业原有的精神文化已为员工所认同、接受,当企业并购后,这种主体意识受到冲击或否定,员工的精神支柱发生动摇,甚至完全崩溃,就会感到失落和迷惘。这样,企业原有的两种文化便会出现互相抵触、排斥。

(2) 制度文化冲突。企业制度文化是为约束企业及其员工行为而制定的各种规章和制度。企业并购后,必然要对原有的组织机构、管理制度和行为规范进行调整重构。在这个过程中,员工常有一种怀旧心理,难以适应这个转变,以致对新制度文化在意识上和行为上有意无意地抵触,新旧制度文化的冲突在所难免。

(3) 物质文化冲突。企业物质文化往往以实物形态出现,如企业产品、广告和包装等。企业并购后要重新进行战略规划,制定新的产品策略、促销策略等,从而引起新旧物质文化的冲突。

企业并购后这种文化差异及冲突的客观存在,不可避免地将带来很大的文化风险,导致并购难以最终成功。摩根士丹利公司对并购案例的长期跟踪调查发现,有50%以上的并购是失败的,并未明显促进企业运行效率的提高。如果再剔除效率增进几乎为零的并购,那么,并购之后效率增进的概率是非常低的。由于并购的效果需要在两年甚至多年以后才能显现出来,大量的失败案例被忽略了。根据资料统计,在全球范围内,资产重组的成功率较低。而那些失败的重组案例中,80%以上直接或间接起源于新企业文化整合的失败。

由于文化因素致使并购后的企业出现严重问题的实例很多。1998年5月6日,德国戴姆勒-奔驰公司与美国克莱斯勒两家著名的公司宣布合并,涉及金额395亿美元。戴姆勒-奔驰以世界头号高级轿车生产者著称,克莱斯勒则是美国第三大汽车制造企业,也是世界上盈利能力最强的汽车生产商之一。这场合并当时被称为汽车业强强联手的典型。但到2000年第三季度,合并后的戴姆勒-克莱斯勒公司的克莱斯勒部门出现了近9年来的第一次亏损,亏损金额高达5.12亿美元。不到两年,戴姆勒-克莱斯勒公司的股票价格下降了50%,其市值还不到原来戴姆勒-奔驰公司一家的市值。戴姆勒-克莱斯勒公司出现的经营问题,其原因是多方面的,如市场形势的变化、管理者的决策失误等,但还有一个重要原因是两个不同国家的企业文化存在较大的差异而产生了文化冲突。合并后的公司总部设在德国,由德国人掌管经营大权,但公司规定日常交流语言是英语,这就给公司高层管理者之间的沟通带来了困难。同时,美国人希望尽快推出价廉而实用的新产品,有时宁可在产品质量上做点让步;而德国人把质量视为企业的生命,即使延误新产品问世时间也不会降低产品质量。双方为此经常争论不休。事实上,要把德国人日耳曼民族精雕细琢的工作风格与美国人直率勇猛的工作作风融合为一体并不是一件轻而易举的事。有人曾这样评价,这两家公司是"一个公司,两个总部"。结果,这两家公司的合并并没有发挥"1+1>2"的效果。

中国由于文化冲突导致并购失败的例子也不鲜见。1994年浙江康恩贝集团股份有限公司(以下简称"康恩贝集团")第一次并购浙江凤凰化工股份有限公司(以下简称"凤凰化工"),但没有实现预期的目标就是典型的案例。在1994年6月至1995年年底一年半的时间里,康恩贝集团向凤凰化工注入了众多优质资产,并对其进行了多方面改革和调整,但公司的经营状况并没有得到改善。为扭转局面,1995年12月康恩贝集团开始对凤凰化工进行第二次重组,并加大了经营管理的力度,调整了产品结构,实施名牌战略,重塑了凤凰化工产品在市场上的形象。这一系列措施仍然没有从根本上扭转或阻止凤凰化工经营恶化的局面。究其原因是多方面的,而忽视企业文化的整合是重要原因之一。两家企业原有管理制度和行为方式在并购后没有进行相应的融合与调整,致使两种文化发生严重冲突。主要表现为,凤凰化工员工仍以国企老大自居,瞧不起由街道小厂发展起来的康恩贝集团。这就使员工间的沟通和协调产生严重的问题,价值观念发生碰撞,当然会影响并购的效果。

大量研究成果和实践经验表明,企业并购的失败,与其说是资源配置失当、管理效率低下造成的,不如说是企业文化冲突的结果。可见企业并购后进行文化整合是极其重要的。

2. 文化整合的模式

所谓企业文化整合,就是要使并购双方不同类型的企业文化或同一类型不同特质的企业文化相互吸收、融合,以形成新的企业文化的过程,也就是并购企业从企业核心价值观到企业及其员工行为模式的重新调整、传播、扩散及强化过程。假设A为并购方企业文化,B为被并购方企业文化,从整合的结果看,企业文化整合呈现以下五种模式。

(1) 文化注入式(A+B→A)。在这种模式中,并购方具有较深厚的企业文化,被并购方放弃自己的企业文化而全面接受并购方的企业文化。这种企业文化整合的表现形式是被并购方对并购方企业文化的自觉接受和主动融合。这种模式可能发生在两个经济实力相比差异较大的公司之间。同时,如果并购方具有很强的市场、技术或管理优势,在进行横向并购时,此种模式更易发生。例如深圳康佳集团公司凭借其品牌、管理和销售网络的优势,对被并购企业全面输入康佳的企业文化,先后在全国形成牡康(牡丹江)、陕康(陕西)、安康(安徽)和重康(重庆)四大专业生产基地,在短时间内取得了较好的经济效益。又如青岛海尔集团采取吃"休克鱼"并购方式后,通过向被并购企业派出管理人员,将海尔文化输入,从而救活被并购企业。

(2) 文化促进式(A+B→B)。在此种模式中,被并购方具有较深厚的企业文化,并购方放弃自己的企业文化而全面接受被并购方的企业文化。这种企业文化整合的结果,表现为被并购方对并购方企业文化的全面接管。经济实力相当的企业之间的并购一般会出现这种文化整合的结果。例如雷诺烟草公司并购那比斯克,最终却是那比斯克为暮气沉沉的雷诺公司带来了新鲜感和企业文化,并最终导致合并后的公司再次被外来者并购。

(3) 文化融合式(A+B→C)。在这种模式中,并购方和被并购方的企业文化在并购重组过程中相互促进、相互融合、相互发展。并购整合给了双方管理层全面学习和体验另一种管理模式的机会,并能使之全面检讨本公司原有管理模式的优劣点。并购方和被并购方的企业文化在比较中相互学习,在学习中相互促进,都随着整合过程的推进而被注入新的内容,从而使企业在新的价值观和企业宗旨的指导下取得统一,并且对管理过程和管理环节中的不合时宜的因素进行调整,形成具有积极意义的整合结果。

(4) 文化隔离式(A+B→A+B)。在并购双方分属于不同行业,并购企业文化本身属于多元化文化,被并购企业文化具有很强的吸引力,其成员不愿接受并购企业的文化,强制变迁被并购企业文化需花费极高的成本和代价的情况下,可以采用这种文化整合模式。并购双方尽量保持各自文化的独立性,并购企业除在重大问题上进行必要的干预外,允许被并购企业在文化上拥有高度的独立性。例如,美国通用电气公司在控股日本五十铃公司时,考虑到五十铃独特的企业文化和美日两国文化上的差异,并没有向五十铃公司注入自身的企业文化,而是采用了平行性的整合模式,使文化整合获得了极大的成功。

(5) 文化混沌式(A+B→0)。这是一种失败的模式。由于并购方和被并购方相互敌视、对立,缺乏沟通和合作的诚意,最终导致整合的失败,企业文化整合带来的是负效应。在为实施多元化战略而进行的跨行业并购中,企业的盲目扩张往往造成这种结果。在中国,这种例子举不胜举,如沈阳飞龙、珠海巨人集团等的困境,就与文化整合的失败有关。

从理论上讲,以上五种文化整合的结果都有可能发生。在选择文化整合模式时,应考虑企业并购战略和企业原有文化因素。企业并购战略分为横向并购、纵向并购和混合并购战略三种类型。企业原有文化对文化整合模式选择的影响主要表现在并购双方对多元文化的容忍度上。根据企业对于文化差异的包容程度,企业文化可分为单一文化和多元文化两种类型。前者追求的是文化的统一性,后者追求的是多种文化的相互融合和互相促进。综合考虑上述两个因素,有以下几种文化整合模式可供企业选择:①当并购企业采用横向并购战略,并且并购企业是多元文化时,就可以选择促进式或融合式文化整合模式。这时,并购双方应认真分析各自文化的不同特点,寻找各自文化上的相同点,吸收彼此文化上的优势。一方面,允许被并购企业保留自身部分文化;另一方面,双方共同合作寻求多方面的协同效应,尽快建立起更为先进的企业新文化。②当并购方采用横向并购战略,但并购企业是单一文化时,就可以选择注入式文化整合模式,将自身文化输入被并购企业。③当并购企业采用纵向并购或混合并购战略时,并购方不需要对被并购企业进行太多的干预,允许多元化文化存在的并购可选择隔离式文化整合模式,而强调单一文化的并购企业可采用文化注入式整合模式。

第三节　国内企业并购后整合存在的问题与对策

在国内企业并购实践中,许多企业把关注的重点放在了并购的谈判和交易上,而对于在更大程度上决定着并购成败的并购后整合问题关注不够,导致并购后控制不力,投入资源被浪费,甚至优势企业被拖垮。因此,如何认识和克服并购后整合中的难点,解决整合中遇到的问题,对整合的顺利实施并真正实现协同效应非常重要。

一、国内企业并购后整合存在的主要问题

1. 缺乏长远、系统战略思维下的有效执行力

尽管企业在并购重组整合中注意到战略的重要性,但其实效果并不乐观。表现在缺乏长远战略考虑,有些企业进行并购只是为了获得眼前的政策优惠或被某些优势吸引,盲

目决策,没有深入考虑并购后带来的种种问题。这无疑会给企业的发展带来不利影响。大部分企业在并购后执行能力差,没有把企业长远战略贯彻到各项工作中去,战略整合不到位,往往在执行中偏离了初衷。重组子公司极有可能与集团原下属公司处于同一行业或拥有同一产品,导致市场上同一个集团内部之间相互竞争、相互压价争夺市场的现象出现。另外,集团重组的科研院所由于过去专业划分过细,经营领域单一,造成相互之间关联性小,基本上各自为战,不通有无,形不成整体合力。

2. 整合前期准备不充分,整合规划的操作性较差

调查发现,大部分的企业会为并购后整合活动组建专门的整合团队,但对整合团队的职能认识不够充分。整合团队本应作为整合活动的领导者和组织者,从整合初期就开始参与整合活动,实际上更多的企业只是将整合团队看作一定意义上的"突发事件处理小组",未能发挥其应有的作用。另外,企业尽职调查流于形式的情况时有发生。尽职调查是降低并购后整合中信息不对称风险的主要手段,是并购后整合的重要环节。尽职调查,即从资产、负责、财务、经营、战略和法律等角度对目标企业进行一系列深入的调查和核查,了解目标企业真实的经营业绩和财务状况,以及目标企业所面临的机会和潜在的风险,以对目标企业作出客观评价,帮助企业制定行之有效的整合规划。如果尽职调查不详尽、不严谨,获得的信息可靠性就差,在此基础上作出的整合计划就缺乏可操作性。

3. 运营管理整合难,协同程度没有达到预期效果

企业进行并购后整合时,需要注意尽可能不让公司的任何资源闲置,有效地发挥每种资源的潜能,特别是应注意对隐形资产和隐形知识的挖掘。而协同程度体现了并购双方的依存程度。一般而言,企业的运营管理整合通常采用集团层面集中管控、划分地域集中管控、划分产品线集中管控、管理经营权下放等几种形式进行。每种形式都有其优点和弊端。根据自身条件选择合适的整合形式是整合企业运营管理的关键。但是企业往往局限于原有管理思想强行复制管理模式,或者由于对于整合困难的过高估计而完全放权给并购企业自主管理。这都不一定是适合于企业的最好方法。很多企业常常采用折中的形式进行整合,但对于集中和分散的程度把握并不明确。

4. 强势推进文化,整合成功率不高

国内企业并购后整合最困难的地方是文化整合。文化冲突是企业冲突的集中体现。对于文化的漠视主要表现在以下几个方面。一是重组双方价值观念严重冲突,在工作上相互制约;二是相关的规范与制度调整不到位,缺乏统一的行为标准;三是缺乏必要沟通,员工对企业整合规划缺乏了解,丧失对企业的认同感;四是新的领导层无法形成必要的威信,导致命令难以执行。文化差异能够导致兼并失败或使兼并潜能无法得以发挥。如果不积极重视、不制定化解文化冲突的风险方案,很可能导致并购整合失败。在长期的生产经营过程中,企业员工形成了固有的思维模式和价值理念,双方的企业文化存在较大的差异,这尤其会给跨所有制、跨区域的整合带来难度。而兼并重组带来的新文化必然会对员工的思想形成强大的冲击,文化的强势推进与沟通的缺乏使得文化整合进程缓慢,难度加大。

二、提升国内企业并购后整合能力的对策

1. 构建"以战略为导向的,适应不同管控类型"的整合模式

企业并购不应该单纯追求企业规模,而要依据企业间业务的关联性和资源优势的互补性进行。这样才能促进双方企业的发展,把企业做强做大。为此,企业应根据并购战略与动机制定相应的整合战略,做到有计划、有方向、有原则。为配合内外部资源重组活动的开展,集团总部应注重对所属子公司资产的清理、调整和剥离工作,有进有退,在向主业投入资源的同时,剥离辅业,精干主业,缩短管理链条,加强控制能力,使集团资源配置处于更加有效的状态。

企业出于不同的并购目的、在不同具体情况下进行整合的深度是不同的。在并购前评估阶段,主要任务是进行尽职调查,考察并购双方制度、组织、文化和业务上的差异,确定并购后企业的发展战略。在并购规划阶段,企业要根据之前的评估结果,选择适合本企业情况的管控模式和整合模式。管控模式是指企业并购后形成的集团公司对下属企业基于集分权程度不同而形成的管控策略。管控模式共分为三种。一是运营控制型。这种模式集权程度较高,高层管理者对生产经营进行严格的控制。二是战略控制型。这种模式集权与分权相结合,高层管理者对生产经营进行规范的战略控制。三是财务控制型。这种模式分权程度较高,下属单元能够自主经营。整合模式应结合企业管控模式,并根据并购企业和目标企业的战略依赖性与组织独立性需求程度来划分。战略依赖性是指目标企业在产业方向、市场或技术能力方面增进或补充并购企业战略的程度;组织独立性是指目标企业与并购企业在文化、人员和管理上的关联程度或匹配程度。整合模式可划分为四种。①吸收式整合。吸收式整合的并购双方在战略上相互依赖,而且目标企业的组织独立性需求低。这意味着要实现并购双方长期形成的营销、组织与文化一次全部整合。②共存式整合。共存式整合是并购双方在战略上依赖性较强,同时双方组织独立性的需求也较高。③保护式整合。在保护式整合策略下,并购企业与目标企业之间的战略依赖性不强,但是目标企业的组织独立性需求较高,因此并购企业对目标企业的培养要采取有限干预的方式。④控制式整合。控制式整合模式的并购双方的战略依赖性不强,同时,目标企业的组织独立性需求也很低。依据并购类型,对并购后双方企业进行评估后,企业进行并购后整合的层次也是不同的,选择的管控模式也不尽相同,如表 8-2 所示。

表 8-2 管控模式与整合模式的选择

并购层次	并购类型	整合的程度	管控模式	整合模式
第一层次	多元化并购或以上市为目的	获得目标企业的产权(如股权、资产等)和被动获取收益	财务管控	保护式
第二层次	强强联合	获得目标企业的控制权和主动获取收益的权利;并在一定程度上影响被并购企业的战略、经营和财务	战略管控	共存式

续表

并购层次	并购类型	整合的程度	管控模式	整合模式
第三层次	互补式并购	获得战略、经营和财务的整合；并注重被并购企业在战略、经营和财务上与并购方形成协同，创造新的价值，但并购方常会保留被并购企业的品牌、管理风格、企业文化等	战略管控	共存式
第四层次	强弱并购	管理和文化的整合。用本企业的文化去融合被并购企业的文化，最终控制被并购企业的战略、经营和财务，使被并购企业与并购方在战略、经营和财务上形成协同效应	运营管控	吸收式/控制式

四个层次的并购整合由易而难。一般而言，在管理、经营、财务、文化等各方面越是优秀或者处于强势的企业，其对目标企业的整合就会越深入。企业在整合规划阶段要选择适当的管控模式和整合模式，为下一步整合实施工作的顺利开展打好基础。

2. 制订详尽的尽职调查和完备的整合规划

整合前的尽职调查和各项规划工作是并购后整合实施的必要环节，也是整合成功的重要前提。通过对目标企业的尽职调查，全面获悉被并购企业的信息，可以对并购后整合的难易程度进行评估。在全面分析目标企业的基础上制定明确的整合规划，并为整合中可能出现的突发情况准备应急措施，能对整合风险起到一定的防范作用。

并购后整合并不是并购交易完成后才开始的，而是在对目标企业的尽职调查中就有所体现。通过尽职调查，可以对被并购企业进行评估，分析其发展战略、业务、文化和财务等是否与并购企业相匹配，明确并购后实现协同的可能性。通过尽职调查还能确定并购劣势，及早发现问题，识别风险。

整合规划是整合计划书的制定过程。在尽职调查的基础上，整合团队需要对被并购企业的情况进行更加深入的了解，以选择合适的整合模式和管控模式，制定出完整的整合计划书。整合计划书的内容包括战略整合计划、业务整合计划、财务整合计划和人力资源整合计划，在各项整合计划中都要有明确的整合目标、突出的整合重点和整合进度计划表等。详尽的尽职调查和完备的整合计划既是整合顺利实施的前提，也是赢得政府担保和商业贷款的关键因素。

3. 相互尊重，循序渐进推动文化整合

"相互尊重、相互补充、相互平等、相互协调、循序渐进"是企业并购后文化整合应当遵循的原则。整合前被并购企业已经形成了固有的文化体系，且因为企业所属的性质、所属地域等都不相同，形成的文化背景也存在较大的差异，无法使目标企业的文化与并购企业形成统一形式。因此，整合过程中应充分尊重被并购方原有的文化特点，吸取双方文化中的精华，以逐步渗透的方式取代强势推进的方式。员工对新文化的接受程度因人而异、因企而异，因此文化整合是一个长期的、动态的、持续渐变的改革过程，不能急于求成。

推进文化整合的过程中还应当加强沟通，文化整合中出现的误解和对抗很多都是由于沟通不畅造成的。为避免这种情况发生，并购企业应当采取多种方式，实现有效沟通。有效沟通有四个标准：简单化、结构化、一致性和平稳性。简单化是指沟通的信息应当用非常清晰而且简洁的语言表达以使曲解最小化；结构化是指使沟通成为所有员工交流信息的一个重要平台；一致性是指被传达的信息应当和被执行的信息保持一致；平稳性是指沟通的方式不应以激进的、独裁的方式进行。文化整合是并购后整合中的难点也是重点，平稳顺利进行文化整合有利于稳定人心，利于其他整合措施的推进。

4. 充分发挥并购双方优势，实现资源协同效应

整合资源就是要将目标企业的全部资源纳入统一的管理体系中，按照效益与效率的原则，合理利用并购企业的经济资源，避免企业集团内部各种资源的无效损耗，以实现资源的协同效应。资源协同是整合的内生力量，它包括以下几个方面。

(1) 战略协同。在战略整合中，并购双方应当实现优势互补，把并购双方的经营发展战略纳入整体发展中去，发展主营业务，对非主营资源和闲置资源作出果断取舍，增强核心竞争力，实现战略协同。

(2) 技术研发协同。如果并购双方使用共同的产品技术或者共同的加工技术，可以通过研发部门的整合，联合进行技术开发，实现技术研发的协同。

(3) 采购协同。当并购双方使用共同的原材料供应渠道、同一类别的供应商，或是彼此使用的原材料产地相同，则可以进行供应商整合，采取联合采购的方式实现采购协同。

(4) 生产协同。当并购双方具有相同或相似的制造程序、质量控制程序和对生产辅助活动的相同需求时，就可以通过供应物流、制造部门、辅助部门和制造设施的整合实现生产协同。

(5) 营销协同。通过整合，并购双方可以使用共同的销售渠道，达到扩宽市场的目的，实现营销协同。如果一个产品系列中的各种产品彼此相关，并购双方也可以进行联合销售，营销队伍的效率也可以得到提高，共同的广告宣传、产品促销活动以及原有的良好声誉，都可以使每一个单位的投入产生更大的回报。

(6) 人力资源统一管理。整合活动期间，并购双方可以以"挂职"的方式，互派人手到对方的技术岗、管理岗等，相互学习先进技术或者优秀的管理模式，这既有利于双方的沟通和了解，更有利于实现技术、管理等优秀资源在集团企业内部的共享。

(7) 财务协同。通过财务整合，对财务事项、财务活动、财务关系进行整理、整顿、整治，使企业的财务运作更加合理、协调，可以达到营业收入增加、产品成本降低的目的；另外还能实现诸如亏损递延实现合理避税、公司资金合理利用避税等避税效应，实现财务协同。

总之，整合活动是一项复杂的、艰巨的工作。企业并购后的整合，要以增强企业竞争力为核心，实现并购后的价值提升，要充分发挥并购双方的优势，实现资源协同效应。

第四节　中国企业海外并购的整合风险与对策

在全球经济一体化的大背景下，中国企业通过海外并购走出去，已经成为寻找新的经济增长点，加快产业调整和转型，实现多元化经营、提升企业国际形象和品牌价值管理的重要途径。与国内企业并购相比，海外并购面临的情况更复杂，风险更大，并购后整合的难度也更大。为此需要不断总结经验与教训，提高海外并购后整合的能力。

一、中国企业海外并购的发展趋势及存在的问题

（一）中国企业海外并购的发展趋势

根据普华永道和中国股权投资基金协会联合发布的2016年《全球并购市场年度研究报告》，2016年上半年中国企业海外并购交易金额增长了近3倍，达到1 340亿美元，超过前两年中企海外并购交易金额的总和。其中有24宗交易金额超过10亿美元，中国化工430亿美元收购先正达是迄今为止最大的海外收购案例。总的来看，中国企业海外并购呈现以下趋势。

（1）从投资行业来看，海外并购目的出现多元化。2010—2015年中国以获取能源、矿产等战略性资源为目的的海外并购项目数量占比仅为20%，以获得技术、品牌和市场份额为目的的海外并购占比却高达75%左右。这与过去长期以来的趋势迥然不同。目前中国企业力图通过海外并购来寻求新的利润增长点、占领新的市场，以及成为全球竞争的领导者，而不只是为了保障关键资源的供应。中国企业还希望通过海外并购获取国外先进技术以及宝贵的品牌和海外市场管理经验。基于此，工业品、金融、电信类并购项目占比不断上升，高科技、大消费和媒体及娱乐行业也吸引了大量资金，主要原因之一是海外企业看好中国新兴的中等收入群体和消费文化。

当前中国企业跨境整合的核心是通过跨境产业整合，实现行业、企业资源再配置，提高企业核心竞争力，谋求竞争优势。以实现企业转型为目的的跨境并购并不是买下海外的资产后"坐等升值"，也不是为了规避系统风险，而是要把企业的境内资源和市场与境外的资源和市场进行重新配置，从而增强企业在产业内的竞争力，拓展海外市场，提高企业的核心竞争力。

（2）从并购目的地来看，北美洲、欧洲的发达国家凭借领先的技术、平台、品牌以及成熟的消费群体，仍然是中企海外并购的首选，但非洲、南美等区域的项目也吸引了越来越多中国投资者的注意。例如，2011年联想集团斥资2.31亿欧元收购德国电脑制造商Medion公司；2012年中国建筑机械制造商三一重工出资收购位于德国施瓦本的混凝土泵品牌普茨迈斯特；潍柴动力也以4.67亿欧元的价格入主德国工业叉车制造商凯傲集团；2014年中国航空工业集团耗资4.73亿欧元收购了德国汽车配件供应商Hilite；2016年1月，中化集团出资9.25亿欧元收购德国塑料和橡胶专用设备制造商克劳斯玛菲（KraussMaffei），成为迄今中国在德国的最大投资。

（3）从并购的主体看，海外并购主角出现多元化，国企不再是"一家独大"，民营企业在许多行业中已走在国企之前，渐成主体。像万达、绿地、弘毅投资等民营企业海外并购不仅在数量上实现了大幅增长，在金额上也达到了一个高点。在中国企业海外并购案例中，虽然单笔交易金额超过30亿美元的超大额并购交易案例多为国企主导，但在整体案例数量和交易金额方面，民企已远远超过国企。国企"走出去"在时间上比较早，但如今民企已经后来居上，步伐更快。

（4）从并购融资操作看，海外并购的行为逐渐趋于理性和多元化。不少中国企业到海外看访、考察时考虑得更加成熟，不仅看技术，也会看品牌、文化等无形资产，寻找与自

身发展理念相契合的海外企业进行并购。中国企业在融资操作上也更加国际化与市场化。中国企业尤其是民营企业在海外并购支付环节上一改"财大气粗"式的现金收购,开始利用更多的金融杠杆以弥补自身实力上的不足,从而实现"蛇吞象"。2014年7月,弘毅投资斥资约9亿英镑(折合人民币约95.5亿元),全资收购英国餐饮品牌Pizza Express全部股权,就是一个典型案例。弘毅此次投资完全依赖国际资本市场的融资,不像过去中国企业收购主要依靠国有银行等支持。公司通过跟国际投行合作,包括摩根大通给其的收购贷款承诺,迅速在伦敦债券市场进行融资。这些是美国和欧洲比较成熟的基金与公司操作方式。可见,现在中国企业海外收购的手段也更加成熟和市场化。

(二)中国企业海外并购后整合存在的问题

企业并购后最复杂的系统工程是整合。并购后整合涉及资产、人力资源、管理体系、组织结构、文化等企业资源要素的整体系统性安排,以使并购后的企业按照一定的并购目标、方针和战略组织运营。整合的结果决定了并购的最后命运,也是整个并购程序中一个必不可少的关键性环节。

海外并购活动本身是一种全球市场化的经济行为,并购成败的关键取决于主体企业自身的实力、战略和素质,以及并购后的整合。由于中国企业并购业务起步较晚,较国外企业缺乏并购整合的经历和经验,在进行境外跨国并购时就更要加倍关注整合问题。以TCL公司为例,2004年TCL宣布正式收购法国阿尔卡特公司的手机业务,并成立合资公司从事手机及相关产品和服务的研发、生产及销售业务。由于文化冲突、公司管理理念冲突等原因,合资公司在整合过程中出现了人员配置不合理、经营状况恶化、人才外流等严重问题,最终导致公司出现巨额亏损,合资企业解体,并购整合失败。

纵观近年来的海外并购交易,中国企业"走出去"的步伐明显加快,积累了行业宝贵经验,开阔了国际视野。但从整体上看,中国对外直接投资总量占GDP比重仍然偏低,投资存量占全球比重也不算高,仍处于摸索阶段。在系统地制定和执行并购整合中,还存在以下常见的问题。

1. 兼并前的调研、评估、尽调等各项工作准备不充分

中国企业在进行跨国并购整合时,往往集中和主要注重在兼并收购的谈判上,而事实上兼并前的调研分析、评估和尽职调查并制定明确的兼并策略和兼并后的整合均具有同样重要的作用。上述的这几项工作是企业在进行收购所必须做的。然而,这些看似容易和"常规"的工作对中国企业而言并非易事。例如,收购方对标的企业缺少全面的尽职调查,急于求成,没有真实了解标的企业出售原因、企业经营状况、财务数据、市场评价、技术缺陷等信息。对标的企业投资价值没有切实研究,过于看重标的企业现有的销售渠道、知识产权、商誉等,无法给予标的企业一个合理的估值,不少中国企业海外并购溢价过高,导致不必要的浪费和资产流失。并购方案设计不严谨,缺少对标的国法律、税务、投资、股权、文化、消费市场、劳工保护等方面的研究,对后续并购整合可能遇到的各种困难估计不足,甚至埋下了并购失败的隐患。又如,不少企业在并购后进行组织安排时,仅注重重要管理岗位的人事任命,对一线人员和被收购方优秀人才的安排则没有注意,容易造成人员流失和上下级由于沟通不畅形成的管理障碍。还有不少企业完全忽视了沟通的作用,在进入被收购企业前后,欠缺一套综合和全面的沟通计划,不能使企业内部充分达成共识,致使整合工作受到影响和时间上的拖延,无法达到整合计划预期的效果。

2. 中西文化与管理的巨大差异带来整合困难

即使企业用心准备和进行上述这些工作,并购仍会遇到极大的挑战。这是因为中国企业在进行跨国并购整合过程中,在时间和文化这两个层面会面临巨大压力。由于并购整合涉及所有利益相关方,包括股东、资本市场、企业管理层、雇员和政府机构等,而且在时间安排上不能有所拖延,企业在并购整合过程中的所有问题,包括涉及战略和管理整合、运营与人事组织上的一系列重大而关键的问题同时存在,需要同步尽快得到解决。特别是当这些问题之间又存在着极大的关联性时,企业整合也因而变得更加复杂。

同时,企业在兼并过程中所面临的另一项巨大挑战则是文化无法兼容的风险。在跨国并购中会面临企业文化的不同和跨国、跨地域文化的巨大差异。并购后整合过程绝不可能仅仅是一小部分领导参与便完成,必须有大量的从总部到运营层面的人员的积极参与才能成功,因此在文化的融合方面所具有的重要性是不言而喻的。这方面处理不好,有可能带来骨干人员流失、重要技术和客户流失、非骨干人员裁减困难等问题。现有企业被并购后,由于企业的整合往往会产生大量的剩余人员。对这些人员的安置和补偿,会使企业在经济效益上或者在道义上和法律上碰到麻烦。比如,让出控股权的汤姆逊为TCL留下上万人的人员包袱,加上TCL的3 000人,新公司的人力构架达13 000人之巨。新公司要甩掉亏损包袱,就必须大幅度裁员,由此面临的各方面压力可想而知。

3. 既通中国国情又有跨国并购经验和整合能力的国际化人才奇缺

跨国并购后的整合工作难度大,需要一批既通中国国情又有跨国并购经验和整合能力的国际化人才。这是中国企业实施跨国并购面临的又一难题。因为并购的成功不仅仅是一种财务活动或一项法律手续的完成,更取决于并购后对公司的有效整合。而这种整合工作的难度是相当大的。并购者的"异国"身份会带来很大的整合难度,如文化传统、语言障碍、制度差异等,使整合工作面临巨大困难。

4. 企业经营管理水平和管理体制的国际化差距

中国企业特别是国有企业在经营管理体制上与国际跨国公司存在着巨大的差异。世界上绝大部分国家和地区的跨国公司都是在市场经济体制下形成和发展起来的,其管理体制也是按市场化的原则形成、发展和成熟起来的。而中国企业的跨国经营和跨国公司是在原有计划经济体制下形成和发展起来的,这样就存在着一种先天性的体制缺陷。尽管中国经过改革不断向市场经济推进,国际化经营也不断与市场经济体制对接,但新旧体制的交错和过渡,必定会给跨国经营的企业带来多方面的负面影响。尤其是跨国母公司所依托的企业几乎全部是国有大企业,旧体制下的"国企病"不可能得到完全的根治,如效率低下、产权不明晰等。当其进行跨国经营时,照样存在。另外,实施跨国并购需要国际化的经营管理经验。世界上跨国公司发展早的国家已经积累了上百年的经验,具有熟练的、规范化的管理技术。显然,中国在这方面尚存在差距。

二、中国企业海外并购后整合存在的风险

海外并购只是手段,最终目的是使企业获得更多盈利。因此,并购后必须进行有效的

整合。通过海外并购重组,虽然迅速获得了技术、人才、品牌、渠道等方面的综合优势,但风险在并购后并未消除。事实上,国内一些企业所并购的很多业务都是跨国公司剥离的非核心亏损业务,如果在并购之后整合不利,常常会造成继续亏损,甚至亏损范围扩大。因此,并购整合失败的风险也是中国企业海外并购的主要风险之一。具体来说,中国企业在跨国并购整合阶段主要存在以下风险。

1. 文化整合风险

境外收购后的文化整合是企业面临的第一个问题。文化整合失败也是跨国并购后整合中最大的风险。企业文化是在一定的社会经济条件下,通过社会实践形成的为全体成员遵循的共同意识、价值观、行为规范与准则的总和,是一个企业在自身发展过程中形成的以价值为核心的独特的文化管理模式,主要包括思想意识和企业制度。所谓企业文化整合,就是将不同的企业文化,通过合并、分拆、增强、减弱等方式进行处理,从而形成一种新的企业文化。

企业文化塑造企业的经营方式和经营理念,影响企业员工的价值观和思维方式。企业并购是不同企业组织的一次大调整、大变革。这必然会对人们固有的思维方式和价值观形成强大的冲击,给企业员工带来很大的不适应。这是企业文化碰撞的必然结果。这种碰撞经常为企业并购完成后的整合工作带来困难。

在跨国并购中,文化整合问题非常突出。如果企业文化存在误解或对立,将可能造成人员大量流失,管理陷入瘫痪,甚至导致人力资源管理和企业经营管理中的重大法律风险。

2. 品牌整合风险

对于跨国并购而言,品牌整合是一个突出的问题。因为品牌涉及商标等知识产权的保护问题,使用期限、使用费用等问题也都是必须考虑的因素,容易因此而引发法律争议。

品牌整合的最终目的是实现管理上的效率和社会评价上的良好效应。企业跨国并购中的普遍目的之一是获得国外品牌,并加速发展自身品牌。如果整合不力,显然会增加法律风险的发生概率。

西方发达国家企业对自身品牌是十分珍视的,中国的并购企业即使获得免费使用权,也受到一定使用条件的限制。如果购买,会支付巨资;如果不买,又会受制于对方。

相对于跨国公司对中国企业的并购,并购具有高成长性的品牌是显著特点,而中国企业海外并购的大多是跨国公司的亏损业务或盈利能力较差的业务,市场前景并不乐观。这就增加了并购品牌整合的难度和风险。

3. 管理能力风险

首先,缺乏合适的国际管理人才,会增加管理整合中的风险。并购交易完成后,能否有效整合,能否在并购方和被并购方之间真正形成协同效应,在很大程度上受制于企业是否拥有一批认同本企业文化、了解本企业发展战略思路和行业发展趋势、熟悉国际惯例和当地经营环境的跨国经营管理人才。对于中国民企的跨国并购来说,人才的选拔及其实现本土化是非常重要的。这些高级管理人员必须对所在企业或类似企业的文化非常熟悉,而且具有丰富的管理经验和能力,并能够接受和适应并购重组方的企业文化与发展战略,这样才可能顺利地进行企业经营运作。但这本身也需要一个磨合的过程,对磨合过程中所引发的诸如人事动荡的法律风险应有所准备和防范。

其次,管理模式陈旧单一,会增加管理整合的风险。在跨国并购中,管理模式也同样需要国际化,如果固守原来的模式,可能会增加管理的难度。一方面,应尊重企业所在国法律规定,使经营管理符合法定的要求。例如,TCL并购的德国施耐德公司有650多名员工。受工会的影响,施耐德新的团队不可能完全按照自己在中国的思路和战略执行。因此,必须调整管理模式。另一方面,所在企业本身是需要管理创新的。那些在国际竞争中处于劣势地位而被并购的企业,自身的管理是存在问题的,应当进行管理创新。但实际情况是,人员不能裁,工资不能减,管理制度不能改,这往往增加管理失败的风险。

4. 整合成本风险

在并购后整合中,成本的控制是非常重要的问题,需要较强的财务能力。如果成本控制不当,容易导致成本控制整合中一系列风险的产生。

在企业并购过程中,并购成本主要来自三个方面:并购实施前的准备成本、对目标公司的购买成本和并购后的整合成本。在实践中,绝大部分实施并购的企业都非常关注购买成本的高低,认为购买成本是决定实施并购与否的核心因素。实际上,整合成本也同样重要。

整合成本也称并购协调成本,指并购企业为使被并购企业按计划启动、发展生产所需的各项投资。由于不同的企业在业务经营、管理模式、企业文化等方面都存在显著的差异,整合显然需要一定的成本。如果对并购后的整合成本准备不足,容易引发整合失败的风险。

目标企业为避免并购,往往会通过抬高股价、寻求"白衣骑士"参与收购、降落伞策略、"毒丸计划"、提高福利待遇等方式增加收购的难度,防止企业的所有权或控制权发生转移。反并购措施往往会增加企业并购和并购后整合的成本,或者降低企业的并购效益,甚至给收购企业造成极大的损失。

5. 人力资源整合风险

并购一定会涉及人力资源的调整。对于跨国并购来说,人力资源的整合是非常重要的问题。如果处理不当,就会导致生产效率低下、文化冲突、关键人才流失等。收购后的整合不力,尤其是人力资源整合风险控制不佳,是众多企业并购失败的主要原因。具体来说,人力资源整合风险主要有以下五个方面。

(1) 员工心理变化风险。企业并购以后,会给并购企业和被并购企业的员工带来不同程度的心理变化。不可否认的一点是,这些员工的心理变化都会影响企业的有效运行。一般来说,并购企业的员工会有一种优越感。在并购的前期,他们会考虑各方面的情况而反对并购。在并购以后又会排斥被并购企业的员工,抵制企业的整合。而对于被并购企业的员工来讲,会出现模糊感状态。他们因不能确定自己在组织中的角色定位和职位而引发紧张、焦虑情绪。这样容易导致员工丧失进取精神,降低劳动效率。研究表明,人力资源管理的焦点是心理契约的失衡与重建。并购后整合不当,会给员工带来巨大的心理冲击,导致其工作积极性受挫、关键员工辞职。这种现象冲击了原有心理契约的稳定结构,会造成大量人力资本的浪费。

(2) 企业文化冲突风险。每个企业都具有自己独特的文化。并购双方企业文化的差异使得并购后双方文化出现冲突。如果不能恰当地化解,无疑会损害并购企业目标的实现。当并购企业的文化不相容时,新的企业文化势必会给原企业员工带来心理上的冲击,使其产生失落感和不适应感,进而激发他们潜意识里对新的价值观和经营理念的抵制,阻碍新的企业文化的形成。

（3）薪酬冲突风险。并购之前的每个企业都有自己的薪酬机制,因而在并购的时候,容易遇到的一个问题就是薪酬冲突风险。并购双方岗位的设立、各个相同岗位的工资级别及范围、奖金制度、绩效考核标准以及福利待遇等,都会有不一致的地方。而这些不一致的地方如果处理不恰当,最终会影响企业的有效经营。在并购以后整合过程中,由于没有做好薪酬整合而失败的例子不胜枚举。例如,1996年思科公司收购Strata公司后,由于佣金政策的改变,原Strata公司销售人员大批离职,最终使业务陷入瘫痪。

（4）组织结构冲突风险。并购双方以前的组织结构很可能是不太相似甚至是对立的。比如一方是扁平型,一方是高耸型。这样在并购以后容易出现矛盾。造成组织结构冲突的原因之一是,并购方对被并购方的歧视和缺乏统一的组织愿景。而并购双方组织结构的冲突又会导致并购企业无法形成一个开放性与自律性有机结合的系统,无法构建企业内部物流、资金流和信息流顺畅的网络结构,而责、权、利的不明确又会导致部门间既不能有效协作又不能合理制约等问题的出现,结果必然会影响企业整合效果。

（5）人力资源流失风险。人力资源流失风险主要包括两个方面:一是企业主动的裁员行为。首先,裁员会对被裁减员工产生巨大的影响,导致其职业生涯的暂时中断,职业资历丢失,相应的工资报酬、福利待遇等一并中断。这不仅会对他们的物质生活产生不利影响,还会影响其精神生活。其次,裁员也会对留下的员工产生影响。面对同事的被裁,"幸存者"会产生挫折感、失落感、对管理层的不信任感以及对自身未来的不确定感,进而感到沮丧、失望和不满,从而影响工作业绩,导致生产效率下降。二是员工的主动离职。主动离职人员有高级管理人员、专业技术人员等关键人才和普通员工。这些人的离开,尤其是对企业发展至关重要的高级管理人员和核心员工的流失,会给企业带来致命的打击。最直接的影响是短期内企业该部分员工创造的利益的损失,再就是一些客户会因这些核心人员的离开而有所顾虑,还存在再次寻找替代这些人员的显性成本和隐性成本。

6. 法律风险

企业海外并购的法律风险一般主要发生在准备阶段、交易阶段和经营阶段,并根据并购的发生时段而有所区别。中国海外投资法律体系建设的滞后性以及审批制度的不健全是企业海外并购的首要风险。东道国的反垄断审查机制、国家安全审查机制、被收购企业的反并购行为也是企业并购过程中面临的重要难题。此外,企业并购成功后依然存在治理结构、环境保护、劳工、知识产权等方面的法律风险。

（1）中国海外并购制度不完善。中国海外并购的立法滞后、法律体系不完善。在审批制度方面,2014年年底之前,中国对于海外直接投资行为一般的审批部门是商务部和国家发改委,所依据的审批制度主要是2009年颁布的《境外投资管理办法》和2004年颁布的《境外投资项目核准暂行管理办法》。由于中国境外投资相关审批手续较为烦琐,许多企业采取地下通道从事境外投资。2014年4月,国家发改委颁布了《境外投资项目核准和备案管理办法》;同年9月,商务部颁布了新修订的《境外投资管理办法》,境外投资改为"备案为主,核准为辅"。之后的2015年至2016年,国务院、国家发改委、商务部、中国银监会、中国证监会、国家外汇管理局等监管部门又陆续推出了若干项优化措施,加大对实体经济"走出去"的鼓励和支持。这一系列利好政策的出台,极大地解放了对企业的束缚,给企业注入了新的发展活力。尽管近年来中国对外投资审批环节有所简化,但海外并购活动的蓬勃发展与中国的审批制度仍然存在冲突。传统的行政管理观念使得海外投资的审批倾向于形式主义,审批标准欠缺可操作性。而在审批过程中,往往需要漫长的逐级审批周期,还存在具体程序复杂低效,内容以及职能不合理,投资主体的投资范围不确定等问题。中国企业海外并购具有严格的审批制度,在监管方面需要进一步完善。

对于企业在东道国发生的非商业风险所造成的损失进行担保,有利于鼓励和引导海外投资活动。而在保险制度方面,中国迄今并没有形成完善的海外投资保险制度。中国企业海外投资保险制度在立法上存在缺失,其规定主要集中于签订的国际条约以及所加入的国际公约,保护力度有限。此外,中国并未成立专门的海外并购保险制度和机构,海外投资风险的承保职能主要由中国出口信用保险公司承担,承保范围有限。

(2) 国家安全审查风险。出于对本国的国家政治安全以及经济安全的考虑,东道国通常会对于跨国企业的并购行为提出国家安全审查,以确信海外并购行为的合理性。美国和日本是国家安全审查最为严格的国家。美国设立外国投资委员会负责国家安全审查事宜,专门评估对美国本土企业的并购活动。日本则由大藏省下设的审议会对国家安全事宜进行审查,对于可能损害国家安全以及公共安全的并购行为都必须进行强制性审查。国家安全审查制度涉及国家主权的维护,其标准往往非常笼统宽泛,难以明确界定。关于国家安全审查的程序,以美国为例,一般包括非正式磋商审查、启动审查、初审、全面调查、终审等步骤。

中国企业在海外并购过程中,国家安全审查风险主要表现在对于特殊行业的准入以及国有企业身份的认定上。特殊行业主要是指影响国计民生的基础性行业,如信息技术、食品、石油等,往往由于行业的敏感性而可能受到限制。国有企业身份的认定则是基于不同国家间意识形态的差别以及市场经济体制的区别,其认定往往带有灵活性。国有企业海外并购更容易在国家安全审查中承担风险。比如在中海油并购优尼科公司失败的个案中,企业身份的认定就在一定程度上影响了对收购行为的审查。

(3) 反垄断审查风险。海外并购在一定程度上是垄断产生的温床,往往极易对东道国的市场秩序造成影响和破坏,反垄断审查由此产生。中国企业海外并购集中于能源行业,而且多采取横向并购模式,更可能受到严格的反垄断审查。所审查的行为具体包括垄断协议、滥用市场支配地位、经营者集中。中国企业在海外并购过程中,不可避免地要受到反垄断审查。当前反垄断审查对于横向并购的规制较为严格,其认定标准主要是市场份额。在反垄断控制模式上,美国、欧盟等大部分经济体采取行为主义模式,而日本主要采取结构主义模式。在反垄断审查的申报制度上,美国主要采取事先申报制,而欧盟国家则多采取事后登记制。国家安全审查与反垄断审查通常在具体实施过程中紧密相关。中国企业在海外并购过程中所面临的反垄断审查风险,主要表现在并购方式选择不当,多以横向并购模式为主、相对监管较为严格;企业在事先申报过程中也可能出现不实申报,导致遭受巨额罚款惩罚。

(4) 其他海外并购法律风险。企业海外并购的法律风险还包括公司收购成功后的治理风险、知识产权风险、环境保护风险、劳动保障风险等多方面。在知识产权方面,国外对于知识产权的保护和支持力度大,在将知识产权作为并购目标的情况下,存在使用年限、费用的限制和侵犯知识产权的风险。在环境保护方面,发达国家往往制定了较为严苛的环境标准,一旦违反可能需要承担巨额罚款。

劳动法问题是中国企业海外并购后遭遇的典型法律风险。收购阶段完成后,中国企业常常会根据业务需要对目标企业的员工进行调整或裁减。此时,应特别了解当地劳动法规对裁减人员的各种实质性要求和程序性要求,以及对雇用当地人员比例的要求等。如果中国企业无视当地劳动法盲目行事,对目标企业人员调整、裁减,就有可能违法,轻则招致工会抗议或当地政府行政处罚,重则可能导致大面积罢工和政治化事件。许多国家,尤其是那些民主意识浓厚、法制健全的国家,劳动法对劳动者的保护全面而系统,工会和其他劳工组织非常强势。这对于不擅长民主管理的中国企业来说,意味着存在必须审慎应对的法律风险因素。

此外,中国企业海外并购的政治风险也不可小觑。政治风险是东道国政治环境发生变化、政局不稳定、政策法规发生变化给投资企业带来经济损失的可能性。例如,安邦保险集团放弃140亿美元竞购美国酒店集团喜达屋、华润集团子公司收购仙童半导体公司遭拒、中联重科被迫放弃收购特雷克斯公司等,就是遭受到了严重的政治干扰。

三、中国企业提高海外并购后整合能力的对策

(一) 中国企业提高海外并购后整合能力的关键要素

随着越来越多的中国企业通过并购实现海外扩张,专业化的并购后整合对于最大限度获取并购价值的作用日益凸显。在目前的中国企业海外并购实践中,相当多的并购效果不佳,其主要表现在企业并购后不能有效整合,难以获得预期的并购价值。

并购价值理论上是指被并购企业市场价值与并购溢价之和。然而,能否兑现并购溢价,关键就看企业在并购后如何进行整合,是否能获得协同价值。但是,由于缺乏专业化PMI方法的指导,经验不足的中国企业往往无法获得海外收购的全部价值。调查资料显示,2008年至2013年间海外并购规模超过1亿美元的中国企业中,33%的企业之前没有真正的并购经验,80%没有海外并购记录。整理该段时间内制造领域的中国企业海外收购案例,并对其并购后整合进行分析发现,中国企业海外并购后整合的困难主要来自陌生的商业环境和陌生的管理技能两大方面,加上并购、并购后整合经验的缺乏,双重挑战使得许多企业即使有强烈的投资意愿,也常常不知道如何去做。为此,在大量调研的基础上,结合国内外管理咨询项目经验,德国罗兰·贝格国际管理咨询公司(Roland Berger)在2014年发布的报告《中国企业海外并购整合的成功关键》中,提出了中国企业成功实现海外并购后整合的六大要素。

1. 调整全球化战略,适应新的商业环境

全球化战略的有效性在任何情况下都不能被低估。全球化战略的制定基于对外部市场吸引力和企业自身竞争力的分析,而且这些分析评估往往是在交易发生之前开始进行

的,以指导并购目标搜寻、并购策略制定和后续并购后整合的规划。

但实际情况告诉我们,在海外市场收集信息是极为困难、复杂的,其困难、复杂程度远远超过在国内市场收集信息。因此,在完成并购过程中"目标筛选""尽职调查""交易谈判"等一系列步骤时,企业必须对新的商业环境和目标公司有充分的了解。然后通过不断的修正和对细节的充分把握,收购方须迅速验证其并购的逻辑,结合被并购企业的实际情况,对公司整体全球化战略做必要的调整,为并购后整合提供战略性方向指引。理想情况下,这样的战略调整也能让被并购公司的高管层参与对关键问题的讨论。

2. 建立宏大但切实可行的并购后整合目标

即便未来的市场战略清晰,为实施整合,将战略转变成宏大但切实可行的目标同样重要。哪些并购利益应被优先考虑?联合销售、成本协同效应还是技术协作?

大型跨国并购往往寻求多重战略目标,这为并购后整合过程增添更多的机遇和复杂性。然而,企业试图同时追求多种目标的结果通常以失败告终。明确利益优先级是关键,再具体量化、定义整合目标(如成本协同效益的具体价值),明确预期进度(预期在未来1年、2年、3年能够实现的结果)。如果目标不够宏大,可能直接导致并购价值的损失。如果目标不切实际、过于盲目,将难以给予团队一股建设性的引导力量,可能产生负面效应而使并购价值难以实现,不切实际的预期目标也会带来并购价格过高等风险。

3. 打造具备国际业务能力的团队和组织

若想成为"具备国际业务能力的团队和组织",至少有两大方面的要求。一是人员,尤其是领导团队需要具备在国际环境下的工作能力;二是公司治理管控模式能够在经营目标、管理范畴和业务流程上给予海外业务单元合理清晰的说明。在多变的国际环境中工作,员工需要具备一定的语言技能和开放的心态。20世纪80年代,日本和韩国的企业不断在海外进行收购,但始终无法实现它们的并购预期。究其原因,最关键的问题在于语言障碍、文化敏感度较低,以及对不同企业文化接受能力较差。这往往造成被并购团队的人才流失。这些流失的人才对于公司未来在陌生市场环境下的运营极为重要,他们或许比那些只有本土市场经验的日本和韩国的主管有用得多。最终,日本、韩国并购方意识到自己所要寻找的人才不仅要具备商业技能,更要具备国际环境下的工作能力。中国企业海外并购目前也面临着与日本、韩国相似的挑战。

公司的管控模式发展同样需要紧跟公司国际化的进程。全球化的治理管控模式需要在中国总部和海外分公司之间寻求一个平衡点,进而形成明确的自由决策机制,需要明确总部董事会、总部管理层、海外董事会和海外管理层之间的协调与合作机制,同时要明确信息沟通和相关规定与流程。如果相应的公司管控模式在收购兼并之前,或者并购后整合开始阶段未能及时梳理明确,那么将来再改变会更为困难,并可能会因企业失去积极性、管理变革、领导层更换而付出更高昂的代价。

4. 选择合适的整合程度

协同效益是获得一项并购真正价值的关键抓手。每种协同效益意味着不同方面、不同程度的整合。市场相关的协同效益通常需要并购双方决定如何分工或参与到不同市场领域。成本相关的协同效益往往需要并购双方进行相关的组织合并,或者明确定义如何进行持续的协作。这与市场类的协同效益相比属于更深层次的整合。简而言之,整合程度取决于公司对整合的目标预期以及对各种已验证的协同效益的优先级排序。

罗兰·贝格研究显示,70%～80%的收购案例中,中国的制造型企业采取的是横向收购。其中,26%的企业没有宣布将整合作为其收购后两年内的目标,74%的企业声称在两年内已开始整合几个职能。

某些公司由于整合力度不足,也造成诸多不理想的并购结果。例如,整合如果旨在节约成本,而对应组织的高层领导却依然各自独立决策,势必导致运营上的割裂,难以形成协同效应。另外,在实际项目中可以发现,某些热情、信心高涨的企业团队将深度的功能整合作为目标,甚至涉及非协同相关领域,进而导致企业主营业务增长错失良机和人才流失。可见,恰当的整合程度和深度最为关键。

虽然没有一种通用方法可适用各个公司情况,但某些思路值得广为借鉴。例如,一家中国的电动工具制造商在收购了欧洲知名电动工具品牌后,其面临的主要挑战是如何在中国以外、全球高质量要求的专业级市场构建其品牌。为实现其并购发展目标,公司CEO仔细研究了被收购企业的长处与短板,决定对公司和被收购子公司部分职能部门进行适当整合。该决策主要有两方面的考量。首先,整合前市场类职能没有显著优势,无法有效地促进专业级产品业务在中国以外市场的增长;其次,从价值链角度来看,部分职能、产品线的协作能进一步增强技术优势,提高资源配置效率,促进业务增长。比如,中国产品开发部门能够更快、更好地进行标准化产品的开发和生产,外国部门可以更好地了解专业级客户群体的需求。只有通过双方在运营价值链多个环节紧密合作,充分利用彼此所长,才能在目标时间内、在重点市场投放更多新产品。

5. 管理海外被收购公司相关利益方的心理

并购和并购后整合将给被收购企业及其客户、供应商等外部合作伙伴带来改变。通常,这种改变会导致焦虑、关系的不确定和相互猜疑。有时这种情感会被放大,特别是新的企业拥有者来自不同国家和文化背景。我们经常可以听到,被收购的欧美企业的员工会担心"中国企业会不会有损我们的品牌和产品质量?""是否会将生产转移到廉价的中国?""只为获取技术,是否就不在乎其他部门而关闭公司?"对此,罗兰·贝格在某项目中帮助中国企业积极化解海外被收购企业利益相关方对于中国战略投资方的各种猜疑的做法,就促进了双方的并购整合进程。中方在罗兰·贝格的全程支持下,将管理外方心理情绪因素的考量融入整合项目各方面具体规划和实施中,具体工作如下:①确立交易意向之后,立即建立负责总协调的整合项目组,指派人员专职于计划,推进各项沟通和公关活动;②积极规划媒体报道,为后续收购的宣布和整合的实施奠定良好基调;③聘请目标公司已退休CEO担任特殊顾问,借助其影响和声望传达可信的收购者声誉;④在并购临近完成以及完成初期,及时进行客户沟通,不同阶段采取不同的沟通方式,包括电话、邮件、拜访等,不给竞争对手任何攻击的机会;⑤尽早传递关键承诺信息(保留海外工厂的长期承诺等),并言行一致地落实(对于工厂的设备更新投资等);⑥在符合公司发展所需能力的前提下,有选择地尽可能保留管理团队和员工。整合的最终结果显示,雇员对并购信心大增,100天的整合没有造成客户和经销商的丢失。

6. 应用系统化的PMI管理架构和流程

对变革和整合采取积极态度,可以为实现并购价值奠定良好基础,但是系统化执行并购后整合是实现协同效应和整合预期的重中之重。

在很多案例中，整合的过程都缺乏自始至终的严格执行准则，主要原因在于与交易阶段相比，在整合阶段高层领导人重视度不够。由此，系统化的执行并购整合需要以下三大要素：一是一支组织架构完整、能力互补的整合项目团队，而且该团队能在需要时获得高层领导决策；二是受人敬重、能力出众、经验丰富的整合领导人；三是行之有效的用于计划制订和执行跟踪的管理工具。

中国企业要善于通过系统性的方法，将这六大要素正确应用到海外并购整合实践中，帮助企业弥补在海外运营和并购经验上的缺失，实现海外并购价值的最大化。

（二）中国企业提高海外并购后整合能力的具体对策

企业的海外并购，其本质是母国企业在东道国以兼并、收购的方式获得企业经营权或控制权的产权交易行为。并购后整合通常涉及国内外的投资法律制度、竞争政策、产业政策、国家安全以及企业经营管理等复杂因素，需要从各方面寻找对策，提高并购后整合的能力和成功率。

1. 根据自身整合能力，选择合适的收购对象，制订完善的整合计划

中国企业海外并购应定位于获取经济发展过程中所需要的资源和技术上，通过业务整合，获取完善的市场网络和高端技术，这是提升公司价值的根本所在。跨国并购重组不是一种激进式的单纯以资产规模扩大为目标的投资行为，也不是为博得资本市场的喝彩，而要立足于对企业长期发展真正发挥效用，以提高利润和核心竞争力为标准，同时还要充分考虑自身的整合、消化能力，尽量避免"蛇吞象"。因此，并购对象的选择必须符合企业发展战略的要求，并购对象必须有好的资产并能产生符合公司要求的回报，必须慎重考量自身是否具备整合并购对象的能力。在并购对象的选择过程中，需要考虑能否通过并购来改善被并购的公司，以增加股东价值。成功的并购包括三个重要的组成要素：人的因素、战略及财务上的合理性，更重要的是如何整合被并购的企业。

在周密调研的基础上，还应制订完善的整合计划，因为收购后的整合是系统的工作，需要严谨地按照计划来完成。企业必须在对被收购企业内外部情况十分了解的情况下，制订出明晰的整合计划，确定具体的目标、工作方案、时间表等，包括明晰的整合工作范围、涉及的单位和人员及层面，以及相应的沟通计划。在这一基础上进行下一步的工作，即实施具体的整合规划。企业应考虑设立由总裁和执行层直接领导的整合项目小组，来直接指导和协调整个兼并后整合工作，包括协调各部门间在进行整合时所产生的分歧，协调执行层来调解和确定各重大步骤的优先排序，介入整合受到阻力的单位和部门，积极进行引导、疏导或采取行动来化解阻力。在项目小组下，各部门和业务单元尤应建立相应的整合工作机构，积极筹措和规划本部门范围内，特别是运营和职能范围内的整合工作，力求达到总部下达的目标。只有在这一基础上，企业才能进行下一阶段的工作，即进行具体的整合实施，包括组织和流程的调整，人员的安排和调配，运营和职能的调整和改进等。这部分工作即便在实施完成后，也应予以跟踪和进行深化。

2. 并购前后要稳定员工心态，维护员工的合法利益

并购前后必须通过沟通协调稳定员工的心态。企业并购风声四起，难免造成人心惶惶,员工面临着巨大的心理压力。员工对公司未来的动向产生忧虑和不确定感,常常会拒绝并购行为,甚至感到愤怒而产生抗拒心理。最后员工虽然不得不接受事实,但伴随而来的是失落感,失去对管理层的信赖,以自我为中心,而不再顾及公司的整体利益。部分无法接受变革的员工甚至选择离职,公司可能因此失去好的员工。此时,企业需要通过强有力的沟通协调稳定员工的心态。企业应该通过各种渠道与方式让员工对即将到来的并购有一个充分全面的了解,从而消除流言和小道消息的干扰,稳定员工的情绪,为即将到来的实质性并购打下良好的基础。

当并购已成为事实,被并购公司员工获悉公司即将出售,如果并购公司不立即向被并购公司员工开展沟通与安抚工作(如续聘、工作规划、公司福利等),被并购公司员工会因对自己的未来忧心忡忡而无心工作,造成公司的损失。还会因员工忠诚度的降低,可能产生偷窃公司客户名单、机密文件、产品配方,或破坏、浪费等行为。若员工无心工作,缺乏相应的教育和培训、沟通不良,则容易造成劳动安全卫生的隐患或人员的职业伤害。在这种情况下,企业应该从以下方面着手来维护员工的合法利益。

(1) 与重要的雇员洽谈,订立财务协议。可以同公司高级经理们签订在公司的所有权发生变更时行使股份选择权的协议。为防止这些人员取得钱款后离职,进行兼并或收购的公司可以提供随时间的推移而逐步到位、生效的整套协议。

(2) 发放留职津贴。公司给那些在兼并或收购过程中或在某一特别项目完成之前留在公司的员工发放现金,可以稳定员工心态,留住员工。例如,美国 Florida 电力公司进行合并期间,就给 200 名雇员发放了留职津贴。公司还增加了退职金发放办法的内容,使担心被解雇的员工不致过早离去。

(3) 做好沟通和安抚工作是促使员工留职和激励员工的另一种有效方法。这项工作可以采取以下两种形式进行。一是收购公司使用网络、公司局域网和电子邮件、微信等方式来消除谣言并使雇员获悉有关情况。如 Daimler 和 Chrysler 在合并中,成立了 DC TV(Daimler-Chrysler TV)电视台,每日向全球 36 个国家以 7 种语言播出新公司的新闻和企业资讯,让员工随时获得最新的资讯。两家公司的总裁还亲自定期发送电子邮件给全球所有员工,让员工了解整个并购过程的进展,并欢迎员工随时通过电子邮件提出问题与总裁直接沟通。二是高层经理与他们决定要挽留的雇员直接对话。公司高层对员工的关怀对于留住有能力、能干事的人能够起到很大的作用。公司老总经常与人力资源部门交流,了解公司关键人员、骨干人员的工作情况和思想动态,并与他们定期沟通交流,关心他们的工作和生活等情况,会增强员工公司的认同感,激励员工更加努力地工作。相反,如果公司的主要领导根本就没有找员工聊过工作或关心他们的个人发展问题,员工就会产生被忽视的感觉,甚至因此而离职。

3. 培养具备跨文化整合能力的国际管理人才

在上汽入主韩国双龙,董事会罢免了双龙原社长后,中方派不出一个熟悉跨国并购与运作的团队来整合支撑双龙的运作。相比之下,美国通用收购韩国大宇后,马上从通用全球机构中抽调 50 人组成的经营团队来接管大宇,并配备 500 人的后方支持。这凸显了上汽在国际经营人才体系及人才培养方面的缺失。这也是中国许多企业的现状。中国大部分企业刚刚走上国际化的轨道,需要不断注入经验丰富并具有跨国管理能力的人才,从而使之走得更快、更远。这些管理人才需要具有跨国公司经营管理的背景和经验,善于管理具有不同文化背景的企业。具备跨文化整合能力的国际管理人才的培养要实现外部吸纳与内部培养相结合,外部吸纳人才见效快,但内部培养人才是持续有效的根本保证。另外,在管理人才方面也可以实施人才本土化的策略,最大限度地克服由文化背景和语言思维上的差异引起的种种障碍,同时也可利用这些人员良好的人际关系,顺利打开市场,拓宽销售渠道。

4. 实施文化评估,选择相应的文化整合模式

中国企业海外扩张基本上并购的是发达国家的企业,在企业文化上还处于"受歧视"的阶段,要想整合甚至主导合资企业的文化面临着巨大的挑战。

首先要做好被并购方及其所在国家的文化评估。中国企业往往受外企的显性价值或者短期利益所吸引而实施并购,而对并购后的整合缺乏足够的认识。特别是对于文化软实力方面的整合还没有一个很好的评估与规划。对于目标企业的评估应特别重视文化的研究,在签订并购协议之前就应通过组建调查团队,采用合理、系统和科学的方法,对并购目标的国家文化、企业历史和发展战略等深层次问题进行调查与分析,然后再与自身的企业文化以及整合后的企业文化进行匹配。如果发现两者文化的差异性特别大,以至于整合的可能性很小,那么企业就应该果断地放弃并购。如果分析之后确定实施并购,那就应该继续分析并购双方的企业文化,识别并购可能带来的文化冲突,以及文化冲突所带来的负面影响,要充分研究双方的文化差异和共同点。尤其是在差异方面,要预先设定必备的措施,去改变或缩小两者间的差异。求同存异,优势互补,实现企业文化的有效对接,促进企业文化的整合与再造,才能确保企业并购真正成功。预先做好这方面的评估工作与规划,将会给后续的文化整合带来巨大的帮助。

其次要实现企业的战略整合与文化融合的有机统一。应该明确的是,企业文化的建设与整合绝不能脱离企业的战略以及技术发展的方向。企业文化如果没有战略的引导,也就成了无源之水,缺乏目标和动力。当然,企业战略如果没有文化的支撑,就缺乏精神与灵魂,企业很难获得长久发展。中国企业"走出去"意味着自身发展战略的调整,或是为了获取关键技术与资源,或是为了打开国际市场,等等。在这些情况下,企业文化并不总是适应企业战略的。由于企业文化的刚性与连续性,往往很难针对新制定的战略作出及时变革。这时企业文化就有可能成为战略实施的障碍。因此,企业文化的调整与整合势在必行,并根据相互适应性状况对文化作出适合战略实施的变化。可以说,企业战略与文化是动态协调的,而且在这一过程中,一定要让员工切身参与和认同这些变化,切忌单纯为了企业文化而整合。否则只会增加整合的成本,双方还可能会互不认同。在企业发展中,文化实际上是不可比较的,即没有所谓的优劣之分,只有适不适合企业战略发展的变化,是否和企业战略融为一体,从而推动企业的可持续发展,而不是相反。

跨国并购文化整合必须根据跨国并购双方的不同文化特征,选择相应的文化整合模式。传统的文化整合模式基本上是基于文化适应观点的。根据文化整合水平可将文化整合模式分为四种,即融合、吸收、分隔和消亡。

传统的文化整合模式基本上是从如何尽量避免文化差异造成的文化冲突的角度来进

行分析的。例如,为了避免文化冲突,在并购双方战略相关性较低的情形下,选择分隔模式以保护被并购企业的文化独立性。又如,在并购双方战略相关性较高的情况下,则选择双向渗透和妥协的融合模式。另外,在被并购方文化缺乏价值时,则可考虑采用吸收模式,用并购方文化取代被并购方文化。而在被并购方不认同并购方文化的价值时,则可能导致无所适从和文化消亡现象。由此可以看出,传统的文化整合模式较少从文化差异能创造文化价值的角度思考问题。另外,传统的文化整合模式并没有意识到国家文化差异对于文化整合的影响,以及对于国家文化差异的管理整合。

跨国并购文化整合行为实质上是对东道国企业心理契约的继承和修改过程。通过对两国企业文化差异造成的文化冲突和文化价值进行管理,形成跨国公司内部文化多元性和整体性的统一,以提升跨国公司的竞争优势。因此,可以通过文化差异造成的文化冲突和创造的文化价值作为坐标,来区分不同的文化整合模式。从并购方的角度出发,对跨国并购后文化整合模式的选择取决于它所感知到的文化冲突和文化差异;对被并购企业而言,对跨国并购文化整合模式的选择取决于它是否愿意保留自己的文化,以及对并购方文化的看法。如果并购双方倾向于选择比较一致的文化整合模式,那么文化整合过程就较为顺利。跨国并购后文化整合必须从大处着眼、小处入手,没有捷径可走。唯有充分认识和尊重不同国家与企业的文化差异,努力避免文化差异可能造成的文化冲突,吸收不同文化底蕴中的精髓部分,真正达到多元统合的境界,才能构筑跨文化优势,实现跨国并购的战略目标。

本 章 小 结

本章首先分析了企业并购后整合的内涵、重要性和整合的模式等基本问题,然后分析了并购后整合的内容及其风险与防范,以及中国企业国内并购后整合的难点和海外并购后整合存在的风险,并提出相应的对策建议。

复 习 思 考 题

1. 什么是企业并购后整合,整合的主要内容和关键问题是什么?
2. 中国企业如何提高并购后跨文化整合的能力?
3. 国内企业并购后整合和海外企业并购后整合有什么异同?

 **联想并购 IBM 个人电脑事业部后的整合**

企业并购后整合是决定并购成败的关键因素。并购后的整合包括人力资源整合、市场渠道整合、品牌资源整合、财产资源整合、文化资源整合等。联想并购 IBM 个人电脑事业部后的整合,为我们提供了很好的成功案例。

一、并购双方背景分析

联想集团成立于1984年,是中科院计算所投资20万元人民币并由11名科技人员创办的。到2004年,已发展成为总资产198亿元、年营业额425亿元、拥有员工1.8万人的国内信息产业领先企业。2005年5月,联想完成对IBM个人电脑事业部的收购,标志着新联想的诞生。

IBM于1911年创立于美国,是世界上最大的信息技术和业务解决方案公司,2004年拥有全球雇员30多万人,业务遍及160多个国家和地区。1981年,IBM开始将个人电脑带入普通人的生活,从此使个人电脑成为企业和消费者的主流消费产品。但随着行业竞争不断加剧,IBM开始进行战略调整,由20世纪80年代软硬件全部自己设计和制造,到90年代逐渐向软件、服务型企业转变。在此发展过程中,其PC业务在总收入中的比例逐渐下降。2003年IBM的总收入为8 913亿美元,其中个人电脑业务的收入为115.6亿美元,较2001年增长3.3%,税前营运亏损1.18亿美元;而软件与服务的营业收入超过400亿美元,相比利润微薄的个人电脑尤其是台式电脑业务,软件与服务才是IBM真正的核心所在。

二、并购的基本情况与结果

2004年12月8日,联想集团宣布收购IBM全球PC业务部门。2005年3月,联想并购IBM PC业务部获得了美国外国投资委员会批准,5月1日完成全部交易。联想将向IBM支付6.5亿美元的现金,以及价值6亿美元的联想集团普通股,锁定期为3年,同时还将承担IBM PC部门5亿美元的债务。其中6亿美元以每股2.675港元的价格向IBM定向发行821 234 569股新股,以及921 636 459股"无投票权股份"。在收购完成后,联想集团作为一家香港上市公司,中方股东将拥有45%左右的股份,新发的市值6亿美元的股票将使IBM拥有新联想18.9%的股份。联想收购的全部资产包括IBM所有笔记本、台式电脑业务及相关业务(包括客户、分销、经销和直销渠道)、Think品牌及相关专利、IBM深圳合资公司(包括其X系列生产线),以及位于大和(日本)与罗利(美国北卡罗来纳州)的研发中心。

通过这次并购,联想获得了IBM PC的技术中心,使得联想在PC技术领域获得了一个飞跃,大大加强了它在PC行业的竞争力,对联想的技术创新战略是一个极大的促进。联想获得"Think"品牌及IBM笔记本、台式机业务后,丰富了产品线,使原来局限于中低端市场的联想在高端市场也能够和戴尔、惠普等竞争对手抗衡。得到"长城国际"后,加上联想原有的在北京、上海和惠阳的工厂,联想的制造能力也得到了加强。最重要的是,联想通过并购获得了IBM遍及全球160多个国家和地区的庞大分销与销售网络,以及广泛的全球认知度,形成了联想在中国和亚洲之外全球市场范围的覆盖能力。

三、并购后整合的措施

并购成功与否,关键要看并购后整合得好坏。联想、IBM作为两家优秀企业,在许多方面存在着较大的差异,产生冲突难以避免。为了实现并购后的有效整合,联想对整合采取的策略是对IBM更多地抱着观察、研究、学习的态度,采用双品牌、双市场战术保持过渡期的暂时稳定,而不急于改造。为了使整合顺利进行,联想确定了整合原则:"坦诚、尊重和妥协。"柳传志解释说,整合出现矛盾,首要的是"妥协",搞清楚什么是最重要的事情,双方再慢慢腾出时间解决矛盾。

1. 人力资源整合：留用外方人才

美国管理学大师彼得·德鲁克在总结并购成功的五要素中指出，公司高层管理人员任免是否得当是并购成败的关键。主管人员选派不当会造成目标公司人才流失、客户减少、经营混乱，影响整合和并购目标的实现。如果并购方对目标公司经营业务不熟悉，又找不到合适的主管，则应继续留用目标公司主管。麦肯锡咨询公司的一个调查发现，约有85%的并购方留用了目标公司经理人员。联想缺少国际化经营人才，留用IBM PC业务部的高层，有利于平稳过渡，减少动荡。事实上，新联想也是这样做的。在新联想中，杨元庆担任董事局主席，CEO则由原IBM高级副总裁兼IBM PC事业部总经理斯蒂芬·沃德担任。在当时联想14位副总裁和高级副总裁中，有5位来自IBM，另有5位具有跨国公司或国际咨询公司背景。新联想拥有一支高水平的国际化管理团队。一年的实践证明，留用斯蒂芬·沃德稳定了军心，实现了平稳过渡，新联想的国际业务已顺利地扭亏为盈。新联想进入新的整合阶段，使新联想实现营利性的增长。为此，新联想聘任戴尔前高级副总裁阿梅里奥担任公司新的CEO，沃德担任公司顾问。

国外研究表明，并购后很快离开的绝大部分是技术、管理专门人才。因此在过渡与整合阶段，应采取切实有效的措施稳定和留住这些对企业未来发展至关重要的人才资源。IBM个人电脑业务部门有近万名员工，分别来自160多个国家和地区。如何管理这些海外员工，并留住关键人才，提防别的厂商乘机挖墙脚，对联想来说是个巨大的挑战。为了稳定队伍，联想承诺将暂时不会解雇任何员工，并且原来IBM员工可以保持现有的工资水平不变，把他们在IBM的股权、期权改成为联想的期权。另外，在并购协议中规定，IBM PC部门的员工并入新联想两年之内，不得重投旧东家IBM的怀抱。联想原想设立双总部，但原来IBM方的部分员工坚持认为，要维护国际化的形象还是把总部设在纽约好。这些措施使IBM PC事业部人员流失降到最低程度。并购后IBM PC部门9 700多名员工几乎全部留了下来，其中20名高级员工和新联想签署了1~3年的工作协议。

2. 市场渠道资源整合：留住客户

新联想的最大挑战是保留IBM的核心客户，并且打败戴尔和惠普。新联想对客户流失风险是有预计的，并采取了相应措施。例如，全球销售、市场、研发等部门悉数由原IBM相关人士负责，将总部搬到纽约，目的是把联想并购带来的负面影响降到最低；IBM在全球发行的《纽约时报》和《华尔街日报》上刊登巨幅广告，向消费者承诺：IBM PC业务并入联想后，IBM大部分的经理级主管人员仍会是新公司里的主角，IBM PC事业部的系统架构也不会改变；2004年12月13日，联想集团披露与IBM之间的附属协议，特别强调对一些特殊客户（如已签订合同并未交割的政府客户），联想集团将被允许向IBM提供这些客户的个人电脑和某些服务。新联想将使用IBM品牌5年。这对客户的保留有很大的帮助。联想还会继续使用IBM的销售模式，继续使用IBM的服务，继续使用IBM的融资手段。这些对客户来说感觉没有什么变化。联想和IBM一起共派了2 500位销售人员到各个大客户去做安抚工作、说明情况，很快就基本稳定了市场。

3. 文化资源整合：融合双方优秀的企业文化因素

并购的"七七定律"是：70%的并购没有实现期望的商业价值，其中70%的并购失败于并购后的文化整合。文化冲突在跨国并购的情况下要较国内并购更为明显。因为跨国并购不仅存在并购双方自身的文化差异,而且还存在并购双方所在国之间的文化差异,即所谓的双重文化冲突。学者认为,文化差异造成的文化冲突是跨国并购活动失败的主要原因。联想与 IBM 的文化冲突,既有美国文化与中国文化的冲突,又有联想文化与 IBM 文化的冲突。如何跨越东西方文化的鸿沟,融合双方优秀的企业文化因素,形成新的企业文化是联想未来面临的极大挑战。为了减少文化差异,增加交流,新联想把总部迁到美国的纽约,杨元庆常驻美国总部。为了双方更好地沟通,新联想采用国际通用语言——英语,作为公司的官方语言。文化磨合最重要的是董事长、CEO 的磨合,并购后联想的两位高管磨合得很好。但文化整合是一个长期的过程,需要企业付出时间和耐心,需要并购双方高层以及双方员工的沟通、妥协,切不可操之过急。

4. 品牌资源整合:保留 IBM 的高端品牌形象

根据双方约定,新联想在并购后 5 年内无偿使用 IBM 的品牌,并完全获得"Think"系列商标及相关技术。其中前 18 个月,IBM 的 PC 业务可以单独使用,18 个月后到 5 年之间可以采用 IBM 和联想的双品牌,5 年后打联想的品牌。鉴于 IBM 是全球品牌、高价值品牌、高形象品牌,新联想在并购后大力宣传 ThinkPad(笔记本)品牌和 ThinkCentre 品牌,以此作为进军国际市场的敲门砖。与此同时,新联想确定了国内 Lenovo 主打家用消费、IBM 主打商用的策略,两条产品线将继续保持不同的品牌、市场定位,并在性能和价格方面作出相应配合。

联想对于进军国际市场做了充分的准备。早在 2003 年,联想就成功地由 Legend 变成了 Lenovo。2004 年 3 月 26 日,联想集团成为国际奥运会全球合作伙伴,通过赞助 2006 年都灵冬奥会和 2008 年北京奥运会,提高了 Lenovo 品牌在全球市场上的知名度。另外,其聘请国际广告机构——奥美公司,创作了全新的广告宣传语——只要你想! 这些举措加快了 Lenovo 从一个区域性品牌向世界性品牌的过渡。2005 年 11 月底,联想宣布提前放弃 IBM 的品牌,并打算在全球实施以 Lenovo 为主的品牌战略。也有人提出,联想在 5 年内应继续使用 IBM 的高端品牌"Think",而不应放弃 IBM 品牌。因为在顾客心中,IBM 就是高品质的象征,有很高的顾客忠诚度,联想则可以在国际市场上推出 Lenovo 的中低端品牌。

5. 财务资源整合:控制成本

IBM PC 业务是亏损的,联想凭什么敢接过这个"烫手的山芋"呢? IBM 的 PC 业务毛利率高达 24%却没钱赚,联想的毛利率仅有 14%却有 5%的净利润。IBM 在如此高的毛利率条件下仍然亏损,是其高昂的成本所致。一是体系性成本高。整个 IBM 的管理费用要分摊到旗下的各个事业部,PC 部分毛利率相比其他事业部要低得多,利润就被摊薄了,但联想没有这部分费用。二是管理费用高。IBM 历来是高投入、高产出,花钱大手大脚,因此管理费用高昂。譬如生产一台 PC 机,IBM 要 24 美元,联想只要 4 美元;IBM PC 每年交给总部信息管理费 2 亿美元,这里有很大的压缩空间。IBM PC 事业部本身的业务是良好的,联想控制成本能力很强,二者结合可以使成本大大减少,并很快实现盈利。

四、并购后整合的效果

(1) 联想国际业务顺利实现盈利。2006 年 5 月 25 日,联想集团公布截至 2006 年

3月31日第四季度及全年业绩:第四季度的综合营业额为港币244亿元,较上年同期增长417%,主要来自中国业务表现持续强劲及在上年5月新收购IBM个人电脑业务的贡献。季内集团除税及重组费用前亏损港币3.17亿元,主要是由于业务盈利受到正常季节性因素影响,以及集团对新产品的投入和在全球推出联想品牌等的投入。2006年3月31日,集团的净现金储备总额为港币61亿元。董事会建议派发末期股息每股2.8港仙(1仙=人民币0.01元)。

(2) 自主品牌创新成果显著。2006年2月23日,联想集团向美国及全球市场发布"联想3000"系列的电脑产品,主要面对中小企业和个人用户。这是它在兼并IBM公司个人电脑业务后首次向海外市场推出自有品牌。该系列中低端产品将与IBM的"ThinkPad"系列的高端产品形成互补,有利于提高其在美国市场的知名度。这是联想进军美国及全球市场的重要一步,也是其跨国并购的最新成果。

(3) 先进技术打造新联想核心竞争力。在与全球PC巨头的竞争过程中,联想从来没有取得过技术上的竞争优势。这使得联想品牌一直只能在中低端市场竞争。杨元庆曾经想把技术打造成为联想的核心竞争力。现在他已经做到了:从IBM得到的两个研发中心大大提升了联想的技术水平,而且IBM先进的技术研发管理水平还帮助新联想原有的技术研发部门发挥更大的潜能,进一步提升新联想的技术优势,使得联想一跃成为PC制造商中的技术领先者。同时,联想还通过战略联盟,借助IBM的研发力量和研发成果,牢牢把握住相对于竞争对手的技术优势。新联想终于拥有一条从高端到低端的完整产品线,联想原先占领市场的中低端产品线,在充分利用IBM的技术优势后得到改进,同时也更具有竞争力。因此,新联想依靠先进的技术,推出比竞争对手更具有优势的产品,能够在各个细分市场上争夺市场份额。

资料来源:根据"李小琴.联想集团并购整合案例分析[J].经济师,2010(12):252-254"及网络文章"联想并购IBM后的资源整合"整理。

【案例评析】

据IBM向美国证交会提交的文件显示,其卖给联想集团的个人电脑业务持续亏损已达三年半之久,累计亏损近10亿美元,而联想并购IBM PC业务3个月后就实现盈利,意味着并购后的资源整合初步成功。联想并购案成功经验主要有如下几个方面。

一、制订清晰的战略与整合计划

企业并购无非为了技术、市场。有些企业并购前对于目标企业熟记于心,可并购时却在协议中漏洞百出,并购后又忽略了对目标企业的整合消化,最终使得并购风马牛不相及。而联想并购IBM PC部门,很明确是为联想的国际化战略目标服务的。

国际化始终是联想的长期战略。联想在2001年提出了"高科技的联想、服务的联想、国际化的联想"的企业愿景。2002年联想召开技术创新大会,2003年推出新的英文标识(Lenovo),2004年签约成为国际奥运会合作伙伴,都是联想国际化的组成部分。此次对IBM PC事业部的收购是联想国际化战略的继续,是联想高层在合适的时间作出的一个合适的决定。在并购协议中以及并购后的整合都时刻贯彻这一战略目标,因而业绩能够不断地提升。新联想的战略设想是:联想主打中国市场,IBM主打国外市场;联想主打消费类产品,而IBM主打行业和高端市场,同时并购后的新联想将会形成更大的规模,并且能够享受到规模采购带来的价格优势与制造成本更低的优势。

联想具体的整合计划分三个阶段进行。第一阶段从宣布收购之日起,新联想就着力兑现其对客户、员工、股东的承诺,包括维护联想已有的客户,保持产品领先性,高效的业务运作,主动推广并提升公司品牌,激发员工的工作积极性。第二阶段新联想着力通过品牌、效率和创新,提升自身的竞争力,包括提升其运营效率,提升Think品牌资产,在世界各地推广Lenovo品牌,建设全球化的创新和绩效文化,目标明确地开发新的产品和新的市场。第三阶段通过在选定市场的强势投入,扩大投资以实现公司盈利的增长。

二、选择合适的目标企业

IBM拥有品牌和技术优势。中国企业走向世界最缺少的是品牌和技术,核心技术受制于人同样是联想成长的隐痛。通过收购,联想得到了需要多年积累的资产:高端品牌和核心技术。联想今后可以在IBM搭建的平台上开展业务。可以说,联想已站在巨人的肩膀上。通过收购,联想可以获得IBM在日本和美国的两个研发中心,并可以获得相关的专利。这与当初的目标就更接近了一步。

三、吸引战略投资,化解财务危机

由于预料到了现金流的压力,在高盛和IBM的协助下,联想与以巴黎银行、荷兰银行为首的20家中外资银行签订了6亿美元的融资协议(其中5亿美元为定期贷款),用于收购所要支付的现金。2005年3月,联想又获得美国三大私人股权投资3.5亿美元的战略投资。在谈到三大战略投资的时候,联想集团CFO(首席财务官)马雪征也着重强调了这是"额外"拿到的钱。在此次战略投资总额中,约1.5亿美元用作收购资金,余下约2亿美元用于联想日常运营资金及一般企业用途。这一战略性交易为联想提供了另一条融资渠道。马雪征认为,谈到收购的财务风险,无非就是能否筹集到用于收购的资金,而我们已经得到了银团贷款,原有现金储备尚有盈余,另外我们还有银行的周转性资金、营运资金,以及额外获得的五大基金,不存在财务风险。这两笔交易确保了联想对IBM PC业务部的顺利收购,同时也使得联想有足够的现金维持企业的运作。

2005年一季度和二季度报表显示,联想分别持有97.8亿港币(约12.53亿美元)和116.7亿港币(约14.96亿美元)现金,分别占营业额的49.87%和40.96%。在净现金流方面,联想拥有78亿港币(约10亿美元)储备,同期上升了159%,现金周转期从上年同期的8天改善为负31天。之前联想估算维持IBM PC业务运营需要2亿美元,联想长期负债部分须于5年内偿还的大约有15亿港币,远低于当时持有的现金储备,所以在短期内,考虑即将支付的服务费后,联想在现金流方面也没有问题。

联想承担的IBM 5亿美元的债务来自IBM对供货商的欠款。但对于PC厂商来说,这种流动负现金流只要保持交易就能够维持下去,而不必支付。因此并不能够对联想形成财务压力。

四、各项整合要相互配合,协调推进

企业并购并不是两个企业生产要素的简单相加,而必须通过有效的整合形成一个有机的整体。并购后整合涉及企业全球化战略、财务控制、国际营销、人才国际化以及企业文化等多方面的整合,必须合理规划,协调推进。

由于并购本身的高难度、高风险,联想高层在并购谈判过程中,充分估计了可能遇到的风险,并采取相应的防范措施,极大地降低了并购的风险。并购双方在咨询公司美林和高盛的协助下,经过13个月的艰苦谈判,在董事会结构、CEO人选、总部位置等方面达成了协议,最终达成交易。根据双方协议,整个并购交易在2005年第二季度之前完成。之后,新联想从整合双方的物流、制造、采购业务等入手,开始进入历时3~5年的整合期。第一步,明确总部的职能,对供应链进行整合,通过联合采购,重新规划两个公司原有的生产制造布局、物流、生产等环节,从而降低其营运成本;第二步,在合并一年或者一年半之后开始对整个市场、销售渠道和研发等进行整合;第三步,联想利用全球整合的品牌进入一些新的市场。

越来越多的企业采用并购式的扩张和发展模式,面对日趋激烈的国内外市场竞争,中国企业必须做大做强,但不能再认为只要有足够的资金就可以成功实现企业并购,购买有形资产是一回事,如何将有形资产和无形资产(包括技术、人才、经验、思想观念等)有机结合、发挥创造性的价值增值功能,才是企业应该认真思考的问题。

【案例讨论题】

1. 联想并购IBM PC事业部后的整合包括哪些具体内容?
2. 联想并购IBM PC事业部后的财务整合有什么特点?
3. 联想要真正成为有实力的跨国公司,还需要做哪些工作?

 艾默生并购深圳安圣电气后的整合

即 测 即 练

第九章 并购与重组中的法律和监管框架

在经济全球化和跨国并购的浪潮中,各国政府都采取了相应政策措施来规范并购重组,下面分别研究探讨其对中国的借鉴意义。

第一节 世界各国公司并购重组的监管

一、美国

美国对并购投资的法律监管主要是从反垄断法开始的。作为一个强调自由与竞争的资本主义市场经济国家,美国以竞争作为配置社会资源和推动经济发展的根本途径,因此,美国对并购的法律监管设计也是从促进市场自由竞争、防止垄断形成出发的。美国是最早对公司并购行为进行法律监管的国家,拥有许多成功的立法实践,因而美国的反垄断法成为许多国家制定反垄断法的样板。

1. 美国反垄断法

美国是反垄断法最完善、历史最悠久的国家,下面通过对美国反垄断法的简要分析来了解美国对外资并购投资的法制监管特征。

美国政府对外资采取"门户开放"的基本政策,它的总原则是鼓励外国投资者来美国投资,给予外资以国民待遇,因此美国的多数并购法律未对外国人和美国人加以区别对待,而是同时适用于国内企业并购和外资对美国企业的并购,只是在少数相关法律中对外资并购与国内企业并购迥异的一些特殊问题作出某些特别规定。

美国国会在1890年通过了资本主义历史上具有现代法律形式的反垄断法——《谢尔曼法》,该法的最大缺陷在于没有给"垄断"和"限制贸易"下精确的定义。为了克服该法的不足,美国国会于1914年通过了《克莱顿法》,此后随着企业并购活动的发展,《克莱顿法》先后修订了四次,不断修改和完善,成为美国政府监管企业并购活动最重要的法律。1936年通过了《罗宾逊-帕特曼法》。《罗宾逊-帕特曼法》在完善以往反垄断法的前提下,还表达了保护中小竞争者在内的所有竞争者的思想,制定更为详尽的立法条款,有助于小厂商在与大厂商的交易中获得平等的待遇。因为保护了弱小的竞争者就是保护了竞争的源泉,这有助于市场竞争的可持续性与合理性。

随着企业并购活动的发展,美国反垄断法律也在不断修改和完善,于1962年颁布了《反垄断民事诉讼法》,1974年颁布了《反垄断诉讼程序和惩罚法》,1976年颁布了《反垄断改进法》,1980年又颁布了《反垄断程序修正法》,由此形成了较为完整的反垄断法律体系。这些法律不仅适用于一家美国企业并购另一家美国企业,也适用于外国企业并购美国企业,还适用于外国企业之间在美国所进行的并购。这就是说,两个不同国籍的企业,只要它们在美国市场上是实际的竞争者,不管它们是直接的竞争者还是通过子公司而间接地成为美国市场上的竞争者,其并购行为都可能会受到美国反垄断法的指控。正如美国在反垄断法指南中指出的,企业具有外国国籍的事实,对于美国的反垄断法的执行没有特别重要的意义。美国的反垄断执行纲领并不基于它们的国籍而歧视或优惠任何企业。在美国反垄断的实践中,受关注的是企业并购在美国市场上的实际影响和作用,而不是并购企业的国籍。

但是,由于美国的反垄断法体现的是维护资本主义基本制度的宗旨,是在维护大资产阶级利益、兼顾社会总体需要的条件下实施的,因此其总是为垄断留下缺口。在实践中,对于那些局部性的、影响竞争的企业并购,美国往往通过执行反垄断法加以制止,以维护自由竞争秩序;而对于一些能够增强本国整体实力的企业并购,美国仍然持允许或支持的态度。如在 1996 年年底,美国波音公司用 166 亿美元兼并了麦克唐纳-道格拉斯公司(以下简称"麦道公司"),合并后的波音公司不仅成为全球最大的干线客机制造商,而且几乎垄断了美国国内干线飞机销售市场。美国政府不仅没有阻止波音公司兼并麦道公司,而且利用政府采购等措施促成了这一并购活动。其主要原因是,在全球航空制造业,美国波音公司面临欧洲空中客车公司越来越强劲的挑战,而波音公司与麦道公司的合并有利于充分发挥美国航空工业的整体优势,维护美国航空工业大国的地位。由此可见,美国政府在监管企业并购时,并不是孤立地审查并购对国内竞争秩序的影响,而是同时考虑国家整体产业的竞争力,反垄断法的实施是以服从美国的国家利益为基本前提的。

为了有效地实施反垄断法,美国司法部每隔若干年要颁布一次企业并购准则,用以衡量何种并购可以被批准或拒绝。1992 年,美国司法部和联邦贸易委员会这两个反垄断机构第一次联合发布关于企业并购的准则。

根据 1992 年的准则,反垄断当局在决定是否对企业并购提出异议时,通常采用如下分析过程:第一,当局对市场进行合理的界定和测度,评估企业并购是否会显著增加市场的集中度并导致集中化的市场;第二,根据市场的集中度和反映市场特征的其他因素,当局应评价并购是否会产生潜在的反竞争后果;第三,当局应评价新的市场进入能否及时地、充分地阻止或者抵消并购引起的反竞争效果;第四,当局应评价并购的效益,这些效益是并购企业通过其他途径在正常情况下不可能获得的;第五,当局应评价,如果没有并购,参与交易的一方是否可能破产,从而导致其资产从相关市场上流失。在此基础上,反垄断当局就可以回答并购分析中的根本问题,即并购是否会产生或者加强市场势力,或者推动利用市场势力,以便作出是否干预的决策。与 1982 年和 1984 年的准则相比,新准则中最重要的修订是更清楚地分析和解释了哪些并购有可能导致不利竞争的效果,以及哪些特定的市场因素与分析这些效果有关,从而有利于减少在这个领域中执行反垄断法的不确定性。自 1968 年到 1992 年,美国先后颁布了四部并购准则。这四部并购准则成为美国政府监管并购行为的准则,大体反映了美国政府监管并购行为的政策变迁,总的发展趋势是从严格控制走向灵活掌握监管标准。

1997 年,美国司法部和联邦贸易委员会还对企业并购准则中有关效益的问题做了修正,更明确地承认了企业并购的效益,指出某项并购即使对竞争有危害,但只要能够证明并购的最终结果,如在改进生产与服务以及降低价格方面的效益可以抵消上述危害,那么这项并购仍然可以进行。这种放宽对企业并购监管的思想已经在一系列并购案中得以体现,如美国波音公司与麦道公司的合并、埃克森公司与美孚公司的合并。随着经济全球化趋势的加强和地域范围的不断扩大,美国政府出于本国经济利益的考虑,对有利于提高企业国际竞争力的并购行为,只要不是严重危害国内竞争或竞争性市场结构,一般不加以干预。总之,美国希望能通过增强企业的竞争力来维持或提高本国的国际竞争力。

2. 美国上市公司并购的法律监管

除反垄断外,企业并购立法的另一重要任务就是对上市公司并购的法律监管。相关监管法律包括1933年《证券法》(Securities Act of 1933)以及《威廉姆斯法》。

1933年《证券法》的颁布不仅奠定了美国金融证券法律的基础,也是世界各国证券市场监管立法的典范。该证券法共28条,分别就"豁免证券""豁免交易""关于州际贸易和邮递的禁令""证券注册和注册报告书的签署""注册报告书及其修订的生效""法院对命令的复审"等进行了详述。在企业并购方面,1933年的美国《证券法》规定了以股换股的并购投资必须向证券交易委员会注册,但对其他形式的并购并未作出规定,因此现金形式的并购行为基本处于无人监管的状态。由于并购法规的不健全,一些上市公司的股权被随意转移,一些中小股东处于非常被动的状态。

为了规制上市公司的并购投资行为,保护中小股东和债权人的利益,1968年美国国会在1934年通过的《证券法》的第13条和第14条分别增加章节,这些新增章节被统称为《威廉姆斯法》。设立《威廉姆斯法》的目的首先是规范要约收购,明确收购的程序和信息披露的要求,使股东有充分的时间来了解收购方的背景、收购意图和对目标公司的影响,以便作出正确的决策,从而保障股东得到公平的待遇。《威廉姆斯法》要求收购方披露的内容包括:①所取得证券的名称、种类,发行人的名称及其主要决策机构的地址;②证券取得人(收购方)的身份及背景材料;③取得证券的融资安排,如果需要贷款,则提供贷款人的名单;④取得证券的目的,对目标公司经营发展的计划,尤其是有无将目标公司合并、重组或分解的计划;⑤收购方持有该种证券的总额以及过去60天内买卖该种证券而订立的合同、协议,所达成的默契、关系等。迄今为止,《威廉姆斯法》仍是美国对上市公司并购进行监管的最主要的法律依据。

美国政府在实行《威廉姆斯法》的同时,还允许各州结合本地情况,制定地区性的州并购法律。各州法律的具体条文虽然有所差异,但有一个共同的突出特点,就是规定对敌意并购行为进行限制或惩罚,注重保护目标企业自身的利益和现任管理人员及雇员的权利,对目标企业的反并购行为予以法律上的承认或支持。由于某些州的并购法律规定与美国推行的自由企业制度不符,联邦最高法院曾一度试图取缔这些州法律。但由于州法律往往与目标企业管理人员和雇员的利益相一致,受到当地政府与民众的支持,因此它们至今仍是美国上市公司并购监管中不可忽视的力量。

1988年,美国正式出台了《艾克森-弗洛里奥修正案》,这是19世纪80年代以来美国专门针对外资并购制定的一项比较严厉的法规。该法案授权美国总统基于国家安全利益,可否决外国投资者并购或接管美国企业的请求,并授权外资委员会具体实施这一条款。该法案规定,外国投资者欲并购的美国企业如果涉及与国家安全相关的产业,应事先向外资委员会提出书面申请,在申请后的30天内,外资委员会决定是否对这一并购进行调查,并在45天内作出决定。如果外资委员会认为该项并购会威胁到国家安全,应提请总统审查该并购案,总统将在15天内作出决定,即同意或否决外国投资者的并购申请。1990年2月,美国总统签署行政命令,要求中国航天航空技术进出口公司撤回1989年年底对美国飞机零部件生产企业MAMCO公司的所有投资。

除《艾克森-弗洛里奥修正案》以外,美国在其他有关法规中也涉及对外资并购的限制,如《联邦通信法》《联邦航空运输法》等。由此可见,即使在资本流动自由化程度相当高的美国,对涉及所谓"敏感行业"的跨国并购也有较严格的立法限制与监管。

如果外国投资者欲并购的目标企业是上市公司,那么除了必须遵守上述有关法律规定外,还应遵守美国的《联邦证券法》和《威廉姆斯法》。这两部法律对本国并购人和外国并购人基本上未加区分,对外国投资者并购美国上市公司的行为也没有更为严格的法令或规则的限制。但值得注意的是,上述法律规定外国投资者在取得一个上市公司5%以上的股份后,必须向证券监管机构申报,并公布投资者的身份、经营情况及其背景材料。这对那些习惯于通过银行或其他中介进行跨国投资,并且连其身份都不愿公开的外国人来说,可能会带来一些问题。

由于跨国并购通常涉及两个或两个以上国家,单靠一国立法难以做到全面、有效地保护本国企业的经济利益与国家安全,因此美国在完善本国并购法规的同时,还重视利用双边合作机制的功能。近年来,美国司法部和联邦贸易委员会与其他国家的并购投资监管机构签订了一些双边协定,这些协定的内容主要集中在防止外资并购形成的垄断方面。例如,美国与欧盟、加拿大、以色列等国家和地区之间都签有这类协定。

在对企业并购实施法律监管的过程中,尽管不同时期美国执法部门衡量垄断的具体标准有所变化,对并购导致垄断的处罚表现出较大的随意性和不确定性,但总的发展趋势是从严厉逐步走向宽松,这在很大程度上是出于应对经济全球化挑战和增强本国企业竞争力的需要。

可以看出,美国进行的并购投资活动涉及的法律是多方面的,但主要是反垄断法、证券法、公司法和一些涉外投资法律或条款,其中又以反垄断法最为重要。因为垄断违背了市场经济最根本的竞争法则,它追求的只是单一的或者局部的利益,对国民经济的整体协调发展不利,可以因其对市场竞争法则的破坏而导致国民经济的整体效益降低。对于大多数中小企业而言,垄断局面的形成会使它们面对不公平的市场竞争条件。对于社会广大消费者而言,垄断造成的不公平更为明显,它会使消费者失去多样性选择的权利,更使之因垄断价格而受到严重的利益损害。不管是国内企业并购,还是跨国企业并购,都可能在某种程度上形成垄断,因而长期以来美国政府都将并购投资法律监管的重点放在反垄断方面。凡是既有垄断意图又形成削弱竞争的后果、对社会公众产生危害的并购行为即构成违法。

二、欧盟

1. 欧盟有关企业合并控制的法律框架

欧盟有关企业合并控制的法律框架可基本上分为三个层次：一是2004年欧洲理事会修改通过的《理事会关于企业之间集中控制条例》(以下简称《并购条例》)，以及2004年委员会通过的第802/2004号条例。二是一系列由委员会发布的指南和通知，包括有关横向并购的指南和相关市场定义，有关集中、合资企业、救济、简化程序、案件移交、营业额计算、案卷查阅等方面的通知，以及由委员会竞争总司制定的《欧共体并购控制程序最佳实践指南》，关于企业分拆承诺和分拆受托人责任义务方面的一些模板和指南。三是欧洲初审法院(the European Court of First Instance)和欧洲法院(the European Court of Justice)的有关判例。上述法律、法规、指南等对欧盟范围内的企业并购审查作出了全方位的规定和指导，成为对欧盟的竞争政策操作执行和企业进行申报的依据。

2. 欧盟有关企业合并控制的立法进程

欧盟竞争法最主要的渊源是《罗马条约》。但由于欧盟建立企业合并控制制度需要欧盟成员国放弃部分管辖权，《罗马条约》虽然对限制竞争的行为以及滥用市场优势地位、国家补贴、国有企业垄断等行为做了规定，却没有提及企业合并控制。

由于欧洲统一市场的建立，企业不得不通过重组以获得规模经济，从而参与新条件下的竞争。因此，欧洲理事会于1989年12月21日通过了一个专门规范企业合并的第4064/89号条例，即1989年《合并条例》。该《合并条例》在实现企业间公平竞争、提高行政执法效率方面作出了重要规定，即对于在不同成员国市场上运营的企业在欧盟范围内实施的集中，应根据同一实质标准进行评估并应适用同样的程序法，而不论其来自哪一成员国。这就是所谓的"公平处理"的理念。同时，该《合并条例》采用的单一执法机构原则满足了提高行政执法效率的需要，即所谓的"一站式申报"的概念。如果企业实施集中的效果涉及多个成员国，企业不再需要依据各国不同的法律和行政程序向各国竞争主管机构进行逐一申报并获得逐一批准。根据该《合并条例》，欧盟范围内的跨境并购企业，只需申报一次，对这项交易作出的决定在整个欧盟境内是有效的。这一程序极大地提高了企业合并审查的效率。

随着欧盟内部统一大市场及经济和货币联盟的形成，欧盟边界的东扩，国际贸易及投资壁垒的降低，欧洲企业掀起了重组浪潮，尤其是通过并购方式实现的重组。为了鼓励支持能够提高欧洲产业竞争力、改善共同体经济增长条件的并购，同时对那些造成持续性竞争损害的重组加以限制，欧盟委员会发起"一揽子"综合改革来完善广泛使用的并购制度。2004年1月20日，欧盟部长理事会对1989年《合并条例》进行大幅度修改，形成新的《并购条例》(第139/2004号)，使之适应统一大市场带来新的竞争监管需要，并于2004年5月1日开始生效。新的《并购条例》只是其中一部分，该"一揽子"改革还包括《横向并购评估指南》和《欧共体并购控制程序最佳行动指南》，这两个指南已由欧盟委员会依法颁发，并与新的《并购条例》同时生效。2004年4月7日，委员会发布《关于实施第139/2004号

〈理事会关于企业之间并购控制条例〉的委员会条例》(第 802/2004 号),为新的《并购条例》的实施制定了细则,并于 2004 年 5 月 1 日开始实施。之前,委员会发布通知,向社会征求对《并购案件移送规则中的案件分配》《对并购直接相关且必要的附属性限制》《对部分并购实行简化程序》三部草案的意见。新的《并购条例》及与之相配套的"一揽子"法律法规的出台及实施揭开了欧盟并购改革历史上新的篇章,对欧盟并购监管制度的完善起到划时代的作用。

三、英国

(一)英国并购重组的法律体系

英国并购重组的法律体系属典型的自律性立法体系,主要通过一系列的自律制度来实现对证券市场的管理。英国对企业的并购法律主要包括《公平交易法》《竞争法》《伦敦城市收购及兼并守则》和《反投资舞弊法》。其中,《公平交易法》《竞争法》主要用于维护市场有效的竞争环境,防止垄断市场的产生;《反投资舞弊法》及《伦敦城市收购及兼并守则》则用于保证证券市场的公平性及保护股东权益。

(二)英国公司并购的反垄断法律

现代英国竞争法始于 1956 年的《限制性贸易惯例法》。1973 年,英国制定了《公平交易法》,该法创设了公平贸易总监,规定了合并控制制度和垄断调查制度。1998 年,英国议会通过了《竞争法》,该法于 2000 年 3 月 1 日生效,其第一章与第二章分别规定了限制性协议与反竞争行为。2014 年以前,英国政府主要依据的是 1998 年《竞争法》和 2002 年《企业法》。前者设立了竞争委员会这一反垄断和反不正当竞争的机构,该机构基于消费者利益采取合理的可行性方案维护市场正常运营;后者将公平交易局下辖的公平交易办公室升格为独立的法人团体,赋予它独立的法人资格和权力。2014 年 4 月 1 日,英国政府同时撤销了竞争委员会和公平交易办公室,以竞争与市场管理局和金融行为监管局(FCA)取而代之。

1.《公平交易法》

《公平交易法》授权贸易与工业国务大臣提名一位公平交易总监,他的职责是使有关的商品和服务的商业活动处于他的监督之下,及时发现任何可能损害消费者经济利益的行为。公平交易总监的作用之一是向国务大臣提供某起兼并是否需要反垄断委员会调查的建议,但最终调查与否的决定并非由总监作出,而是由国务大臣作出。《公平交易法》最初规定调查的界限是:①该企业至少占有某类商品 25% 的市场份额;②兼并涉及的资产价值超过 500 万英镑。只要某起兼并达到以上两个界限之一,就有可能受到调查。《公平交易法》规定国务大臣有权依法提高资产价值的界限。事实上,这一权力被使用过两次。1980 年 4 月 1 日,这个界限被提高到 1 000 万英镑;1984 年 7 月 26 日,又提高到 3 000 万英镑。界限的提高,使根据《公平交易法》需要受调查的兼并企业数由每年的 200 个左右下降到 150 个左右。

第一次应用资产界限的兼并法规是 1965 年的《兼并与垄断法》。那时候,企业通常使用的是历史成本的会计方法,资产价值是以账面的价值为准。但在过去的几十年中,许多大公司都定期重新估价它们的固定资产,尤其是土地和建筑物。特别是从1980年起,根据标准会计实务公告第16号,大多数大的上市公司和非上市公司资产能用现行成本会计中的现行重置成本来表示。所以,估价资产的标准随着时间在变化,对于一个公司来说,资产可以历史成本或现行重置成本等来表示。在英国1973—1984年的2 335起兼并中,其中70起达到垄断和兼并委员会(MMC)审查的界限,占总兼并数的3%左右,其余的除了放弃兼并企图的企业,被裁决准许和禁止的概率大致相等。

虽然说公平交易总监对使兼并活动处于监督之下负有责任,但他并没有让公司兼并提前通知公平交易局(Office of Fair Trading,OFT)的责任。事实上,有兼并企图的公司经常自动把它们的财务报告送交公平交易局审阅。所有达到《公平交易法》规定界限的兼并,都要受到OFT兼并处的审查,以证实是否会有危害公众利益的行动。OFT要跟有关兼并各方和其他利益集团会谈,然后,由OFT兼并处进行详细的评审。如果认为不会产生严重的公众利益问题,总监就将它送交国务大臣,建议准许此项兼并。在难以判断兼并影响的时候,公平交易总监将与兼并专门小组召开一次会议。这个兼并专门小组由政府和有关方面的权威人士组成,会议将根据OFT兼并处储备的材料对这个案例进行讨论。在会议后的一两天内,总监将向国务大臣建议未来的行动。虽然不是必须,但国务大臣往往采纳总监的意见。OFT的一个重要作用是公平交易总监向贸易与工业国务大臣提出建议,如果国务大臣也同意某一兼并企图可能会引起严重的公众利益问题,那么就会把它提交给垄断和兼并委员会裁决。MMC所要考虑的公众利益问题的具体内容,在《公平交易法》中也做了具体的规定,其中包括:①是否维护和促进有效的竞争;②是否在商品和服务的价格、质量和品种方面有利于消费者、购买者和用户的利益;③是否有利于降低成本开发和利用新技术、新产品;④是否维持与改进行业和就业的平衡分配;⑤是否维护和提高商品及劳务在国外的竞争力。

2.《竞争法》

《竞争法》采用了反竞争条款,它对《公平交易法》的功能和总监的授权做了补充。根据《竞争法》规定,垄断是指某个人、公司或内部关联的企业集团,在英国供应和购买1/4以上的某种产品和劳务,或者两个或两个以上能达到这一比例但不相关联的人或企业,以任何方式进行勾结,以阻碍、限制或扭曲竞争。

《公平交易法》中规定的审查,是指对被提交的在一个完整的市场层面提供商品或劳务的所有公司进行的调查,而在《竞争法》中的审查或调查只限于对那些阻碍、限制或扭曲竞争的公司的调查。这种只对某一方面的调查要比由MMC从事的全面调查更可行、更省时间,特别是只限于对竞争的影响方面。《竞争法》授权总监对是否存在反竞争行为进行初步调查,如果证实存在反竞争行为,总监可以把它提交给MMC,以便做进一步的调查。一旦提交给MMC,总监必须公布这一事实并通知国务大臣,因为国务大臣在两周内可以决定调查是否进行下去。MMC的作用是进一步证实是否有危害公众利益的反竞争行为存在。根据《竞争法》的规定,反竞争是指某个人、公司勾结其他人或公司,对英国境内或仅在英国某一地区内给某种产品或劳务的供应或采购市场的竞争施加阻碍、限制或扭曲性的影响。

根据《竞争法》的规定,下列三种情况不视作反竞争行为:①《商业活动管制》(1976)另行规定的行为;②年销售额低于500万英镑和市场占有率低于25%的单个公司;③在诸如国际船运和国际民航等例外的行业。一旦被提交给MMC,必须对以下几方面进行调查:①在前12个月内,是否有从事过指定的商品和劳务的生产与经营的行为;②这种行为是否有反竞争的特点;③如果被认为是反竞争的,它是否已经或者可能危害公众利益。

这一调查必须在总监指定的时间内完成,一般不超过6个月,但如果需要,国务大臣有权再延长3个月。之后,MMC必须向国务大臣提交一份报告,说明反竞争行为存在何处,这种行为对公众利益有何不利影响。另外,MMC可能给国务大臣提出处理意见。接着,国务大臣把整理好的材料送交国会,而且必须阐明他所认为危害公共利益的事实和提供可能"有严重危害和不利影响"的个人或公司的详细资料。加入最终报告的结论是反竞争的和损害公众利益的,国务大臣可以直接下命令禁止这项兼并,也可以要求总监去寻求处理的办法。

(三) 英国公司并购监管中存在的问题

英国兼并管理总的政策趋向是反对垄断和维持有效的市场竞争,但在具体的操作上,也暴露出一些问题,主要包括以下几个方面。

第一,贸易与工业国务大臣拥有过大的兼并处理权。

第二,由于《公平交易法》不能管理全国或地方的报业兼并,报业的垄断倾向没有被遏制。

第三,计划进行兼并的公司没有义务预先通知公平交易局,这给全面兼并管理带来了不便。

第四,衡量资产的基准随着会计制度的变化经常改变。1973年,资产通常用账面的历史成本计价。20世纪80年代中期,更常用的方法是修正的历史成本法,这样资产可以定期估值。在英国,也有少数以现行重置成本来计价的资产。而政府在对兼并进行管理时,不同的资产规模使用不同的法律条款。鉴于资产准则的不一致,有人认为有必要对此作出说明,或者把资产基准改为收益回报,或像联邦德国那样采用销售额基准。

第五,大多数提交给垄断和兼并委员会的案件应主要限于竞争方面的问题,这样,MMC才有可能进行更多的调查。从统计数字看,只有3%的兼并满足《公平交易法》规定的界限而提交给MMC。这些对兼并的调查虽然对有关公司的决策很重要,但对整个英国经济的影响却微乎其微。

第六,随着调查数量的增加,应进一步明确衡量竞争的指标。美国所采用的HHI(赫芬达尔-赫希曼指数),被认为是一个较合理的指标。HHI不同于其他集中度指标,它的特点是把每个企业的市场占有率的平方相加。而英国的秘密指导线制度使得企业界对政府如何进行兼并管理感到不明确,甚至有点儿捉摸不透。

四、德国

1. 德国企业兼并的立法

在德国,对企业兼并的法律控制主要是通过《反对限制竞争法》(简称《卡特尔法》)来进行的。这部法律自1957年颁布以来,先后经过了1966年、1973年、1976年、1980年和1989年、1998年、2005年7次修改,已成为德国企业兼并领域的基本法。此外,对企业兼并进行规定的还有《联邦德国股份公司法》第三百三十九条至第三百五十八条和《德国关于有限责任公司从公司资金中增加资本和合并的法律》第十九条至第三十五条。《反对限制竞争法》认为以下情形应认定为兼并,适用该法:①购买产权,即一个企业购买另一个企业的全部或相当一部分财产;②参股,即一个企业掌握另一个企业的股份达到被参股企业的25%或掌握另一个企业一半以上的表决权;③企业协议,即企业之间达成协议,组成康采恩式的联合体,或者联合核算,或者盈亏共同分享和分担,或者全部、部分租赁;④领导交叉兼职,即有关企业的监督机构或管理机构一半以上同时在对方企业的领导班子任职;⑤其他形式,只要企业之间建立的联系致使一个企业或几个企业对另一个企业能够施加控制性影响(德国《反对限制竞争法》第二十三条第二款)。

2. 德国企业兼并的控制程序

德国法律规定,控制企业兼并的主要执行机构是联邦卡特尔局,它被授予禁止兼并的权力。但在实践中,联邦卡特尔局不可能及时地掌握全国各地企业兼并的情况。因此,为便于联邦卡特尔局对兼并的管理,《反对限制竞争法》规定了企业兼并的两种报告义务。一是兼并的事先通知义务;二是兼并后应履行的报告义务。此外,为保护当事人的合法利益,德国法律还规定对联邦卡特尔局的决定不服时,当事人有权采用法律救济手段(德国《反对限制竞争法》第二十三条和第二十四条)。

首先,兼并的事先通知义务为,对于在筹划中的兼并,应该事先向联邦卡特尔局申报。这种事先申报是任意性的,但在有以下情形中的任何一种时应为强制性的:①参加兼并的两家公司各自的年度营业额都达到10亿马克;②其中任何一家公司的年度营业额达到20亿马克;③其他法律规定必须要事先申报的。对于需事先通知的企业兼并,如果联邦卡特尔局认为有必要进行审查,就会在一个月内通知有关企业。如果在这一个月期限内未通知有关企业,兼并便可被视为得到了批准。在前一种情况下,如果联邦卡特尔局要禁止这个兼并,原则上必须在得到兼并通知后的4个月内发布禁令。规定兼并的事先通知义务是为了使参与兼并的企业尽早知道联邦卡特尔局对兼并的态度,以尽快消灭经济活动中的不稳定因素,避免兼并发生后被禁止而造成的损失。

其次,兼并后应履行的报告义务为,如果已完成的兼并会对竞争产生重大影响,则必须及时通知联邦卡特尔局。根据《反对限制竞争法》的规定,兼并在以下三种情况下被认为会对竞争产生重大影响:①有关兼并在特定市场中形成或达到20%以上的市场占有率;②参加兼并的企业之一在另一市场中拥有20%以上的份额;③参加兼并的任何一家企业拥有1万名以上的雇员,或上一年度的营业总额达到5亿马克。对于事后报告的企业兼并,在其登记后的一年内联邦卡特尔局都有权认定其违法而予以禁止。由于违反联邦卡特尔局禁令的行为是无效的,所以兼并企业必须解散,或者出让其部分财产,或者分成几个企业。

兼并被禁止后当事人有权采用的法律救济手段主要有两种:一是向联邦卡特尔局所在地柏林的高级州法院提出上诉,请求再审。再审时企业可以向法院提出新的事实和证据。如果企业对上诉法院的判决仍然不服,可向联邦法院请求法律再审,但联邦法院仅审查与案情相关的法律问题,而不再审查有关的事实。二是向联邦经济部长申请特许批准,但一般只有在以下情形时有关的申请才可能得到批准:兼并对整个经济带来的好处大于其对竞争的妨害,或者从重大的公共利益考虑需要此种兼并。

3. 德国企业兼并控制的实体标准

对于联邦卡特尔局禁止兼并的实体依据,德国法律也作出了详细规定,它主要体现在《反对限制竞争法》的第二十四条中。该条规定:企业兼并如果完全有可能形成或加强某种市场支配地位,联邦卡特尔局则有权行使权力,对尚在筹划中的兼并予以禁止,或对已经完成的兼并予以撤销,除非参加兼并的企业能够证明,该项兼并将有助于改善竞争环境,而且这种改善带来的效益完全可以超过由于其对市场的控制而造成的不利影响。联邦卡特尔局对兼并的禁止和撤销可以基于对未来发展的预测而进行,并且不必证明是在什么时候形成或加强了有关企业的市场支配地位。1980年《反对限制竞争法》修改后建立了一项法律推定制度,规定有以下情形时可以推定兼并将会导致或强化市场支配地位:①一个年度营业额为20亿马克的企业与一个较小的企业合并,并且在有关的市场中中小企业拥有2/3的市场份额,或者被兼并企业至少拥有1.5亿马克的年度营业总额,其本身就具有市场支配地位。②所有参加兼并的企业年度营业总额达120亿马克,而其中两家企业的年度营业额分别达到10亿马克。联邦经济部长特许批准兼并的标准,前文已述及。

五、日本、俄罗斯及韩国对并购的监管

1. 日本对外资并购及行业准入的监管

日本对外资并购的规制从指导原则上服从于国家的产业政策。日本的产业政策整体上决定了日本对外资基本的排斥和限制态度,而不同时期对不同的产业结构调整战略,决定了对外资并购规制的不同侧重点。日本对外资并购的规制在法理上服从于禁止垄断法。而禁止垄断法又与日本的产业政策具有一定的呼应,两者共同作用于对并购行为的规制,从而构成一个政策与法律的完整逻辑体系。日本证券市场的相应法规构成对外资并购在证券市场操作层面的补充,日本在证券市场针对外资并购的法规主要体现在日本证券交易法中。

日本对于外资并购监管的模式是:产业政策+禁止垄断法;在证券市场上表现为产业政策+禁止垄断法+证券投资方面的法律。

2. 俄罗斯对外资并购及行业准入的监管

俄罗斯在普京当选总统后进行的经济改革中,明确提出关系国家安全的战略性企业不允许任意私有化。即使在2002年美国、欧盟承认俄罗斯完全市场经济地位的情况下,普京仍然在2004年8月签署一道总统令,拿出一份有1000多家企业的名单,明确只有俄罗斯总统有权审批这些核心企业的改制。俄罗斯对于外资并购限制的模式是:严格规范,其中1000多家企业的并购必须经过总统的批准。

3. 韩国对外资并购及行业准入的监管

韩国对外资并购的态度可以归纳为"有条件地准入,有限制地开放"。总体上韩国对外资进入采取一种支持的态度,韩国通过优惠政策鼓励外资进入高新领域带动国内相关

产业的快速进步,通过准入限制保护国内重要行业和经济核心领域,通过政府申报制将管理权控制在政府手中,通过对持股比例的要求实现对外资并购的管制。

六、西方国家有关企业并购立法的主要特点

1. 以反垄断为企业并购立法的核心和首要任务

市场经济国家都极力推崇自由竞争,而垄断恰恰是自由竞争的天敌。从总体上看,企业并购与大规模垄断企业的形成具有一定的因果关系。因此,各国对企业并购的控制重点始终放在反垄断上。

2. 保护中小股东和债权人

在企业并购尤其是上市公司收购实践中,由于大股东在股权交易中处于优势地位,他们在收购过程中往往能以较高的价值出售其股份,而消息闭塞、缺乏经验的中小股东和债权人则会承担较大的损失。为了贯彻同股同权原则,各国立法或者通过设立强制性收购要约和信息披露义务或者通过其他方式,对中小股东和债权人实行特殊保护。

3. 实体法与程序法相结合

实体法与程序法相结合的立法模式几乎是所有部门法的共同特点,在企业并购立法中,这一点显得尤为突出。无论是对垄断的规制还是对上市公司收购的法律监管,各国法律都在制定严密的实体规范的同时,还对并购各方当事人和政府主管部门作出了许多程序法上的要求,从而使企业并购的法律监管既严密又透明,体现了企业并购立法的公平和正义。

4. 体系化的立法思想

企业并购是一种极为复杂、烦琐的市场交易行为,而且由于其涉及多元的利益主体,因而仅凭一部单行法就想圆满规范企业并购的立法思想,只会被认为是立法上的"浪漫主义"和"幼稚病"。正因为此,尽管许多国家和地区都制定了企业并购的专门法,如英国的《伦敦城市收购及兼并守则》和美国的《威廉姆斯法》等,但这些专门立法仅仅是这些国家和地区的企业并购法律的一部分,而不是全部。虽然这些专门法构成了各国企业并购法律制度的基础和核心,但离开了反垄断法、公司法、证券法、合同法等法律的协调配合,企业并购活动是难以规范有序地进行的。各国立法可谓千姿百态,但各国在注重诸法协调配合、发挥法律的体系化功能这一点上概莫能外。

第二节 中国企业并购的监管及相关法律

一、我国并购监管及相关法律现状

目前我国适用于上市公司收购的法律有《公司法》《证券法》《上市公司证券发行管理办法》《上市公司收购管理办法》《中华人民共和国反垄断法》(以下简称《反垄断法》)和《中华人民共和国反不正当竞争法》(以下简称《反不正当竞争法》)等法律法规以及根据这些法律制定的有关行政规章和规则。

二、我国企业并购与重组的监管法律体系的不断完善

我国证券监管及监管立法也呈阶段性的演进特征,并以政府监管主体的演化为主线。通过一系列基础性制度建设,形成了如图9-1所示的监管体系,使我国上市公司并购重组的信息披露规则更加明确,决策机制更加公平。

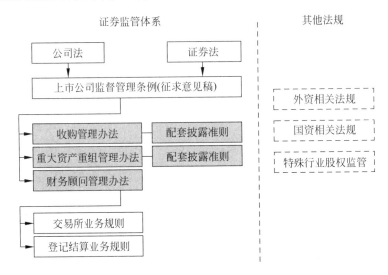

图 9-1 我国证券监管法律体系

(一) 公司法

公司法有广义和狭义之分,广义的公司法是指规定公司的设立、组织、活动、解散及其他对内对外关系的法律规范的总称。它除包括《公司法》外,还包括其他法律、行政法规中有关公司的规定。狭义的公司法是指《公司法》,于1993年12月29日第八届全国人民代表大会常务委员会第五次会议通过,并于1999年12月25日第九届全国人民代表大会常务委员会第十三次会议第一次修正、2004年8月28日第十届全国人民代表大会常务委员会第十一次会议第二次修正、2005年10月27日第十届全国人民代表大会常务委员会第十八次会议修订、2013年12月28日第十二届全国人民代表大会常务委员会第六次会议第三次修正、2018年10月26日第十三届全国人民代表大会常务委员会第六次会议第四次修正。

《公司法》在第三章"有限责任公司的股权转让"、第五章"股份有限公司的股份发行和转让"第二节"股份转让"以及第九章"公司合并、分立、增资、减资"中分别对有限责任公司、股份有限公司以及国有独资公司的产权转让与企业合并做了相关规定。2018年10月修改的《公司法》中,与并购有关的修改包括:强调了公司自治,从而体现了公司章程的重要性;允许一人公司、分期注资、出资形式多样化(允许股权出资),对外投资不受净资产50%的限制;强化了控股股东及其实际控制人、董事、监事、高管人员的责任;规定重大购买、出售资产(重组)须经股东大会特别决议通过(国有独资公司不设股东会,由国有资产

监督管理机构行使股东会职权)。新《公司法》的立法理念更为适应市场经济需要,体现了鼓励投资、简化程序、提高效率的精神,取消了诸多不必要的国家干预的条款,废除了股份公司设立的审批制,减少了强制性规范,强化当事人意识自治,突出了公司章程的制度构建作用,为进一步完善公司治理结构、加强对股东权益的保护提供了制度保障。

2018年10月26日,第十三届全国人民代表大会常务委员会第六次会议通过了《全国人民代表大会常务委员会关于修改〈中华人民共和国公司法〉的决定》(以下简称《决定》)并进行发布,现对《决定》解读如下。

1.《决定》发布的背景:适应公司股权回购需求多样化的现状

我国1993年《公司法》规定了两种允许股份回购的例外情形,包括公司为减少资本而注销股份或者与持有本公司股票的其他公司合并。2005年《公司法》修订时,增加了将股份奖励给本公司职工,以及股东因对股东大会作出的公司合并、分立决议持异议要求公司收购其股份两种例外情形,并对股份回购的决策程序、数额限制等做了规定。实践中,不少公司依法实施了股份回购并取得较好效果。

近年来,公司特别是上市公司的股份回购需求日渐多样,但2013年《公司法》已经无法适应多样化的股份回购需求,主要表现在允许股份回购的情形范围较窄、实施股份回购的程序较为复杂(一般须召开股东大会)、对公司持有所回购股份的期限规定得比较短三个方面。

为适应公司股权回购多样化的现状,证监会与司法部起草形成了《中华人民共和国公司法修正案(草案)》,经征求中央有关单位、部分地方政府有关部门以及上市公司、专业机构和专家学者的意见并公开向社会提交意见后,将草案付诸第十三届全国人大常委会表决,经常委会人员提出意见并进行修改后最终形成了《决定》并予以发布。

2.《决定》的主要内容:对公司股份回购制度进行了修改调整

《决定》主要从公司股份回购的情形、程序与期限三个方面对《公司法》第一百四十二条进行了修改,具体如下。

其一,大幅增加了公司股份回购的情形。《决定》增加了将股份用于转换上市公司发行的可转换为股票的公司债券、上市公司为维护公司价值及股东权益所必需两种可回购公司股份的情形,并将原股份奖励给本公司职工的回购情形明确为将股份用于员工持股计划或者股权激励,但相比于此前的草案,删除了"法律、行政法规规定的其他情形"的兜底条款,实质上采取了对上市公司股份回购放开而对一般股份有限公司股份回购仍予以限制的立法倾向。

其二,适当简化股份回购的决策程序。根据2013年《公司法》规定,除股东行使异议回购权外,所有公司股份回购的情形均需经股东会通过,而《决定》简化了公司因将股份用于员工持股计划或者股权激励、用于转换上市公司发行的可转换为股票的公司债券以及上市公司为避免公司遭受重大损害、维护公司价值及股东权益所必需而收购本公司股份的决策程序,即可以依照公司章程的规定或者股东大会的授权,经2/3以上董事出席的董事会会议决议,不必经股东大会决议。

其三,提高公司持有本公司股份的数额上限并延长公司持有所回购股份的期限。根据2013年《公司法》规定,公司将股份奖励给本公司职工情形下公司持有的股份不得超过本公司已发行股份总额的5%,但实质上无论是《上市公司股权激励管理办法》还是各金融监管部门对员工持股计划的相关规定,均允许以不超过公司股本总额的10%实行股权激励或员工持股计划,《决定》亦尊重各部门已经发布的规定,将股权激励、员工持股计划及本次新增公司股份回购情形下公司合计持有的本公司股份数上限变更为本公司已发行股份总额的10%,并将转让或注销的时间由6个月延长为3年。

此外,为防止上市公司滥用股份回购制度,《决定》补充了上市公司股份回购需履行信息披露义务并采取集中交易方式的规范要求。针对全国人大常委会组成人员对上市公司股份回购具体措施的建议,《决定》明确提出了对国务院及其有关部门应当完善配套规定的要求。

3. 《决定》发布的意义:完善资本制度并赋予公司更多的自主权

《决定》的发布实施从多个角度扩大了公司股份回购制度的适用范围,从而赋予了股份有限公司更多的自主权,有利于促进完善公司治理、推动资本市场稳定健康发展。

对于股份有限公司而言,运用调整后的股份回购制度实现员工与公司的发展将成为一项重要内容,而是否将股份回购决策权限下放到董事会层面,也需根据公司的实际情况对公司章程进行调整。

对于股份有限公司以外的第三方而言,虽然上市公司股份回购需履行信息披露义务,但其他类型股份有限公司的股份回购信息缺乏必要的信息披露途径,尤其是在公司持有的自身股份转让和注销时间延长后,实施股份回购的股份有限公司债务履行能力和持续经营能力都将在第三方不知情的情形下产生变化。因此无论是作为公司的债权人还是作为股权收购方,均需将股份有限公司的股份回购情况作为考虑因素并加以核查。

(二)证券法

《证券法》是中华人民共和国成立以来第一部按国际惯例、由国家最高立法机构组织而非由政府某个部门组织起草的经济法,已由中华人民共和国第十届全国人民代表大会常务委员会第十八次会议于2005年10月27日修订通过,并于2006年1月1日起执行。2014年8月31日第十二届全国人民代表大会常务委员会第十次会议通过了《全国人民代表大会常务委员会关于修改〈中华人民共和国保险法〉等五部法律的决定》(主席令第14号)。根据该决定,此次《证券法》的修改主要涉及上市公司要约收购制度。2019年12月28日,第十三届全国人大常委会第十五次会议审议通过了修订后的《中华人民共和国证券法》(以下简称新证券法),已于2020年3月1日起施行。本次证券法修订,按照顶层制度设计要求,进一步完善了证券市场基础制度,体现了市场化、法治化、国际化方向,为证券市场全面深化改革落实落地,有效防控市场风险,提高上市公司质量,切实维护投资者合法权益,促进证券市场服务实体经济功能发挥,打造一个规范、透明、开放、有活力、有韧性的资本市场,提供了坚强的法治保障,具有非常重要而深远的意义。

本次证券法修订,系统总结了多年来我国证券市场改革发展、监管执法、风险防控的实践经验,在深入分析证券市场运行规律和发展阶段性特点的基础上,作出了一系列新的制度改革完善。

一是全面推行证券发行注册制度。在总结上海证券交易所设立科创板并试点注册制的经验基础上,新证券法贯彻落实十八届三中全会关于注册制改革的有关要求和十九届四中全会完善资本市场基础制度要求,按照全面推行注册制的基本定位,对证券发行制度做了系统的修改完善,充分体现了注册制改革的决心与方向。同时,考虑到注册制改革是一个渐进的过程,新证券法也授权国务院对证券发行注册制的具体范围、实施步骤进行规定,为有关板块和证券品种分步实施注册制留出了必要的法律空间。

二是显著提高证券违法违规成本。新证券法大幅提高对证券违法行为的处罚力度。如对于欺诈发行行为,从原来最高可处募集资金5%的罚款,提高至募集资金的一倍;对于上市公司信息披露违法行为,从原来最高可处以60万元罚款,提高至1000万元;对于发行人的控股股东、实际控制人组织、指使从事虚假陈述行为,或者隐瞒相关事项导致虚假陈述的,规定最高可处以1000万元罚款等。同时,新证券法对证券违法民事赔偿责任也做了完善。如规定了发行人等不履行公开承诺的民事赔偿责任,明确了发行人的控股股东、实际控制人在欺诈发行、信息披露违法中的过错推定、连带赔偿责任等。

三是完善投资者保护制度。新证券法设专章规定投资者保护制度,作出了许多颇有亮点的安排。包括区分普通投资者和专业投资者,有针对性地作出投资者权益保护安排;建立上市公司股东权利代为行使征集制度;规定债券持有人会议和债券受托管理人制度;建立普通投资者与证券公司纠纷的强制调解制度;完善上市公司现金分红制度。尤其值得关注的是,为适应证券发行注册制改革的需要,新证券法探索了适应我国国情的证券民事诉讼制度,规定投资者保护机构可以作为诉讼代表人,按照"明示退出""默示加入"的诉讼原则,依法为受害投资者提起民事损害赔偿诉讼。

四是进一步强化信息披露要求。新证券法设专章规定信息披露制度,系统完善了信息披露制度,包括:扩大信息披露义务人的范围;完善信息披露的内容;强调应当充分披露投资者作出价值判断和投资决策所必需的信息;规范信息披露义务人的自愿披露行为;明确上市公司收购人应当披露增持股份的资金来源;确立发行人及其控股股东、实际控制人、董事、监事、高级管理人员公开承诺的信息披露制度等。

五是完善证券交易制度。优化有关上市条件和退市情形的规定;完善有关内幕交易、操纵市场、利用未公开信息的法律禁止性规定;强化证券交易实名制要求,任何单位和个人不得违反规定,出借证券账户或者借用他人证券账户从事证券交易;完善上市公司股东减持制度;规定证券交易停复牌制度和程序化交易制度;完善证券交易所防控市场风险、维护交易秩序的手段措施等。

六是落实"放管服"要求,取消相关行政许可。其包括取消证券公司董事、监事、高级管理人员任职资格核准;调整会计师事务所等证券服务机构从事证券业务的监管方式,将资格审批改为备案;将协议收购下的要约收购义务豁免由经证监会免除,调整为按照证监会的规定免除发出要约等。

七是压实中介机构市场"看门人"法律职责。规定证券公司不得允许他人以其名义直接参与证券的集中交易;明确保荐人、承销的证券公司及其直接责任人员未履行职责时对受害投资者所应承担的过错推定、连带赔偿责任;提高证券服务机构未履行勤勉尽责义务的违法处罚幅度,由原来最高可处以业务收入5倍的罚款,提高到10倍,情节严重的,并处暂停或者禁止从事证券服务业务等。

八是建立健全多层次资本市场体系。将证券交易场所划分为证券交易所、国务院批准的其他全国性证券交易场所、按照国务院规定设立的区域性股权市场等三个层次;规定证券交易所、国务院批准的其他全国性证券交易场所可以依法设立不同的市场层次;明确非公开发行的证券,可以在上述证券交易场所转让;授权国务院制定有关全国性证券交易场所、区域性股权市场的管理办法等。

九是强化监管执法和风险防控。明确了证监会依法监测并防范、处置证券市场风险的职责;延长了证监会在执法中对违法资金、证券的冻结、查封期限;规定了证监会为防范市场风险、维护市场秩序采取监管措施的制度;增加了行政和解制度,证券市场诚信档案制度;完善了证券市场禁入制度,规定被市场禁入的主体,在一定期限内不得从事证券交易等。

十是扩大证券法的适用范围。将存托凭证明确规定为法定证券;将资产支持证券和资产管理产品写入证券法,授权国务院按照证券法的原则规定资产支持证券、资产管理产品发行、交易的管理办法。同时,考虑到证券领域跨境监管的现实需要,明确在我国境外的证券发行和交易活动,扰乱我国境内市场秩序,损害境内投资者合法权益的,依照证券法追究法律责任等。

此外,此次证券法修订还对上市公司收购制度、证券公司业务管理制度、证券登记结算制度、跨境监管协作制度等做了完善。

(三)《上市公司收购管理办法》

《上市公司收购管理办法》自2006年9月1日施行,分别于2008年、2012年、2014年和2020年进行了修订。鉴于新《证券法》对第四章"上市公司的收购"进行了完善,2020年3月20日,中国证监会发布实施新修订的《上市公司收购管理办法》进行了配套调整,进一步完善对持股5%以上股东持股变动的监管要求,细化对持股变动信息的披露要求,明确对免除要约收购义务的监管安排,强化事中事后监管机制。修订后的《上市公司收购管理办法》全文在本书附录中刊载,有关修改内容的解读在本书第五章第四节有分析。

(四)《上市公司重大资产重组管理办法》

《上市公司重大资产重组管理办法》(简称《重组办法》)经2008年3月24日中国证监会第224次主席办公会审议通过,根据2011年8月1日中国证监会《关于修改上市公司重大资产重组与配套融资相关规定的决定》修订。2014年7月7日中国证券监督管理委员会第52次主席办公会议审议通过新的《重组办法》,根据2016年9月8日中国证券监督管理委员会《关于修改〈上市公司重大资产重组管理办法〉的决定》、2019年10月18日中国证券监督管理委员会《关于修改〈上市公司重大资产重组管理办法〉的决定》、2020年3月20日中国证券监督管理委员会《关于修改部分证券期货规章的决定》修正。2020年3月20日修订的《上市公司重大资产重组管理办法》有关修改内容的解读在本书第五章第四节有分析。

(五)《证券服务机构从事证券服务业务备案管理规定》

2020年7月24日,证监会、工业和信息化部、司法部、财政部联合发布了《证券服务机构从事证券服务业务备案管理规定》。修订后的《证券法》创新监管方式,调整了原来相关证券服务机构事前准入审批的监管体制,要求会计师事务所、律师事务所以及从事资产评估、资信评级、财务顾问、信息技术系统服务的证券服务机构从事证券服务业务,应当报国务院证券监督管理机构和国务院有关主管部门备案。为落实前述备案要求,证监会会同工业和信息化部、司法部、财政部,在广泛听取各方意见的基础上,研究制定了《证券服务机构从事证券服务业务备案管理规定》(以下简称《备案规定》),自2020年8月24日起施行。

《备案规定》共23条,主要规定了备案机构、备案业务范围、备案时点和备案程序等内容,并另附证券服务机构备案表格。为方便证券服务机构备案,证监会开发了有关备案信息采集系统,待系统上线后,证券服务机构可通过该系统报送电子备案材料。同时,证监会也将通过监管规则适用指引等形式对相关证券服务机构在备案中的程序规范、常见问题等作出说明。

(六)《上市公司并购重组财务顾问业务管理办法》

《上市公司并购重组财务顾问业务管理办法》(简称《财务顾问办法》)于2007年7月10日经中国证券监督管理委员会第211次主席办公会议审议通过,自2008年8月4日起施行,共分总则、业务许可、业务规则、监督管理与法律责任和附则5章45条。2020年10月23日的新闻发布会上,证监会新闻发言人高莉表示,证监会将在总结评估基础上适时修订《上市公司并购重组财务顾问业务管理办法》,指导交易所建立健全相关业务规则,以做好财务顾问机构及其业务的备案和监管工作。

上市公司并购重组财务顾问业务是指为上市公司的收购、重大资产重组、合并、分立、股份回购等对上市公司股权结构、资产和负债、收入和利润等具有重大影响的并购重组活动提供交易估值、方案设计、出具专业意见等专业服务。《财务顾问办法》规定,经中国证券监督管理委员会核准具有上市公司并购重组财务顾问业务资格的证券公司、证券投资咨询机构或者其他符合条件的财务顾问机构才可以依照本办法的规定从事上市公司并购重组财务顾问业务。

第三节 企业并购过程中的反垄断审查

《反垄断法》,是一部为了预防和制止垄断行为,保护市场公平竞争,提高经济运行效率,维护消费者利益和社会公共利益,促进社会主义市场经济健康发展而制定的法律。《反垄断法》由2008年8月1日起施行,共分为8章57条,包括总则,垄断协议,滥用市场支配地位,经营者集中,滥用行政权力排除、限制竞争,对涉嫌垄断行为的调查,法律责任,附则。

出台《反垄断法》的目的是限制并购的负面效应,因为并购的直接结果是企业规模的成倍扩大,有可能在某一个行业形成"巨无霸"垄断地位,因此,在鼓励并购的同时反垄断是维护市场有序竞争、促进行业健康发展、保护消费者的必然要求,也是政府市场监管的重点。世界许多国家对并购过程及并购结果可能导致的垄断都有严格的法律规定,都要进行反垄断调查。中国也不例外,商务部禁止可口可乐收购汇源一案中,相关市场界定为中国果汁行业,理由是不利于竞争。这表明此前沸沸扬扬的保护民族品牌的理由不在此次反垄断审查考虑之列。该案的反垄断调查符合法定程序,但是如果可口可乐或者汇源对此决定不服,可以根据《反垄断法》第五十三条规定提请行政复议,如果对复议结果仍然不服可以提起行政诉讼。

一、企业并购反垄断审查的执法部门

根据国务院反垄断委员会关于职能分工的"三定"方案(定职责、定机构、定编制),经营者集中的反垄断审查由商务部负责,商务部下设反垄断局,是国家发改委、商务部、国家市场监督管理总局三家国务院反垄断执法机构中人数最多的一家。

二、经营者集中的内涵

经营者集中是指下列三种情形。

(1) 经营者合并。

(2) 经营者通过取得股权或者资产的方式取得对其他经营者的控制权。

(3) 经营者通过合同等方式取得对其他经营者的控制权或者能够对其他经营者施加决定性影响。

三、需向商务部申报审批的企业并购

根据2008年8月1日国务院第20次常务会议通过的《国务院关于经营者集中申报标准的规定》,经营者集中达到下列标准之一的,经营者应当事先向国务院商务主管部门申报,未申报的不得实施集中。

(1) 参与集中的所有经营者上一会计年度在全球范围内的营业额合计超过100亿元人民币,并且其中至少两个经营者上一会计年度在中国境内的营业额均超过4亿元人民币。

(2) 参与集中的所有经营者上一会计年度在中国境内的营业额合计超过20亿元人民币,并且其中至少两个经营者上一会计年度在中国境内的营业额均超过4亿元人民币。

达到以上任一标准的参与集中的企业负有主动申报的义务。

未达到以上标准,但是按照规定程序收集的事实和证据表明该经营者集中具有或者可能具有排除、限制竞争效果的,国务院商务主管部门应当依法进行调查。这既是商务部的权利,也是商务部的义务。

四、反垄断审查须提交的文件

经营者向国务院反垄断执法机构申报集中,应当提交下列文件、资料。

(1) 申报书。

(2) 集中对相关市场竞争状况影响的说明。

(3) 集中协议。

(4) 参与集中的经营者经会计师事务所审计的上一会计年度财务会计报告。

(5) 国务院反垄断执法机构规定的其他文件、资料。

申报书应当载明参与集中的经营者的名称、住所、经营范围、预定实施集中的日期和国务院反垄断执法机构规定的其他事项。

经营者提交的文件、资料不完备的,应当在商务部规定的期限内补交文件、资料。

五、反垄断审查的程序

审查分为两个阶段,第一阶段是为期30天的初步审查阶段。如果在完成第一阶段审查以后,认为该并购案影响市场竞争的可能性比较大,就会进入第二阶段审查。第二阶段审查为期90天,必要时第二阶段审查还可延长60天。一般案件往往在第一阶段便能出结果。

六、反垄断审查一般考虑的因素

审查经营者集中应当考虑下列因素。
(1) 参与集中的经营者在相关市场的市场份额及其对市场的控制力。
(2) 相关市场的市场集中度。
(3) 经营者集中对市场进入、技术进步的影响。
(4) 经营者集中对消费者和其他有关经营者的影响。
(5) 经营者集中对国民经济发展的影响。
(6) 国务院反垄断执法机构认为应当考虑的影响市场竞争的其他因素。

对外资并购境内企业或者以其他方式参与经营者集中,涉及国家安全的还要进行国家安全审查。

审查的过程是相当复杂的,先要界定相关市场,还要考虑营业额的计算标准,以及整体市场竞争结构等。

七、反垄断审查的结果

反垄断审查无非有两种结果:批准或禁止。但是在批准的结果里面有一种特殊情形需要注意——默许。根据《反垄断法》第二十五条第二款规定,国务院反垄断执法机构作出不实施进一步审查的决定或者逾期未作出决定的,经营者可以实施集中。

一般情况下,多数反垄断审查会顺利通过,只有少部分可能确实会有排除、限制竞争的情况而被禁止。这是一种陪绑机制,多数陪绑者最终会得以释放,根本目的还是保护市场竞争秩序。

《反垄断法》主要规制大企业的行为,《反不正当竞争法》主要是规制中小企业的行为。这是两者的区别所在。《反垄断法》规定了经营者达成垄断协议,经营者滥用市场支配地位,具有或者可能具有排除、限制竞争效果的经营者集中三种垄断行为以及滥用行政权力,排除、限制竞争的行为,自《反垄断法》实施以来,有关部门查办了一系列反垄断案件,但执法中发现法律的部分规定难以完全满足执法实践的需要,《反垄断法》存在执法机构的权限不明确、缺乏对行政性垄断的有效制约等问题,仍然需要根据现今经济市场情况进行修订完善。

第四节 《反垄断法》修订及实践发展

一、滥用市场支配地位反垄断执法取得积极成效

2008年我国《反垄断法》实施以来，反垄断执法机构积极有效开展滥用市场支配地位反垄断执法，取得了显著成效，有力保护了市场公平竞争，维护了消费者利益，营造了公平有序的市场环境。

2019年，国家市场监督管理总局持续加大滥用市场支配地位反垄断执法力度，突出执法重点、回应社会关切、提升办案质量，有力维护市场公平竞争，保护消费者利益，营造良好的市场环境，执法取得积极成效。2019年，市场监管部门立案调查滥用市场支配地位案件15件，其中公用事业领域7件、原料药领域4件、其他领域4件；办结滥用市场支配地位案件4件，罚没款3 387万元，涉及没有正当理由限定交易、附加不合理交易条件等滥用市场支配地位行为（图9-2、图9-3）。

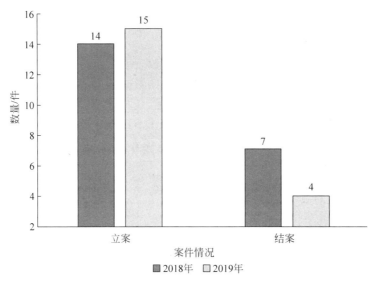

图9-2 2018年和2019年滥用市场支配地位案件数量
资料来源：前瞻产业研究院整理

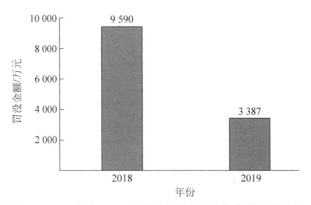

图9-3 2018年和2019年滥用市场支配地位案件罚没金额
资料来源：国家市场监督管理总局反垄断局

1. 涉及反垄断审查的大多数并购发生在实体经济领域

经营者集中反垄断审查作为反垄断执法事前监管手段,防止通过集中扭曲市场竞争结构,产生排除、限制竞争效果,是反垄断执法机构强化竞争政策基础性地位的重要抓手。

2019年,国家市场监督管理总局着力健全经营者集中审查制度,扎实开展经营者集中审查工作,不断提高审查效率,提升审查质量,积极营造公平竞争市场环境。全年共收到经营者集中申报503件,立案462件,审结465件,其中附条件批准5件,有效消除潜在竞争问题,维护市场公平竞争和广大消费者利益。

从交易主体来看,2019年,境内企业集中和境外企业集中数量均有所增长,境内外企业间的集中减少;国有企业参与的集中增加,民营企业参与的集中减少。境内企业间集中162件,同比增长32%。境外企业间集中195件,同比增长2%。境内外企业间集中108件,同比减少29%(图9-4)。其中境内收购境外企业18件,同比减少49%。境外收购境内企业35件,同比增长9%;境内外企业合营55件,同比减少36%。国有企业参与集中138件,同比增加14%;民营企业参与集中132件,同比减少15%。

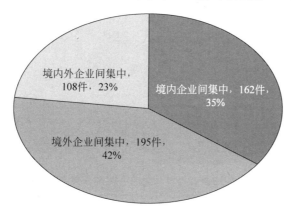

图9-4 2019年经营者集中反垄断审结案件交易主体分布
资料来源:国家市场监督管理总局反垄断局、前瞻产业研究院整理

从行业来看,大多数并购发生在实体经济领域。制造业案件223件,占比48%,仍居各行业首位,但同比减少12%,其中涉及汽车及零部件案件最多,达69件,占制造业总案件数的31%,同比增长13%。交通运输及仓储业案件42件,占比9%,同比增长50%。房地产业案件34件,占比7%,同比增长3%。批发零售业案件13件,占比3%,同比减少69%(图9-5)。

从模式特点来看,混合集中增长迅速,股权收购仍为主要交易模式。从交易类型来看,横向集中206件,占比44%,同比减少17%;纵向集中94件,占比20%,同比减少4%;混合集中165件,占比36%,同比增长35%。

从交易模式来看,股权收购312件,占比67.1%,同比增长11%;组建合营企业120件,占比25.8%,同比减少23%;资产收购25件,占比5.4%;通过合同取得控制权6件,占比1.3%;企业合并2件,占比0.4%(图9-6)。

从交易规模来看,大型交易数量和总交易金额有所下降(图9-7)。2019年交易金额过百亿元的案件44件,同比减少29%;交易金额过千亿元的案件2件,同比减少75%。

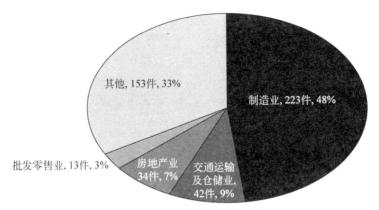

图 9-5　2019 年经营者集中反垄断审结案件行业分布
资料来源：国家市场监督管理总局反垄断局、前瞻产业研究院整理

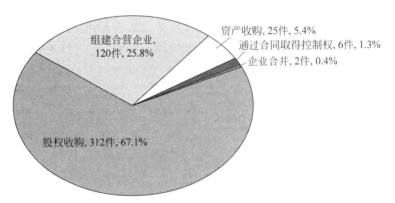

图 9-6　2019 年经营者集中反垄断审结案件交易模式特点分布
资料来源：国家市场监督管理总局反垄断局、前瞻产业研究院整理

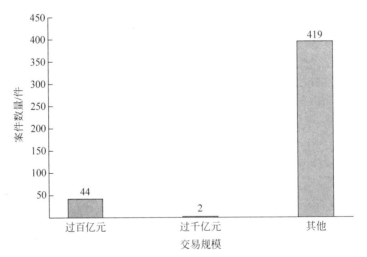

图 9-7　2019 年经营者集中反垄断审结案件交易规模分布
资料来源：国家市场监督管理总局反垄断局、前瞻产业研究院整理

受大型交易数量下降影响,审查案件交易总金额2.74万亿元,同比减少45%。

2. 逐步强化对互联网行业的反垄断监管

互联网兴起之初,为了鼓励互联网企业和新业态新技术新模式发展,国家对互联网领域的监管偏松。近10年来,以互联网平台为代表的我国互联网企业发展迅速,互联网企业并购事件达542起,以BAT(百度、阿里巴巴、腾讯)等头部企业为代表的互联网公司已经在各自的市场分工中形成了份额垄断,关于垄断的质疑也屡见报端。可以说,数字经济天然是垄断经济,互联网产业通向的就是一条垄断之路。平台越大,信息越多,效益越高。不难发现,全球十大互联网公司,多是垄断性企业。Google、Facebook、Amazon等,无一例外都具有垄断性地位。

经过20多年的探索,互联网产业日臻成熟,而在草莽中杀出重围的个别互联网平台,如今也都成长为巨头,它们拥有巨大的流量和资本,在各自生态里面,新入局者要么站队、背靠大树,要么被抄袭复制、被封杀,不从的小企业,互联网头部企业会迅速凭借着流量优势、资本优势,或强迫商家站队"二选一",或收购兼并新企业,互联网头部企业的垄断已经完全形成。其结果是,互联网巨头垄断和无序扩张后,通过补贴和折扣等方式冲击了大量传统渠道市场主体的利益,并且依靠垄断向商家和大众两端垄断定价,损害了商家和大众的利益,显然与"公平"是相悖的。垄断扼杀创新是显而易见的,创新的基础在于生存环境和诱惑,竞争环境越恶劣,越有动力创新,诱惑越大,越有动力创新。但一旦形成垄断,就会通吃,可以躺着大把赚钱,没有充分竞争环境和动力去创新了。近年来,当西方互联网资本都投入了科技研发,而我们的互联网资本却进入了低端市场,各路巨头资本扎堆社区,抛弃道义跟菜贩争夺市场。中国互联网的一些头部企业,热衷于跑马圈地、圈粉跑流量,一些互联网公司打着"金融科技"的概念,通过自己或各路平台的流量,攫取巨额利润。互联网头部公司凭借垄断地位,野蛮发展下去,将给实体经济、消费者和社会造成更大的危害。

2020年11月10日,国家市场监督管理总局发布《关于平台经济领域的反垄断指南(征求意见稿)》。12月14日,国家市场监督管理总局官网发布消息,根据《反垄断法》规定,国家市场监督管理总局对阿里巴巴投资有限公司收购银泰商业(集团)有限公司股权、阅文集团收购新丽传媒控股有限公司股权、深圳市丰巢网络技术有限公司收购中邮智递科技有限公司股权等3起未依法申报违法实施经营者集中案进行了调查,并于2020年12月14日依据《反垄断法》第48条、49条作出处罚决定,对阿里巴巴投资有限公司、阅文集团和深圳市丰巢网络技术有限公司分别处以50万元人民币罚款的行政处罚。随后,阿里巴巴、阅文集团、丰巢纷纷回应,均表示将积极整改落实。

近年来我国互联网企业开展了大量的并购交易,企查查投融资数据显示,2010—2020年(截至12月14日),我国互联网企业并购事件共计542起。从年度变化来看,总体上呈现先增后降的趋势,2018年并购事件数量到达峰值,共有97起,2019年共有57起,2020年截至12月14日共发生65起(图9-8)。

随着新经济的快速发展,尤其是互联网产业的飞速发展,该产业的并购交易十分活跃,并有望持续成为并购市场的重要组成部分。基于互联网产业的特点(比如双边市场的界定、商业模式的独特以及网络效应的形成),该产业领域的并购交易与传统产业

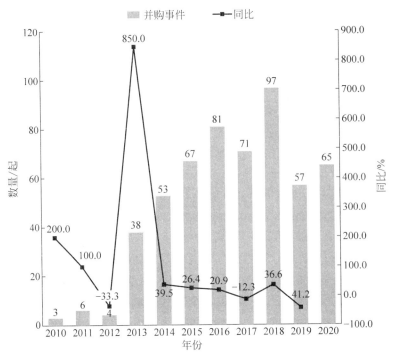

图 9-8 2010—2020 年互联网企业并购事件数量 & 同比

注：以国标二级行业互联网和相关服务、软件与信息技术服务业作为统计口径，仅统计公开披露的投融资事件中投融资轮次为"并购"的事件。

资料来源：企查查，2010 年至 2020 年 12 月 14 日

（比如制造和金融业）有很大的不同，这势必为经营者集中反垄断审查执法部门带来一定的挑战。

2020 年 12 月 16 日至 18 日，中央经济工作会议明确提出，"强化反垄断和防止资本无序扩张"，具体内容包括：要完善平台企业垄断认定、数据收集使用管理、消费者权益保护等方面的法律规范。要加强规制，提升监管能力，坚决反对垄断和不正当竞争行为。未来，互联网平台的垄断、不正当竞争都将是打击重点，互联网金融创新，尤其是几大互联网平台的相关创新，将被从严监管。

二、《反垄断法》修订案的征求意见稿要点解析

继 2017 年《反不正当竞争法》修订之后，《反垄断法》的修订也被提上了日程。2020 年 1 月 2—31 日，国家市场监督管理总局公布了《反垄断法》修订草案的公开征求意见稿（以下简称"征求意见稿"），该征求意见稿是首次对 2008 年开始生效的反垄断法进行较大规模的修订，向社会各界公开征求意见一个月。目前新的《反垄断法》仍然需要走立法流程，但估计正式通过公布实施为期不远。虽然最后通过的《反垄断法》还会对修订草案做进一步修改，但这份征求意见稿显然已经揭示了此次修订的核心目的和基本方向。

从内容上看，该征求意见稿是在过去反垄断执法 11 年的经验基础上所进行的全面修订，修订内容非常丰富，不仅仅包括反垄断法的三大支柱，即经营者集中、垄断协议和滥用

市场支配地位,还包括反垄断行政调查和法律责任等方面。尽管征求意见稿现在不具有法律效力,但其对反垄断未来执法走向起到非常重要的启示作用。

(一) 经营者集中

第一,控制权。

现行生效的《反垄断法》第20条仅规定了经营者集中的形式,未就控制权的概念作出说明,而控制权本身对于判断经营者集中是否产生具有重要意义。征求意见稿中相对应的第23条新增控制权一款,即对控制权的概念进行了一个总括性说明。根据该款内容,控制权是指经营者直接或者间接、单独或者共同对其他经营者的生产经营活动或者其他重大决策具有或者可能具有决定性影响的权利或者实际状态。由此,从形式上说,经营者集中意义上的控制权包括直接控制和间接控制、单独控制和共同控制;从内容上说,控制权是指对经营者的生产经营活动或者其他重大决策具有或者可能具有决定性影响的权利或者实际状态。而这一定义与欧盟竞争法有关控制权的定义相类似,控制权的产生仅需拥有对其他经营者决定性影响的可能性即可,而不需要证明现在或未来实际实施该决定性影响。这一新增款项有利于更准确地把握控制权的构成条件。

因此,在实务操作中,针对收购少数股权的案例而言,即使收购方没有取得目标公司的控股地位,依然存在获取控制权的可能性。根据官方公布的案例,因收购少数股权而取得控制权的案例非常多,控制权概念的确立有利于进一步明确执法机关对收购少数股权案件予以审查的立法依据。

第二,反垄断申报标准的潜在变化。

征求意见稿第24条就反垄断申报标准进行了新的说明。首先,第24条第2款授权国务院反垄断执法机构调整反垄断申报门槛的权力,换而言之,国务院反垄断执法机构可以根据经济发展水平、行业规模等制定和修改申报标准,现行的反垄断申报标准是2008年8月公布并实施的,如今10多年已经过去了,现在的经济发展水平、行业规模与10多年前不可同日而语,因此,未来国务院反垄断执法机构有可能对现在的申报标准进行修订以提高现行的申报门槛。

此外,根据征求意见稿新增的第24条第3款,经营者集中未达到申报标准,但具有或者可能具有排除、限制竞争效果的,国务院反垄断执法机构应当依法进行调查。因此,从法律上而言,针对没达到反垄断申报标准的集中,国务院反垄断执法机构依然有权力进行调查,这属于一个兜底条款,尽管到现在为止,没有未达到反垄断申报标准而被调查的案例,但这一兜底条款不是没有意义的。2017年3月9日,德国联邦议院(Bundestag)审批通过了《反对限制竞争法》第九修正案,第九修正案引入了交易价格这一新申报标准,而与中国现行反垄断申报标准相类似的是,德国修订前的反垄断申报标准也仅以营业额作为界定是否需要申报的依据。而德国此次引入新申报标准的目的在于确保那些收购未来可能产生重大竞争关注的初创型企业,特别是与互联网有关的初创企业,在交易时该企业没有营业额或有很少营业额的情况下,也应受德国合并控制制度的审查。因而第九修正案在营业额的基础上引入了交易价格这一考量因素,从而使得收购那些营业额很小的目标公司在达到一定程度的交易价格的情况下也属于德国联邦卡特尔局审查的范围之列。征求意见稿第24条第3款作为一个兜底条款,为将来国务院反垄断执法机构对没有达到申报标准但能产生重大竞争关注的初创型企业,特别是与互联网有关的初创企业进行反垄断规制提供了执法依据。

第三,真实准确的数据和信息。

征求意见稿新增第51条,即当申报人提供的文件、资料存在或者可能存在不真实、不准确,需要重新审查的,国务院反垄断执法机构可以根据利害关系人的请求或者依据职权,依法进行调查,并撤销原审查决定。第51条的规定使得通过提供不真实或不准确材料而获反垄断审批的交易可能面临撤销原审查决定并被再次调查的后果。该条的目的是督促申报方在进行反垄断申报时提供真实准确的数据和信息。

第四,停表制度。

征求意见稿新增第30条规定了反垄断审查的停表制度。根据现行《反垄断法》的规定,反垄断审查第一阶段30天,从立案之日起计算,第二阶段一共90天,第三阶段60天;对于那些按照普通程序审理的案件,特别是可能产生重大竞争关注的案件,上述180天的审查期限往往不够。为使反垄断局有充分合理的时间进行反垄断审查,征求意见稿第30条引入了反垄断审查的停表制度,即出现以下情形,所需时间不计入上述180天的审查期限之内:①经申报人申请或者同意,暂停审查期间;②经营者按照国务院反垄断执法机构的要求补交文件、资料的;③国务院反垄断执法机构与经营者按照《反垄断法》第33条规定对附加限制性条件建议进行磋商的。

第五,更高额的罚款。

征求意见稿第55条针对与经营者集中有关的新处罚措施。根据现行《反垄断法》第48条的规定,针对应当申报而未申报即实施的集中以及申报后未经批准实施的集中,最高的罚款金额为50万元人民币。鉴于这一处罚措施惩罚力度很小,很多应该提起反垄断申报的交易并没有依法向执法机构提起反垄断申报,或者选择交易实施一部分后再向执法机构提起反垄断申报。例如,在佳能收购东芝医疗案件中,佳能选择在实施完交易的第一步骤之后才向反垄断执法机构提起反垄断申报,当时商务部最终对申报人佳能处以30万元人民币罚款的行政处罚,而同一案件,2019年6月欧盟委员会对收购方佳能处以2 800万欧元的罚款,二者罚款金额之间的差距超过700倍。

而征求意见稿第55条的规定一举改变了这一局面,根据第55条的规定,经营者集中具有以下情形之一的,由反垄断执法机构处上一年度销售额10%以下的罚款:①应当申报而未申报即实施集中的;②申报后未经批准实施集中的;③违反附加限制性条件决定的;④违反禁止经营者集中的决定实施集中的。因此,对于"抢跑"案件而言,最高罚款额度可达经营者上一年度销售额10%。这一新的规定也与欧盟有关"抢跑"的立法非常类似,只是欧盟立法明确规定,"抢跑"罚款的计算基数是经营者上一会计年度营业额总和(aggregate turnover),因此,可以预见,根据欧盟竞争法处罚的"抢跑"案件的罚款金额会非常高。至于征求意见稿第55条规定的经营者上一年度销售额是指经营者营业额总和还是经营者相关地域市场范围内的营业额有待后续案例进一步明确。

鉴于征求意见稿大大提升了潜在的"抢跑"案例的罚款金额,"抢跑"所产生的经济成本会更高,因此,对于达到申报标准的集中,我们建议在实施之前,应向国家市场监督管理总局提起反垄断申报。

（二）垄断协议

第一，纵向垄断协议。

根据征求意见稿第14条，《反垄断法》所称垄断协议，是指排除、限制竞争的协议、决定或者协同行为，同时删除现行《反垄断法》第13条有关横向垄断协议的第二款内容，因此，这一立法变化似乎告诉我们，有关垄断协议的定义同时适用于横向垄断协议和纵向垄断协议。在瑞邦诉强生纵向垄断协议案中，上海市高院就以具有排除、限制竞争效果为前提的横向垄断协议的规定是否同样适用于纵向垄断协议进行了论述，最终认定纵向垄断协议的认定应适用合理分析原则。而在反垄断行政执法中，反垄断执法机关倾向于采纳原则禁止+个案豁免原则，例如在海南裕泰纵向垄断协议案中，海南省高院某种程度上认可了行政执法中针对纵向协议适用原则禁止+个案豁免这一做法。但关于纵向垄断协议行政执法中是否继续保持原则禁止+个案豁免原则有待进一步明确。此外，征求意见稿第17条规定禁止经营者组织、帮助其他经营者达成垄断协议。因此在实务操作中，如果在上游供应商的组织下，下游经销商之间达成横向垄断协议，则上游供应商可能因此被处罚。

第二，更高的罚款金额。

根据征求意见稿第53条，针对实施垄断协议而言，对于上一年度没有销售额的经营者或者尚未实施所达成的垄断协议的，可以处5 000万元以下的罚款。因此，达成但没有实施的垄断协议本身也有很高处罚风险（表9-1）。

表9-1　与垄断协议有关的罚款规定

处罚对象	现行规定	征求意见稿
达成并实施垄断协议的经营者	最高上一年度销售额的10%	最高上一年度销售额的10%
达成但尚未实施垄断协议的经营者	最高50万元人民币	最高5 000万元人民币
达成垄断协议但上一年度没有销售额的经营者	没有规定	最高5 000万元人民币
组织经营者达成垄断协议的行业协会	最高50万元人民币	最高500万元人民币
组织、帮助其他经营者达成垄断协议	没有规定	最高上一年度销售额的10%

（三）滥用市场支配地位

针对滥用市场支配地位，征求意见稿第21条新增以下规定：认定互联网领域经营者具有市场支配地位还应当考虑网络效应、规模经济、锁定效应、掌握和处理相关数据的能力等因素。这一新增规定反映了反垄断立法对互联网领域的关注。

相比较于其他行业，互联网领域市场支配地位的认定更复杂，有其行业的特殊性，因此市场份额这一因素在互联网领域不一定是判断是否存在市场支配地位的最关键因素。例如在360诉腾讯垄断案中，在腾讯个人电脑和移动端即时通信服务市场的市场份额均超过80%的情况下，最高院依然认定腾讯不具有市场支配地位，最高院认为，市场支配地位的认定是综合评估多个因素的结果,需要进行个案分析。因此,针对互联网行业而言,对其市场支配地位的认定需考量多种因素,包括网络效应、规模经济、锁定效应、掌握和处理相关数据的能力等。

(四)刑事责任

我国现行《反垄断法》没有规定垄断行为的刑事责任。而征求意见稿第 57 条规定,经营者实施垄断行为,给他人造成损失的,依法承担民事责任。构成犯罪的,依法追究刑事责任。因此,征求意见稿首次通过立法的方式引入了垄断行为的刑事责任,公司高管和员工存在因垄断行为而被入刑的可能性。但针对垄断行为触发什么刑事责任,征求意见稿没有进行规制,因此针对这一部分,有待刑法修正案予以进一步界定和说明。

美国反垄断法很早就将垄断行为入刑,而针对欧盟竞争法而言,因欧盟成员国没有通过立法授权欧盟委员会进行刑事处罚的权力,因此,欧盟委员会无权因垄断行为而进行刑事处罚,但欧盟成员国就垄断行为是否进行刑事处罚有自由裁量权。因此,征求意见稿刑事责任的引入符合世界反垄断执法的潮流。

本 章 小 结

在经济全球化和跨国并购的浪潮中,各国(地区)政府都采取了相应政策措施来规范并购重组。本章在分别讨论了世界各国相关并购法律及监管的措施基础上,研究分析了中国目前有关并购重组的法律法规及监管措施,总结回顾了我国《反垄断法》在企业并购重组中的执法实践;滥用市场支配地位反垄断执法取得积极成效;逐步强化对互联网行业的反垄断监管,最后对《反垄断法》修订案征求意见稿的要点进行了解析。

复习思考题

1. 欧美国家相关并购监管法律法规的主要特点是什么?有哪些借鉴意义?
2. 我国相关并购监管的法律法规主要有哪些?还有哪些不足需要完善?
3. 如何总结评价我国《反垄断法》实施效果和经验?
4. 《反垄断法》修订案征求意见稿的要点有哪些?

可口可乐收购汇源的反垄断调查

可口可乐收购汇源案是自《反垄断法》实施以来第一个也是迄今为止唯一一个被商务部禁止的代表性案例,这个案例为中国《反垄断法》的实施所带来的思考,已经超越了案件本身所包含的意义。该案所包含的反垄断法原理为中国以后的反垄断法实践提供了很多素材和思考空间。

一、可口可乐收购汇源案引发的争议

2008年9月3日,汇源果汁在中国香港联交所发布公告,可口可乐公司以约179.2亿港元收购汇源果汁集团的全部已发行股份及未行使可换股债券。由于该项收购满足我国《反垄断法》以及《国务院关于经营者集中申报标准的规定》关于经营者集中事先申报的要求,2008年9月18日,可口可乐公司向商务部递交了申报材料。经由初步审查和进一步审查,商务部最终于2009年3月18日否决了可口可乐收购汇源果汁的申请,认为该收购会对市场竞争造成不利影响,导致"两个传导效应和一个挤压效应"。也就是说,集中可能会导致可口可乐公司传导其市场支配地位和品牌,并对中小型果汁企业产生挤压效应。

商务部否决集中的公告一出,立即引起了广泛的讨论和争议:禁止集中到底是阻碍了效率,还是维护了市场竞争、保护了消费者权益?抑或是维护了民族品牌和产业安全?实际上,自可口可乐宣布收购汇源之日起到商务部最终否决收购议案,以及收购被否决之后的一段时间以来,多方主体已经通过多种渠道表达了自己的声音。这些主体按其利益属性大致可以分成三类:第一类是与收购有直接利益关系者,包括参与集中的可口可乐和汇源两大公司及其股东和员工,以及上下游产业链的相关利益主体,如经销商和果农;第二类是与收购有间接利益关系者,包括果汁行业的现有竞争者和消费者;第三类是独立的第三方主体,包括相关领域的专家学者以及反垄断执法机构本身等。

在这三类主体中,第一类主体发出的声音最少,因为收购本身对他们而言是有利的,更多的不是表达其利益诉求,而是积极参与到推动收购顺利进行的过程,并为收购成功后的企业整合和发展做准备。第二类主体发出的声音最多,因为收购成功与否事关其切身利益。比如,作为消费者的众多网民对这一收购普遍表达了不满和抵制。这些反对的声音不仅从收购有可能损害公平竞争和消费者利益的角度出发,而且更多地关注收购是否将危及产业安全甚至国家安全,以及担心民族品牌的旁落。第三类主体作为独立利益主体,其所发出的声音应该是最理性的,但是也没有形成统一意见。

可口可乐收购汇源案在本质上是一个法律问题,只有在《反垄断法》的角度下分析和考察,才能得出正确的结论。下面将从《反垄断法》出发,对该收购案的反垄断审查,特别是商务部的三个禁止理由作出评价。

二、可口可乐收购汇源案的《反垄断法》分析

经营者集中的《反垄断法》分析是一项巨大而系统的工程,需要通过收集和处理相关数据与材料,在界定相关市场的基础上,计算市场份额和市场集中度,继而推断市场控制力和市场影响力,然后考虑市场进入状况、效率、破产企业集中和符合社会公共利益等可豁免情况,最终在两相权衡和比较之后,作出禁止与否的决定。下面从《反垄断法》出发,就相关市场及市场控制力、市场进入和效率抗辩三个方面对可口可乐收购汇源案的反垄断审查过程展开分析,并对商务部的决定理由做相应评论。

1. 相关市场及市场控制力分析

界定相关市场是分析经营者的市场地位以及集中的市场影响的必要前提。相关市场的范围越大,经营者所占的市场份额就越小,集中对竞争的损害也就越小。在本案中,将相关市场界定为饮料市场、非碳酸饮料市场、果汁市场,还是纯果汁饮料市场、中浓度果汁市场或低浓度果汁市场,对市场竞争影响的判断就会产生截然不同的影响。商务部将此

案的相关市场界定为果汁类饮料市场,理由是:果汁类饮料和碳酸类饮料之间替代性较低,且三种不同浓度果汁饮料之间存在很高的需求替代性和供给替代性。那么,在这个相关市场上两大集中企业的市场份额和市场控制力如何呢?欧睿信息咨询公司的数据显示,在中国果汁市场上,汇源果汁市场份额为10.3%,可口可乐为9.7%,二者合并后的市场份额为20%。在更大的市场范围内,以销售额计算,2007年整个软饮料市场可口可乐占12.4%,汇源占4.4%,合计16.8%。另据统计,可口可乐并购汇源果汁的整体市场占有率约为35%,比市场第二、第三名的统一和康师傅合计约39.7%还低。我国现阶段并无判断市场控制力的可参照标准,因此20%的市场份额是否可以初步推断为具有排除、限制竞争的效果,并不能作出一个明确的回答。但是从经验和常理判断,20%的市场份额并不能对市场构成显著影响。比如,欧盟《横向合并指南》第18条规定:如果参与集中的企业在共同体市场或者重大部分的市场份额不超过25%,在不影响适用条约第81条和第82条的前提下,集中特别被视为与共同体市场相协调。若以此标准看,可口可乐收购汇源并不产生排除、限制竞争的严重后果。

但商务部认为,可口可乐公司占全国碳酸饮料市场份额的60.60%,且在资金、品牌、管理、营销等诸多方面已经取得竞争优势,因此可口可乐公司在碳酸软饮料市场占有市场支配地位。收购完成后,可口可乐公司有能力将其在碳酸软饮料市场上的支配地位传导至果汁市场,从而严重削弱甚至剥夺其他果汁类饮料生产商与其形成竞争的能力,最终使消费者被迫接受更高价格、更少种类的产品。可口可乐公司在碳酸饮料市场占据市场支配地位,这是毫无疑问的,但是否能够导致商务部所说的"传导效应",尚需考察相关市场的市场进入情况。若进入相关市场非常容易,即使集中一方占据市场支配地位,也会受到市场潜在进入的威胁,而不敢轻易降低产量、提高产品价格。

2. 市场进入分析

饮料市场,包括果汁市场,相对于其他市场而言,市场进入是相对容易的。第一,果汁市场的进入并没有法律壁垒,无须取得特别许可,任何具备生产经营条件的企业都可进入。第二,进入不需要满足高行业标准,只需一般规模的资金及技术即可启动。第三,果汁市场已有的竞争者和潜在的竞争者众多,对现有的主要生产企业均构成了潜在的威胁。国际竞争网络在其《关于合并分析的推荐意见》中指出:已有竞争者的市场进入和市场扩张分析,应该成为合并是否会实质性阻碍竞争的组成部分。如果合并企业受到来自市场进入的威胁(比如进入壁垒很低,进入之后在合并前价位上定价能够获得利润),合并就不太可能会有反竞争影响。目前,除了可口可乐和汇源之外,我国已经存在娃哈哈、露露、椰树、统一、康师傅和百事可乐等一批重要品牌。进入中国轻工业联合会主办的中国轻工业网,点击"进主饮料工业"一栏,可见栏下细分了饮用水、碳酸饮料、果汁饮料、茶饮料、含乳饮料、蛋白饮料、功能饮料、饮料原料和香精饮料等专栏。单是果汁饮料项下,就列举了近300家从事果汁饮料生产的企业。虽然不排除这些企业存在交叉持股的情况,或者某些企业共同为第三家企业所控股,但是如此众多涉及生产果汁饮料的企业,从一个侧面表明了现有果汁市场竞争的激烈。如果再考虑其他企业的进入可能性,包括生产其他饮料的企业进入果汁行业的可能性,果汁市场的市场竞争程度就更激烈了。

商务部认为,除了可口可乐的市场支配地位有可能传导之外,还可能存在"品牌传导":由于消费者对现有品牌的忠诚度,说服零售商改变供应商十分困难,因此,品牌构成了饮料市场进入的主要障碍。此次交易完成后,可口可乐公司将独自拥有"美汁源"和"汇源"两个最具影响力的果汁品牌,对中国果汁饮料市场的控制力将明显增强,加之其在碳酸饮料市场已有的支配地位以及相应的传导效应,集中将使潜在竞争对手进入果汁饮料市场的障碍明显提高。但是从垄断角度讲,竞争并不仅仅局限在品牌,还有价格、品种、质量、文化、消费者感受等多个方面,某些强势品牌并不能一统天下。我国绝大多数饮料企业,不管是内资还是外资,不管企业规模大小,都介入至少两类饮料生产。这恰好证明了这个行业不同种类产品之间几乎不存在难以逾越的技术、品牌、网络等进入壁垒。换个角度看,如果收购成功后可口可乐确实能将其市场支配地位和品牌效应传导至果汁市场,通过搭售、附加排他性条件和提高价格等方式获取垄断利润,但反而会进一步刺激现有竞争者和潜在竞争者及时、有效、充分地进入果汁市场,来分享可口可乐公司在此市场上的超额利润。考虑到可口可乐和汇源在果汁市场的市场份额,以及果汁市场本身的市场进入情况,商务部禁止该收购,明显地具有说理上的不足。

3. 效率抗辩分析

商务部或许掌握了笔者及公众尚未得知的数据和材料,或者具备其他理由和考虑,姑且认为商务部的以上判断都是正确的,下一步即应进入效率抗辩阶段。在我国现有法律框架下,本案若要启动效率抗辩,主要有以下依据:第一,根据《反垄断法》第27条,主张集中将对技术进步和国民经济的发展产生有利影响;第二,根据《反垄断法》第28条,主张集中对竞争产生的有利影响明显大于不利影响,或者符合社会公共利益;第三,根据商务部的《经营者集中申报表》,在集中申报过程中启动效率抗辩。但是从商务部的公告以及相关解释来看,本案并未启动效率抗辩,商务部在审查过程中也并未考虑效率问题。但这并不妨碍对该收购案相关效率问题的讨论。

(1)集中被禁止导致的效率损失。集中被禁止导致的效率损失包括直接效率损失和间接效率损失两类。直接效率损失包括:第一,正常交易费用损失,包括并购交易中商业咨询公司、会计师和律师事务所的咨询费用以及参与交易和谈判的正常费用等。第二,股价损失。比如,收购被否决后的2009年3月19日,汇源果汁复牌后即暴跌,截至收盘时股价下跌了42%;加上18日早盘急挫近20%,汇源集团创始人朱新礼的身价在两天之内便缩水33亿港元。按照可口可乐2008年开出的每股12.2港元收购价计算,朱新礼的身价则缩水44.5亿港元。第三,企业战略和资源调整损失。参与集中企业的战略设计、投资重心以及资源分配等,都会围绕着集中的启动、进行和展开而做相应调整。这时候法律是否能够给予参与集中的企业一个相对清晰的反垄断审查结果预期,就显得尤为重要。比如,在"等待出售"的半年里,汇源果汁自身的业务扩张几近停滞。收购被否决后,汇源已经叫停了总投资近30亿元的果汁上游基地建设项目,并陆续召回派往基地的骨干人员,转战新产品开发和营销领域。这些损失,一方面是汇源对收购案的进展过于乐观的结果;另一方面也透露出我国现有反垄断法律的模糊性和弱操作性,无法给参与集中的企业一个相对稳定的预期。间接效率损失则表现为上下游产业损失,典型的是果农在这场博弈中的损失。可口可乐收购汇源的失败,直接导致了汇源新建和扩建果汁产业上游基地的战略落空,而对于已经投入大量生产成本以及寄希望于通过实施该战略改善生活的果农而言,无疑是一个巨大的打击。

(2) 集中可能产生的效率提高。可口可乐和汇源若要证明集中将导致明显的效率提高,需要展开以下几个步骤:①提出并证明集中将产生哪些效率;②证明这些效率为集中所特有;③所提出的效率具有可证实性;④效率能够在一个较短的时间内得以实现;⑤集中并未导致垄断或接近垄断的市场结构;⑥集中导致的效率会给消费者或社会整体带来福利正效应。

集中能否产生效率的数据和材料主要掌握在参与集中的经营者以及反垄断执法机构手中,而目前几乎未对这些数据和材料进行公开。从目前可以获知的相关资料来看,收购最有可能产生的效率是生产效率、交易成本效率、采购和销售效率、品牌效率(广告效率)等,而后几类效率均可转化为生产效率并以生产效率的提高值来进行计算和表述。交易成本效率表现为集中将缩减中间环节,减少交易的不确定性,从而节约交易成本。比如,除了将要卖掉的上市公司,汇源集团还有很长的产业链:种子、树苗、果园、水果加工、果汁灌装;根据收购的附加协议,在同等条件下,可口可乐要优先采购汇源的浓缩汁。可口可乐能够通过集中收获一个相对稳定的采购源,减少谈判成本;汇源则可专注于上游果园产业开发,从而实现专业化效率。收购完成之后,借助汇源已有的营销网络,可口可乐将进一步扩大营销范围,继而降低销售成本,获得的"汇源"品牌也节约了其创造和维护品牌形象的广告费用,将比自己重新创设一个品牌花费更少成本。集中往往还能导致更大的采购量,从而降低采购产品的单位价格,进而有可能降低产品价格。所有这些效率的提高,都可能会以规模经济或范围经济的形式表现出来,即收购之后可口可乐生产果汁饮料的单位成本降低,而产量(包括原来可口可乐与汇源的产量之和)不变甚至增加;或者收购之后可口可乐同时生产碳酸饮料和果汁饮料,将以更低的成本提供同样或更多的产品。若能证明上述所有效率,并最终以生产效率的形式加以量化,将能最大限度地证明收购对效率提高的巨大推动作用。

但是,尽管可以相对容易地证明这些效率能够在较短时间内实现,并且集中不会导致垄断或接近垄断的状态,比如可以将各种效率转化为生产效率进行可变成本节约和固定成本节约的量化分析,估算具体效率的实现可能性及实现时间表,通过界定相关市场和评估市场控制力来分析集中后的市场结构情况,但是,要证明效率为集中所特有并必然会给消费者或社会公众带来福利上的好处却极为困难。上述所列效率类型,不仅可以通过现有的集中形式获得,也可通过内部扩张(可口可乐完全有这个能力)、建立合资企业、协议合作以及与另外更小规模的企业集中等方式得以实现,除非可以证明,通过其他方式不可能获得同等程度的效率提高,或者通过集中实现效率提高具有时间上的优势。同时,还须证明效率提高能够至少给消费者或社会公众带来好处,比如不会提价,或者增加产品的种类和质量等。但是,要证明或保证这些条件也非常困难。因此在本案中实施效率抗辩,尽管绝非不可能,却具有相当大的难度。

资料来源:应品广.可口可乐收购汇源案的反垄断法思考[J].西南政法大学学报,2010,12(6):42-48.有删改。

【案例评析】

2008年9月3日,可口可乐公司宣布通过旗下全资附属公司以179.2亿港元的总价收购汇源果汁集团有限公司。2009年3月18日下午,我国商务部以该项收购将对竞争产生不利影响为由,正式否决了可口可乐收购汇源果汁的申请。这是我国自2008年8月1日《反垄断法》实施以来,首个未获商务部审查通过的经营者集中申报案例。

跨国企业凭借资金和管理的优势,直接并购我国有实力的龙头企业,迅速形成市场优势地位的手法屡见不鲜。但是,由于我国的《反垄断法》于2008年8月实施,可口可乐收购汇源是我国《反垄断法》遭遇的"第一个重大考验"。商务部于2009年3月18日明确表态,可口可乐并购汇源未通过反垄断审查,并给出三点原因:第一,如果收购成功,可口可乐有能力把其在碳酸饮料行业的支配地位传导到果汁行业。第二,如果收购成功,可口可乐对果汁市场的控制力会明显增强,使其他企业没有能力再进入这个市场。第三,如果收购成功,会挤压国内中小企业的生存空间,抑制国内企业的发展空间。然而,此次《反垄断法》规制经营者集中的机理,在企业合并审查到底是纯粹的政府干涉还是法律上的必经程序,却是一个值得我们思考的问题。

这次商务部否决可口可乐对汇源果汁的并购,对于是否符合《反垄断法》的规定精神,是否有相应的申报听证和司法救济程序,如何具体展开听证和救济等问题,都是值得我们进一步思考的问题。

【案例讨论题】

1. 可口可乐并购汇源案是我国《反垄断法》实施以来第一个否决案例,对该案的现实意义你是如何看待的?
2. 可口可乐并购汇源案被否依据是否合理合法,你认可反垄断调查委员会的结论吗?
3. 汇源为什么自愿被并购?这一案例反映了中国民营企业存在什么问题?

案例二  微软收购雅虎搜索业务的反垄断审查

即 测 即 练

参 考 文 献

[1] 陈晓峰.并购重组法律风险管理策略[M].北京：法律出版社,2011.
[2] 陈彦丽.转轨时期我国经济垄断问题探讨[J].商业时代,2007(18).
[3] 戴健民.微软收购雅虎搜索业务案之反垄断分析[J].电子知识产权,2011(10).
[4] 戴健民.美国并购控制的新发展[EB/OL].[2011-03-09].www.competitionlaw.cn.
[5] 顾玲妹,唐新苗.美、欧并购法律规则及其对我国的启示[J].国际商务——对外经济贸易大学学报,2006(3).
[6] 侯怀霞,钟瑞栋.企业并购立法研究[J].中国法学,1999(2).
[7] 胡海峰.公司并购理论与实务[M].北京：首都经济贸易大学出版社,2007.
[8] 刘和平.欧盟并购控制法律制度研究[M].北京：北京大学出版社,2006.
[9] 罗文志,董寒冰.上市公司并购法律实务[M].北京：法律出版社,2005.
[10] 林晓静.跨国并购的反垄断规制[J],华东政法学院学报,2003(1).
[11] 马骁.上市公司并购重组监管制度解析[M].北京：法律出版社,2009.
[12] 美国律师协会反垄断分会.美国并购审查程序暨实务指南[M].3版.北京：北京大学出版社,2011.
[13] 黎作恒.投资中国外资并购法律实务指南[M].北京：法律出版社,2007.
[14] 聂名华.美国对跨国并购投资的法制管理[J].国外社会科学,2003(4).
[15] 隋平.上市公司并购业务操作指引[M].北京：法律出版社,2012.
[16] 上海国家会计学院.企业并购与重组[M].北京：经济科学出版社,2011.
[17] 王长斌.穿行于规则之间——中国对美贸易与美国反托拉斯法[M].北京：人民出版社,2009.
[18] 王银凤,刘和平.欧盟最新并购监管改革评析及启示[J].证券市场导报,2004(12).
[19] 吴伟央,刘燕.公司并购法律实务[M].北京：法律出版社,2007.
[20] 肖金泉.企业并购的法律风险控制[M].北京：中国民主法制出版社,2007.
[21] 肖金泉,黄启力.并购重组操作指引[M].北京：法律出版社,2011.
[22] 姚芃.全国工商反垄断执法第一案办结[N].法制日报,2011-03-09.
[23] 朱宝宪.公司并购与重组[M].北京：清华大学出版社,2006.
[24] 《中华人民共和国企业投资并购法律全书》编写组.中华人民共和国企业投资并购法律全书[M].北京：法律出版社,2008.
[25] 赵杰.《谢尔曼法》的垄断蕴味[J].法人杂志,2006(8).
[26] 张洁梅.企业并购整合研究现状综述[J].商业时代,2011(12)：75-78.
[27] 张金鑫,王方,张秋生.并购整合研究综述[J].商业研究,2005(9)：111-114.
[28] 吕福强.企业并购问题的探讨[J].财经界,2009(4)：77-81.
[29] 毕雄梅.并购企业的整合管理[D].北京：对外经济贸易大学,2000.
[30] 李菊敏.企业并购整合研究[D].长沙：湖南农业大学,2006.
[31] 刘文纲.我国企业跨国并购中存在的主要问题及对策[J].商场现代化,2009(1)：69-70.
[32] 庄恩平,汤进华.跨国并购中的文化整合——上汽双龙并购案例跨文化剖析[J].商场现代化,2007(8)：297-298.
[33] 陈朝阳.中国企业并购论[M].北京：中国金融出版社,1998.
[34] 陈虎.跨国并购的主要特点及原因分析[J].北方经贸,2003(9).
[35] 陈庆发.近代中国的企业资本运作与资本收益分析[J].江西社会科学,2010(1).

[36] 段爱群.跨国并购原理与实证分析[M].北京:法律出版社,1999.
[37] 干春晖.并购经济学[M].北京:清华大学出版社,2004.
[38] 于桂琴.论当代海外并购的动因、特点与发展趋势[J].经济界,2006(5).
[39] 李甫英,陈林心.国际资本流动中跨国并购的动因分析[J].企业经济,2007(1).
[40] 刘文通.企业兼并收购论[M].北京:北京大学出版社,1997.
[41] 吕俊瑜.跨国并购新趋势及我国对策探讨[J].当代经济,2001(1).
[42] 石建勋.突出重围——中国企业跨国发展战略与案例[M].北京:中国经济出版社,2004:198.
[43] 石建勋,陆军荣.中国企业国际资本市场融资[M].北京:机械工业出版社,2006:218.
[44] 石建勋.民企海外上市的国际差异分析及其对策研究[J].财经问题研究,2004(4).
[45] 石建勋.战略规划中国跨国公司[N].中国证券报,2001-12-27(12).
[46] 石建勋.企业跨国经营的战略思考[N].经济日报,2002-06-24(8).
[47] 石建勋.美国怎么了——美国公司丑闻的全景透视[M].北京:中国建材工业出版社,2003.
[48] 石建勋.美国公司改革法案研究评价[J].经济学动态,2003(3).
[49] 石建勋.战略规划中国跨国公司[M].北京:机械工业出版社,2004.
[50] 石建勋.正确认识和防范股票期权的负面作用[N].中国证券报,2004-04-01(12).
[51] 石建勋.树立全方位国际化大市场的营销新观念[J].市场营销导刊,2003(8).
[52] 石建勋.企业跨国经营与公司治理的"国际化差异"问题研究[J].经济纵横,2005:12.
[53] 石建勋,张鑫.我国企业跨国并购的整合能力差距与对策研究[J].广州大学学报,2007(1).
[54] 宋群.跨国并购在我国的新趋势[J].中国经贸导刊,2007(6).
[55] 隋文香,温慧生.中国种子企业资本运作新路径——奥瑞金SPAC海外上市之路简评[J].中国种业,2007(6).
[56] 武勇,谭力文.论中国企业跨国并购[J].经济问题探索,2004(8).
[57] 王东,张秋生.企业兼并与收购案例[M].北京:清华大学出版社,北京交通大学出版社,2004.
[58] 吴晓求,等.公司并购原理[M].北京:中国人民大学出版社,2002.
[59] 张秋生,王东.企业兼并与收购[M].北京:北京交通大学出版社,2001.
[60] 孙涛.公司并购决策及有效性分析[M].北京:经济管理出版社,2006.
[61] 甘子玉.中国企业投资分析报告[M].北京:经济科学出版社,2005.
[62] 王普勇.上市公司并购剖析[M].北京:经济科学出版社,2004.
[63] 于桂琴.论当代海外并购的动因、特点与发展趋势[J].经济界,2006(5).
[64] 汤谷良.财务管理案例[M].北京:北京大学出版社,2007.
[65] 刘文通.企业兼并收购论[M].北京:北京大学出版社,1997.
[66] 吕俊瑜.跨国并购新趋势及我国对策探讨[J].当代经济,2001(1).
[67] 李曜.公司并购与重组导论[M].上海:上海财经大学出版社,2010.
[68] 上海市国有资产监督管理委员会.并购与重组[M].上海:上海财经大学出版社,2006.
[69] 张新.中国并购重组全析——理论实践和操作[M].上海:上海三联书店,2004.
[70] 周林.企业并购与金融整合[M].北京:经济科学出版社,2002.
[71] 曹凤岐.如何进行企业并购和重组[M].北京:北京大学出版社,1999.
[72] 李善民.上市公司并购绩效及其影响因素研究[J].世界经济,2004(9).
[73] 罗良忠.我国上市公司资产剥离实证研究[J].证券市场导报,2003(12).
[74] 陈青,周伟.中国上市公司的要约收购制度[J].经济管理,2004(1).
[75] 陈信元,等.机会主义资产重组与刚性管制[J].经济研究,2003(5).
[76] 魏建.管理层收购的新解释[J].证券市场导报,2003(4).

附录

最新相关法律法规

教师服务

感谢您选用清华大学出版社的教材！为了更好地服务教学，我们为授课教师提供本书的教学辅助资源，以及本学科重点教材信息。请您扫码获取。

》 教辅获取

本书教辅资源，授课教师扫码获取

》 样书赠送

财政与金融类重点教材，教师扫码获取样书

 清华大学出版社

E-mail: tupfuwu@163.com
电话：010-83470332 / 83470142
地址：北京市海淀区双清路学研大厦 B 座 509

网址：http://www.tup.com.cn/
传真：8610-83470107
邮编：100084

财政与金融专业教材书目